U0587541

普通高等学校物流管理专业本科系列教材

总主编 赵林度 李严锋

主 编 黄 辉 周继祥

（第2版） 副主编 张 军 王 燕

物流学导论
Wuliuxue Daolun

重庆大学出版社

内 容 提 要

物流学是近几十年来发展较为迅猛,对经济社会发展影响较为重要的一门学科。本书比较系统地分析论述了物流学的基本概念、理论和方法,阐述了物流的业务功能和物流管理的基本内容,介绍了第三方物流、电子商务物流、冷链物流、绿色物流、城市物流、区域物流、物流标准化和物流政策等实践问题。

全书共分为总论、理论、业务功能、管理和应用5篇,含13章。作者从人类与物流的关系切入,以物流概念和物流本质研究为基础,以物流系统论和供应链理论为指导,着重阐述了现代物流的本质及其属性,物流系统的要素、结构与功能以及现代物流的供应链思想,强调物流战略、物流信息、物流成本和物流服务质量在现代物流管理中的重要性。

本书可作为高等院校物流管理、物流工程、经济管理类专业以及高职高专物流管理专业教材,同时也可作为物流从业人员系统学习现代物流管理的参考用书。

图书在版编目(CIP)数据

物流学导论/黄辉,周继祥主编. --2 版. --重庆:
重庆大学出版社,2020.8
普通高等学校物流管理专业本科系列教材
ISBN 978-7-5689-0826-9

Ⅰ.①物… Ⅱ.①黄… ②周… Ⅲ.①物流—高等学
校—教材 Ⅳ.①F252

中国版本图书馆 CIP 数据核字(2020)第 020910 号

物流学导论
(第2版)

主 编 黄 辉 周继祥
副主编 张 军 王 燕
策划编辑:梁 涛

责任编辑:杨 敏 版式设计:梁 涛
责任校对:刘志刚 责任印制:赵 晟

*

重庆大学出版社出版发行
出版人:饶帮华
社址:重庆市沙坪坝区大学城西路 21 号
邮编:401331
电话:(023) 88617190 88617185(中小学)
传真:(023) 88617186 88617166
网址:http://www.cqup.com.cn
邮箱:fxk@ cqup.com.cn(营销中心)
全国新华书店经销
重庆长虹印务有限公司印刷

*

开本:787mm×960mm 1/16 印张:24.25 字数:489 千
2020 年 8 月第 2 版 2020 年 8 月第 6 次印刷
印数:12 001—15 000
ISBN 978-7-5689-0826-9 定价:59.00 元

编　委　会

第2版前言

《物流学导论》于 2008 年由重庆大学出版社出版至今已 10 余年。这 10 余年,新一代信息技术突飞猛进,中国经济发展,特别是电子商务创新及其应用的迅猛发展和普及,使我国现代物流的实践与发展取得了长足进步,出现了一系列新的探索和实践,并且在一些领域开始与国际先进水平并驾齐驱。为此,我们决定对《物流学导论》进行修订,以反映这些新发展和新变化。

《物流学导论》第一版的篇章内容结构即使以今天的眼光来看也未落伍,因此本次修订仍然保持原有架构,仅在第 5 篇新增"冷链物流"作为第 10 章。其余章节只对具体内容、阅读参考、案例分析等根据物流领域的新发展和新变化进行删增,同时对部分字句表述进行修订。此外,结合教学实践和相关高校使用本教材的意见反馈,新增了一批教学辅助资源,内容包括阅读参考、案例分析、课外阅读、期刊论文、新闻报道、音频和视频资料等。主要删增的内容如下。

第 1 章第 2 节的第 2 小节"物流的定义与本质",增加了一段关于认识和理解物流本质的作用。

第 3 章第 1 节的"现代物流的发展历程"的第三阶段的内容,补充了社会、经济、物流发展的特点。

第 3 章第 1 节的第 4 小节"我国物流的发展历程",由 3 个阶段,补充修改为 4 个阶段。

第 3 章第 2 节和第 3 节内容进行了合并,新的第 2 节分为"现代物流的发展"和"物流发展新趋势"两小节。原第 3 小节内容除"全球化物流"保留,"第四方物流""可视化物流""虚拟物流"替换为"智慧物流""共同配送"。

第 3 章新增了阅读参考"智慧物流将成新趋势"。

第 3 章案例分析"第四方物流:你需要吗?"替换为"菜鸟网络——真的有未来吗?"

第 6 章第 1 节第 4 小节"现代运输组织"中新增"甩挂运输",新增阅读参考"甩挂运输的原理"。

第 6 章第 6 节第 1 小节第 2 点"配送服务的类型与模式"中常见的配送服务业务模式内容进行了修订。

第 6 章第 6 节第 3 小节"配送服务发展"中保留"社区配送","加工配送""虚拟配送"替换为"无人配送""众包配送"。

第 7 章阅读参考 7.4"经济增长加快带动货物运输需求呈上升趋势",替换为"经济发展水平影响决定着货物运输的发展与变化";阅读参考 7.5"中国汽车物流的现状",替换为"中国电子商务发展带动快递业问鼎世界第一";阅读参考 7.6"现代物流发展的政策和措施"替换为 2010—2018 年的政策内容。

第 7 章第 3 节新增"物流大数据"作为第 3 小节;新增阅读参考"菜鸟的大数据化"。

新增第 10 章"冷链物流"。

现第 11 章原第 10 章第 2 节"企业物流绿色化"第 1 小点"绿色化运输"部分内容进行了部分修订,阅读参考 11.1"政策法规护航绿色物流"替换为"推进绿色运输发展";第 2 小点"绿色化储存"部分内容进行了修订,新增阅读参考 11.2"安得绿色仓储物流园";第 3 小点"绿色化装卸搬运"新增阅读参考 11.3"践行绿色搬运";第 4 小点"绿色化包装"原阅读参考 10.2"包装企业如何应对绿色潮流",替换为 11.4"绿色包装在行动"。

现第 13 章原第 12 章第 1 节"物流政策",更新为 2011 年以来的物流产业发展政策内容;第 12 章第 2 节"物流标准化",更新了 2001 年以来制(修)订实施的主要物流标准。

本次修订工作,由重庆工商大学的黄辉负责修订提纲拟订、统稿和定稿。重庆工商大学的周继祥负责第 11 章编写,第 3 章、第 6 章相关内容修订,黄辉负责第 1 章、第 7 章、第 10 章和第 14 章相关内容修订,重庆第二师范学院熊维负责第 12 章相关内容修订。

本书的教学资源,读者可通过电子邮件索取,只需在寄往 studycn@ yeah.net 的邮件主题中填写"索取教辅资源"后发送,即可在自动回复的邮件中获得下载地址和密码。

本次修订引用了大量已有的文献,我们尽可能以脚注、资料来源、参考文献等形式列出,以示敬意。但因能力制约,可能会有遗漏而不能尽善尽美,不足之处在所难免,欢迎读者批评指正。我们的联系信箱:my1912@ 126.com。

黄辉于金砂水岸

2020 年 5 月

第1版前言

物流活动既古老又现代。说它古老,是因为它伴随人类活动出现;说它现代,是因为它近几十年才被人类重视,并作为一门科学进行系统研究。特别是在中国,对现代物流的实践探索以及系统的理论研究,只有 20 多年的时间。但是,这种探索和研究随着中国经济的蓬勃发展,越来越受到人们的重视。与此同时,中国的物流教育也蒸蒸日上。为了更好满足人们对现代物流的学习需要,我们结合现代物流近些年在中国的新发展和新变化,并参考、总结近年来已出版的物流管理著作和教材编写了本书。

在编写过程中,我们力求将现代物流管理的最新理论及研究成果,如物流系统理论、供应链理论、客户关系管理、物流战略及规划等反映到书中;在强调本书理论性的同时,也注重物流管理的实践性,尽可能将物流管理的一些基本方法介绍给读者,将现代物流的最新理论与方法相结合;为让读者更容易学习和阅读,我们还根据人们认识和理解事物的基本规律,对本书的内容编排进行了新的尝试。

全书内容分为总论篇、理论篇、业务功能篇、管理篇和应用篇,共 5 篇、12 章。

总论篇包括人类与物流、物流的性质与作用、现代物流发展与研究 3 章。本篇主要分析和讨论人类与物流的关系,物流的本质、属性、价值与作用,国内外物流的发展历程及现状。

理论篇包括物流系统论和供应链理论 2 章。本篇主要分析和介绍物流系统的要素、结构与功能,供应链及其供应链管理思想,物流管理与供应链管理的区别与联系等内容。

业务功能篇包括物流业务功能 1 章。物流业务功能的内容非常丰富,本篇概括介绍了现代物流系统的基本业务活动——运输、储存、装卸搬运、包装、流通加工和配送等。

管理篇包括物流管理 1 章。物流管理的内容也非常丰富,本篇着重介绍和讨论了物流管理的含义、发展阶段和管理目标,深入介绍了物流战略管理、物流信息管理、物流成本管理以及物流服务质量与客户管理等。

应用篇包括第三方物流、电子商务物流、绿色物流、城市物流与区域物流、物流政策与标准化5章。本篇主要对中国物流管理实践应用领域进行了分析和介绍,特别分析和介绍了第三方物流运作管理模式及其运营关键点,面向电子商务的物流模式,企业物流绿色化,绿色物流系统的构建,城市及区域物流与经济发展、城市及区域物流系统与结构,物流政策与标准化等。本篇内容也可以看成物流管理的延伸。

通过上述篇章的编排,可以让读者从人类与物流的关系入手,以物流概念为基础,认清现代物流的本质;以物流系统论及供应链理论为指导,系统地认识和理解物流业务功能,比较全面地掌握现代物流管理的主要内容。读者在学习和掌握了现代物流管理的基本概念、基本理论和基本方法的基础之上,进而能够深入认识和理解第三方物流、电子商务物流、绿色物流、城市与区域物流、物流政策与标准化等一系列应用实践问题。

为了给读者更丰富的信息量,本书还通过阅读参考、图表、案例分析及讨论问题等方式,将一些最新的理论、方法、实践等简明扼要地介绍给读者,以帮助读者更好地学习和理解本书的内容。

本书由6位在物流管理教学和研究工作中积累了丰富经验的同人共同编写完成。重庆工商大学的黄辉负责全书大纲的拟订、统稿和定稿。各章编写分工:黄辉负责第1,2,4章,第6章的第6节和第10章的第3节;重庆工商大学的张军负责第3,5和12章;浙江财经学院的李晓超负责第6章的第1,2,3,4,5节;重庆大学的林略负责第7章,第10章的第1,2节;重庆工商大学的王燕负责第8,11章;重庆工商大学的陈久梅负责第9章。

在本书编写过程中,引用了大量已有的知识和文献,我们尽可能地以脚注、资料来源、参考文献等形式列出,以示敬意。但由于作者的能力有限,可能会有遗漏,而不能尽善尽美,书中不足之处也在所难免,恳请读者批评指正!我们的联系信箱:my1912@126.com。

黄　辉

2008 年 4 月

目　录

第4篇　管理篇

第5篇　应用篇

第 ① 篇

总论篇

本篇导读：

- 物流与人类发展相始终
- 物流，就是物的流动
- 物流学是一门交叉性、综合性和应用性学科

第1章　人类与物流

　　物流就是物品的移动或流动,这是一个古老的话题。人类自出现了商品生产和商品交换,就产生了商品流通和物流。唐代诗人杜牧在《过华清宫》中一句"一骑红尘妃子笑,无人知是荔枝来"让我们看到在千年之前,为让杨贵妃吃到新鲜可口的荔枝,唐明皇派专人快马加鞭从南方运送而来,不惜万金博佳人一笑。这可能是中国历史上最浪漫的与"物流"有关的故事。

学完本章，我们应能回答以下问题

- 物流与我们有什么关系？
- 如何从本质上认识物流？
- 物流学的研究对象是什么？

- 你怎样向他人解释物流？
- 你知道物流都有哪些类型吗？

1.1　人类的物流活动

　　将物流作为一门学科进行研究,开始于20世纪40年代。然而,物流活动却和人类的历史一样悠久,尤其是作为物流活动主要表现的运输和仓储活动,一直伴随人类发展至今。

　　进入文明时期的早期人类以直接采集自然界的天然产物为生活资料,当吃不完有剩余时,用器具将其存放起来以备他时需用。在生活与生产活动中则把自己作为运输工具,以肩挑、背驮或头顶为运输方式。其后,学会了驯化牛、马、狗、象和骆驼等野兽,让其为人类驮物拉车。

　　公元前11世纪中国周朝初期,中央为了适应诸侯国之间政治、军事活动的需要,修建了当时世界第一个大公路网,在中央设置了掌管道路的"司空"官职,并建立了驿站制度,在中央到全国主要都城的大道上每隔 15 km 设 1 个驿站,备良马固车,专门负责传递官府文书、接待往来官吏和运输货物等,形成全国性信息网络和交通运输网络。其传递官府文书的速度可以达到平均每天 250 km,堪称世界上最早的"快递"系统。这一时期,也开始出现专门用于储存谷物的"仓"、储存米的"廪"和储存武器的"库"。

世界上所有的文明古国都是早在几千年前就开始了自己的物流活动。公元前 3000 年左右,埃及为保证修建金字塔的原料供应,修筑了运输建筑材料的大道;公元前 2000 年左右,意大利修建了一条有路面的道路——巴比伦街道。

一方面,随着生产、交换和消费的发展,运输、储存发展为现代物流;另一方面,现代物流对生产、交换和消费有强大的反作用。特别是随着生产与交换规模的日益扩大、流通范围的日益广泛,这种反作用也随之增强。

1.1.1　生活(消费)与物流

在现代社会生活中,我们每天都要与物流打交道。现代物流同我们的衣食住行、日常生活息息相关。

我们每天生活的必需品都可以在商店买到,我们知道,这是通过运输将商品从生产商那里运到商店的。当我们从商店购买了商品,要将商品从商店带回家享用。这时,商品要么由我们自己携带回家,要么由商家为我们送货上门。当我们从京东、淘宝网上购买了商品,将由快递公司把商品送到家里。

显然,离开了物流,我们就不能享用所购买的商品,需求就不能得到满足。从这个意义上讲,现代人离开了物流,将无法正常生活。

1.1.2　流通(交换)与物流

流通作为交换的具体表现形式,是一个从货币到商品的流转过程。这一过程直接将生产与消费连接起来。显然,通过流通,生产者才能将产品顺利地转移给消费者,从而实现产品的使用价值,使劳动组织者的各种劳动消耗得到补偿,产品价值得以实现,再生产得以继续。因此,流通是连接生产与消费的桥梁和纽带。

商品的流通过程,一方面,表现为商品所有权转移过程,即商流;另一方面,表现为商品流动过程,即物流;与此同时伴随着信息流与资金流。

物流作为商品流通的重要组成部分,是商品流通的物质基础。在社会再生产过程中,生产与消费之间存在着时间、空间和数量上的矛盾。正是物流通过其运输、储存、挑选、分类等活动,将生产与消费在时间、空间及数量等方面的矛盾加以化解,从而使商品流通过程得以顺利高效地进行。因此,从这个意义上说,物流虽然派生于商品交换与流通,但却对商品交换与流通,进而对整个社会再生产过程的顺利进行有着反作用。

1.1.3　生产与物流

现代企业的生产经营活动同样离不开物流。在生产加工过程中,由于生产加工工艺、设备加工能力、工人操作技术等原因,以及上下工序之间半成品的差异,使得生产过程中的上一道工序与下一道工序之间也存在着时间、空间、数量等方面的矛盾。因此,在生产加工过程中,为克服这些矛盾,保证生产加工活动的连续进行,原材料、零部件等需要通过储存、运输、搬运等流动到各个车间或设备处进行加工;加工后的半成品同样需要通过运输或搬运流动到下一个加工点,最后完成产品制造过程。显然,生产加工活动过程伴随着物料的流动过程。这一流动过程从原材料入厂开始,经过半成品在各加工点的流转,到成品出厂结束。

虽然生产加工过程中的物流也是派生的,但同样对生产加工过程效率具有很大的影响(阅读参考1.1)。

阅读参考1.1　物流改变生产的历史见证

一百年前,美国福特汽车公司发明了流水线生产方式,即著名的"福特制"。人们从不同角度来总结福特制,我们从事物流科学的人,从福特制当中体会到物流对于生产的巨大作用。

1913年,福特汽车公司采用了传送带装置,将生产过程组成了流水作业线。把原来孤立的"岛状"生产方式改变成连续不断地在传送带不同部位同时进行全部作业活动的生产方式。所有工人都要按照传送带的节奏,在指定的位置,按指定的要求,按同样的速率去进行指定的工作。这种方法,使福特公司的T型汽车生产能力大大提高,生产成本大幅度下降,汽车的装配时间减少到原来时间的1/10。

福特制的核心,其实就是那一条传送带。不要小看了一条传送带,那是技术和管理有机而又巧妙的结合。研究物流的人会发现:与其说这是生产的革命,不如说是采用传送带方式进行物流系统化的物流的革命。仔细分析起来,福特制改变的并不是产品本身的结构、性能,也不是机械加工的技术和方法,道理很简单,因为早在若干年前,通用型的汽车就已经生产了出来,只是受生产方式的约束,没有办法实现大规模的生产。而传送带式的生产解决了大生产的问题,所以改变的并不是产品本身,而是生产领域中的物流方式。这种物流方式的变革开创了新的历史。

资料来源:王之泰.现代物流不仅是流通的子系统——让现代物流为企业生产服务[J].物流技术,2003(11)。

1.1.4　工作与物流

物流活动涉及运输、储存、装卸、搬运、包装、流通加工、配送、信息等的集成,将所有这些领域的工作结合在一起的物流管理工作就成为一种既有价值又有挑战的职业。作为一个合格的物流管理者,"必须既是技术专家同时也是通才。作为技术专家,物流管理者必须懂得运费率、仓库的布局、库存分析、生产、购买和运输法律等。作为通才,物流管理者必须协调好所有物流职能间的关系。除此之外,他或她还必须将物流与企业的其他经营活动,以及物流与企业外的供应商和客户相联系。"①

随着现代物流在我国越来越受到企业重视,物流管理的战略性也日益凸显。因此,有越来越多优秀的物流管理者开始被提拔到企业的高层管理部门,进入企业管理的决策层团队。

1.2　物流的定义与本质

1.2.1　物流的定义与概念

1)物流的定义

关于什么是物流,目前国内外的定义很多,不同的人,不同的企业,不同的部门,不同的行业,不同的国家,不同的时期,对物流有不同的认识。

美国市场营销协会(AMA,American Market Associalion)认为:物流是包含于销售之中的物质资料和服务与从生产地到消费地流动过程中伴随着的种种活动。(1935年)

美国空军(U.S.Air Force)对物流的定义是:物流是计划、执行军队的调动与维护的科学。具体而言,物流与军事活动的许多方面相关。(1981年)

国际物流工程师协会(SOLE,The International Society of Logistics Engineers)对物流的定义是:物流是需求、设计、资源供给与维护有关的,以支持目标、计划及运作的科学、

---

① 詹姆斯·C.约翰逊,唐纳德·F.伍德,丹尼尔·L.沃德洛,等.现代物流学[M].张敏,译.北京:社会科学出版社,2003:17.

管理、工程及技术活动的艺术。(1974 年)

美国物流管理协会(CLM,The Council of Logistics Management)将物流定义为:以满足客户需求为目的,对原材料、在制品、产成品以及相关信息从供应地到消费地的高效率、低成本流动和储存而进行的计划、实施和控制过程。(1986 年)[①]

1992 年,美国物流管理协会将物流定义修订为:以满足客户需求为目的,对产品、服务以及相关信息从供应地到消费地的高效率、低成本流动和储存而进行的计划、实施和控制过程。[②]

1998 年,美国物流管理协会为适应物流的发展,重新修订物流的定义为:物流是供应链流程的一部分,是为了满足客户需求而对商品、服务及相关信息从原产地到消费地的高效率、高效益的正向和反向流动及储存进行的计划、实施与控制过程。[③]

欧洲物流协会(ELA,European Logistics Association)在 1994 年发表的《物流术语》(Terminology in Logistics)中定义物流为:物流是在一个系统内对人员或商品的运输、安排及与此相关的支持活动的计划、执行与控制,以达到特定的目的。

日本综合研究所编著的《物流手册》对物流表述为:物质资料从供给者向需要者的物理性移动,是创造时间性、场所性价值的经济活动。从物流的范畴来看,包括:包装、装卸、保管、库存管理、流通加工、运输、配送等活动。(1981 年)

联合国物流委员会对物流定义为:物流是为满足消费者需要而进行的从起点到终点的原材料、中间过程库存、最后产品和相关信息有效流动和储存的计划、实施和控制管理的过程。

2006 年修订实施的中华人民共和国国家标准《物流术语》(GB/T 18354—2006)定义物流为:物品从供应地向接收地的实体流动过程,根据实际需要,将运输、储存、装卸、搬运、包装、配送、流通加工、信息处理等基本功能实施有机结合。

李京文教授认为:物流就是物质资料在生产过程中各个生产阶段之间的流动和从生产场所到消费场所之间的全部运动过程。[④]

王之泰教授认为:物流是物质资料从供给者到需求者的物理性运动,主要是创造时间价值和场所价值,有时也创造一定加工价值的活动。[⑤]

吴清一教授认为:物流是指实物从供给方向需求方的转移,这种转移既要通过运输或搬运来解决空间位置的变化,又要通过储存保管来调节双方在时间节奏方面的差别。[⑥]

---

①②③　徐天亮,刘志学.中美"物流"定义的分析与比较[J].中国物流与采购,2002(9):22-23.

④　李京文,徐寿波.物流学及其应用[M].北京:经济科学出版社,1987(12):2.

⑤　王之泰.现代物流学[M].北京:中国物资出版社,1995(6):4.

⑥　吴清一.物流学[M].北京:中国建材工业出版社,1996(3):2.

此外，国内外还有一些不同的定义，如：

物流是物质实体从供应者向需要者的物理性移动，它由一系列创造时间和空间效用的经济活动组成，包括运输（配送）、保管、包装、装卸、流通加工及物流信息处理等多项基本活动。[①]

物流是为了实现让顾客满意，连接供给主体和需求主体，克服空间和时间阻碍的有效、快速的商品、服务流动经济活动过程。[②]

从上述各种关于物流的定义可以看出，物流的定义非常多，人们在不同的时期，站在不同的角度，对物流的理解和认识并不完全相同。既有狭义的认识，也有广义的理解；既抽象概括，也具体翔实。有些定义强调流通，有些又强调技术，有些强调管理，但无论如何定义，均离不开实现物品位移（物的流动）这一物流基本目的。实际上，物流就是指运用各种手段，使物品发生位移，满足客户需求的过程。

综合分析上述各家之言，我们认为可以将物流定义为：

物流就是有机整合运输、储存、装卸、搬运、包装、配送、流通加工、信息处理等基本功能，实现物品有目的的经济的流动。

物品[③]的含义非常广泛，泛指各种东西。既可以是原材料、零部件、半成品，也可以是工业品、消费品，既包括有形的产品，也包括无形的服务。

物品的流动是一种有目的的流动。流动的目的多种多样，既希望通过物流降低成本，也需要通过物流保证及时供应；既是为保证企业生产经营的顺利进行，也能够使得社会经济活动更有效率。大多数工商企业将物流作为盈利的重要手段，物流企业则视物流为其盈利的根本。

物品的流动也讲求经济效益。因为物流过程本身要求一定的付出，或者说需要一定的成本支出，因此，如何让物品更经济地流动，就成为人们关心的话题。经济的物流主要表现为两个方面：一方面，是从物品流动过程本身来看，投入产出是否经济，即产出能否抵减投入。这是以提供物流服务为营利目的的物流企业经营管理的目标；另一方面，是从物品的流动过程与生产、流通等过程的关联关系看，物品的流动能否让生产、流通等过程更经济。这通常是一个地区（国家）经济（行业经济）发展的促进条件。

为保证有目的的物品流动能经济地进行，需要有机地整合运输、储存、装卸、搬运、包装、配送、流通加工、信息处理等各种流动活动，这些活动也就是物流的基本功能。

---

① 何明珂，等.现代物流与配送中心：推动流通创新的趋势[M].北京：中国商业出版社，1997：1.
② 宋华，胡左浩.现代物流与供应链管理[M].北京：经济管理出版社，2000：5.
③ 根据《高级汉语词典》，物，本义指万物；品，本义指众多。《说文》中说：物，万物也；品，众庶也。

2）物流的概念

实际工作中,通常不区别物流的概念和定义,但从科学研究角度看,两者存在着区别。概念要求能够准确地描述和反映某个客观事物的本质现象,通常以较为抽象和精练的文字(语言)描述。定义则是根据实际工作需要对某个客观事物作出说明,通常以较为具体和精确的文字(语言)描述。如前所述,因为工作需要,人们可以从不同的角度定义物流,这对实际物流工作者来说可能很重要。但物流的定义不能代替科学的物流概念。对于物流理论研究工作者而言,科学的物流概念更为重要,因为物流实践需要科学的物流理论的指导。

中国学者徐寿波认为,物流的概念是:物的流动。物的流动包含狭义和广义两层含义。狭义物流概念是指物品的流动。这里的物品可以是物料、物件、物资、商品、废物等。广义物流概念是指物质的流动。这里的物质包括宏观的物质如机器、设备等,当然也包括物品,还包括微观物质如分子、原子和电子等。

如果将我国物流的概念与美国、日本等国的物流概念进行比较,就会发现它们之间存在着一些差异,如表 1.1 所示。

表 1.1　中外物流概念比较

比较内容	美　国	美　国	日　本	中　国
"物流"概念 (英文名词)	军事物资、人员和装备调动 (Logistics)	商品实体配送 (Physical Distribution,P.D)	物的流通 (P.D)	物的流动 (Material Flow,M.F)
出现时间	1905 年	1915 年	1965 年	2003 年
最早属性	军事现象	经济现象	经济现象	自然、社会和经济现象
具体内涵	军事物资、人员和装备的调动	商品实体配送	物质资料从供给者向需要者的物理性移动	宏观物品的移动与微观物质的流动的总称
行为性质	早期是有目的的军事后勤管理行为,现是整个供应链管理行为的一部分	有目的的经济管理行为	有目的的经济行为	包括管理行为在内的有目的与无目的的行为
使用领域	军事领域和整个供应链管理领域	流通领域	流通领域	经济、社会和自然领域

资料来源:徐寿波.关于物流科学理论的几个问题(续)[J].北方交通大学学报:社会科学版,2003(3)。

（1）物流概念的最早属性

美国于1905年最早提出的军事运输供应后勤（Logistics）的物流概念，属于军事现象；美国于1915年提出的商品实体配送（P.D）的物流概念，属于经济现象。日本于1965年提出物的流通的物流概念，后简称物流，也属于经济现象。中国学者提出的物流概念既属于经济现象，同时也反映社会现象和自然现象。①

（2）物流概念的具体内涵

美国Physical Distribution（P.D）概念中的物是商品实体，流是配送，Logistics概念中的物是军事物资、人员和装备，流是调动；日本"物流"概念中的物是物质资料，流是从供给者向需要者的物理性移动，而中国"物流"概念中的物是宏观物品（物料、物件、物资和商品等）和微观物质（分子、原子和电子等）两者的总称，流是流动。

（3）物流概念的行为性质

美国Physical Distribution（P.D）概念中的物流行为是有目的的经济管理行为；Logistics概念中的物流行为早期是有目的的军事后勤管理行为，现在则是整个供应链管理行为的一部分；日本"物流"概念中的物流行为是有目的的经济行为，而中国"物流"概念中的物流行为包括有目的的经济与管理行为、社会行为和无目的的自然行为。

（4）物流概念的使用领域

美国Physical Distribution（P.D）概念的使用领域是流通领域，Logistics概念的使用领域早期是军事领域，现在包括整个供应链管理领域；日本"物流"概念的使用领域是流通领域，而中国"物流"概念的使用领域是经济、社会和自然领域。

显然，中国物流的概念包含了日本、美国的物流概念，而日本、美国的物流概念却没有包含中国物流的概念。由于中国的物流概念与其他国家的物流概念不同，因此在将中国的物流概念翻译成英文时，直接套用Physical distribution或者Logistics都不恰当。为此我国学者徐寿波提出翻译中国"物流"时用英文Material Flow，简称M.F。

1.2.2　物流的本质

通过对物流概念的分析研究，物的流动是物流概念的核心内涵。因为物的流动反映了我们对物流这一客观事物（现象）的认识，也是对物流客观事物本质现象的反映。因此，物流的本质就是物的流动。既然物流的本质是物的流动，因此只要存在物的流动，就必然存在物流。这样，物流存在的领域就非常广泛。根据物流存在的领域不同，可以从自然领域、经济领域和社会领域来认识物流。

---

① 详见"1.2.2物流的本质"一节。

1）自然物流——存在于自然界的物流

物流现象最早存在于自然界,将这称为自然物流。自然物流是宏观物品(物料、物件、物资和商品等)的流动和微观物质(分子、原子和电子等)的流动的总称。

自然界中的物(物质)有固体、液体和气体 3 种基本形态。因此,自然物流可以分为固体物流、液体物流和气体物流。在日常生活中,固体物流是人们见得最多的,其次是液体物流,气体物流比较少。然而在自然界中存在最多的是气体物流,气体物流遍及宇宙。如,风是空气这个气体的物的流动产生的,是大气中由于温度差和气压差形成的大气物流,即气流;大气中 CO_2,SO_2,NO 随气流形成的废气物流,都是气体物流。河流中的水从高位流向低位形成水的物流,即水流;雨雪落到地面形成雨雪流;河流中的工业废水、生活废水形成废水流;海水由于温差形成洋流等,都是液体物流。鱼、鸟等动物随季节变换迁徙,植物花粉随风流动形成花粉物流,大气中的沙尘颗粒物物流,黄河的泥沙物流,雨季时山体崩裂形成的泥石流,火山爆发形成的熔岩流等,都是自然界存在的固体物流。所有这些物流我们统称为自然物流。

自然物流的特点:物是自然界存在的物,不是经济商品的物;流的动力来源于自然界,而非来源于人类的经济活动;因为不是人类行为,所以不存在任何目的。自然物流可以为人类造福(如水力发电、风力发电、潮汐发电等),也会给人类带来灾难(如水灾、风灾、沙尘暴、酸雨等)。自然物流遵循自然规律。人们对这些物流的自然现象很早就有研究,如大气物理学、水利学等学科都可以说是研究自然物流问题的学科。随着人类活动的影响,自然物流问题以及由此引起的环境生态问题越来越严重,如大气中和水中的有害物质的物流造成的危害问题,包括泥石物流问题,沙尘暴物流问题,酸雨物流问题等,都是人类需要加强研究的自然物流问题。

2）社会物流——存在于社会领域的物流

社会物流现象是随着人类社会的发展而出现的。自从原始社会有了人类生活消费和农业生产,相关的各种原始物流开始出现。生活物流及其废弃物流是人类自身生存发展需要的行为,没有任何经济目的,是任何社会都不可缺少的社会物流。古代和现代社会中也存在其他的社会物流,如古代中国人建造万里长城的建筑物流,现代受灾地区的救灾物流,贫困地区救济物资的物流,军事活动中为保证军事任务完成所需要的军需品的即时供应物流(这里不包括以盈利为目的的作为商品买卖的军火供应商的物流),等等。上述这些物流是一种为满足人类自身生存发展需要和社会服务需要的非营利性的社会行为,可以把上述这些物流统称为社会物流。

社会物流的特点:物是自然界存在的物和经济商品,流的动力来自人类的社会活动,是非盈利性的社会行为。它遵循自然规律和社会发展规律。随着人类社会的发展,社会物流问题越来越重要,越来越受到各个国家的关注,因为社会物流问题解决不好,就会影响国家的安全和社会的安定。对社会物流问题进行很好研究,是物流科学技术研究很重要的组成部分。

3）经济物流——存在于经济领域的物流

经济物流是在自然物流和社会物流之后出现的。自从农业社会生产发展有了商品交换和社会分工以后,由于经济发展的需要,经济物流随之而发展。但是,当时生产力发展水平较低,物流规模不大。进入工业社会,蒸汽机等一系列发明促使生产力水平迅速提高,物流规模随之扩大,同时新技术和新发明应用于轮船、火车等运输工具,解决了物流需要的大量动力问题,因此,经济物流得到很大发展。今天,特别是经济全球化的日益发展,对物流提出了越来越高的要求,经济物流越来越受到人们的重视。经济物流涉及的范围非常广泛,只要是经济领域中的物流活动,如各产业、各部门、各行业物流,原材料的生产、销售和供应物流,产成品和半成品的生产、销售和供应物流,回收物流、生产废弃物流、退货物流,地区物流、区外物流、国家物流、国际物流等,都把它们叫作经济物流。经济物流是人类经济行为的重要组成部分。

经济物流的特点:物是经济商品的物,流的动力来自人类的经济活动,是有赢利目的的经济行为。经济物流主要遵循经济规律。国内外研究最多的物流就是这种物流。

综上所述,"物流"这个名词虽然从表面看是由物与流两个字组成的,可以理解为"物的流动",但实质上它是对自然领域、社会领域和经济领域存在的无数"物的流动"客观事物本质现象的描述和反映。因此,中国提出的物流概念"物的流动"是一个科学的物流概念,不仅适用于经济领域,同样适用于自然领域和社会领域。

从本质上认识和理解物流,有助于我们历史、辩证地认识和理解自然物流、社会物流和经济物流相互之间的转化。如自然界的空气流动是自然物流,而加工后的空气变成商品的流动就成为经济物流;河流中水的流动是自然物流,而水渠中水的流动就是社会物流。

1.2.3 "物流"一词的由来

"物流"一词,最早[①]出现在美国。开始时学者们将其称作"Physical Distribution",第

---

① 对此有 3 种说法:一说是 1901 年约翰·格鲁威尔在美国政府《农产品流通产业委员会报告》中提出的;二说是 1905 年琼西·贝克在《军队和军需品运输》一书中提出的;三说是 1915 年阿奇·W.萧在《市场流通中的若干问题》一书中提出的。徐寿波.关于物流科学理论的几个问题[J].北方交通大学学报:社会科学版,2002(9).

二次世界大战期间 Logistics 开始受到重视，日本引入后称为"物的流通"，目前我国称为物流。

1）Physical Distribution

1915 年，美国营销学者阿奇·W.萧（Arch W.Shaw）在《市场分销中的若干问题》（*Some Problem in Market Distribution*）中提出"Physical Distribution"概念（今译实体分配，或实体分销、物资分拨）。阿奇·W.萧认为"实体分销是与创造需要不同的一个问题"，"物资经过时间或空间的转移，会产生附加价值"。

1922 年，克拉克（F.E.Clark）在《市场营销原理》中，开始涉及物资运输、物资储存等业务的实物供应（Physical Supply）这一名词，该书将市场营销定义为"影响产品所有权转移和产品的实物流通活动"。这里所说的所有权转移是指商流，实物流通是指物流。

1935 年，美国销售协会对物流作出最早的定义："物流（Physical Distribution）是包含于销售之中的物质资料和服务，与从生产地到消费地点流动过程中伴随的种种活动。"

此后，从 20 世纪 50 年代到 70 年代，人们研究的对象主要是狭义的物流——与商品销售有关的物流活动，即流通过程中的商品实体运动，因此，通常采用的仍是 Physical Distribution 一词。

2）Logistics

Logistics 一词最早出现在第二次世界大战期间。当时美国人在对军火等进行的战时供应中，首先采用了 Logistics Management（后勤管理）这一名词，即对军火的运输、补给、屯驻等进行全面管理。第二次世界大战后，后勤逐渐形成单独学科，并不断发展为后勤工程（Logistics Engineering）、后勤管理（Logistics Management）和后勤分配（Logistics of Distribution）等。后勤管理的方法后被引入商业部门，称为商业后勤（Business Logistics）。

1986 年，美国物流管理协会将原用的名称 National Council of Physical Distribution Management（NCPDM）改为 The Council of Logistics Management（CLM），并将 Physical Distribution 改为 Logistics。他们认为 Physical Distribution 的领域较狭窄，Logistics 的概念则较宽广、连贯和完整。

阅读参考 1.2 Logistics 与 Physical Distribution 的不同

Logistics 与 Physical Distribution 的不同，在于 Logistics 已突破了商品流通的范围，把物流活动扩大到生产领域。物流已不仅仅从产品出厂开始，而是包括从原材料采购、加工生产到产品销售、售后服务，直到废旧物品回收等整个物理性的流通过程。这是因为随着生产的发展，社会分工越来越细，大型的制造商往往把成品零部件的生产任务，包给其他专业性制造商,自己只是把这些零部件进行组装,而这些专业性制造商可能位于世界上劳动力比较便宜的地方。在这种情况下,物流不但与流通系统维持密切的关系,同时与生产系统也产生了密切的关系。这样,将物流、商流和生产3个方面连接在一起,就能产生更高的效率和效益。近年来日、美的进口批发及连锁零售业等,运用这种观念积累了不少成功的经验。

资料来源:Zhaoyang17.物流的由来[Z/OL].CSDN博客,2004-9-30,[2020-7-5]。

3)物流

1956年,日本生产本部派出由早稻田大学教授宇野正雄等一行7人组成的"流通技术专门考察团"去美国考察。他们发现日本以往叫作"流通技术"的内容,相当于美国的"Physical Distribution"(实物分配)的内容。从此,便把流通技术按照美国的简称,叫作"P.D",随后"P.D"这个术语在日本得到广泛使用。

1964年,日本池田内阁的五年计划制订小组成员平原在谈到"P.D"这一术语时说:"比起来,叫作'P.D'不如叫作'物的流通'更好。"

1965年,日本在政府文件中正式采用"物的流通",简称为"物流"。

1979年6月,我国物资工作者代表团赴日本参加第三届国际物流会议,回国后在考察报告中第一次引用和使用"物流"这一术语。1989年4月,第八届国际物流会议在北京召开,"物流"一词在我国的使用日益普遍。

1.3　物流的类型

物流活动无处不在。虽然从本质上说物流都是物的流动,具有相同或相似的基本要素,但由于物流领域、物流对象、物流目的、物流范围与范畴等的不同,为工作和研究的方便,有必要对物流进行分类。

1.3.1　根据物流活动性质不同分类

1)社会物流

社会物流一般指流通领域及其社会经济领域中发生的物流,是全社会的物流,所以也称为大物流或宏观物流。还有人认为,社会物流就是企业外部物流活动的总称。社会物流是超越了企业或消费者个人的以社会经济领域为范畴的物流。

2）行业物流

行业物流就是同一行业中形成的物流。显然各行业具有不同的特点，因此行业物流也有各自的特征。但行业物流最大的特征在于：同一行业中的企业在生产经营上可能是竞争对手，但在物流上却能够、也应该互相协作，通过物流共同化、规模化从而大大降低企业物流成本，同时也共同促进行业物流系统化及物流活动的合理化。

3）企业物流

企业是为社会提供产品或服务的经济实体，企业物流就是企业在生产经营过程中的物流活动。生产制造企业需要购进原材料，经过一系列工序的生产加工，形成产品销售出去，由此形成了采购物流、生产物流和销售物流；运输公司根据客户要求将货物输送到指定地点，形成了运输服务。因此，企业物流也是指企业经营范围内由生产或服务活动所形成的物流。

1.3.2　根据物流研究范畴不同分类

1）宏观物流

宏观物流是指社会经济与再生产总体的物流活动，是从整个社会经济角度及社会再生产角度去认识和研究的物流活动。宏观物流的直接参与者是构成社会经济及再生产的大产业、大利益集团等，包括政府相关规划部门等间接参与者。因此，宏观物流既研究社会经济及再生产的总体物流，也研究产业或集团的物流活动及其物流行为。

宏观物流还可以从空间范畴理解和认识。在很大空间范畴的物流活动往往带有宏观性，在很小空间范畴的物流活动则往往带有微观性。宏观物流通常是从总体上看的物流活动，而不是从物流的某一个环节来看的物流活动。

社会物流、国民经济物流、国际物流等都属于宏观物流活动。

2）中观物流

中观物流介于宏观物流和微观物流之间，是区域性社会经济与再生产过程中的物流，是从区域社会经济角度去认识和研究的物流活动。

从空间位置来看，中观物流一般是较大的空间内的物流活动。

在物流活动中，城市物流、区域（经济区）物流即属中观物流。城市物流即以城市为出发点的物流活动，主要包括城市内部各经济部门之间、城市与城市之间、城市与周围农村之间的物流活动等。区域物流则是以在物流活动(包括经济、社会活动)等方面相互关联的地区为出发点的物流活动,主要包括区域内各城市之间、本区域与其他区域之间的物流活动等。

3)微观物流

微观物流是指生产商、经销商及消费者所从事的实际的、具体的物流活动,是从一个生产经营者物流的某一具体职能或具体的物流实务,或某种物质资料的物流问题等方面去认识的物流活动。微观物流是整个物流活动中的一个局部、一个环节。

微观物流具有具体性、实务性和局部性的特点。

在物流活动中,一个小地域空间发生的具体的物流活动,针对某一种具体产品所进行的物流活动,企业物流、生产物流、供应物流、销售物流、回收物流、废弃物物流、生活物流等均属微观物流。

1.3.3 根据物流活动空间范围不同分类

1)地区(区域)物流

地区或区域物流是指一个省、市,或者几个省、市之间的物流。地区或区域物流按行政区域,可以分为上海物流、北京物流、西南地区物流、华北地区物流、华东地区物流等;按经济圈,可以分为苏(州)无(锡)常(州)经济区物流、黑龙江边境贸易区物流等;按地理位置,可以分为长江三角洲地区物流、珠江三角洲地区物流、长江上游地区物流等。

2)国内物流

国内物流就是某一个国家国内的物流。国内物流主要可以按国家不同划分,如美国物流、日本物流、中国物流等。

3)国际物流

国际物流就是不同国家(或地区)之间的实体物流。国际物流一般可按照地区范围不同进行划分,如亚太国际物流、欧亚国际物流等。

1.3.4 根据物流业务活动性质不同分类

按物流业务活动的性质对物流进行分类,就是从企业角度进行的分类。根据企业物流业务活动性质的不同,企业物流可以划分为采购/供应物流、生产物流、销售物流、回收物流和废弃物物流等。

1)采购/供应物流

采购/供应物流是在为企业提供原材料、零部件或其他物品时,物品在提供者与需求者之间的实体流动。对生产企业而言,是指生产活动所需要的原材料、备品备件等物资的采购、供应活动所产生的物流;对于流通企业而言,是指交易活动中,从买方角度出发的交易行为所发生的物流。

2)生产物流

生产物流是生产过程中,原材料、在制品、半成品、产成品等在企业内部的实体流动。生产物流是生产制造企业特有的,它和生产流程同步。原材料、在制品、半成品等按照工艺流程在各个加工点之间的移动、流转形成了生产物流。如果生产物流中断,生产过程也将随之停顿。因此,生产物流是生产得以顺利进行的保障。

3)销售物流

销售物流是企业出售商品时,商品在供应方与需求方之间的实体流动,也就是商品的生产者或持有者到用户或消费者之间的物流。对于生产企业来说,是指售出产品形成的物流;对于流通企业来说,是指交易活动中,从卖方角度出发的交易行为所发生的物流。

4)回收物流

回收物流是指生产过程和生活消费过程的可再利用物品在回收过程中形成的物流活动。回收物流涉及较广,如货物运输和搬运中所使用的包装容器、废旧装载工具的回收,工业生产中的边角余料、废旧钢材等的回收;不合格物品的返修、退货,以及周转使用的包装容器从需方返回到供方所形成的物品实体流动;纸箱、塑料筐、酒瓶等包装容器的回收,建筑行业的脚手架的回收再利用;废旧书报、废旧金属的回收再利用等。

5)废弃物物流

将经济活动中失去原有使用价值的物品,根据实际需要进行收集、分类、加工、包装、搬运、储存等,并分送到专门处理场所时形成的物品实体流动,叫废弃物物流。生产和流通系统中所产生的无用的废弃物,如开采矿山时产生的土石、炼钢生产中的钢渣、工业废水以及其他一些无机垃圾等,如果不妥善处理,不但没有再利用价值,还会造成环境污染,就地堆放会占用生产用地,妨碍生产。对这类物资的处理就产生了废弃物物流。废弃物物流没有经济效益,但具有不可忽视的社会效益。

此外,还有许多物流的分类,如绿色物流、军事物流、定制物流、智慧物流等。所谓绿色物流是指在物流过程中抑止物流对环境造成危害的同时,实现对物流环境的净化,使物流的活动对资源的消耗减少到最小,物流资源得到最充分的利用的物流形式。军事物流是指用于满足军队平时与战时需要的物流活动。定制物流是指根据用户的特定要求而为其专门设计的物流服务模式。智慧物流则是将互联网、物联网、大数据、人工智能等技术应用于物流活动,实现物流活动的机械化、自动化、可视化、网络化,物流管理活动信息化、数据化和智能化的物流系统。

1.4　物流学的研究对象与内容

物流学的理论体系是建立在人们对物流活动认识的基础之上。人们的认识深度和广度,决定了物流学理论体系的完善程度。

1.4.1　物流学的研究对象

所有的活动,无论是人们的社会生活,还是社会的经济活动;无论是制造企业的生产活动,还是商贸企业的经营活动,或者是军队的军事活动等,都离不开物流。当然,人们在日常生活中的物流与社会经济活动中的物流几乎没有可比性,军队的物流活动与企业的物流活动也有很大的区别,但通过这些差异与不同,我们仍然可以看到这些不同领域、不同部门的物流活动的共同性。他们的物流活动都是为了实现自身既定目标,对原材料、物资、在制品、半成品、产品、商品等进行的采购/供应/购买、运输、仓储、装卸、搬运、包装、加工等活动,这就是不同领域、不同行业、不同企业的物流活动的共同之处。

物流活动的共性是建立在不同的物流活动的特殊性之上的。制造商的物流不同于零售商的物流,企业的物流不同于军队的物流,汽车制造商的物流不同于炼油生产商的物流,农产品物流不同于工业品物流,工业品物流不同于化学危险品物流……有多少不同的组织就有多少特殊的物流活动,也就有针对这些不同的物流活动的物流原理、物流管理、物流技术,由此,形成了各种不同的物流学,如生产物流学、零售物流学、军事物流学、餐饮物流学、区域物流学、国际物流学等。这些专门的物流学又包含着共同的普遍的物流原理、物流方法与技术,由此形成了本书——《物流学导论》的研究对象。

因此,物流学的研究对象就是普遍适用于人类经济社会中的各种物流活动的原理、方法和技术。物流学是一门研究人类经济社会物流活动的基本规律、普遍原理与一般方法的交叉性、综合性和应用性的学科。

1) 物流学是一门交叉性学科

物流活动是一项系统工程。从采购、供应到运输、储存,从装卸、搬运到包装、流通加工等,涉及众多企业、部门和行业。这些不同企业、不同部门和不同行业的物流活动又有自身的特点,需要相应的知识。它既需要管理学、经济学等社会科学知识,也需要工程技术、信息技术等自然科学的知识。因此,物流学是一门交叉性学科。

2) 物流学是一门综合性学科

物流活动涉及社会活动的许多方面,它们各有其自身的内在规律性。因此,物流学必须吸收管理学、经济学、工程学等其他相关学科的知识以充实自己。通过对各门相关学科有用知识的吸纳、重铸与整合,将不同学科的概念、方法和技术手段相互融会,形成物流学自身独立的研究内容体系。因此,物流学是一门综合性学科。

3) 物流学是一门应用性学科

物流学来源于人类的物流实践活动,是人类物流实践经验的概括和总结。物流学既包括基础研究,也包括应用研究。物流学是一门基础性理论学科,要对物流活动的性质、规律进行理论研究,帮助人们认识物流活动的本质,探索物流活动的规律;物流学更是一门实践性应用学科,要对物流的经营与服务等实际问题进行研究,帮助人们解决物流实际工作中提出的具体管理与技术问题。

1.4.2　物流学的内容体系

物流学的研究内容是人们对物流活动的认识的总结。它是随着人们对物流活动规律的认识的深入不断完善和发展的。根据以上对物流学的认识,我们将物流学的研究内容分为五个方面,由此形成了本书的结构。全书分为总论篇、理论篇、业务功能篇、管理篇和应用篇 5 个部分,共分为 13 章。

总论篇。本篇着重分析阐述人类物流活动的概念、本质、特点、价值与作用,以及物流活动的发展。这部分内容是全书的总纲,是以后各篇展开的基础。

理论篇。本篇主要阐述了物流系统组成要素、物流系统的结构与功能,供应链及其供应链管理思想,物流管理与供应链管理的区别与联系等。当然,由于物流活动涉及的领域、行业、部门众多,指导物流活动及其管理的理论不仅包括这些,但我们认为,物流系统论与供应链理论是物流实践活动的基本理论指导。

业务功能篇。几乎所有的物流活动都包含着运输、储存、装卸、搬运、包装、流通加工、配送等业务活动,或者说作为物流系统,总是通过运输、储存、装卸搬运、包装、流通加工、配送等功能实现其目的。因此,物流业务活动,或者说物流业务功能是物流学研究的基本内容;同时,物流的业务活动或物流系统的功能也涉及相关的企业、部门和行业,这些企业、部门和行业本身也是一个系统。

管理篇。物流活动如何顺利和高效地进行,是人们最为关心的问题。管理是物流活动顺利高效运行的基本保障。物流管理的内容非常丰富,但我们认为最主要的内容应该包括物流战略管理、物流信息管理、物流成本管理、物流服务质量管理及其客户管理等。同样地,这些研究内容也涉及其他的领域和其他的学科,如战略管理、信息论、成本管理、质量管理、客户关系管理等。

应用篇。物流学的基本原理、基本理论与基本方法是物流实践的规律总结和升华,然后又对物流实践给以指导,并通过物流实践不断修正。本篇着重阐述物流实践的一些主要方面:包括第三方物流运作管理模式及其运营关键点,面向电子商务的物流模式,冷链物流的基本业务活动及其运营管理的关键工作,企业物流绿色化、企业绿色物流系统的构建,区域物流与区域经济发展,城市的物流系统与管理,物流政策与标准化等。

1.4.3　物流学的主要学说

从人类认识物流活动的发展过程看,人们尝试从不同的角度认识物流,由此形成了关于物流的学说与观点。这些学说与观点概括起来主要有商物分工协作说、"黑大陆"说、物流冰山说、第三利润源说、成本中心说、服务中心说、效益背反说、物流系统说、物流战略说等。

1)商物分工协作说

任何商品的流通过程都包含着商流、物流、信息流、资金流这四流。商物的分工协作是现代物流学赖以存在的先决条件。所谓商物分工协作是指在流通中,一方面商流与物流分离,商业流通和实物流通各自按照自己的规律和渠道独立运动。特别是随着人们对物流的认识的深入,如果以物流本身的特殊性,将物流从商流中分离出来,进行专业分工,有助于流通效率的提高。但另一方面,商物分工或分离也不是绝对的。在现代科学技术飞跃发展的今天,优势可以通过分工获得,也可以通过趋同获得。"一体化"

在原来的许多分工领域中开始受到人们的关注并付诸实践。一些国家的学者提出了商流和物流在新基础上的一体化的问题。如欧洲一些国家对物流的理解本来就包含企业的营销活动,即在物流研究中包含着商流,特别是在物流中的配送活动,许多人就认为其是商流与物流的一体化。

2)"黑大陆"说

著名管理学家 P.E.德鲁克曾经说过:"流通是经济领域里的黑大陆"。本来德鲁克泛指的是流通,但由于流通领域中物流活动的模糊性最为突出,是人们最认识不清的一个领域,因此,这一说法被专用来描述物流领域,于是就有了物流"黑大陆"说。所谓"黑大陆",主要是指人们尚未认识和尚未了解的领域。如果通过理论和实践探索来照亮这片"黑大陆",展现在人们眼前的也许是一片不毛之地,也许是一片藏宝之地。同时,"黑大陆"说也反映了物流领域本身的状况,即人们对这个领域的认识才开始,未知的东西还很多,关于物流的理论和实践都还不成熟,因此物流学的基本原理、基本理论等还需要有志之士不断发展完善。

3)"物流冰山"说

日本早稻田大学西泽修教授在潜心研究物流成本时发现,现行的财务会计制度和会计核算方法都不能反映物流费用的实际情况,或者说现行的财务会计制度和会计核算方法除了将运输与仓储费用反映出来之外,物流环节的其他费用几乎没有得到反映,而这些环节所消耗的费用也很大。因而,人们对物流费用的了解也几乎是一片空白,所能看到的就像冰山一样,只是露出海面的很小一部分,海面下的"冰山"才是物流费用的主体部分。一般来说,企业向外部支付的物流费用是很小的一部分,大部分都是企业内部发生的物流费用。于是西泽修教授将这种现象比喻为"物流冰山"。

4)第三利润源说

第三利润源说也是由日本早稻田大学西泽修教授提出。纵观经济发展历程,能够获得利润的来源主要有两个:一个是来源于资源,即通过降低生产过程中的物质资料消耗而增加利润,这是企业的第一利润源;另一个是企业通过改进和提高管理技术与水平,运用先进管理手段,降低人力资源消耗而增加利润,这是企业的第二利润源。因此,西泽修教授认为,企业通过优化物流活动,节约物流成本与费用而带来利润的增加,这是企业继第一利润源与第二利润源之后的第三个利润来源。而且,对国民经济而言,通过节约社会物流成本也能够增加国民收入。特别是当人们发现第一和第二利润的源头所带来的利润潜力越来越小,为增加利润所进行的投入越来越大,利润的开拓越来越困难时,物流领域的利润潜力必然受到人们的重视和青睐,物流领域成为第三利润源也就顺理成章了。

5)成本中心说

持成本中心说观点的人们认为,物流在企业战略中,只对企业营销活动的成本产生影响,物流环节是企业成本的主要发生源。因此,解决企业的物流问题,主要不是物流的合理化、现代化,也不在于物流对其他活动的支持保障,而是通过物流的管理来降低物流成本,以及通过物流的一系列活动来降低企业其他环节的成本。因此,这里的"成本中心"既是指主要成本的产生点,又是指降低成本的关注点。这也是物流是"降低成本的宝库"等说法的形象表述。

6)服务中心说

服务中心说主要反映了美、欧等国家的学者对物流的认识。他们认为,物流活动最大的作用不在于为企业节约了消耗,降低了成本或增加了利润,而是在于提高了企业对用户的服务水平,进而提高了企业的竞争能力。因此,他们在使用描述物流的词汇上选择了后勤(Logistic)一词,特别强调其服务保障的职能,通过物流的服务保障,让企业以其整体能力实现成本的压缩和利润的增加。

7)效益背反说

"效益背反"最初来源于经济学,其揭示了经济领域"对同一资源的两个方面处于相互矛盾的关系之中,要想较多地达到其中一个方面的目的,必然使另一个方面的目的受到部分损失"。同样地,"效益背反"也是物流领域中的普遍现象,是物流的各项活动,包括运输、储存、装卸、搬运、包装、流通加工等之间矛盾的反映和表现。以包装问题为例,包装方面每少花一分钱,从表面上看这一分钱就必然转到收益上来,包装越省钱,利润则越高。但是,一旦商品进入流通,如果简省的包装降低了对产品的保护作用,造成了大量损失,就会造成储存、装卸、运输功能要素的工作劣化和效益大减。再比如,减少仓库节点并尽量减少库存,必然使库存补充变得频繁,从而会增加运输成本。为此,必须注重研究物流的总体效益,使物流系统化,让物流系统的各个部分有机结合起来。

8)物流系统说

美国学者用"物流森林"来反映物流活动的系统性和整体性。他们认为物流是一种"结构",对物流的认识不能只见功能要素,不见物流系统结构,就像我们认识山林一样,不能只见树木不见森林。"物流是一片森林而非一棵棵树木"。认为物流是一个系统的类似说法还包括：物流系统观念,多维结构观念,物流一体化观念,综合物流观念,后勤学和物流的供应链管理等,这些都是物流系统思想的另一种提法或者是同一思想的延伸和发展。

9)物流战略说

随着世界经济的全球化发展,越来越多的实际工作者和理论工作者逐渐认识到,物流更具有战略性。无论是行业、部门还是企业,只有从战略高度认识和把握物流,才能真正重视物流的影响,也才能全力以赴地推进或推动物流的建设和发展。从战略上认识和理解物流,人们才不会仅将物流看作一项具体的操作性的任务,而是关系着一个国家、一个地区,或一个企业的生存和发展的大事。因此,应该将物流上升到战略高度加以认识和研究。

≫ 本章小结

物流是一个古老的话题。人类自出现了商品生产和商品交换,就产生了商品流通和物流。世界上所有的文明古国都是早在几千年前就开始了自己的物流活动。一方面,随着生产、交换和消费的发展,运输、储存发展为现代物流;另一方面,现代物流对生产、交换和消费有强大的反作用。特别是随着生产与交换规模的日益扩大、流通范围的日益广泛,这种反作用也随之而增强。物流的影响无处不在,与我们生活(消费)、流通(交换)、生产、工作密切相关。

物流就是有机整合运输、储存、装卸、搬运、包装、配送、流通加工、信息处理等基本功能,实现物品有目的的经济的流动。物流的本质就是物的流动。物流存在的领域非常广泛,包括存在于自然界的自然物流、存在于社会领域的社会物流和存在于经济领域的经济物流。

"物流"一词最早出现在美国。开始时学者们将其称作"Physical Distribution",第二次世界大战期间 Logistics 开始受到重视,日本引入后称为"物的流通",目前我国称为"物流"。

对物流进行分类可以帮助我们进一步认识和理解它。根据物流活动性质不同,可以将其分为社会物流、行业物流和企业物流;根据物流研究范畴不同,可以将其分为宏观物流、中观物流和微观物流;根据物流活动空间范围不同,可以将其分为区域物流、国内物流、国际物流;根据物流业务活动性质不同,可以将其分为采购/供应物流、生产物流、销售物流、回收物流和废弃物物流等。

物流学的研究对象就是普遍适用于人类经济社会中的各种物流活动的原理、方法和技术。物流学是一门研究人类经济社会的物流活动的基本规律、普遍原理与一般方法的交叉性、综合性和应用性学科。物流学的研究内容是人们对物流活动的认识。它随着人们对物流活动规律的深入认识不断得到完善和发展。

关于物流学的学说主要包括商物分工协作说、"黑大陆"说、物流冰山说、第三利润源说、成本中心说、服务中心说、效益背反说、物流系统说、物流战略说等。

>> 案例分析

关于物流的对话

范棣,中国44家特大国有企业之一招商局集团董事、招商迪辰系统有限公司董事长兼CEO、北京大学现代物流与供应链管理研究中心副主任。曾任招商局集团财务总监、香港友联银行(工银亚洲)总行副行长、招商银行总行高级顾问、中国人民银行总行《金融研究》主编、美国Interlink公司总裁。北京大学、美国加州柏克莱大学经济学博士、美国南加州大学经济管理学博士。

庄稀海:我有一位朋友,他一直想来看我和财经人物的对话。我说你今天就跟着来呗!结果他就先问一问,我们今天谈什么话题。我说物流。他说物流啊,好像跟我们生活没太大关系。算了吧,下次吧,下次吧。于是他没有来。我想我们的读者当中,很多人也会有这样的心理。范博士是中国的物流专家了,你给大家讲讲物流跟我们生活的关系。

范棣:我想是有很大关系的。比如说我们面前的这杯水。这杯水我们知道是从大的罐子或者矿泉水瓶倒出来的。那么,我就举我们矿泉水这个瓶子为例。如果你是经营一个矿泉水公司的老板,那么你要给这个楼每天运多少瓶矿泉水呢?我不知道这楼里有多少员工,假定有400个员工,每个员工每天喝两瓶水,是不是每天要运800瓶水?那么你是一次给这个楼送5天的水的量呢,还是送两个星期的水的量?或者是一个月的水的量,甚至一年的水的量?送一年的水的量可能太多了,会过期;送一天的水的量又太少了,一旦第二天送水的时候交通堵塞,员工可能就喝不上水。我的意思是,虽然你每天喝矿泉水,但是却没有哪天觉得供应不上了。在背后,这个矿泉水公司的经营是大有学问的。

庄稀海:这个听上去好像是算术的问题,但其实我觉得背后有一个统筹安排的问题,这就是物流吗?

范棣:有一个很显著的例子就是沃尔玛。一个典型的沃尔玛,经营的是两万种以上的商品。两万种以上的商品意味着要有3 000~5 000家供应商向它提供货物。如果没有一个系统的策划过程,没有很多公司在统筹下进行供应的话,沃尔玛很难经营。有这样一个概念,叫 5R 定律:在恰当的时间,以恰当的方式、恰当的成本、恰当的工具,将商品送到恰当的地点。

庄稀海:恰当,我的理解并不一定就是"最早的""最低的""最快的"等极端手段,而是"最合适的"。

范棣:是的,我举一个例子。我的一个美国朋友圣诞节前从中国进口各种各样的装饰品,然后放在一个小盒子里面,放到超级市场里去卖。这个小盒子的样式是非常精美的,每年都在变化,为了竞争嘛。去年他选择了 12 月 15 号那天同时在加州的 100 多家连锁店出售。我问他,为什么是 12 月 15 号,不是 14 号,不是 16 号?他说,我经过反复计算,如果我放得太早,对手可能调整,我的风险就很大。如果太晚的话,快过节了,怕来不及。你想,这盒子里面有十几样东西,是十几个供应商分别生产的,然后从中国十几个地方运到一个地方组装,到 12 月 15 号那天,还要准时送到零售商手里,这里面物流过程是挺复杂的。要经过中国本地的检验,出口许可,经过远洋运输,到美国经过海关,过保税仓,组装完毕后再经过批发商,到零售商。有许多东西需要协调。

庄稀海:听上去物流好像就是一个物质流动的过程。那物流和运输有区别吗?

范棣:运输是物流中间的一个环节。简单说,仓储是物流的一个环节,运输是物流的一个环节,那么做增值服务的,包装是物流的一个环节,配送是一个环节,甚至我们还可以说,总体规划是物流的环节。我们做信息化,用计算机系统来管理配送、仓储,也是物流的环节。

庄稀海:那么我们中国物流现状怎样?

范棣:应该讲非常落后。我还是用数字来说,美国大概生产 1 块钱的东西,它在物流上的成本是 1 毛钱。中国是多少钱呢? 大概是 3 毛钱左右,那么我们比别人多了两毛钱。

庄稀海:多了 20% 的成本。

范棣:2002 年中国的 GDP 是 10 万亿元,20% 意味着每年浪费的,或者说我们可以节省的空间大概是 2 万亿元。这个中间的价值是相当相当大的。这就是为什么这两年我们大家都在讨论物流的根本性原因。

庄稀海:那么如果我们中国的物流想快速地跟上世界的脚步,提高自己的整体水准,应该从哪些方面去着眼呢?

范棣:我想应从两个方面着眼。一方面,是政府在制定物流标准时,要加快步伐,要统一标准。我还是举实际例子来说吧。我们的邮政在寄包裹的时候,它不是说随便什么盒子都接受的,它是有一个标准的盒子来装的。你多大的物品就给你多大的盒子。你说我寄一个很小的杯子,他不可能给你一个大盒子。为什么呢? 因为标准的盒子便于运输,也便于管理,所以要标准化。中国最大的障碍是物流没有标准化。你看咱们的货车有标准的吗？没有。大大小小的都有。仓库也是，高矮都有。没有标准化，处理效率会非常低，所以在标准化方面，我们是绝对需要改善的。政府要出来做标准，因为企业自己很难做，这是第一方面。另一方面呢，这物流要做好，除了自身的原因之外，还与其他的商业网络有关系。在这个商业网络里面，牵涉到我把这个东西交给你，我放不放心的问题。你能不能够保证把我这个产品按质按量地送到，这就是游戏规则。制定标准就是制定一个规范的游戏的规则，大家就是按规则做事情。内部和外部双方面的努力才能把企业做好。

资料来源：庄稀海.对话范棣：物流时代[Z/OL].博客中国，2003-4-20。

>> 讨论问题

1.你认为物流与我们的日常生活有关吗？有多大的关系？为什么？
2.物流和运输有区别吗？为什么？
3.5R 的含义是什么？你是如何理解 5R 定律的？
4.为什么物流标准化很重要？

>> 关键概念

物流；物流本质；自然物流；社会物流；经济物流；企业物流；行业物流；宏观物流；中观物流；微观物流；区域物流；国际物流；采购/供应物流；生产物流；销售物流；回收物流；废弃物物流；绿色物流；军事物流；定制物流；智慧物流

>> 复习思考

1.人类历史上的物流活动主要有哪些？
2.如何认识和理解物流？
3.为什么说物流的本质就是物的流动？
4.物流有哪些类型？
5.物流这个名词是怎么来的？
6.物流与我们有怎样的关系？
7.物流学的研究对象是什么？
8.物流学的研究内容有哪些？
9.请针对你感兴趣的物流学说谈谈认识。

第 2 章 物流的性质与作用

物的流动总是通过运输、储存、装卸、搬运、包装、流通加工和配送等活动得以实现。物流具有自然和社会二重属性。物流的自然属性反映了物流的客观性,物流的社会属性反映了物流的主观性。物流之所以重要,是因为物流能够创造价值,促进经济社会的发展。

学完本章，我们应能回答以下问题

- 物流活动过程都有哪些物流活动?
- 你能为我们说说物流的二重性吗?
- 物流有价值吗? 有哪些价值呢?

2.1 物流的活动过程

物的流动是一个活动过程,总是通过运输、储存、装卸、搬运、包装、流通加工和配送等活动得以实现。这些具体活动根据性质不同,可以分为基本的物流活动、派生的物流活动和增值的物流活动。

2.1.1 基本的物流活动

基本的物流活动是直接解决生产与消费之间在时间和空间上的矛盾而形成的物流活动,主要包括运输活动和储存活动。

1）运输活动

运输活动是物品在地理空间上的位移。通过运输活动,使得物品能够从一地移动到另一地,以解决社会再生产过程中生产与消费之间在地理空间上集中与分散的矛盾,进而创造商品的空间效用。运输是物流最基本的活动之一。运输活动主要借助各种运输设施设备进行,形式多种多样,如企业供应和销售过程中的汽车、轮船、火车、飞机等方式的运送;生产活动中手推车、管道、传送带等方式的运送等。运输活动的管理和组织的基本要求是经济合理,即选用经济的运送方式或联运方式,确定合理运送路线,实现运输对安全、迅速、准时、经济的要求。

2）储存活动

储存活动也称为仓储或保管,是物品在时间上的停顿。通过储存活动,能够让物流停顿,以解决社会再生产过程中生产与消费之间在时间上集中与分散的矛盾,进而创造商品的时间效用。储存也是物流基本的活动之一。储存活动主要借助各种仓库设施设备进行,通过对物品的堆码、保管、保养和维护等工作,使得物品在停留期间,其使用价值的下降可以控制在最低程度。储存活动的管理与组织的基本要求是有效保养和维护商品品质,保护储存物品安全,合理控制库存量,建立储存保管制度,规范储存管理流程,改进保管设施和保管技术等。

2.1.2　派生的物流活动

派生的物流活动是为了保证基本的物流活动能够顺利高效地进行而派生出来的活动,主要包括装卸活动、搬运活动和包装活动。

1）装卸活动

装卸活动是指某场所中的物品通过人力或机械从某处装上或卸下的活动。一般来说,装卸活动主要表现为物品的垂直位移。通过装卸活动,运输、储存、包装、流通加工等活动得以衔接。装卸活动伴随物流活动过程始终,它在整个物流活动过程中,不断出现,反复进行,哪里有运输、储存、包装、流通加工和配送等活动,哪里就必然伴随着装卸活动。装卸活动的管理与组织工作主要包括选择合适的装卸方式,合理配置和使用装卸机具,保证装卸物品及人身的安全,降低装卸货物损失等。

2）搬运活动

搬运活动是指某场所中的物品通过人力或机械从一处移动到另一处的活动。一般来说,搬运活动主要表现为物品的水平位移。通过搬运活动,物品的取货、放货、堆垛、理货等工作得以完成,运输、储存、包装、流通加工等活动得以流畅衔接。搬运活动也伴随物流活动过程始终,在整个物流活动过程中,不断出现、反复进行,哪里有运输、储存、装卸、包装、流通加工和配送等活动,哪里就必然伴随着搬运活动。搬运活动的管理与组织工作主要包括选择合适的搬运方式,合理配置和使用搬运机具,保证搬运物品及人身的安全,提高搬运活性等。

虽然装卸活动与搬运活动有一定的区别,但它们都具有伴生性、衔接性和保障性特点。因此,在实际工作中,人们通常将装卸活动与搬运活动合称为装卸搬运。

3)包装活动

包装活动就是采用容器、材料及各种辅助物,并施加一定技术方法,以保护产品,方便储运和促进销售的活动。通过包装活动,能够更好地保护物品在运输、储存、装卸、搬运时保持完好无损,方便物品的运输、储存,提高装卸搬运效率和装载率,从而极大地提高物流效率,保护物品在物流过程中的安全。因此,包装活动具有方便性、效率性和防护性特点。需要注意的是,包装活动不完全是物流领域的活动,还是消费领域的活动,即通过包装活动,能够方便顾客购买与消费、传递商品信息、促进商品销售。包装活动的管理与组织工作主要包括包装的设计、包装材料、包装方法与技术的选择及采用、包装的绿色化等。

2.1.3 增值的物流活动

增值的物流活动是在完成物流基本功能基础上,根据客户需要提供的各种延伸性业务活动。这些活动除了我们常见的流通加工活动和配送活动之外,更多的是根据客户需要定制的活动。

1)流通加工活动

流通加工又称为流通过程的辅助加工,它是商品从生产者向消费者流通过程中,为了增加商品附加价值,满足客户需求,促进销售,维护产品质量,实现物流高效率而进行的简单加工活动。这些简单的加工活动主要包括组装、剪切、套裁、贴标签、刷标志、分装、检量、弯管、打孔、捆扎、搅拌、调色等流程。通过流通加工活动,能够弥补产品在生产领域过程中的加工的不足,使产品功能得到强化,或者方便配送,从而增加商品的附加价值,更好地衔接生产与消费,更好地满足顾客的个性化需求,使流通过程更加合理。因此,流通加工是物流的一项重要的增值服务功能,也是现代物流发展的一个趋势。一般而言,流通加工活动主要在配送中心、流通仓库、运输站场等场所进行。

2)配送活动

配送活动是根据客户要求,对物品进行拣选、加工、包装、分割、组配等作业,并按时送到指定地点的活动。通过配送活动,能够更好地满足分散的个人消费者的大件商品的消费物流需求,帮助企业,特别是连锁零售企业提高客户服务质量与水平,促进商品销售;能够更好地满足分散的企业客户的多批次小批量购买商品的物流需求,有助于企业客户降低物流成本,帮助企业用户减少库存,集中资源于核心竞争力,帮助企业获取利润,并创造企业价值。因此,配送活动也是物流的一项重要增值服务功能,是现代物流的重要内容。一般而言,配送活动主要通过配送中心、专业物流服务商、商品供应商完成。

3)定制服务活动

定制服务活动就是根据客户的物流需求,设计并提供物流服务的活动过程。定制服务是增值物流活动中最主要的组成部分。通过定制物流服务,能够满足客户对物流服务的个性化、多样化需求。尤其是对于专业物流服务提供商来说,能否根据客户的潜在需求,为客户量身定制,开发设计出能够为客户带来价值增值的服务,成为体现企业核心竞争力强弱的重要标志。为此,要求企业具有创新精神。从实践看,定制的物流服务活动内容非常丰富,如为客户规划制订物流方案,代客户收取货款,帮助客户再造、优化物流流程等。

对物流活动进一步的分析如表 2.1 所示。

表 2.1　物流活动要素

物流活动性质	物流活动要素	分　类	内　容
基本的物流活动	运输	供应运输 生产运输 销售运输	中心城市之间的长距离、干线运输,短途配送运输 生产工序中的原材料、半成品输送 中心城市之间的长距离、干线运输,短途配送运输
	储存	储藏 保管	长时间保管,储藏型保管 短时间保管,流通型保管
派生的物流活动	装卸	上货 下货	从物流设施到运输设备的活动 从运输设备到物流设施的活动
	搬运		将货物从场所的一处移往另一处
	包装	工业包装 商业包装	保证商品质量,方便运输、装卸搬运的外部包装和内部包装 促进商品销售的销售包装、单个包装

续表

物流活动性质	物流活动要素	分　类	内　　容
增值的物流活动	流通加工	加工作业 生产加工 促销加工	商品检验、分拣、放置、备货、分配 组装、细分、切断、规格化 分装、调配、单位化、商品组合
	配送	分货、配货、送货	按用户要求对货物进行分拣,或者简单加工、组合 为用户送货上门,一般是短距离的运输
	定制服务	主动定制 被动定制 合作定制	根据客户潜在需求定制物流服务 根据客户所提要求定制物流服务 与客户共同商讨定制物流服务

2.2　物流的自然与社会属性

物流具有自然与社会两重属性。一方面,物流是自然界的客观存在,是人类活动的客观要求,是自身发展的要求;另一方面,物流的发展是经济与社会发展的客观必然,体现和反映着人类活动的意愿和目的。

2.2.1　物流的自然属性

物流是人类认识物质运动这一客观现象的概念概括,是对物质运动的本质反映。物质的运动是客观世界永恒的现象。自然界就是物质的大运动场。大到宇宙中恒星、行星、彗星、卫星等各种天体物质的运动,小到分子、原子、质子、电子、光子等微观物质的运动;自然界的河流是水这个"物"的流动形成的,风是空气这个"物"的流动形成的;泥石流是雨季时山体崩裂的泥土、沙、石等与水流一起流动形成的。因此,物流是自然界客观存在的。

物流是人类活动重要组成部分。在人类自身发展的过程中,物流活动始终伴随其间。原始人类时期,人类为了自身的生存,需要采集携带野果等,并送回住地,于是有了人拉、肩扛、背驮、头顶等"运输"方式;为了存放剩余食物,于是出现了用陶器盛装食物、水的"储存"方式。随着社会的发展,人类的物流活动也进一步发展。为了有效管理社会,开始修建道路交通网络,以保证人员、物资的流动,修建专门用于储存谷物的"仓"、储藏米的"廪"和储存武器的"库"。到今天,人类的大多数活动都离不开物流活动的支持。如果没有运输,我们将寸步难行;如果没有储存,我们将不能一年365天都吃到米饭或者面食;如果没有包装,我们无法喝到美酒;如果没有配送,我们就会为"血拼"后买到手的大堆商品犯愁:如何将这些东西拿回家? ……因此,物流是人类活动的客观需要。

物流的"物",即物质实体,以及物流活动过程中的设施、设备与技术,具有物理、化学、生物等属性,有各种技术规范与标准。这些属性、技术规范与标准等是它们自身的要求。只有遵循这些规范、标准与规律,物流活动过程才能顺利而高效率地进行。如果试图人为地改变它们,将会适得其反,甚至威胁生命安全(阅读参考2.1)。

物流的这些性质不以人的意志为转移,也不因意识形态、社会制度的不同而改变,这是一种客观存在。因此,称其为物流的自然属性。

阅读参考2.1　车辆超限超载的危害

物流活动过程中的车辆超限超载运输对交通安全、人民生命财产、运输市场及汽车生产秩序等会造成极大危害。

一是诱发了大量道路交通安全事故,给人民生命财产造成巨大损失。据统计,70%的道路安全事故是由车辆超限超载引发的,50%的群死群伤性重特大道路交通事故与超限超载有直接关系。

二是严重损坏了公路基础设施,造成巨额损失。超限超载车辆的荷载远远超过了公路和桥梁的设计承受荷载,致使路面损坏、桥梁断裂,正常使用年限被大大缩短,不得不提前进行大、中修。每年因车辆超限超载造成的公路基础设施损坏修复费用高昂。

三是导致了道路运输市场的恶性竞争。以竞相压价承揽货源,以超限超载来获取利润,超得越多、赚得越多,形成了"压价→超限超载→运力过剩→再超限超载"的恶性循环,正常使用年限在10年左右的货运车辆2~3年后即报废。

四是造成车辆"大吨小标"泛滥。为迎合车辆超限超载运输的需求,一些汽车生产厂商竞相生产"大吨小标"车,一些汽车改装厂和修理厂也纷纷非法改装车辆,影响了汽车工业的健康发展。

资料来源:张弛.车辆超限超载危害有多大? [Z/OL].中国公路网,2004-4-20。

2.2.2　物流的社会属性

当物流活动成为人类活动的重要内容时,物流就不是像天体运动、分子运动、水流、气流那样,是完全自然的了,物流被人们赋予了种种期望和目的。这些期望和目的都是谁的? 都是什么样的期望与目的? 也就是说"物"为谁而"流"?

在人类社会发展的早期,物流是因为生存的需要。因此物流显得非常"简单",物品随身携带,随处放置就行了。随着生产力水平的提高,物资越来越丰富,人类的活动范围逐步扩大,这时物流开始适应人类发展的需要,出现了便于人员和物资流动的专门修建的道路,能够储存大量物资的专门修建的仓库,同时驯养专门用于运输的马、牛等。今天,现代物流更是成为人类全球化发展的基础,物流发展出现了专业化、规模化、社会化、信息化和智慧化趋势。因此,物流的发展是经济与社会发展的客观必然。

在物流活动过程中,参与其间的不同组织、不同部门、不同企业、不同消费者之间存在着各种各样的关系。这些关系也许就是最为基本的物流服务关系,即物流服务需求方与物流服务提供方之间的服务与被服务的关系;也许是一种协作或合作关系,这种协作或合作关系可能是物流服务提供商之间的,也可能是物流服务需求者之间的,甚至可能是物流服务提供商与需求者之间的等。此外,物流活动参与各方之间还通过资金关系、技术关系、信息关系等联系在一起共同完成物流活动。因此,需要对物流活动过程进行管理,使"物"按照我们的意愿"流动"。

在物流活动过程中,人的因素有很大的影响。因为不同的人,对物流有不同的认识和理解,从而会对物流活动施加不同的影响,最终物流活动的结果将有很大的不同。一些人认为,物流就是运输或仓储活动,一些人认为,物流是系统活动、服务活动等。不同的组织或企业,希望通过物流活动实现各自不同的目的。他们也许希望通过物流活动来促进企业产品的销售,扩大市场占有率;也许希望通过物流活动来增强自身的服务能力,提高企业的服务水平,以更好地满足客户需要,提高客户的满意度和忠诚度;也许希望通过物流活动来树立企业的形象,积累企业的价值;也许希望通过物流活动以帮助和回报社会,承担起社会责任等。

物流的这些性质,因为社会发展阶段不同,参与其间的各个主体的关系不同,人们的认识和理解不同,以及达到的目的不同而不同,这是一种主观反映。因此,我们将这些性质称为物流的社会属性。

2.3 物流的价值与作用

物流发展到今天,之所以越来越受到各行各业的重视,在于其所具有的价值和作用。物流价值的含义有 3 种理解:一种是经济学意义上的价值,物流创造使用价值和价值;一种是为企业创造利润的能力,帮助企业降低成本,提高顾客价值,形成核心竞争力;一种是物流的作用或重要性,物流有利于宏观经济发展。经济学意义上物流价值主要表现为物流时间价值和空间价值；为企业创造利润的能力，主要表现为物流增值价值；物流的作用或意义主要表现在对经济发展的作用。

2.3.1　物流时间和空间价值

1）物流时间价值

在社会再生产过程中，由于生产与消费在时间上存在着的矛盾，即集中生产与分散消费、分散生产与集中消费的矛盾，因此，物品从生产者"流"到消费者，总会有时间差。改变这一时间差所创造的价值，就是物流时间价值。物流时间价值的来源主要有：缩短时间、缩短时间差、延长时间差。

（1）缩短时间创造的价值

缩短生产与消费之间的物流时间，从企业角度看，能够获得减少物流过程中的货损、降低物流服务消耗、加快货物周转、节省资金占用等多方面的价值。从社会角度看，缩短物流时间、加快物流速度是物流服务应遵循的基本经济规律。

（2）缩短时间差创造的价值

缩短生产与消费之间的时间差，从企业角度看，即利用生产与消费之间由于时间差带来的市场供需不平衡而形成的市场价格差，来获得企业收益。几乎所有季节性生产与常年消费之间在时间上，都存在着集中生产与分散消费的矛盾，形成了供给与需求的时间差。这种时间差形成了特定时间段内因需求未得到很好满足而供不应求、市场价格上升，从而影响企业收益。通过运输或其他物流活动，缩短这种时间差，能够帮助企业获得缩短时间差带来的收益。如将西瓜提前采摘，让其自熟过程在物流的运输过程中完成，从而缩短西瓜的上市时间，就是一种有意识地以缩短时间差来创造价值的活动。

（3）延长时间差创造的价值

延长生产与消费之间的时间差，从企业角度看，即利用生产与消费之间由于时间差带来的市场供需不平衡而形成的市场价格差，来获得企业收益。大多数农副产品的生产与消费之间在时间上都存在着集中生产与分散消费的矛盾，形成了供给与需求的时间差。这种时间差形成了特定时间段内的供过于求现象，造成市场价格下降，从而影响企业收益。通过储存，延长这种时间差，能够减轻这种特定时间段供过于求的状况，从而影响市场价格在合理变化幅度范围内波动，帮助企业获得延长时间差带来的收益。实际工作中，许多企业配合待机销售的囤积性营销活动也是一种有意识地以增加时间差来创造价值的活动。

2）物流空间价值

生产与消费所处场所不同也形成了集中生产与分散消费、分散生产与集中消费的矛盾，以及由于供应与需求所处场所不同而形成的供需矛盾。因此，物品从生产者"流"到消费者，或从供应地"流"到消费地，总会有距离差。由于改变场所位置所创造的价值，就是物流空间价值。物流空间价值主要表现为：集中生产—分散消费的空间价值、分散生产—集中消费的空间价值、低价—高价地区的空间价值。

（1）集中生产—分散消费的空间价值

现代化大生产要求大规模集中生产，以保证高效率和低成本。但消费却分散在不同的地区，不同的城市，不同的镇、乡和村，甚至分散到世界各地。因此，通过物流活动，实现了集中生产和分散消费之间的商品的空间位置移动，解决了商品使用价值转移和价值实现难题，从而形成了物流的空间价值。

（2）分散生产—集中消费的空间价值

同样，由于自然条件的限制，农业生产分散，但农副产品的消费却主要集中在大中城市；或者因为专业化要求，专业化的零部件生产分散，但往往集中于大型装配厂装配产品。因此，通过物流活动，实现了分散生产与集中消费之间的商品的空间位置移动，解决了商品使用价值转移和价值实现的难题，从而形成了物流的空间价值。

（3）低价—高价地区的空间价值

此外，由于不同地区消费者需求变化，会形成供给与需求之间的空间差，即商品在某一地供过于求，但在另一地却供不应求。通过物流活动，改变该商品的场所位置，将供过于求的地区的商品移动到供不应求的地区，也形成了物流的空间价值。

2.3.2 物流增值价值

物流增值价值是通过物流为企业提供创造利润的能力。这种能力主要包括降低企业物流成本、提高企业客户价值、增强企业核心竞争力等。

1）降低企业物流成本的增值价值

合理有效的物流能够帮助企业大幅度降低生产与经营成本。在企业的生产经营过程中，除了原材料、机器设备折旧等直接生产成本，更多的是生产运营成本。其中，运输、仓储、装卸、搬运、包装、配送等物流活动成本是生产运营和经营成本的主要组织部分。因此，通过加强企业物流管理，因地制宜地运用合理先进的物流设施、设备与技术，优化企业物流流程，能够帮助企业降低物流成本，提高物流效率，进而提高企业的经营利润水平(阅读参考2.2)。

阅读参考2.2　Boardzone.com公司如何降低物流成本

Boardzone.com是一家位于加拿大多伦多的网上雪橇定做公司,它希望将其业务扩大到美国,但它却花费了很多时间和金钱在加拿大准备订单、处理海关事务和支付雪橇的国际运费上。最终,该公司决定利用UPS网络,让UPS来管理海关清关,并将库存产品存放在UPS在美国的仓库中。这样一旦UPS收到订单,就按照UPS在美国国内的运费标准将雪橇运到Boardzone.com的美国客户手中。如此一来,Boardzone.com公司削减了整个运输过程的成本和海关清关费用。

资料来源:UPS——由包裹运送公司到整体化物流企业的成功转变[Z/OL].中国物流与采购网,2004-7-29。

2)提高企业客户价值的增值价值

在激烈的市场竞争中,服务成为企业竞争的关键因素,也成为企业客户服务的重要内容。许多客户都将物流服务作为衡量一家公司的服务质量和水平的重要标准。客户对物流服务的时效性、准确性、商品完好性等有着越来越高的要求,甚至许多客户会根据自己的要求提出一些特殊的物流服务。因此,企业通过为客户提供合理高效的物流服务,使客户的物流需求,特别是个性化物流服务需求得到更好的满足,能够提高客户满意度和忠诚度,从而实现客户价值增值。

3)增强企业核心竞争力的增值价值

在经济全球化、生产社会化、专业化分工越来越细化,市场环境不断变化,而资源又总是有限的今天,一方面,企业需要把更多的精力投入到自己的生产与经营中;另一方面,企业交往的对象更多了,所要处理的关系也更为复杂。在处理各种关系和提高自身核心能力上,企业的资源配置便会出现矛盾。因此,如何使用有限的资源增强自身的市场竞争力,特别是核心竞争力,赢得市场的一席之地,就成为企业的一项战略性工作。专业物流服务,尤其是第三方物流服务,为企业专注于提高核心竞争力提供了新的选择空间。通过专业物流服务,能够为企业将原来直接面对多个客户的物流活动转变成直接面对专业物流服务商的一对一关系,从而能够将更多的资源与精力集中到对自身核心竞争力的构建上。

2.3.3　物流对经济发展的作用

物流活动是经济社会大系统中的重要子系统。一方面,物流成为相对独立的经济过程,是经济社会发展的必然结果;另一方面,物流的发展又进一步促进经济社会的发展。也就是说,物流派生于经济,同时反作用于经济发展。

1)促进国民经济产业部门健康发展

现代物流作为流通的重要组成部分,能够促进国民经济各个产业部门的健康发展。在社会再生产过程中,流通连接生产与消费领域,是商品价值实现的关键环节,而物流又是流通的物质基础和保障。没有物流,商品交换就不能最终实现,社会再生产也不能继续进行。因此,在全球化、社会化和现代化大生产的今天,连接国民经济各部门、各行业、各环节的物流的地位和作用非常重要。国民经济各行业、各部门生产的产品无论多么好,交易的速度无论多么快,信息的传递和资金的流转无论多么迅速,如果不能顺利送达市场,其价值也不能最终实现,社会再生产就会中断,经济增长必将受到严重影响。因此,现代物流是影响和推动社会经济发展的重要力量。

2)提高国民经济运行的效率和效益

现代物流的发展,能够有效地配置资源,提高国民经济运行效率和经济效益。当传统的物流活动分散在不同行业、不同部门和不同企业时,各种物流要素的作用很难充分发挥出来,经常出现仓储设施、运输车辆闲置、运输返空等情况,从而造成资源浪费。现代物流从生产与流通领域分离出来,形成专业化企业,各种物流要素也进入市场,使专业物流服务必须以市场为基础,对物流资源进行合理配置,从而让各种物流要素能够发挥最大作用,有效提高全社会物流资源的使用效率,降低社会物流总成本,进而使社会经济效益得到普遍提高。

3)促进国民经济产业结构调整升级

现代物流的发展能够促进产业结构调整和升级,提高国际竞争力。现代经济发展日益网络化、集约化、规模化,从而对物流提出了信息化、专业化、社会化和综合化的要求,而功能单一、相互脱节、效率低下的运输、仓储等传统物流业已不能适应这种要求。面对挑战,传统物流业将加快改制、改组,调整产业结构,加大对传统物流企业的技术改造和产业升级,充分整合各种存量资源,提升服务能力。同时,还需要不断加强物流基础设施的投资与建设,以形成规模化、专业化和网络化的现代物流产业。发达的物流产业和基础设施有助于改善投资环境,吸引更多的国际企业和资本进入物流市场,引入先进的物流理念和管理经验,从而为当地企业和整个国民经济创造一个高效的物流环境,提供高水平的物流服务,这又能够从整体上改善和提高企业在国际上的竞争力。

4）带动相关产业及地区经济的发展

现代物流业的发展，不仅是本产业的发展，还会带动相关产业和相关地区经济的发展。现代物流业是一个跨地区、跨行业、跨部门的行业，必须通过集合多种资源要素，在多个地区、国家甚至全球范围内进行资源整合、优化，形成系统化、协作化产业联系，实现资源的合理配置。由此，就会出现物流资源要素，乃至生产经营要求的大范围流动、组合与优化。生产经营要素从低价值区流向高价值区，产出同样也会在整个地区、国家乃至全球范围内流通、分配，以获得更高的经济效益。因此，现代物流业的发展能够带动传统运输、仓储、包装等产业，以及运输、仓储、包装设施设备等相关产业的发展。物流业所带来的资金流和信息流的聚集，还会促进商贸业、金融业、信息业等行业的发展，由此也必然促进物流聚集所在地区的经济发展。

≫ 本章小结

物的流动是一个活动过程，总是通过运输、储存、装卸、搬运、包装、流通加工和配送等活动得以实现。这些具体的活动根据性质不同，可以分为基本的物流活动、派生的物流活动和增值的物流活动。

物流是人类对物质运动这一客观现象的概括，是对物质运动的本质反映。物质的运动是客观世界永恒的现象。因此，物流是自然界客观存在的。物流是人类活动重要组成部分，是人类活动的客观需要。物流的"物"，即物质实体，以及物流活动过程中的设施、设备与技术，具有物理、化学、生物等属性。物流的这些性质不以人的意志为转移，也不因意识形态、社会制度的不同而改变，这是一种客观存在，是物流的自然属性。当物流活动成为人类活动的重要内容时，物流就被人们赋予了种种期望和目的。在人类社会发展的早期，物流是为满足生存的需要而存在。随着生产力水平的提高，物流开始适应人类发展的需要。今天，现代物流更是成为人类全球化发展的基础。在物流活动过程中，参与其间的不同组织、不同部门、不同企业、不同消费者之间存在着各种各样的关系；而且由于不同的人对物流有不同的认识和理解，从而会对物流活动施加不同的影响，最终导致物流活动的结果有很大的不同。物流的这些性质，因社会发展阶段不同，参与其间的各个主体的关系不同，人们的认识和理解不同，以及达到的目的不同而有所不同，这是一种主观反映，是物流的社会属性。

物流之所以越来越受到各行各业的重视，在于其所具有的价值和作用，主要包括物流时间价值、物流空间价值、物流增值价值，以及对国民经济发展的促进作用。

>> 案例分析

花商为何不愿提高物流水平

一箱能放 30 kg 鲜花,可偏要放 70 kg。原因很简单,多装多挣钱,中国的鲜花运输与蔬菜运输没什么两样。据业内人士介绍,我国的鲜花被人为地在各个环节降低物流档次,由此导致的损耗将近 20%。

"一箱康乃馨起码有一到二扎是折头的。"一个正在北京莱太花市整理鲜花的花商说。记者发现花商们把半截长的切花也加在分好的一扎扎的切花里,"如果不这样干,我们就赔了"。

"鲜花物流确实存在着不少问题。"北京莱太花卉物流公司的李经理接受记者采访时认为,鲜花断头是我国在鲜花物流中低档包装、航空超载带来的必然现象。

据李经理介绍,鲜花的包装实际上非常简单,标准的货运箱子是 50 cm×50 cm 规格的纸壳箱子,按照国外的标准,每个箱子里放 30 kg 鲜花,但是在我国,一箱要放 70 kg。原因很简单,多装多挣钱。箱子的大小不能变,况且货运收费是按照货物的件数而不是质量收取的,自然能装多少就装多少。花商为了降低运输成本,往往把箱子装得满满的,这样一来,许多鲜花被压得变形或折断。

再说箱子的品质,荷兰运送鲜花的纸箱子空着的时候上面可以站一个人,中国花商用的纸箱又薄又破,接货时破损或者变形的箱子会有很多。箱子的不规范和品质的低标准,直接导致鲜花在运送过程中容易"破箱而出"。

物流源头超载造成的货物破损,使鲜花物流体系中的下游中转商大伤脑筋。"每个月我们光是修补这些转运的鲜花货包,用的宽胶带就得花两三千元!"北京莱太花卉物流公司的李经理面对着破损货箱很是无奈。

航空公司为什么对包装箱的品质和承载重量提出要求呢?李经理说:"每天从昆明和海南运往北京运鲜花的有 13 个航班,航空货运代理公司之间为争抢客源,通常采取最低水平的手段——压价或满足花商的不合理要求。你家只允许装 50 kg,我家允许装 60 kg,价钱都一样,看顾客上谁家去。"花商李先生说,对于鲜花来讲,时间就是生命,一般说来,囤货的时间不能超过 15 天。有限的航空运力是无法在如此集中的时间段里满足需求的,超载似乎成了整个鲜花物流产业特有的现象。

另外,很多花商都抱有侥幸心理,希望在运输过程中,被压在下面、开包破损的不是自己的货箱。零售商还会把枝干受损或在运输途中几经折腾难以保质的鲜花剪短做成插花、花篮等,找到足够的缓冲办法来弥补物流中造成的损失。

在目前国内的花卉市场上,消费者对高档次、高价位鲜花的需求还不是很大。大多数消费者在买花的时候，对于鲜花的枝干是否笔直、花朵开放度多大等要求并不高，很多人也不懂得该要求些什么，不知道高品质的切花是什么样子的。这让很多花商认为，既然弯着枝条的切花也有人买，而且价格差不多，为什么一定要花很多的精力和成本来保证最高品质呢？

鲜花物流的每一个环节都很重要，一旦处理不到位，都可能成为鲜花的保鲜"杀手"。根据鲜花种植专家测定，玫瑰花从农场收割后，通常可以在正常情况下保鲜14天。最科学的保鲜办法是，收割下来并准备长途运输的玫瑰花应该尽快装入纸盒后立即存储在1.1 ℃的冷藏集装箱内，然后再迅速把鲜花发往各大城市的配送站。

娇嫩的鲜切花在冬天容易受冻、在夏天容易腐烂。李经理说："如果在低于−3 ℃的环境下运输鲜花，花就开不了了；如果温度过高，花就容易腐烂。"但是，鲜花所需要的高标准保鲜、保温设备在我国的现状只是塑料布、泡沫板和装着冰的可乐瓶子。

按照鲜花运输标准，从产地到机场，鲜花应该放在有温控设备的集装箱内。但是，为了节约经费，有些货主竟然把鲜花直接装运在敞开的卡车上，完全暴露在空气中。

据了解，如果在包装和托运的过程中都采用低标准，不按照规定标准行事，每箱鲜花的破损率大概为10%甚至更高，而真正的受害者是消费者。

北京莱太花卉物流公司承担着我国北方六省市65%以上、北京市场90%的鲜花转运，但作为中间人，对于来自物流源头的不规范运载，他们毫无办法。李经理说："花是很高雅的东西，鲜切花物流与海鲜物流一样，也是所有物流种类中要求较高的一种。它们不仅有时间限制，而且有温度、湿度等要求，一个环节出现问题就会前功尽弃。为了提高包装品质，我们多次与供货方交涉，现在情况才有所好转。"

据了解，在发达国家，为了保证品质和降低损耗，鲜花采摘后要经过一整套保鲜处理，鲜花物流始终处于采后需要的低温条件，形成一条"冷链"。包装箱不仅结实耐用而且对内包装的品质有严格的要求。因此，鲜花在运输环节中的损耗率低于1%。专家呼吁，中国的鲜花物流要向国外同行学习，必须尽快提高物流水平，从采摘、包装到运输实行一条龙服务，打破各自为政的现状；否则，物流链中的各方利益都将受损。

资料来源：郭燕春.花商为何不愿提高物流水平[N].中国商报，2004-3-26(7)。

≫ 讨论问题

1.结合案例，请你指出鲜花的基本物流活动、派生物流活动和增值物流活动。

2.请结合案例资料，分析物流的自然属性与社会属性。

3.如果让你从事鲜花物流，你会如何创造鲜花的时间价值、空间价值和增值价值？

≫ 关键概念

　　基本物流活动;派生物流活动;增值物流活动;定制服务活动;物流自然属性;物流社会属性;物流时间价值;物流空间价值;物流增值价值

≫ 复习思考

　　1.基本的物流活动有哪些?

　　2.派生的物流活动有哪些?

　　3.增值的物流活动有哪些?

　　4.如何认识和理解物流的自然属性和社会属性?

　　5.怎样认识和理解物流的价值? 怎样通过物流活动创造出商品的时间价值和空间价值?

　　6.物流活动能够为企业带来哪些增值价值?

　　7.物流对经济发展的作用有哪些?

第 3 章　现代物流的发展

现代物流的发展是社会经济发展到一定时期的产物。美国、日本及欧洲等发达国家和地区现代物流的发展经验,对中国这样的发展中国家的现代物流发展具有借鉴意义。随着经济全球化和信息化进程的不断加快,企业间日益相互依赖,用户需求也越来越个性化。全球化物流、智慧物流、共同配送等开始成为现代物流发展的新趋势。

学完本章，我们应能回答以下问题

- 现代物流发展经历了怎样的历程?
- 中国物流发展经历了怎样的历程?
- 现代物流的发展将呈现出什么样的趋势?

3.1　现代物流的发展历程

物流作为社会经济活动的重要组成部分,其发展可以概括为:物流随着人类社会的产生而产生,随着商品经济的发展而发展。物流的发展是社会经济发展到一定程度的产物。一个国家或地区的社会经济发展时期不同,对物流的要求也不同,物流就会呈现出不同的发展形态。根据技术、社会、经济不同发展时期的特点,物流发展至今,可分为4 个阶段或时期(表 3.1)。

表 3.1　物流的发展历程

发展历程	技术发展特点	社会发展特点	经济发展特点	物流发展特点
第一阶段 20世纪初—60年代	生产流水线、叉车等装卸搬运设备应用于生产物流	欧美发达国家和地区陆续进入工业社会	制造业发展迅速,社会分工更加细化	物流发展规模小,渠道不畅,成本高,其作用未受到应有的重视
第二阶段 20世纪60—90年代	准时制管理、条码技术、现代物流组织方式广泛应用	欧美、日本等发达国家和地区陆续进入消费社会	制造业的大规模化,零售业的大规模化并举	物流产业逐步形成和壮大,主要是多品种、少批量的配送形式
第三阶段 20世纪90年代—21世纪初	信息技术、网络技术和通信技术广泛应用	美、中、欧、日等国家和地区进入信息社会	经济全球化、一体化发展	物流与供应链管理紧密结合
第四阶段 21世纪初—现在	大数据、云计算、人工智能、机器学习等广泛应用	美、中、欧、日等国家和地区进入网络社会	消费、生产个性化、网络化	智慧物流成为新的发展趋势

第一阶段,20世纪初—60年代

这一时期,欧美地区和国家先后进入工业社会,规模化大生产迅速发展,社会化分工越来越细,消费者的需求被极大地激发,市场供不应求。因此,生产效率的提升日益受到重视,生产流水线在福特被发明,车间物料运输叉车在 CLARK 公司诞生,生产物流和装卸搬运货物的方式出现变革,人们开始认识到"实物配送"(physical distribution)在销售环节上的重要性。但一方面这时的物流发展规模还较小,物流作为整体还未受到应有的重视,仍然停留在具体的运输、仓储、装卸、搬运等局部环节,只是重视物流环节的侧重点由流通过程中的运输、仓储转到生产过程中的仓储、装卸、搬运,甚至生产过程中的原材料、零部件物流环节等;另一方面,以高速公路修建为契机,公路运输开始代替铁路运输成为主要的运输方式。

第二阶段,20世纪60—90年代

这一时期,欧美、日本等地区和国家先后进入消费社会,企业生产能力迸发,市场开始供过于求,消费者需求日益多样化,消费要求越来越高,消费开始成为主导市场的力量,成为经济发展的基本动力。为了适应消费需求的变化,日本的制造业引入准时制(JIT)生产;条形码技术的广泛应用极大地提高了仓储管理效率;美国航空公司开始涉足货物运输,物流作为整体逐步受到重视。美国出台了一系列物流改善政策,欧洲在综合物流管理

方面开展探索。多式联运、集装箱运输等现代物流组织方式迅速发展,第三方物流及其物流外包兴起,人们对物流的认识和理解从"实物配送"(physical distribution)发展到"物流"(logistics)。

第三阶段,20 世纪 90 年代—21 世纪初

这一时期,美、欧、日等国家和地区,以及中国等新兴国家先后进入信息社会,信息技术应用日益普及,消费者需求发展呈现出个性化、差异化,商品和服务的更新换代速度越来越快,经济呈全球化发展。为适应这种变化,多批次、小批量和定制化生产成为制造业的常态,由此对物流提出新的要求并推动物流实践的发展。互联网、RFID、GPS、GIS 等技术广泛运用于物流行业,MRP、DRP、看板等管理方法与技术在物流管理中被普及应用,人们逐渐认识到企业之间的协同是快速响应市场的保证,物流管理必须面向消费、流通与生产的全过程,从而共同实现商品附加价值。因此,这一时期物流(logistics)发展到供应链管理(supply chain management)。1985 年,美国物流管理协会正式将名称从"National Council of Physical Distribution Management"改为"National Council of Logistics Management",标志着现代物流观念的确立。

第四阶段,21 世纪初—现在

这一时期,美、中、欧、日等地区和国家先后进入网络社会,社会、生活、消费行为、经济活动等纷纷网络化、电子化。尤其在中国,网络购物、在线支付进入人们的日常生活,成为常态。在中国,适应网购物流的快递业迅猛发展,2017 年"双十一"的快递日包裹量甚至突破 1 亿件,这样的日处理量对物流效率提出更高的要求。大数据、云计算、人工智能、机器学习等一系列技术的发展和在物流领域的广泛应用,不但提高了物流相关数据处理能力,还对客户的行为进行更为精准的分析和预测,从而提高物流管理的决策水平。无人仓库先后在美国的亚马逊,中国的京东、阿里等电商平台投入商业运营,世界上规模最大的无人码头在上海洋山港建成投产。与此同时,在中国,除京东自营物流模式、淘宝第三方物流模式外,阿里菜鸟网络开始探索大数据为核心的网络协同物流模式。"互联网+物流"的发展,让智慧物流成为物流业发展的必然趋势。另外,由于网络的跨时空性,消费、流通和生产呈现出跨国化,使得全球化物流成为现实和常态。

3.2　中国物流的发展历程

我国现代物流的发展时间不长,其快速发展期也就是在近 20 年。从 1949 年至今,我国现代物流的发展大致可分为 4 个阶段。

第一阶段:1949—1979 年,这个时期处于计划经济时期,是我国国民经济的恢复和初步发展时期,我国经济发展水平处于落后状态,与之相适应的物资流通事业也处于非常落后的状态。这时期的产品生产主要集中在大城市,商品的仓储、运输主要由商业批发、商业储运来完成。在一些生产和流通部门只有少数的储运公司和功能单一的仓库,无论是铁路、公路、水路运输,还是航空运输都处在恢复和初步发展的阶段,搬运和仓储等方面十分落后。资源分配和组织供应是按行政区域划分的,物流活动的主要目标是保证国家指令性计划分配指标的落实,物流活动仅限于对商品的储存和运输。物流环节相互割裂,系统性差,整体效益低下,物流的概念在我国基本上还没有出现。

第二阶段:20 世纪 80—90 年代中期,这个时期处于有计划的商品经济时期。十一届三中全会以来,随着改革开放步伐的加快,我国从计划经济向市场经济逐步过渡,市场在经济运行中的作用逐步加强,我国的经济运作从产品经济逐步向商品经济过渡,国内商品流通和国际贸易也不断扩大,物流业开始受到重视和发展。此时,流通部门加强了物流管理,生产部门也开始重视物流问题。物流业也开始向社会化、专业化的方向发展。由于商品经济的飞速发展,物流业开始注重经济效益。物流活动已不仅仅局限于被动的仓储和运输,而开始注重系统运作,即考虑包括包装、装卸、流通加工、运输在内的物流系统整体效益,按系统化思想推出了仓库一次性作业、集装单元化技术、自动化仓库、各种运输方式综合利用和联合运输等系统应用形式。这一阶段,物流的经济效益和社会效益有所提高,物流的概念、物流的知识得到广泛传播和应用。

第三阶段:20 世纪 90 年代中期—21 世纪初,这个时期处于建立社会主义市场经济体制时期。1993 年,党的十四届三中全会通过了《中共中央关于建立社会主义市场经济体制若干问题的决定》,我国加快了经济体制改革的步伐,经济建设开始进入到了一个新的历史发展阶段。科学技术的迅速发展和信息技术的普及应用、消费需求个性化趋势的加强、竞争机制的建立,使得我国的工商企业,特别是中外合资企业,为了提高竞争力,不断提出新的物流需求,我国经济界开始把物流发展提到了重要议事日程上来。此时,国家逐渐加大力度对一些老的仓储、运输企业进行改革、改造和重组,使它们不断提供新的物流服务;同时,还出现了一批适应市场经济发展需要的第三方现代物流企业。我国履行"入世"承诺,2005 年 12 月涉及物流服务的领域全面放开,跨国物流巨头大举进入我国物流市场。我国形成国有物流企业、民营物流企业与外资物流企业三足鼎立之势。

物流活动逐渐摆脱部门附属机构的境地,开始按照市场规律的要求开展活动。物流活动开始体现出"服务"这一物流的本质性内容,物流更多地和信息技术结合,物流的合理化和标准化体系不断加强,物流服务的范围和领域不断扩大,物流研究和物流教育得到了快速的发展。

第四阶段：21世纪初—现在，这个时期处于社会主义市场经济时期。2005年，国家"十一五"规划纲要明确提出"大力发展现代物流业"，中央和地方政府相继建立了推进现代物流业发展的综合协调机制，出台了支持现代物流业发展的规划和政策。物流业作为融合运输、仓储、货运代理和信息等行业的复合型服务产业，涉及领域广，吸纳就业人数多，促进生产、拉动消费作用大，日益成为国民经济的重要组成部分，越来越受到各级政府和企业的重视。2009年，为应对国际金融危机带来的冲击和影响，加快推进我国物流业结构调整和转型升级，促进物流业健康发展，国务院发布《关于印发物流业调整和振兴规划的通知》，把物流业与钢铁、汽车、船舶、石化、纺织、轻工、有色金属、装备制造、电子信息业一起纳入我国十大调整与振兴规划产业之一，从国家层面的重视由此可见一斑。2010年后的中国电子商务迅猛发展，中国快递业随之而起。这一时期，中国电子商务物流从业者探索了第三方社会物流为主的淘宝天猫模式，自营物流为主的京东模式以及还不明确具体物流服务商业模式的菜鸟网络模式，中国电子商务物流模式创新开始走在世界前列。2015年前后，为解决公路货运的车货不匹配难题，在"互联网+"的推动和"滴滴打车"的启发下，车货匹配平台及相应的软件产品受到创业投资者的青睐，风投资本纷纷涌向"车货匹配"类企业。随着大数据、云计算、机器学习、人工智能等技术广泛应用于物流领域，智慧物流受到各界关注和重视，开始成为未来物流业的发展方向。

3.3　现代物流的发展趋势

3.3.1　现代物流的发展

随着互联网、物联网、云计算、大数据、人工智能等最新科技的发展和广泛应用，经济发展日益开放和全球化，用户需求越来越个性化，企业之间相互依赖关系越来越紧密。物流的未来发展将呈现全球化、智慧化、社会化、绿色化、专业化、一体化趋势。

1）物流运营全球化

世界经济全球化向纵深发展，带来新的贸易开放格局，物流规模和物流活动范围也将由一国扩展到多国，中外物流企业不仅在中国市场，更会在国际物流市场既竞争又合作。企业之间的收购、兼并、合资活动相互交织,共同开拓国际物流市场,企业物流的运营必然跨国化、全球化。

2)物流技术智慧化

随着新一代技术,特别是传感技术、物联网技术、大数据技术、机器学习技术、人工智能技术的发展和广泛应用,原来以信息技术、运输技术、配送技术、装卸搬运技术、自动化仓储技术、库存控制技术、包装技术等专业技术为支撑的物流技术格局将智慧化,即物流技术将在原来机械化、自动化、信息化、智能化的基础上,呈现出智慧化特征。

3)物流服务社会化

随着智慧化物流技术的发展和广泛应用,以及物流服务的专业化发展,第三方物流企业实力不断增加,服务能力、水平和效率不断提高,第三方物流服务将日益受到重视。越来越多的企业将其物流业务外包,以整合物流资源,提高企业生产效率,降低供应链成本,增强企业核心竞争力,从而推动和促进物流服务的社会化发展。

4)物流发展绿色化

物流虽然促进了经济的发展,但是物流在发展的同时也给城市环境带来了负面影响,如运输工具排放的污染物、发出的噪声、对交通的阻塞等,以及对生产和生活中的废弃物的不当处理所造成的对环境的影响。为此,21世纪对物流发展提出了新的要求,即绿色物流。绿色物流包含两个方面:一是对物流系统进行控制,即在物流系统和物流活动的规划与决策中尽量采用对环境污染小的方案;二是建立处理工业和生活废料的逆向物流系统。

5)物流人员专业化

物流企业的竞争也将是人才的竞争,物流从业人员需要具备最新的物流技术应用能力,拥有现代物流理念,掌握供应链管理知识。特别是物流管理者,还应该具有全球眼光,具备跨文化的管理才智,方能适应现代物流发展的需要,由此必然对物流从业人员提出专业化的要求。

6)物流管理一体化

随着社会经济和技术的发展,物流管理思想、理念和技术也在不断地发展和更新,供应链管理、精益物流、六西格玛物流、智慧物流等最新理论、方法和技术不断引入物流管理。在当今全球经济一体化、企业之间日益相互依赖、用户需求越来越个性化的环境下,也必然要求现代物流向一体化和标准化方向发展。

3.3.2 物流发展新趋势

1) 全球化物流

全球化物流就是发展在全球范围内的物的流动。它是以满足世界各地消费者的需求为目标,在全球范围内或洲际间进行的采购、运输、储存、装卸、搬运、包装、加工和配送等物流活动。全球化物流同样要求物流服务商选择最佳的方式与路径,以最低的费用和最小的风险,保质、保量、适时地将货物从一国的供方运到另一国的需方,为各国消费者提供多功能、一体化的综合性物流服务。

全球化物流实质上是按国际分工协作的原则,依照国际惯例,利用国际化的现代物流网络、物流设施和物流技术,以实现货物的全球流动,促进区域经济的快速发展和世界资源的优化配置。

随着经济技术的发展和国际经济往来的日益扩大,受信息革命、经济全球化、区域经济一体化、国际供应链一体化、全球经济的可持续发展等因素的影响,物流全球化成为当今世界物流业发展的一大趋势。此时,物流规模和物流活动的范围进一步扩大,物流企业向集约化与协同化发展,物流服务更趋于优质化与全球化,电子物流在全球范围内得以应用,区域物流活动的范围也更加广泛,区域间的多式联运将取代单一运输方式来支撑区域物流活动。同时,供应链管理活动也将实现一体化、跨功能的全球化运作,将从全球的角度设计和实施有效的销售渠道及供应链网络,策划和预测能充分满足顾客需求的供应链合作伙伴的有效合作,通过大力协调、整合全球的最优资源配置来获得最佳的总体物流运作效果。

2) 智慧物流

智慧物流是指综合运用新一代信息、网络、通信、大数据、机器学习、人工智能等技术,实现物流活动的高效运行与管理。智慧物流实际上是物流系统机械化、自动化、信息化、网络化、可视化、智能化的综合运用,使物流系统能够模仿人的智能,具有思维、感知、学习、推理判断和自行解决物流中的某些问题的能力。

智慧物流的"智慧",体现在多个方面。借助自动识别与控制技术,能够让物流变得更快速;通过全程跟踪与追溯技术,能够让物流变得更安全。对获取的各种信息数据进行实时处理,获得实时物流状态,能够据此制订实时的应对方案,甚至可以提前制订应急预案,实现物流全过程的有效管理。以获取的数据为基础,利用大数据、机器学习和人工智能技术,能够帮助企业有效运用科学的管理决策理论与方法,实现精准的决策与过程优化,在降低物流成本的同时,提高物流的服务质量。依靠智能化集成技术应用平台,合理配置与调度物流资源,可以改变传统物流浪费资源、污染环境、不节能环保的形象,使物流过程更加绿色低碳、节能环保。

目前,中国智慧物流有不同的探索和实践。"圈地派"认为,电商与物流融合发展是智慧物流发展的方向,通过物流产业园区这一载体,以大数据为核心,串接起配送中心、电商总部、保税仓库、物流总部、干线分拨中心、订单操作等功能,实现国内任何一个地区都能做到 24 小时内送货必达。"技术派"认为,大数据、电子商务、物联网、云计算、移动应用、4G 等新技术加速了物流企业智慧成长。"平台派"认为,物流公共信息平台的作用由单纯的信息发布逐渐向电子交易、在线金融等多种形式拓展,使平台充满活力。此外,解决货主与车辆匹配问题的 App 的出现,能让货主和司机将各自的货运和车辆信息发布到 App 上,App 再对货运与车辆进行智能匹配,然后将最优信息推荐给双方,供其决策时参考,极大地提高了双方的工作效率。

阅读参考 3.1　智慧物流将成新趋势

所谓智慧物流,就是利用信息技术使装备与控制智能化,代替人又优于人的物流发展新模式,它能大幅提升物流效益。智慧物流的发展与移动互联网、云计算、大数据、物联网等新兴技术密切相关。

不论是顺丰,还是菜鸟、京东物流,都在 2016 年加大了对信息技术的投入,以提升现有的物流水平。无人机、仓储自动化机器人设备、自动分拣系统、大数据分析系统以及信息化系统支撑等已经成为标配。

1.顺丰:数据灯塔

顺丰在航空和冷链物流业务迅速发展的同时,也在不断完善其信息平台,整合物流数据,打造"云端物流"。2016 年,顺丰推出了"数据灯塔",通过对顺丰内外部数据的融合,努力打通物流公司、商家、消费者的融合通道,让整个物流过程变得数字化、可视化,为物流业提供更智能的服务。"数据灯塔"的数据来源主要由 30 多万名收派员、5 亿多名个人用户、150 余万个企业用户、300 多万个楼盘或社区信息、10 多亿条电商数据以及10 多亿条社交网络数据等海量数据组成,覆盖全国 3 000 个城市和地区,并覆盖 3C、服装、鞋靴、母婴、美妆、生鲜、家电等多个行业。

顺丰在快递行业的数据积累最为丰富,相关数据不仅仅是用户数据,还有很多快递业的经验沉淀在浩如烟海的数据中。如何盘活如此海量的数据,使顺丰从一家快递公司变成一家数据公司,或许才是决定其未来的关键所在。因为不管是无人机配送还是不断增长的航空业务,都是在给快递业做加法;而从快递到数据,则是给传统的行业做乘法,这种转型所带来的变化将是革命性的。

2.菜鸟网络:为智慧物流而生

如果说顺丰是传统快递业的典型代表,那么脱胎于阿里巴巴的菜鸟网络从三年多前成立伊始,所瞄准的就是智慧物流。2013年5月,阿里巴巴宣布与"三通一达"(中通、申通、圆通和韵达速递)达成合作协议,成立菜鸟网络,总部设在广东深圳前海。菜鸟网络成立时宣布,要做中国智能物流骨干网,保证快递在主要城市能做到次日到达。

2016年,菜鸟网络提出关键五张网:快递、仓配、末端、农村物流、跨境。五张网背后是菜鸟联盟利用数据把菜鸟网络的合作伙伴联合起来。菜鸟网络要做的是通过大数据、智能化和协同化,为快递企业发展提供保障;与此同时,通过建立标准,提升快递企业的服务,从而提升消费者的购物体验,达到双赢。

菜鸟网络有着两方面的先天优势:一是阿里巴巴自身庞大的电商平台所孕育的海量快递订单;二是阿里巴巴在云计算、大数据、人工智能等领域的技术优势。订单与新兴技术相结合,菜鸟网络正在构建一个智慧物流的生态圈。不过,菜鸟网络的重心还是在平台层,而背后快递的送达更多的还是依靠平台上的快递企业来完成。

3.京东物流:从开放到技术转型

2016年,京东物流最大的变化就是以品牌化运作的方式全面向社会开放。这一重大战略转型也被很多快递业看作"狼来了"。因为菜鸟网络做的是平台的事,没有触及快递业的根本利益,而京东物流的开放则不同。经过多年的积累,京东物流已经成为一体化供应链服务的解决方案提供商,不仅可以提供全供应链一体化服务,还能够提供供应链金融及大数据等增值服务。

不仅如此,京东物流一直以来在技术投入上也很大,无人仓、无人机、无人车等新技术都在积极地探索与尝试中。受益于京东全方位向技术转型,京东物流也将应用人工智能、深度学习、虚拟现实等新技术。而具体在智能物流层面,京东物流则集中在自动化运作、数据化运营、智慧化供应链三个层面。

从京东的布局看,它与顺丰更加相像,只不过顺丰是物流起家,而京东则是电商起家,两者可谓殊途同归。但不管怎样,它们都不约而同地瞄准了同一个方向——智慧物流。它们既有智慧系统作为支撑,同时又拥有庞大的配送体系。如果说顺丰物流需要在互联网转型上有所加强,那么京东物流则要提升对物流业的深刻理解。相比较而言,扎根于京东的京东物流所面对的物流环境还是相对单一的,而快递起家的顺丰在行业经验上则更为丰富。

资料来源:丁常彦.300亿件快递之后智慧物流将成2017年新趋势[N].人民邮电,2017-2-6(7)。

3)共同配送

共同配送就是由多个企业联合进行的配送。共同配送的雏形出现于1961年美国的哈灵顿仓储服务公司,当时只是将几家日用杂货公司的货物整合成一车货物,再运往统一的销售商。20世纪60年代中期,随着第二次世界大战后日本经济的振兴,中小型零售商对物流的要求越来越多,催生了日本共同配送的兴起。目前,在日本和欧美等发达国家和地区,共同配送的发展已经比较成熟。

在一个国家或一个地区实现共同配送,能够带来巨大的社会效益和企业效益。从社会角度来看,实现共同配送可以实现社会资源的共享和有效利用,减少社会车流量,改善交通运输状况,缓解由车辆带来的环境污染,有效提高车辆装载率,节省资源。从企业角度来看,实现共同配送可以实现配送作业的规模经济,提高物流作业效率,节省企业运营成本;可以帮助企业专注于核心业务运营,促进业务成长与扩散;减少物流系统建设的投资,降低投资风险。

2000 年前后,在我国只有少数企业实践共同配送,其发展一直停留在较低水平。2010 年以来,随着我国电子商务,特别是网购的迅猛发展,人们对物流配送成本、品质和时效等的要求不断提高,过去那种靠构建更多物流配送中心满足需求的做法,不仅没能够从根本上解决用户对物流配送的柔性响应需求,反而为城市规划和交通环境带来困扰,引发城市交通堵塞、环境污染等问题,从而影响城市居民的正常生活;同时,重复建设的配送网点,导致了社会资源的浪费,增加了物流配送成本。于是,企业和政府将目光投向共同配送。自 2012 年以来,商务部先后印发了《关于推进现代物流技术应用和共同配送工作的指导意见》(商流通发〔2012〕211 号)、《全国城市配送发展指引》和《关于加强城市共同配送试点管理的通知》等文件,指导地方开展城市共同配送工作,全国有 22 个城市进行了共同配送试点。

共同配送未来在我国的发展趋势,从区域看,一方面,以满足消费升级、产业转型和城市发展为目标,将建成以三级网络为主的城市配送体系,发展城市共同配送;另一方面,加强农村物流网络体系建设,畅通城乡商贸物流通道,共建城乡一体化物流网络,发展农村共同配送、城乡一体化共同配送。同时,结合各地实际,发展区域内的共同配送,跨区域跨境的共同配送。从主体看,可以开展同一库区(园区)内的共同配送,开展多个仓库之间、多个园区之间、多个配送中心之间、多个发货人之间、多个收货人之间、供应链上下游企业之间、线下线上之间的配送组织、技术与模式创新,集中组配物品、配载车辆,实现全行业的共同配送。从客体看,不仅可以发展供应链末端的消费品共同配送,更要做好供应链中间环节、上游针对生产制造企业的大宗物资与零配件共同配送。从载体看,既要整合车辆资源,也要整合仓储资源;既要建立起仓储、配送企业之间的合作机制,也要加强供应链上下游企业之间,甚至各个供应链之间的合作。

>> 本章小结

现代物流的发展是社会经济发展到一定时期的产物,从社会发展、经济发展和物流发展特点进行对比分析,现代物流的发展可分为 4 个阶段:20 世纪初—60 年代;20 世纪

60—90年代；20世纪90年代—21世纪初；21世纪初—现在。我国的现代物流进入21世纪后发展迅速,在电子商务物流领域进行了许多实践。从1949年至今,我国现代物流的发展大致可分为4个阶段:1949—1979年,这个时期处于计划经济时期;20世纪80—90年代中期,这个时期处于有计划的商品经济时期;20世纪90年代中期至21世纪初,这个时期处于社会主义市场经济体制时期;21世纪初至今,这个时期处于社会主义市场经济时期。

随着互联网、物联网、云计算、大数据、人工智能等最新科技的广泛应用,经济发展日益开放和全球化,用户需求越来越个性化,企业之间相互依赖关系越来越紧密。物流将呈现全球化、智慧化、社会化、绿色化、一体化发展趋势;同时,全球化物流、智慧物流、共同配送等开始成为现代物流发展的新方向。

>> 案例分析

菜鸟网络——真的有未来吗?

2013年5月28日,阿里巴巴集团、银泰集团联合复星集团、富春控股、顺丰集团、"三通一达"(申通、圆通、中通、韵达)、宅急送、汇通以及相关金融机构共同组建的"菜鸟网络科技有限公司"在深圳正式成立,并启动在全国多个城市建设仓储系统的"中国智能骨干网"项目。公司注册资金50亿元人民币,规划总投资3 000亿元人民币。马云出任菜鸟网络董事长,张勇任菜鸟网络CEO,童文红为公司总裁。

菜鸟网络计划首期投资人民币1 000亿元,希望用5~8年的时间,努力打造遍布全国的开放式、社会化物流基础设施,建立一张能支撑日均300亿元人民币(年度约10万亿元人民币)网络零售额的智能骨干网络。中国智能骨干网将应用物联网、云计算、网络金融等新技术,为各类B2B、B2C和C2C企业提供开放的服务平台,并联合网上信用体系、网上支付体系,共同打造中国未来商业的三大基础设施。

阿里巴巴集团在解决了信息流、资金流之后,要为电商物流突围找到支点。社会化物流基础设施建设,阿里巴巴集团想了10年、做了10年。

在2007年9月30日的阿里巴巴集团战略讨论会上,与会者讨论到了物流是电子商务的瓶颈、仓储物流与干线物流的不同等问题;同时,阿里巴巴集团开始了这方面的探索。2007年,马云个人联合郭台铭投资百世物流;2010年年初,阿里巴巴集团看好星晨急便平台开放、资源共享、服务集成的理念,入股星晨急便并提出"云物流"概念,希望通过星晨急便试水。然而,"云物流"理念不错,但却非常宽泛,甚至有些虚,其内涵是什么? 怎么落实? 能带给企业什么商机? 星晨急便和阿里巴巴集团并没有想清楚、搞明白。到了2012年3月,星晨急便资金告急,阿里巴巴集团也意识到单靠一家企业难以承担起这个重任,于是不再注资,星晨急便不得不宣布破产,阿里巴巴集团希望通过星晨急便试水"云物流"遭遇滑铁卢。与之相反,"三通一达"已经占据了淘宝包裹的半壁江山,很多大的卖家甚至在卖东西的同时还直接充当了申通或圆通的分销中心。

阿里巴巴集团在与星晨急便合作探索的同时,也在进行着自己的尝试。2011年年初,阿里巴巴集团携手淘宝对外发布了"大物流计划",推出"物流宝"平台,由淘宝联合国内外的仓储、快递、软件等物流企业组成服务联盟,提供一站式电子商务物流配送外包服务,为卖家提供入库、发货、上门揽件等方面的信息调配服务,解决商家货物配备和递送难题。

"物流宝"平台经过一年多的建设,逐步成熟起来。在2012年"双十一"当天,"天网"与第三方快递公司已基本达成了数据对接、共享及实时调配,当日即处理完2 000多万件包裹,相当于2011年"双十一"期间的总和,改善力度较大。

两次"双十一"的尝试,让阿里巴巴集团明确了不做物流、不介入物流运营的原则,但同时也下了决心,要牵头去做仓储的全国网络、中心仓的全国网络。于是,在菜鸟网络科技有限公司成立的同时,也启动了"中国智能骨干网"项目。

按照菜鸟网络"中国智能骨干网"项目的整体计划,未来共将投资3 000亿元人民币,首期计划投资1 000亿元。菜鸟网络希望用这3 000亿元来撬动国家在物流基础设施上投入的几十万亿元,让国家的基础设施发挥出更大效应。这些基础设施主要包括两部分:一是全国几百个城市通过"自建+合作"的方式建设物理层面的仓储设施;二是利用物联网、云计算技术建立基于这些仓储设施的数据应用平台,并共享给电商企业、物流公司、仓储企业、第三方物流服务商和供应链服务商。

菜鸟网络建设实体仓储更多的是一种筹码和手段,其更看重的是数据应用平台。通过这个平台帮助电商管理自有的仓储,这就会使今后电商企业的销售状况、仓库存放的货品信息全都导入该平台,最终由菜鸟网络来控制。也就是说,从销售到下单,一直到入库、送货,菜鸟网络都会帮助商家完成销售、配送服务的全过程。

在阿里巴巴集团内部,定位于数据化分析、追踪的"物流宝"的代号是"天网",而涉足实体仓储投资的菜鸟网络是"地网"。

阿里巴巴集团通过网购平台、支付平台确立了电商优势,但是商户和用户并没有真正地掌握在阿里巴巴集团手里,其中如何去落地则尤其关键,而这正是马云如今最想解决的问题。他希望通过菜鸟网络打造线下平台,将商户圈住,从而抓住用户。马云借助菜鸟网络,将会打造一个集办公场所、仓储物流、休闲生活于一体的生活广场提供给商户。在这个广场里,阿里巴巴集团是主宰。

阿里巴巴集团构建的物流生态圈是:未来"天地一张网"实现无缝融合。阿里系一端对供应商,一端对消费者,谁也离不开菜鸟网络。因为离开了菜鸟网络,消费者就找不到产品,而产品也找不到消费者。与京东、苏宁、易迅等自建物流不同的是,"天网+地网"依靠社会化分工,菜鸟网络的主要目的是提供标准、仓储、干线运输等社会资源可自由接入的平台。阿里巴巴集团构建这样的生态圈不仅是互联网思维向传统行业渗透的另一个尝试,也是阿里巴巴集团的数据金矿价值的持续释放方式。阿里巴巴集团所拥有的数据优势以及其在互联网金融领域的尝试,无疑扮演的是变革者这一角色。马云对此并不否认,他说"菜鸟"可能失败,但"万一"成功,将会产生巨大的变革力量。

菜鸟网络 CEO 张勇强调说,菜鸟网络是一家正在做创新的、没有经验可循的公司。菜鸟网络不是一家物流公司,其做的事情是让仓储、快递、运输、落地配送等各环节的合作伙伴获得更清晰的业务场景,用数据让它们获得更好的生产能力。"天网+地网"构建了整个阿里巴巴集团的物流体系,马云激动地表示:"这是一代人的梦想,未来会有更多的企业加入进来。"

菜鸟网络股东银泰集团董事长沈国军也强调,一旦智能物流网建成、打通,对整个电商业和物流业带来的变革将是巨大的,最直接的影响是今后全国大中小型电商和快递业都可能要依托此平台发展。但最大的受益者无疑还是阿里巴巴集团,而这也是阿里巴巴集团将"互联网商业城市"思维继续向物流延伸的重要一步;而且,马云很巧妙地将风险分散开,所关联的上下游企业则相互承担着风险。

对于其整个链条下游的快递公司而言,目前顺丰和"三通一达"的加入,更多的像是"被入局者"。五家快递公司各自所占据的1%股份并没有太多的话语权,其面临的客观现实是未来能在电商市场分得一杯羹,但如果不参与就可能被边缘化。

申通快递董事长陈德军坦言,目前申通占据淘宝、天猫第三方物流的业务量在30%左右,未来也许会更多。他直言,申通未来的重心还是在建设自己的物流平台上,而不是菜鸟网络。对于是否会和菜鸟网络共享仓储的问题,陈德军的回答是否定的。他也表示,不会再参与菜鸟网络投资。

还有更多的参与者对加入这样一个前无古人、如空中楼阁般庞大的计划感到犹豫甚至表示怀疑,他们认为马云并没有想清楚。

一位菜鸟网络的股东表示:"这只是电商的玩法,马云做事的风格是先制造出声势,其实也是为聚拢人气。他其实也是边走边看,到底能不能做成以及最终会做到什么程度还很难说,至少从马云投入星晨急便能看到一些过去的经验。"

无论是马云还是沈国军,对于菜鸟网络最终的商业模式也似乎都没有最佳的解释。"商业模式现在真的不知道。"阿里巴巴集团副总裁李俊凌曾在接受媒体采访时表示,"菜鸟网络这样做基础性平台的公司可能是生态链中最后赚钱的,但最终如何赚钱可能还需要别人来告诉我们。"

随着电商未来发展形式的多元化,平台电商、品牌电商、O2O 移动电商等形式百花齐放,无论是商户还是消费者,对个性化物流需求都越来越旺盛,但这似乎不是菜鸟平台的强项。

梦芭莎副总裁周凯表示,从前景上看,这种平台可能比较适合中小商铺,满足一般性和共性需求,但一些大的商家所需的个性服务很难达到。聚尚网副总裁易宗元认为,自建物流可以满足平台用户 24 小时响应需求,给用户带来的体验是有别于第三方物流的。

以自营起家的苏宁、京东、易迅则不惜投下重金建仓储、做物流,并采取了"自建物流+第三方物流"的模式。这种模式的好处在于,不仅可以对物流服务的质量把控更准,还可以给用户提供更多的个性化选择。

在个性化物流上,易迅和京东都推出过相应服务。例如,易迅针对部分城市推出的"一日三送""闪电送"的方式就满足了用户的不同需求。腾讯电商 CEO 吴宵光甚至表示:"没有物流就不要做电商。"他认为,物流是电商的核心竞争力,未来谁没有物流能力,谁就不要做电子商务,如果一个电商的物流能力只是"三通一达",那其就是这个行业里水平最低的电商平台。

另外,智能骨干物流网是联合多家物流公司共同运营合作的,今后如何分配运输区域以及如何权衡各家物流商家的利益,这些问题很容易引发新的矛盾和利益纷争。一位加入菜鸟网络的快递股东也说:"整个合作只是建立在初始阶段,至于接下来具体的合作模式并没有进行细化的商讨,也涉及电商与客户端的配送关系。并且,如何与快递公司线下原有的客户区别开,马云并没有想清楚。"

面对如此庞大的资金投入,社会化分工协作给菜鸟网络带来了诸多不确定因素,菜鸟网络确实显得命运叵测。"未来是否成功谁也说不清楚,但是这个事情是一定要做的。"马云说。

资料来源:根据网络相关资料整理编写。

>> 讨论问题

1.结合案例,你认为菜鸟网络公司是一家什么样的公司?

2.菜鸟网络公司建立之前,阿里巴巴集团做了哪些电子商务物流配送探索?

3.菜鸟网络推进的"中国智能骨干网"项目的核心是什么?

4.菜鸟网络探索的是一种什么样的商业模式?京东等公司正在实践的是一种什么样的商业模式?两种模式有什么不同?

5.你认为菜鸟网络正在探索实践的商业模式能成功吗?为什么?

>> 关键概念

全球化物流;智慧物流;共同配送

>> 复习思考

1.现代物流的发展主要经历了哪几个阶段?

2.请查阅相关资料,写一份1 500字左右的中国现代物流发展现状分析报告。

3.除本章所介绍的当前现代物流新发展趋势外,你还能举出其他的新发展趋势吗?

第 ② 篇

理论篇

本篇导读：

- 物流是一个复杂的综合系统
- 物流是供应链的支撑和保障

第4章 物流系统论

　　系统论认为,自然界及人类社会中的任何事物都是以系统的形式存在。现代物流是一项系统性活动。物流本身就是一个系统,而且是非常复杂的系统。因此,对物流的认识和理解,要从全局出发,以全面的眼光去观察和分析。

学完本章，我们应能回答以下问题

- 什么是物流系统？组成物流系统的要素有哪些？
- 物流系统要素通过怎样的结构有机地联系在一起？
- 物流系统具有哪些功能？

4.1 物流系统

4.1.1 物流系统的定义

　　与物流定义一样,学者们对物流系统的定义也各不相同。

　　崔介何认为:物流系统是指在一定的时间和空间里,由所需位移的物资与包装设备、搬运装卸机械、运输工具、仓储设施、人员和通信联系等若干相互制约的动态要素所构成的具有特定功能的有机整体。[①]

　　王之泰认为:物流系统是由物流各要素所组成的,要素之间存在有机联系并具有使

---

①　崔介何.物流学[M].北京:北京大学出版社,2003:420.

58

物流总体合理化功能的综合体。①

董千里认为:物流系统是为实现既定物流活动目标,由物流固定设施、移动设施、通信方式、组织结构及运行机制等要素形成多层次人工经济系统。物流系统属于有人参与决策的大系统。人作为系统结构中能动的主体,不论其自觉与否,都在影响着系统或子系统的形成、运行、控制与发展。②

王莉认为:由于物流是在特定的社会经济大环境里,由若干个相互依赖、相互制约的有区别的子系统集合而成的具有特定功能的有机整体,因此物流是一个系统,而且是一个相当复杂的动态的社会经济大系统。③

在分析、总结上述定义的基础上,我们认为:物流系统就是由相互区别与关联的物流要素构成,并与环境发生联系,具有特定目的的有机整体。

物流系统的要素包括我们前面曾经讨论过的运输、储存、装卸、搬运、包装、流通加工、配送、信息等,还包括一般要素、物流设施设备要素、物流作业要素等。

构成物流系统的这些要素既相互区别,又密切联系。它们必须共同配合,才能使物有效率地流动。

物流系统的基本目的是保证物的流动能够顺利进行。在实践中,对企业而言,其构建物流系统除了实现物流的顺利进行,还会有其他的考虑,如促进销售、提高服务质量、积累企业信誉、扩大市场,提高市场占有等。

4.1.2　物流系统的特点

物流系统是一个包括众多子系统的复杂的大系统,物流系统与这些子系统、物流系统各子系统之间、物流系统与所处环境的其他系统之间,又具有广泛的横向和纵向的联系。因此,物流系统除具有系统的一般特点,还具有复杂性、动态性、多目标性特征。④

1)物流系统的复杂性

物流系统包括非常广泛和多样的要素,由此造成了物流系统的复杂性。从物资要素看,系统中流动着的物资,其品种成千上万,数量庞大;从人的要素看,物流系统中从事物流活动的人员众多;从资金要素看,铁路、公路、港口等物流基础设施需要投入大量的资金;从物流网络要素看,广泛的物流网络遍及各地、遍及全国,甚至遍及全球;从物

---

① 王之泰.现代物流学[M].北京:中国物资出版社,1995:16.
② 董千里.高级物流学[M].北京:人民交通出版社,1999:46.
③ 王莉.物流学导论[M].北京:中国铁道出版社,1997:55.
④ 崔介何.物流学[M].北京:北京大学出版社,2003:424-425.

流信息角度看,信息贯穿物流活动全过程,物流系统通过信息,将各个子系统和要素有机地联系起来。如何收集、处理好信息,用以预测决策物流活动,也是一项要求很高的工作。

物流系统的边界十分广阔,从生产企业的原材料供应,经过生产制造转换为产成品,再经运输、储存等环节到达消费者手中,物流横跨了生产、流通、消费三大领域。

物流系统涉及如此广阔的范围和广泛的领域,包括社会经济的发展、产品的生产、商品的需求变化、能源消耗及供应的波动等,必然给物流系统的组织带来很大的难度。随着科学技术的进步,生产与交换的发展,消费需求的不断变化,物流系统的边界范围还将不断向外延伸,向内深化。

2) 物流系统的动态性

物流活动总会受到社会生产和社会需求的广泛制约,社会经济的发展、产品的生产、商品的需求变化、能源消耗及供应的波动、企业间的合作关系,都随时随地影响着物流。为适应经常变化的社会环境,使物流系统顺利高效地运行,人们必须对物流系统的各组成部分经常不断地修改、完善。当物流系统所面临的环境出现重大变化时,甚至需要重新进行物流系统的设计。因此,物流系统是一个具有满足社会需要,具有适应环境能力的动态系统。

3) 物流系统的多目标性

物流系统作为一个人机系统,是一个矛盾的综合体。在物流系统的运行过程中,各子系统或要素相互联系、相互协调、相互配合,共同实现物的流动。但是,物流系统各子系统或要素之间经常会出现各种矛盾。人们对物流系统可能有不同的要求:希望物流数量最大,希望物流时间最省,希望物流服务质量最好,希望物流成本最低等。显然,要满足所有这些要求很难办到。如在储存子系统中,从保证供应、方便生产的角度,人们会提出储存物资的大数量、多品种问题;而从加速资金周转,减少资金占用角度,人们则提出减少库存,实现零库存。又如,在运输子系统中,选择航空运输,时间效益虽好,但物流成本高,经济效益不佳;选择水路运输,成本低,但运输时间又长。所有这些相互矛盾的问题,在物流系统中广泛存在,而物流系统又恰恰要求在这些矛盾中运行。要使物流系统满足人们的不同要求,必然要建立物流多目标函数,在实现物流系统基本目标过程中,帮助物流系统实现不同的目标。

物流系统的目的是实现物资的空间和时间效益,在保证社会再生产顺利进行的前提条件下,实现各种物流环节的合理衔接,并取得最佳的经济效益。

4.1.3 物流系统的目标

物流系统的根本目标是降低成本,这是物流系统永恒的目标。但也要看到,降低成本只是物流系统的根本目标,而不是唯一目标。实践中,物流系统许多时候并不总是追求物流成本的最低,还追求速度最快、保证生产、促进销售等。因此,物流系统目标除降低物流成本这一根本目标外,还包括时效、服务、调节供求等目标。

1) 成本目标

降低物流成本是物流系统的根本目标。物流系统的物流成本包括物流总成本、物流子系统和要素的成本。物流系统追求的是系统总成本最低。

2) 时效目标

时效目标是物流系统的重要目标之一。"时间就是金钱",人们要求同样的支出能带来越来越快捷的物流服务。多变的市场需求与激烈的市场竞争,对物流系统的时效性提出越来越高的要求。因此,追求物流系统的快捷,不仅是物流系统的基本目标,而且是一个现代目标。今天物流系统运行中的直达物流,水铁、水公等联合运输,集装箱运输,自动化立体仓库等管理和技术,都是物流系统时效目标的体现。

3) 服务目标

物流系统是起着"桥梁"和"纽带"作用的流通系统的重要组成部分,是流通系统顺利运行的物质基础,是商品交换得以顺利进行、企业实现社会再生产的保证。因此物流系统还具有很强的服务性,服务目标就是其具体体现。物流系统的服务目标主要表现在 3 个方面:服务生产、服务销售、服务社会。许多企业借助物流系统,为客户配送上门,为顾客送货到家,以促进销售;为制造商"准时供货""柔性供货",以保证及时生产、柔性生产。此外,当一些地区遭受自然灾害,物流系统还承担着及时将救灾物资送达灾区的社会任务。

4) 调节供求

由于物流系统的储存功能,因此调节供求也成为其基本目标之一。从微观角度看,企业利用储存,通过调节库存,进而保证生产或销售能够更好地满足市场需要。在实践中,许多企业通过建立分拨仓库,来调节各地区市场的商品销售;从宏观角度看,政府通过储存,以保证市场供求的稳定。如国家粮食物流系统、国家石油战略储备系统的根本目标就是调节供求,保证市场稳定,维护国家安全。

4.2　物流系统的要素

组成物流系统的要素非常多,通过分类来深入认识物流系统的要素是人们最常用的方法。一种分类方法是从物流功能角度将组成物流系统的要素分为运输、仓储、装卸搬运、包装、流通加工、配送、信息处理7类;一种分类方法是按照物流系统的特点将组成物流系统的要素分为流动要素、资源要素和网络要素3类;一种分类方法是从企业经营管理角度将要素分为人、财、物等要素;也有人从物流系统的支撑或者物质基础角度来划分物流系统的要素。

物流系统是一个复杂和巨大的人机系统,仅从上述视角分析和认识物流系统,虽然都对物流系统要素进行了分析,但又让人感觉不全面,只是从某个方面对物流系统要素的分析和认识,好像"说得出却道不清"。

物流系统是一个人机系统,并且是一个物的流动系统。因此,根据组成物流系统要素的性质,可以将物流系统的要素分为固定要素和活动要素。结合物流要素已有的分类,可以得出如下物流要素分类示意图(图4.1)。

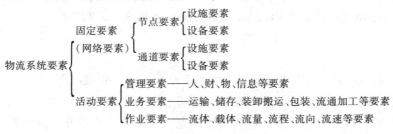

图 4.1　物流系统要素

4.2.1　物流系统固定要素

从物流系统基本构架看,物流系统是由许多节点和通道组成的网络,物在这个网络中流动。因此,物流系统的固定要素也称为网络要素,主要包括节点和通道两个基本要素。

1)物流系统节点

物流系统节点,是物流过程中供流动的物品停留和储存,以便进行相关后续物流作业的场所,主要包括工厂、商店、仓库、配送中心、车站、码头等。通常物流节点是物流基础设施最为集中的地方,因此往往需要大量的资源投入建设。根据节点的功能不同,主要有单一功能节点、复合功能节点和枢纽节点3种类型。

（1）单一功能节点

单一功能节点只具有某一种物流功能,或者以某种物流功能为主。如专门进行储存、运输、装卸、包装、加工等单一作业,或者以其中一项为主、以其他功能为辅。一般单一功能节点需要的基础设施比较单一和简单,规模往往比较大。这类节点通常都处于物流过程的起点或者终点。实践中,常见的单一功能节点主要有工厂的原材料仓库,储备型仓库,仅承担货物中转、拼箱、组配的铁路站台,仅供停泊船只的码头等。由于这类节点的业务比较单一,因此比较适合专业化经营。

（2）复合功能节点

复合功能节点具有两种以上主要物流功能,具备配套的基础设施。这类节点一般处于物流过程的中间。常见的复合功能点有周转型仓库、港口、车站、集装箱堆场等。如一家跨国家电集团,在一个国家的几个城市集中设立物流基地,在销售渠道的末端设立配送中心或者中转仓库,这些节点往往具有储存、运输、装卸搬运、包装、流通加工、信息处理等功能中的大部分或者全部。复合功能节点的规模可小可大。小规模的如一家商店为保证商品销售,可能会设一小周转仓库,以完成商品的储存、处理退货、粘贴商品条形码、重新包装商品、为购买大宗商品的顾客发货等。大规模的如一年处理80万TBU以上的大型集装箱堆场,除了储存集装箱以外,还能够完成集装箱掏箱、商品检验、拼箱、装箱等业务;而且集装箱堆场一般都与码头或者港口在一起,其设施设备的规模也很大,有起吊能力达几十甚至上百吨的集装箱吊车,大型集装箱专用运输车辆等。

（3）枢纽节点

枢纽节点的物流功能一般都非常齐全,具备庞大的、配套的基础和附属设施,吞吐能力巨大,辐射范围广,通过节点连接的物流网络非常庞大,对整个物流网络起着决定性和战略性的控制作用。枢纽节点形成后,一般很难改变,它一般也处于物流过程的中间。像辐射欧洲地区、亚太地区市场的大型物流中心,辐射全国市场的配送中心,大型城市的物流基地,全国或区域铁路枢纽、公路枢纽、航空枢纽港等就是这样的枢纽节点。枢纽节点的设施一般具有公共设施性质,因此通常都是专业化经营。如我国上海以洋山港为核心建立的港口群,就是一个国际性物流枢纽节点。

此外,物流系统节点还可以从节点所连接的通道不同,节点的规模、产权状况、供应链中的位置等不同来进行划分。

2）物流系统通道

物流系统通道就是连接物流系统中的节点的路线,主要包括公路、铁路、航道、航线、管道等。物流系统通道一般都是通过一定的资源投入建设而成。物流系统通道具有方向性、有限性和选择性等特点。物流系统中的每条通道都有两个物流方向,有起点和终点,但两个节点之间可能有多条通道连接,因此需要选择最短路径。物流系统通道根据通过载体不同分为公路、铁路、航道、航线和管道5类。

（1）公路

公路是陆地上供汽车等各类机动车通行,以实现旅客和货物位移的通道。公路通道的物流通过量较大,通道连接的节点多样。公路通道是汽车运行的基础设施,由道路、路基、桥梁和隧道等建筑设施组成。连接公路通道的节点很多,主要有企业、配送中心、仓库、火车站、汽车站、机场、港口、码头、堆场等。公路有高速公路和等级公路之分。公路通道上的固定设备较少,高速公路上的设备主要是道路安全、道路指向等方面的设备。汽车是公路通道的活动设备,也是物流的载体。

（2）铁路

铁路是陆地上供铁路机车牵引车辆,以实现旅客和货物位移的通道。铁路通道的物流通过量大,可靠性较高。铁路通道是列车运行的基础设施,由轨道、路基、桥梁和隧道等建筑设施组成。连接铁路通道的节点主要是火车站,按性质不同主要分为客运站、货运站、客货运站、编组站、区段站和中间站等。为了保证线路通畅,还需要通信信号设备、检修设备、给水设备等固定设备;如果是电气化铁路,还需要供电设备。机车、客车和货车等是铁路通道的活动设备,机车与货车组成的货运列车是物流的载体。

（3）航道

航道是江河湖海上供船舶通行,以实现旅客和货物位移的通道。航道的物流通过量很大,尤其是海上航道,其物流通过量巨大。航道是轮船航行的基础设施,一般不需要投资专门建设,主要设施和设备是灯塔和航标。连接航道的节点是码头和港口。港口因位置不同,有海港、河口港和内河港之分;因使用目的的不同,有存储港、转运港、经过港之分;因航道辐射范围不同,有地区港、国内港、国际港之分。

（4）航线

航线是供空中飞机等飞行器通行的通道。航线的物流通过量很小。航线一般也不需要投资建设。航线按性质和作用分为国际航线、国内航空干线和地方航线3种。连接航线的节点是机场。机场有国际机场、国内机场、短途机场之分,也有陆上机场、水上机场之分。

（5）管道

管道是输送流体货物的通道。管道的物流通过量也很大,但只适合流体性物资通过。管道需要投资建设,但较公路和铁路建设投资少,主要的设施设备是增压设施设备。管道一般埋于地下,占用土地少。管道根据流体不同有成品油管道、天然气管道、煤浆管道等。连接管道的节点是管道输送站。主要有起点站、中间站和终点站。起点站一般临近矿场、企业或港口,中间站主要是增压,终点站一般也临近企业、港口。管道输送站主要的设施设备包括泵房、阀房、储存池或罐等。泵房的作用是向输送管加压,使流体物资流向下一站,阀房的作用是控制管道输送线路或方向,储存池或罐则主要提供暂存空间,是与其他通道进行转换的地方。

此外,根据通道之间关系的不同,还可以将通道分为干线通道和支线通道;根据通道流向的不同,分为上行通道和下行通道等。

4.2.2　物流系统活动要素

物流系统不仅是静止的节点和通道,节点和通道之间还必须进行有机的联系。实际上,物流系统的固定要素也必须根据物流需求进行规划设计,通过节点的布局、通道的建设、节点与通道的连接方式选择,才使其成为物流系统的组成要素。将物流系统节点和通道两个固定要素有机联系起来的就是物流系统的活动要素。这些活动要素主要有管理要素、业务要素和作业要素 3 类。正是物流系统活动要素将固定要素有机联系起来,才使得物流系统有血、有肉、有灵魂,物流系统的功能也才能真正得以体现。

1)物流系统管理要素

(1)微观层面

从微观层面,主要是从企业角度看,物流系统管理要素就是企业的物流管理要素,主要包括人、财、物、信息和知识等要素。

①劳动者要素。劳动者要素是所有人机系统的核心要素、第一要素。提高劳动者的素质,是建立一个合理化的物流系统并使它有效运转的根本。

②资金要素。交换是以货币为媒介的活动。实现交换的物流过程,实际上也是资金运动的过程;同时,物流系统本身也需要以货币为媒介。物流系统建设是资本投入的一大领域,离开资金这一要素,物流不可能实现。

③物的要素。物的要素包括物流系统的劳动对象,即各种实物,缺少它们,物流系统便成了无本之木;物的要素还包括劳动工具、劳动手段,如各种物流设施、工具,各种消耗材料(燃料、保护材料)等。

④信息要素。物流信息是伴随物流活动发生的,以及与物流活动相关的各种信息。物流系统的高效运转,离不开信息管理。物流信息包括与物流管理活动、物流业务活动等有关的计划、预测、动态(运量、收、发、存数量)的信息,以及有关的费用信息、生产信息、市场需求信息等。对物流信息活动的管理,要求建立信息管理系统,正确地进行信

息的收集、汇总、统计、传递、使用,并保证其真实性、可靠性和及时性。

⑤知识要素。知识即管理知识,是公认的管理经验和隐性的管理技能的总称。物流系统管理离不开知识,需要不断积累管理经验,并探寻到一些管理的独到方法、技能和诀窍,由此形成管理能力。因此,知识也是物流系统管理要素的重要组成部分。

（2）宏观层面

从宏观层面,主要是从政府管理角度看,物流系统管理要素就是政府的物流管理要素,主要包括体制、制度、法律、规章、行政命令、标准化管理等。这些要素也称为物流管理支撑要素。

①体制、制度。一个国家或地区的经济体制和管理制度决定着本国或本地区物流系统的结构、组织、管理方式等,因此,加强对物流系统的管理,必须考虑各国各地区特点,尤其是在经济体制和管理制度方面的不同。

②法律、规章。物流系统的运行,还不可避免地涉及企业或人的权益问题。法律规章一方面限制和规范物流系统的活动,使之与更大的系统相协调;另一方面,也给予物流系统正常运行以保障,使物流系统能够规范地运行,如物流服务合同的执行,权益的划分,责任的确定等都是依靠法律规章来维系的。

③行政、命令。物流系统和一般系统的不同之处在于,物流系统关系国家的经济命脉和国家安全,因此,行政命令等手段也常常是支持物流系统正常运转的要素。

④标准化系统。标准化是保证物流环节协调运行,保证物流系统与其他系统在技术上实现连接的重要支撑条件。如果铁路、水路集装箱标准不统一,很难进行水铁联运;如果包装箱尺寸与集装箱尺寸模数不统一,必然造成集装箱的空间浪费。

2）物流系统业务要素

物流系统业务要素也称为功能要素,包括运输、储存、装卸搬运、包装、流通加工、配送等。

（1）运输业务要素

运输业务要素包括供应及销售物流中的火车、汽车、轮船、飞机等方式的运输,生产物流中的管道、传送带等方式的运输。对运输活动的管理,要求选择技术经济效果更好的运输方式及联运方式,合理确定运输路线,以满足安全、迅速、准时、价廉的要求。

（2）储存业务要素

储存业务要素包括堆存、保管、保养、维护等活动。对保管活动的管理,要求正确确定库存数量,明确仓库是以流通为主还是以储备为主,制订完善保管制度和流程,对库存物品采取有区别的管理方式,力求提高保管效率,降低损耗,加速存货和资金的周转。

（3）装卸搬运业务要素

装卸搬运业务要素包括对输送、保管、包装、流通加工等物流活动进行衔接，以及在保管等活动中进行检验、维护、保养所进行的装卸活动。伴随装卸活动的搬运，一般也包括在这一活动中。在物流活动中，频繁发生装卸搬运活动是产品损坏的重要原因。对装卸搬运活动的管理，主要是确定最恰当的装卸搬运方式，力求减少装卸搬运次数，合理配置及使用装卸搬运机具，以做到节能、省力、减少损失、加快速度，获得较好的经济效果。

（4）包装业务要素

包装业务要素包括产品的出厂包装、生产过程中在制品、半成品的包装以及在物流过程中换装、分装、再包装等活动，对包装活动的管理，根据物流方式和销售要求来确定。无论以商业包装为主，还是以工业包装为主，都要全面考虑包装对产品的保护作用、促进销售作用、提高装运率的作用、包拆装的便利性以及废包装的回收及处理等因素。包装管理还要根据物流全过程的经济效果，具体决定包装材料、强度、尺寸及包装方式。

（5）流通加工业务要素

流通加工业务要素又称为流通过程的辅助加工活动。这种加工活动不仅存在于社会流通过程，也存在于企业内部的流通过程中。因此，实际上是在物流过程中进行的辅助加工活动。企业、物资部门、商业部门为了弥补生产过程中加工程度的不足，更有效地满足用户或本企业的需求，更好地衔接产需，往往需要进行这种加工活动。

（6）配送业务要素

配送业务要素是物流进入最终阶段，以配送、送货形式最终完成社会物流，并最终实现资源配置的活动。配送活动一直被看作运输活动中的一个组成部分，是一种运输形式。因此，过去未将其独立作为物流系统实现的功能，也未将其作为独立的功能要素，而是将其作为运输中的末端运输对待。但是，配送作为一种现代流通方式，集经营、服务、社会集中库存、分拣、装卸搬运于一身，已不仅是送货运输。

3）物流系统作业要素

从物流的"流"的角度看，任何一个具体的物流业务活动都可以进一步分解为流体、载体、流向、流量、流程和流速6个要素。[①]

（1）流体

流体是指物流中的"物"，即物质实体。流体具有自然属性和社会属性。自然属性

---

① 何明珂.物流系统论［M］.北京：中国审计出版社，2001：18-23.

是指其物理、化学、生物属性。物流管理的任务之一是要保护好流体,使其自然属性不受损坏,因而需要对流体进行检验、养护,在物流过程中需要根据物质实体的自然属性合理安排运输、保管、装卸等物流作业。社会属性是指流体所体现的价值属性,以及生产者、采购者、物流作业者与销售者之间的各种关系,有些关系国计民生的重要商品作为物流的流体还肩负着国家宏观调控的重要使命,因此,在物流过程中要保护流体的社会属性不受任何影响。

（2）载体

载体是指流体借以流动的设施和设备。设施主要是指物流节点及通道等基础设施,如公路、铁路、航道、航线、管道、车站、港口、机场等。设备则主要是以设施为基础,直接承载并运送流体的设备,如车站、港口、机场等节点上的装卸搬运设备,以及通道上的车辆、列车、船舶、飞机等设备。物流载体,尤其是物流基础设施的状况直接决定物流的质量、效率和效益。

（3）流向

流向是指流体从起点到终点的流动方向。物流的流向一般分为自然流向、计划流向、市场流向和实际流向。自然流向,指根据产销关系所决定的商品的流向,反映了一种客观需要,即商品要从产地流向销地;计划流向,指根据流体经营者的商品经营计划而形成的商品流向,即商品从供应地流向需要地;市场流向,指根据市场供求规律由市场确定的商品流向;实际流向,指在物流过程中实际发生的流向。

对不同的流体而言,以上几种流向可能会同时存在。如根据市场供求关系确定的商品流向是市场流向,但这种流向也反映了产销之间的必然联系,又是自然流向;在实际发生物流时,还需要根据具体情况来确定运输路线和调运方案,这才是最终确定的流向,是实际流向。在确定物流流向时,理想的状况是商品的自然流向与商品的实际流向一致,但由于计划流向与市场流向都有其存在的前提,以及载体的原因,商品的实际流向经常偏离自然流向。

（4）流量

流量即通过载体的流体在一定流向上的数量表现。流量与流向是不可分割的,每一种流向都有一种流量与之相对应,因此,流量也分为自然流量、计划流量、市场流量和实际流量 4 种。但实际工作中,更多应用的是根据流量本身的特点进行的分类,即实际流量和理论流量。

实际流量,即实际发生的物流流量。它主要有按照流体统计的流量,按照载体统计的流量,按照流向统计的流量,按照发运人统计的流量,按照承运人统计的流量。

理论流量,即从物流系统合理化角度来看应该发生的物流流量,一般也可按照与实际流量相对应的 5 个方面来分类。

流量统计的单位视具体统计目的不同而不同,有数量单位,如吨、立方米等;有金额单位,如元、角、分等。

(5)流程

流程就是流体移动的距离,是通过载体的流体在一定流向上行驶路径的数量表现。流程与流向、流量一起构成了物流向量的 3 个数量特征,流程与流量的乘积还是物流的重要量纲,如吨公里。流程的分类与上述流向和流量的分类基本类似,可以分为自然流程、计划流程、市场流程与实际流程;或者分为实际流程和理论流程,其中理论流程通常是可行路径中的最短路径。

(6)流速

流速就是流体移动的速度。流速主要受载体速度的影响,也受节点要素、通道要素、设施设备运输速度和管理效率的影响。通常,在实际工作中,企业往往不会追求流体绝对的速度,而是根据市场或客户的需要,选择不同的节点和通道,适时完成物资的输送。

物流的流体、载体、流向、流量、流程和流速 6 个要素之间联系极其密切。如流体的自然属性决定了载体的类型和规模,流体的社会属性决定了流向、流量和流速,载体对流向、流量和流速有制约作用,载体的状况对流体的自然属性和社会属性有很大影响。因此,在物流作业中要注意处理好六要素之间的关系,否则物流成本就会提高,服务质量就会下降,效益就得不到保证。

4.3　物流系统的结构

物流系统要素必须通过结构组织起来,才能形成完整的物流系统。物流系统要素在时间和空间上的排列顺序构成了物流系统的结构。物流系统的结构主要包括网络结构、业务功能结构、作业结构和产业结构等。

4.3.1　物流系统的网络结构

通过物流系统要素分析,我们可知物流系统就是由节点和通道构成的一个物流网络系统,节点和通道之间的联系形成了物流系统的网络结构。节点和通道组成的网络又称为图。根据结构复杂程度不同,物流系统网络结构分为点状结构、线状结构、树状结构、圈状结构和网状结构(图 4.2)。

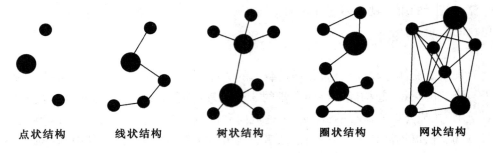

点状结构　　　线状结构　　　树状结构　　　圈状结构　　　网状结构

图 4.2　物流系统网络结构类型

（1）点状结构

这种结构是物流系统网络结构的一种特殊情况,它只在理论分析中存在,实践中基本不存在。

（2）线状结构

这种结构由节点和通道组成,每个节点之间只有一条通道连接而成。在一些单一的物流活动中,如一位农民将自产的农副产品拿到市场上销售,可能会在去市场的道路上碰到顾客,于是边走边卖,就形成了线状结构。

（3）树状结构

这种结构由各节点通过通道连接,但未形成圈。例如,汽车制造商可能采用这种物流系统结构,根据市场区域设置分销网络和配送网络,在各市场区域设置配送中心,覆盖本市场区域,配送中心之间的商品车不能相互流动;层层细分各区域市场,每个细分市场选择一个经销商,经销商之间在销售政策如折扣和价格等策略上略有差别,为加强市场管理,严格限定不同经销商的市场范围,经销商之间的商品车也不能互相流动,即串货。

（4）圈状结构

在这种结构中,由通道将两个以上节点连接成圈,同时至少有一个节点未包含在圈中。如一家工业品制造商运用这种结构,在两个地区市场分别设置了配送中心,以覆盖各自的市场区域,并且两个市场区域内各供货点之间的商品可以调剂。这是一种物流效率比较高的结构。

（5）网状结构

在这种结构中,每个节点相互之间都有通道连接。网状结构非常复杂,其最大优点可能是方便销售,但最大缺点可能是效率低下。因此,在实践中,这种结构也几乎不存在。

4.3.2 物流系统的业务功能结构

任何物流系统的物流业务都大同小异,基本业务功能要素均包括运输、储存、装卸搬运、包装、流通加工、配送和物流信息处理等。

最理想的物流业务功能结构就是只有运输业务功能要素,其他的业务功能要素越少越好。一般而言,物流系统的业务功能结构首先应是运输,然后是储存,装卸搬运伴随运输工具变换或者物流业务转换而产生。至于包装、流通加工一般存在于流通过程,不是每个物流系统都需要。

如果可能,物流系统最好只包括运输功能的系统,因为商品要移动,运输是必不可少的,这样才能将原材料在生产线需要的时候准确地送到;没有库存,生产出来的产品直接运送到消费者手中,中间无须变换运输工具和仓库储存。如计算机制造商戴尔公司为适应"直销"要求而建立的物流系统,其作业功能结构就近似于这种理想业务功能结构。

物流系统的业务功能结构,取决于生产、流通模式、网络结构状况等。如戴尔公司采用直销模式,从而省略了大量的中间仓库和以仓库为基础进行的各种物流作业,但直销模式对运输却有较高的要求,因此对运输相关的运输的集约程度、路线规划、货物组配等物流作业必不可少。经过中间商的物流系统的功能结构就复杂得多,在渠道中间进行环节转换时需要进行运输、储存、包装、装卸搬运、物流信息处理等作业,在最后一个环节可能还需要进行流通加工作业,因此物流效率较低。如果物流网络覆盖面较窄,当网络未覆盖地区的顾客提出购买需求,则公司可能会借助第三方物流系统,如邮政或快递公司的网络。

从根本上说,物流系统的业务功能结构到底如何组成,业务功能是多好还是少好,是复杂好还是简单好,关键在于物流系统追求什么样的目标,是速度快、服务好,还是成本低。

4.3.3 物流系统的作业结构

正如前面对物流系统作业要素进行的分析结果,任何一项物流业务的作业过程都是由流体、载体、流向、流量、流程和流速6个要素构成的。

如今,所有的物流业务都包括这6个要素。如5个集装箱(流量)的长虹彩电(流体)由集装箱卡车(载体)从绵阳运到重庆(流向),一天就到(流速);40辆(流量)广州本田轿车(流体)通过铁路(载体)从广州运往北京(流向),一天半就到(流速);1吨(流量)鲜花(流体)经 3 小时后(流速),从昆明空运到北京(流向);从长春进的 3 辆(流量)红旗轿车(流体)入库,一周后(流速)销往成都(流向);叉车(载体)只需 3 分钟(流速)就能将 5 件(流量)啤酒(流体)从验货台搬到库房的 A 货区(流向)存放等。

因此,无论是运输、储存,还是装卸、搬运、流通加工、配送业务,都可以分解出 6 个物流作业要素。在实际工作中,通过分析研究物流业务的作业要素和结构,能够帮助我们深入认识不同物流业务的特点,掌握各物流业务之间的关系,以帮助我们更深入地认识物流作业环节,提高物流管理水平。

4.3.4 物流系统的产业结构

所谓产业,是生产相同或相似产品,或者产品关联度很大的企业组成的集合。物流产业就是提供相同或相似物流服务或者产品的企业集合。按照传统划分,物流业分为交通运输业、仓储业、邮政业 3 个行业。3 个行业下又包括铁路运输、公路运输、内河航运、远洋运输、航空货运、集装箱联运、托运、货运代理、中转储运、拆船拆车、集装箱租赁、快递等。

由于物流系统本身涉及的面非常广,与之相关的产业或者行业也非常多,因此目前对于物流系统的产业结构还没有统一的认识。如果从狭义角度看,只考虑物流的业务功能活动,则其物流产业的结构就很明确,即由运输、储存、装卸搬运、包装、流通加工、物流信息构成。但如果从广义角度看,即考虑物流所涉及的相关领域,则物流产业结构将非常复杂。例如,港口、造船、集装箱制造等是否属物流业?

目前较为一致的认识是从物流业的组织化程度来看,物流系统的产业结构由第一方物流、第二方物流和第三方物流组成。

第一方物流,是指由卖方、生产者或者供应方组织的物流。这些企业的核心业务是生产和供应商品,为了自身生产和销售业务需要而进行物流自身网络及设施设备的投资、经营与管理。

第二方物流,是指买方、销售者或流通企业组织的物流。这些企业的核心业务是采购并销售商品,为了销售业务需要而投资建设物流网络、物流设施和设备,并进行具体的物流业务运作组织和管理。

第三方物流,是指由专业物流服务商组织的物流。专业物流服务商,是指以物流业务为核心业务的企业或公司。第三方物流服务商与第一方和第二方物流组织相比,具有较为明显的资源优势。

4.4 物流系统的功能

物流系统的功能可以从宏观和微观两个层面来考察。从宏观层面看,物流系统最基本的功能就是对经济发展的巨大促进作用。从微观层面看,物流系统的功能又可以从两方面来认识:一是物流系统业务功能,这是物流系统的基础功能;二是物流系统的增值服务功能。这里着重从微观角度分析物流系统的功能。

4.4.1 物流系统的基本功能

一个完整的物流系统包括运输、储存、装卸搬运、包装、流通加工、物流信息管理等方面的基本功能。

1) 运输功能

运输功能是物流系统的基本功能之一,它使商品得以实现空间位置移动,从而实现空间价值。物流系统的运输功能主要取决于运输通道选择、运输工具选择和运输方式的选择。实际工作中,主要从运输费用、运输时间、运输频度、运输能力、货物安全性、时间准确性、适用性、伸缩性、网络性和信息等方面综合考虑,在运输服务和运输成本之间找到企业能够接受的平衡点。

2) 储存功能

储存功能是物流系统的另一基本功能,它使商品得以实现时间延迟,从而实现时间价值。储存功能主要通过货物的堆存、管理、保管、保养、维护等一系列活动来体现。物流系统的储存功能主要取决于仓库类型与功能。实际工作中常见的仓库主要有存储型仓库、中转型仓库、配送型仓库等。

3) 装卸搬运功能

装卸搬运功能随运输和储存而产生,起着衔接运输、储存、包装、流通加工等物流活动的作用。装卸搬运功能主要取决于装卸搬运方式的选择和装卸搬运设施设备的效率。因此,根据物流业务活动的要求,合理选择装卸搬运方式,合理建设装卸搬运设施,合理选用、配置和使用装卸搬运设备,即对机械化、自动化、信息化、智能化的装卸搬运设施设备的合理选择和使用是提高装卸搬运效能的关键。

4) 包装功能

包装功能是物流系统为保证货物的完好、提高物流效率的一项功能。包装功能主要体现在保护商品、方便运输与携带、促进销售 3 个方面。物流系统对货物的包装分为工业包装和商品包装两种。工业包装的基本作用是保护在途货物安全,集装化货物以方便运输;商品包装的作用主要是便于销售,方便顾客携带,当然也对商品起到一定的保护作用。

5) 流通加工功能

流通加工功能是物品从生产领域向消费领域流动的过程中,为了促进产品销售、维护产品质量和实现物流效率化,对物品进行加工处理,使物品发生物理或化学变化。实际工作中的流通加工功能包括装袋、定量化小包装、挂牌子、贴标签、配货、挑选、混装、刷标记等作业。流通加工功能的主要作用表现在:进行初级加工,方便用户;提高原材料利用率;提高加工效率及设备利用率;充分发挥各种运输手段的效率;改变品质,提高收益。

流通加工通过对流通过程中的商品做进一步辅助性加工,不仅能够弥补生产过程中加工程度的不足,而且还能更好地适应多样化客户需求,有效满足客户需要,更好地衔接生产和需求环节,使流通过程更为合理化。进一步增强物流系统的流通加工功能是现代物流发展的一个重要趋势。

6) 信息服务功能

物流系统的高效运转离不开物流信息技术的保证。物流系统的信息服务功能主要包括物流信息的搜集、分析、整理、储存、传递与使用。

根据信息的载体及服务对象不同,物流信息服务功能可分成物流信息服务功能和商流信息服务功能。商流信息主要包括进行交易的有关信息,如货源信息、物价信息、市场信息、资金信息、合同信息、付款结算信息等。商流信息中的交易、合同等信息,不但提供了交易的结果,也提供了物流的依据,是两种信息流主要的交汇处;物流信息主要是物流数量、物流地区、物流费用等信息。物流信息中的库存量信息,不但是物流的结果,也是商流的依据。

物流系统的信息服务功能受信息技术水平的影响非常大。正是现代信息技术、通信技术和网络技术的发展,才高效地实现了物流活动一系列环节的准确对接,真正体现出物流系统的"空间价值"和"时间价值",使物流系统功能得以充分发挥。因此,从这个意义上说,信息服务功能是物流系统的中枢神经,在物流系统中处于不可或缺的重要地位。

信息服务功能的作用主要表现为:缩短从接受订货到发货的时间,库存适量化,提高搬运作业效率,提高运输效率,使接受订货和发出订货更为省力,提高订单处理的精度,防止发货、配送出现差错,调整需求和供给,提供信息咨询等(表4.1)。

表 4.1　物流系统基本功能

物流功能	功能细分	主要业务	一般特点
运　输	运输	集货、运输方式和工具选择、路线和行程规划、车辆调度、商品组配、送达	干线、中间运输、中长距离、少品种、大批量、少批次、长周期、功能单一
运　输	配送	分拣、拣选、运输方式和工具选择、路线和行程规划、车辆调度、商品组配、送达	支线、前端或者末端运输、短距离、多品种、小批量、多批次、短周期、功能综合
储　存	仓储管理	收货、检验、分拣、保管、拣选、出货	储存管理:对确定的库存(动态、静态)进行管理
储　存	库存控制	对库存品种、数量、金额、地区、方式、时间等结构的控制	储存决策:确定储存组合(什么、多少、何时、哪里)等
装卸搬运	装上	将流体装入载体	与发货相联系
装卸搬运	卸下	将流体从载体中卸出	与到货相联系
装卸搬运	搬运	将流体从一个地方短距离地搬到另一个地方	与载体的换装或者转移相联系
包　装	工业包装	按照生产和销售需求规格,用不同于产品的材料将产品包装起来,使之成为一个完整的产品	方便批量生产
包　装	销售包装	按照市场需求规格,将产品用印有必要产品信息的包装材料进行包装,促进销售	方便使用和销售
包　装	物流包装	按照物流运作要求,用具有足够强度、印有必要物流信息的包装材料将一定数量的商品进行包装,以及包装加固、打包等	方便物流运作

续表

物流功能	功能细分	主要业务	一般特点
流通加工	生产型加工	剪切、预制、装袋、组装、贴标签、洗净、搅拌、喷漆、染色等	在流通过程中进行的生产性活动,以完成生产过程
	促销型加工	烹调、分级、贴条形码、分装、拼装、换装、分割、称量等	在销售过程中进行的生产活动,以方便促销
	物流型加工	预冷、冷冻、冷藏、理货、拆解、贴物流标签、添加防虫防腐剂等	在物流场所进行的生产活动,以利物流、保护商品
物流信息	要素信息	六要素信息(流体、载体、流向、流量、流程、流速)	涉及物流全局的信息
	管理信息	物流企业或者企业物流部门人、财、物等信息	涉及物流组织内部的信息
	运作信息	功能、资源、网络、市场、客户、供应商信息等	涉及物流过程与市场的信息
	外部信息	经济发展政策、法律、技术等	涉及物流环境的信息

资料来源:何明珂.物流系统论[M].北京:中国审计出版社,2001:282-283。

4.4.2 物流系统的增值服务功能

物流系统的增值服务功能是指根据客户需要,为客户提供的超出常规服务范围的服务,或者采用超出常规的服务方法提供的服务。创新、超常规、满足客户需要是增值性物流服务功能的根本特征,它主要包括增加客户便利、加快客户反应速度、帮助客户降低成本和供应链集成等方面。

1)增加客户便利的服务

增加客户便利的物流服务是指一切能够简化手续、简化操作的物流服务。简化手续不是简化服务内容,而是相对于用户或消费者而言,将过去由他们自己做的一些工作,改为由物流服务提供商以各种方式完成,从而使消费者获得服务变得简单,帮助客户或消费者节约时间、精力等,当然就等于增加了商品或服务的价值。如在提供物流服务时,推行一条龙门到门服务、提供完备的操作或作业提示、免费培训、免费维护、省力化设计或安装、代办物流业务、24小时服务、自动订货,帮助客户传递信息和转账、客户自主跟踪物流全过程等。

2)加快客户反应的服务

快速反应是现代市场环境下企业的核心竞争力的基本体现之一。物流系统的快速反应能力是整个流通领域能否快速反应的关键之一。提升物流系统的快速反应能力，帮助客户赢得客户，占领并扩大市场，必然能够为客户增值。提升物流系统的快速反应能力主要有两条途径：一是提高系统节点和通道中基础设施和设备的效率，如修建高速公路，铁路提速，扩大港口吞吐能力，采用机械化、自动化的设施设备，进行科学合理的管理等。这些措施主要是提高物流系统的速度，然而客户对速度要求是无止境的，而这种速度的提升在一定技术条件下是有限的，因此将其称为硬提升。二是通过优化生产和流通系统的配送中心、物流中心网络，重新设计适合生产和流通需要的流通渠道，以此来减少物流环节、简化物流过程，提高物流系统的快速反应能力。这些措施是在现有技术条件下，通过优化物流系统提升其快速反应能力，因此称其为软提升。这也是应该大力推广的。

3）帮助客户降低成本的服务

在保持现有服务水平的前提下追求更低的成本是每个企业的需要。无论是为客户带来方便，还是加快客户的反应速度，从某种意义上说，其实质都是在帮助客户降低成本。如何帮助客户降低成本，基本的对策是为客户定制物流服务。不同的企业对物流系统的要求有很大的差异，只有针对不同企业的战略发展要求、目标分布、产品特点等，有效利用和整合现有资源，设计更有针对性的物流方案，才能更好地为客户降低成本。

4）供应链集成服务

物流系统为客户提供增值服务的眼光不应仅停留在物流系统本身，还应将眼光移出物流系统，放到供应链上去，也就是说物流系统的增值服务应该根据供应链中客户的要求进行延伸。沿着供应链，向上可以延伸到市场调查与预测、采购及订单处理，向下可以延伸到配送、物流咨询、物流方案的选择与规划、库存控制决策建议、货款回收与结算、教育与培训、物流系统设计与规划方案的制订等。其中，对货款的回收和结算，不仅是对物流服务费用的结算，而且在从事代理、配送的情况下，物流服务商还可以替货主向收货人结算货款；对于需求预测，物流服务商应该负责根据物流中心商品进货、出货信息来预测未来一段时间内的商品进出库量，进而预测市场对商品的需求，从而指导订货；对于物流系统设计咨询，要求物流服务商成为所服务的客户的物流专家，直接为客户规划设计物流系统，直接帮助客户选择和评价运输商、仓储商及其他物流服务供应商等。

供应链集成服务是最具增值性的服务，但同时也是最难提供的服务，因为它对提供服务的企业要求非常高。因此，能否提供此类增值服务已成为当今衡量一个物流企业是否真正具有竞争力的标准。

>> 本章小结

物流系统就是由相互区别与关联的物流要素构成,并与环境发生联系,具有特定目的的有机整体。作为一个包括众多子系统的复杂大系统,物流系统与子系统、物流系统各子系统、物流系统与所处环境之间又具有广泛的横向和纵向的联系。因此,物流系统除具有系统的一般特点外,还具有复杂性、动态性、多目标性特点。物流系统的根本目标是降低成本。这是物流系永恒的目标,但物流系除降低物流成本这一根本目标外,还包括时效、服务、调节供求等目标。

构成物流系统的要素多种多样。概括起来主要分为固定要素和活动要素两类。固定要素包括物流节点要素和物流通道要素。活动要素包括物流管理要素、物流业务要素和物流作业要素。这些要素必须通过结构组织起来,才能形成整体物流系统。物流系统要素在时间和空间排列顺序构成了物流系统的结构。物流系统的结构主要包括网络结构、业务功能结构、作业结构和产业结构等。从宏观层面看,物流系统最基本的功能就是对经济发展起巨大的促进作用;从微观层面看,物流系统的功能主要包括物流系统业务功能和增值服务功能。

一个完整的物流系统包括运输、储存、装卸搬运、包装、流通加工、物流信息管理等方面的基本功能。物流系统的增值服务功能是指根据客户需要,为客户提供的超出常规服务范围的服务,或者采用超出常规的服务方法提供的服务。创新、超常规、满足客户需要是增值性物流服务功能的根本特征。物流系统的增值服务功能主要包括增加客户便利、加快客户反应速度、帮助客户降低成本和进行供应链的集成等。

>> 案例分析

玫瑰花的"生死时速"

南美洲厄瓜多尔中部科托帕希火山地区地势险要、山高林密,但常年气候温暖、雨水丰富,是盛产玫瑰花和其他珍贵花卉的好地方。美国迈阿密布里恩花卉物流公司向北美各大城市配送的玫瑰花就是从科托帕希山区四周的 3 家大型农场定点采购的。为避免在运输过程中进行重新包装,所有的玫瑰花在科托帕希农场收割后,立即现场包装,每150株玫瑰花包成1盒,然后将盒子装入 2 ℃的冷藏集装箱内,运送到厄瓜多尔首都基多的国际机场。根据鲜花种植专家测定,玫瑰花从农场收割之后,在正常情况下可以保鲜14天。最科学的保鲜办法是,收割下来并准备长途运输的玫瑰花应该尽快装入纸盒并立即存储在冷藏集装箱内。在布里恩花卉物流公司的统一安排下,这些集装箱将连夜运送到美国迈阿密国际机场。第二天早上，海关、检疫所和动植物检验所对其进行例行检查，然后再把鲜花发往北美各大城市的汽车站。但是，在物流过程中由于遇到种种事先无法估计的不确定因素，总是会出现事与愿违、令人不愉快的事情。

例如，从科托帕希农场运出的新鲜收割的玫瑰花完成包装后，必须在晚上 8 时之前运到基多国际机场，然后飞机必须连夜起飞，直达迈阿密。可是在这过程中如果遇到飞机晚点，或者机舱容量不够、装不下全部鲜花集装箱等，或者好不容易运到迈阿密国际机场，可是在机场仓库耽搁了不少时间，再加上冷藏集装箱的温控设备失灵，箱内温度升到 15.5 ℃，会严重影响玫瑰花的保鲜品质。等到迈阿密国际机场的美国海关官员打开集装箱检查的时候，可能会发现玫瑰花几乎全部腐烂了。

再比如，当航空货机抵达迈阿密飞机场的时候，鲜花必须迅速运到温控仓库里，否则容易发生霉变和腐烂。因此，把鲜花从飞机舱口运送到保温仓库的时间是非常关键的。但是，有些货主为了节约经费，竟把鲜花直接装运在敞口的卡车上，完全暴露在空气中。再有，即使进入温控仓库，已经怒放的玫瑰花仍然不够安全，必须在规定的时间内配送到佛罗里达州南部，从那里用集装箱卡车或者短程飞机运送到零售商手中。还有一些花卉批发商，把玫瑰花箱子装在客机的底部货舱内，那里的条件最差，飞机在高空飞行的时候，货舱里气温很低，玫瑰花很容易被冻坏。

布里恩的任务就是把不远万里来自南美洲农场新鲜收割下来的玫瑰花迅速送到北美洲各大城市的消费者手中。他不止一次地发现，在这个过程中的每一个环节一旦处理不到位，都可能成为新鲜玫瑰花的保鲜"杀手"。

每天晚上，好几架空运货机，满载着刚从南美洲收割的玫瑰花，徐徐降落在迈阿密国际机场。经过简短的手续后，鲜花被装载到专程前来接运的集装箱卡车或者国内航空班机上，直接运送到美国国内各地的物流链配送服务站、超级市场和大卖场，再通过它们飞速传送到北美大陆各大城市街道上的花店、小贩、快递公司和消费者手中。

鲜花物流系统的操作过程，听起来挺不错，但是其中的酸甜苦辣，只有布里恩最清楚。这位鲜花公司老板一直在抱怨花卉货运代理、承运人和机场非常缺乏按时保质运输鲜花所必需的物流设备和资源，否则他的新鲜玫瑰花交易在北美市场可以做得更加红火。

目前，布里恩花卉物流公司分别与联邦快递公司和联合包裹服务公司签订提供一体化快递服务合同，通过它们的运输服务把鲜花直接运送到美国各地，而不再搭乘民航飞机和聘用卡车公司运送玫瑰花，以前的办法虽然运费低廉但是事故索赔不断，往往会误事。一体化快递服务给布里恩花卉物流公司带来准时、稳定的物流服务，公司的玫瑰花生意好做多了。当然，快递服务的成本很高，但是在鲜花物流行业中，迄今没有其他替代办法。过去采用民航班机和集装箱卡车运送，一旦汽车抛锚或者因此发生耽搁，运送的鲜花就彻底完蛋。布里恩花卉物流公司在 2001 年开始用联邦快递公司航班运送花卉,成功率可以达到 98.4%,失败率为 1.6%。这个 1.6% 虽然比例不大,但是对布里恩花卉公司和其他花卉公司来说却是一笔不小的损失。一盒 150 株装的玫瑰花,每株采购价格是 25 美分,运输价格每株是 20 美分,每一盒 150 株装的玫瑰花的净成本是 67.5 美元,批发给花店老板或者花商是 150 美元,布里恩花卉公司从中净赚 82.5 美元。而花店转手的零售价是 650 美元,这就是说每损失一盒玫瑰花,仅仅花商就要损失 500 美元;损失 100 盒玫瑰花,花商要损失 5 万美元。

现在,由于花卉运输管理非常有效,物流服务稳定可靠,布里恩花卉物流公司向消费者承诺,从他们那里批发购买的新鲜玫瑰花可以在家里放置至少 4 天而不谢。

资料来源:张荣忠,鲜花的生死时速[J].企业管理,2002(11)。

≫ 讨论问题

1.结合案例,分析鲜花物流系统中的作业要素的相互关系。
2.结合案例,分析鲜花物流系统中的环境影响因素。
3.结合案例,分析布里恩花卉物流公司是如何优化自己的鲜花物流系统的。
4.将本案例与第二章案例进行比较分析,你认为应如何提高中国鲜花的物流水平?

≫ 关键概念

物流系统;固定要素;活动要素;节点要素;通道要素;管理要素;业务要素;作业要素;物流系统节点;单一功能节点;复合功能节点;枢纽节点;物流系统通道;公路通道;铁路通道;航道;航线;管道;流体;载体;流量;流向;流程;流速;网络结构;点状结构;线状结构;树状结构;圈状结构;网状结构;基本服务功能;增值服务功能

≫ 复习思考

1.你如何认识和理解物流系统?
2.物流系统的要素有哪些? 这些要素是怎样有机地组合在一起的?
3.请查阅与 DELL 的直销模式相关的资料,说明物流系统要素与结构的关系。
4.请观察并描述实际的物流作业活动,并分析这些活动的作业要素组成。
5.试举例说明物流系统要素与结构、要素与功能、结构与功能的关系。
6.请谈谈物流系统的增值服务功能。

第5章　供应链理论

自20世纪80年代末供应链(Supply Chain,SC)概念被提出,随着全球化进程的发展,竞争范围不断扩大,竞争激烈程度加剧,需求不确定性越来越大,企业之间的竞争演变为供应链之间的竞争,供应链管理越来越受到重视。华为、格力、苹果、DELL等国内外企业在供应链管理实践中取得巨大成绩,供应链管理是21世纪企业增强核心竞争力、适应全球竞争的一条有效途径。

学完本章,我们应能回答以下问题

- 供应链管理的本质是什么?
- 供应链管理思想有哪些内容?
- 物流管理与供应链管理的关系是什么?
- 你能说出一些供应链物流管理的方法吗?

5.1　供应链管理

5.1.1　供应链

1)供应链的概念

目前,对于什么是供应链还没有一个统一的定义,许多学者从不同的角度给出了不同的定义。

　　马士华认为:供应链是围绕核心企业,通过对信息流、物流、资金流的控制,从采购原材料开始,制成中间产品以及最终产品,最后由销售网络把产品送到消费者手中的,将供应商、制造商、分销商、零售商直到最终用户连成一个整体的功能网络结构模式。[①]

　　艾特肯(Aitken)认为:供应链是由相互联系、相互依靠的组织所构成的网络,这些组织相互合作,共同经营、控制、管理并改进从供应商到客户的物料流和信息流。[②]

　　哈理森(Harrison)认为:供应链就是通过采购原材料,将它们转换为中间产品和成品,并且将成品销售到用户的功能网链。

　　美国供应链管理专业协会(CSCMP)认为:供应链是涉及从供应商的供应商到顾客的最终产品生产与交付的一切努力。供应链管理贯穿整个渠道,来管理供应与需求、原材料与零部件采购、制造与装配、仓储与存货跟踪、订单录入与管理、分销,以及向顾客交货。

　　中华人民共和国国家标准《物流术语》(GB/T 18354—2006)则将供应链定义为:生产及流通过程中,涉及将产品或服务提供给最终用户形成的网链结构。

　　综合上述关于供应链的定义,我们认为:供应链是企业为获得竞争优势,以市场为导向,在将产品或服务提供给最终用户过程中,为将供应商、制造商、分销商、零售商和最终用户有效组织起来而形成的网链(图5.1)。

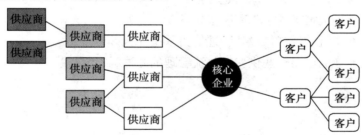

图5.1　供应链网络结构模型

　　图5.1是对供应链形象的直观反映。供应链涵盖了供应商到用户之间有关最终产品或服务的一切业务活动,包括零部件、原材料供应商、制造商、批发商、零售商和用户本身。其中,一般有一个核心企业,这些企业在市场需求驱动下,通过供应链的职能分工与合作(生产、分销、零售等),以商流、信息流、资金流、物流为媒介实现整个供应链的不断增值;同时,供应链上的企业也实现企业自身的目标。从一个更广的范围看,供应

　　①　马士华,林勇,陈志祥.供应链管理[M].北京:机械工业出版社,2000:41.
　　②　Aitken,J.,Supply Chain Integration wintbin the Context of a Supplier Association,Cranfield University,Ph. D. Thesis,1998.

链实际上是企业相互间业务合作的一种模式。

实际上,早期人们认为供应链是制造企业的一个内部过程,是指将从企业外采购的原材料和收到的零部件,通过生产和销售等过程传递给用户的一个过程。供应链概念仅仅局限于企业的内部操作,注重企业个体的自身利益。随着经济全球化、市场国际化和技术进步,供应链的范围扩大到与其他企业的联系,于是学者们认为供应链是一个通过链中不同企业的制造、组装、分销、零售等过程将原材料转换产成品并配送给最终用户的网络结构链。

在一个企业或组织内部,供应链涵盖实现用户需求的所有职能,包括新产品开发、采购、生产、分销、财务和用户服务等。供应链是动态的,包含着信息、产品和资金在供应链上组成成员之间的流动,供应链的每个组成环节执行不同的流程,与供应链的其他组织相互作用。在供应链中,原材料和零部件的供应商、产品制造企业、运输和分销公司、零售企业,以及售后服务企业作为经济实体和供应链中供需节点向最终消费者提供产品和服务。供应链也是在相互关联的业务流程以及业务伙伴间所发生的,从产品设计到交付给最终用户全过程中的物流、信息流和资金流的综合体。

供应链中一个企业是一个节点,节点企业和节点企业之间都是一种供给与需求关系。因此,供应链具有复杂性、动态性、交叉性和面向用户需求的特征。

2) 供应链结构

根据供应链中核心企业的不同,供应链结构可以分为以制造企业为主导的供应链、以零售企业为主导的供应链和以第三方物流企业为主导的供应链(图 5.2—图 5.4)。

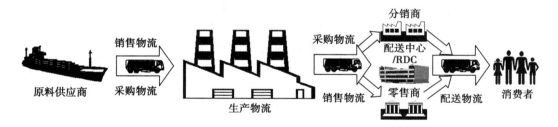

图 5.2　以制造企业为主导的供应链

在制造商和零售商为主导的供应链中,各个企业有经营业务上的直接联系,但又都有各自的企业发展战略和经营目标,因此很难让他们从整条供应链角度作出自己的经营决策。尤其是供应链中的核心企业,更可能会借助企业在供应链中的控制力,对其他企业施加影响,使供应链更有利于本企业发展。此外,这类供应链也更容易出现"牛鞭效应"。

在第三方物流服务商为主导的供应链中,由于第三方物流企业与其他企业之间没

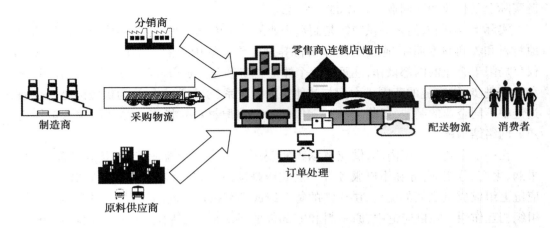

图 5.3 以零售企业(连锁超市)为主导的供应链

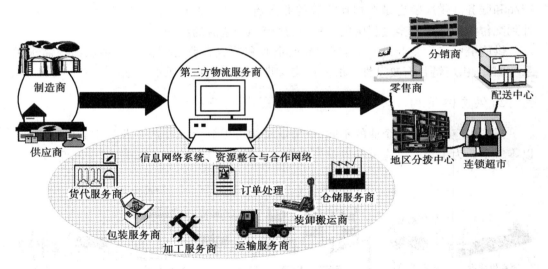

图 5.4 以第三方物流服务商为主导的物流服务供应链

有经营业务上的直接联系,只是为这些企业提供物流服务,因此,第三方物流企业能够比较超脱地处理供应链上各企业之间的利益,真正从整个供应链角度进行整合优化,从而更好地从供应链角度降低成本,提高整条供应链的效率,加快供应链的反应,加速资金的周转。当然,这类供应链也能够较好地克服"牛鞭效应"。

阅读参考 5.1 风神公司的供应链

图 5.5 是风神公司的供应链结构示意图。在风神供应链中,核心企业风神汽车公司总部设在深圳,生产基地设在湖北的襄樊、广东的花都和惠州。"两地生产、委托加工"的供应链组织结构模式使得公司的组织结构既灵活又科学。风神供应链中所有企业得

以有效地连接起来,从而形成一体化的供应链,并与从原材料到向顾客按时交货的信息流相协调;同时,在所有供应链成员之中建立起了合作伙伴型的业务关系,促进了供应链活动的协调进行。

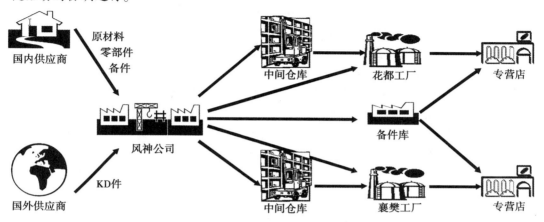

图5.5　风神公司的供应链

在风神的供应链中,风神汽车公司通过自己所处的核心地位,对整个供应链的运行进行信息流和物流的协调,各节点企业(供应商、中间仓库、工厂、专营店)在需求信息的驱动下,通过供应链的职能分工与合作(供应、库存、生产、分销等),以资金流、物流或服务流为媒介,实现整个风神供应链不断增值。

资料来源:马士华.供应链管理在中国汽车制造业的成功应用[J].软件世界,2002(2):119。

3)供应链类型

(1)根据供应链的复杂度不同分类

根据参与供应链的节点企业的多少和企业间的连接关系复杂与否,可以将供应链分为链状供应链和网状供应链。

链状供应链结构单一,各节点彼此之间除了相邻节点外没有其他联系。这种结构现实中不常见,主要用于研究工作,以简化高级、复杂的供应链(图5.6)。

图5.6　链状供应链

网状供应链具有一定的复杂性,每个供应商可以为多个制造商服务,每个中心企业的产品可以根据产品类型、质量或价格等差异,分别由不同的分销商分销(图5.7)。这种结构在实践中最常见。

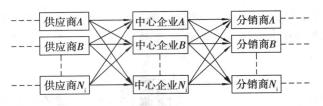

图 5.7　网状供应链

（2）根据供应链的稳定性不同分类

根据供应链是否稳定，可以将供应链分为稳定的供应链和动态的供应链。一般来说，在相对单一、稳定的市场需求基础上构建的供应链有较强的稳定性；而在相对变化频繁和复杂的需求基础上构建的供应链动态性较高。

（3）根据供应链实现目标不同分类

根据供应链实现的目标不同可以将供应链分为低成本供应链和高柔性供应链。

低成本供应链要求供应链上的各个节点企业密切合作，加速原材料和产品的库存周转，及时补充存货，尤其重视难以储存或者生命周期较短的产品。选择供应商侧重于成本和质量，选用高效、低成本的采购方式。低成本型供应链通常适用于日用消费品行业。因为这类商品在一定时期内，其需求具有相对稳定性，基本可以预测，生命周期较长，行业竞争对手多，利润率较低。

高柔性供应链的重点则不在库存等易导致物流成本上升的方面，而是分析合理的库存量和适宜的进货量，以避免不确定性需求可能带来的损失。对供应商的选择主要侧重供应速度、柔性和质量等。通常高柔性供应链适用于创新型消费品。因为这类商品的市场生命周期较短、利润率较高，需求难以预测，商品的科技含量较高，一般季节性很强。

（4）根据供应链容量与用户需求的关系不同分类

一个供应链具有一定的、相对稳定的设备容量和生产能力，即所有节点企业能力的综合，包括供应商、制造商、运输商、分销商、零售商等。但用户需求处于不断变化的过程中，当供应链的容量能满足用户需求时，供应链处于平衡状态（图 5.8）；而当市场变化加剧，造成供应链成本增加、库存增加、浪费增加等现象时，企业不是在最优状态下运作，这时供应链处于倾斜状态（图 5.9）。

图 5.8　平衡的供应链

平衡的供应链可以实现各主要职能，如采购环节的低采购成本、生产环节的规模效益、分销环节的低成本运输、市场推广的产品多样化和财务管理环节加快资金周转等之

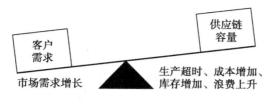

图 5.9　倾斜的供应链

间的均衡。

（5）根据供应链的功能模式不同分类

根据供应链的功能模式不同，可以将供应链分为有效性供应链和反应性供应链。有效性供应链主要体现供应链的物理功能，即以最低的成本将原材料转化成零部件、半成品、产品，以及在供应链中的运输等；而反应性供应链主要体现供应链的市场中介的功能，即把产品分配到满足用户需求的市场，对未预知的需求作出快速反应等。

此外，供应链还可以根据可靠性、节点企业的集中程度等进行分类。

5.1.2　供应链管理

1）供应链管理的概念

供应链是一个复杂的系统，供应链要实现价值增值，就需要对供应链进行有效的管理。供应链管理（SCM，Supply Chain Management）作为管理学的一个新概念，已经成为管理哲学中的一个新元素，但关于供应链管理的定义，有许多不同的认识。

美国物流管理协会（CLM）认为：供应链管理包括了对涉及采购、外包、转化等过程的全部计划和管理活动和全部物流管理活动。更重要的是，它也包括了与渠道伙伴之间的协调和协作，涉及供应商、中间商、第三方服务供应商和客户。从本质上说，供应链管理是企业内部和企业之间的供给和需求管理的集成。

美国供应链管理专业协会（CSCMP，Council of Supple Chain Management Professional）认为：供应链管理包括贯穿于整个渠道来管理供应与需求、原材料与零部件采购、制造与装配、仓储与存货跟踪、订单录入与管理、分销，以及向顾客交货。

马丁·克里斯托弗认为：供应链管理是从供应链整体出发，管理上游供应商和下游客户，以更低的成本传递给客户更多的价值。[①]

日本 SCM 研究会对供应链管理定义：将整个供应链上各个环节的业务看作一个完

---

① Martin Christopher. Logistics and Supply Chain Management：CreatingValue-Adding Networks（3rd Edition），Financial Times Prentice Hall，2005.

整的、集成的流程,以提高产品和服务的顾客价值为目标,跨越企业边界所使用的流程整体优化的管理方法的总称。[①]

伊文斯(Evens)认为供应链管理是:通过前馈的信息流和反馈的物料流及信息流,将供应商、制造商、分销商、零售商,直到最终用户连成一个整体的管理模式。[②]

IBM 公司则认为供应链管理是:借助信息技术和电子商务,将供应链上业务伙伴的业务流程相互集成,从而有效地管理从原材料采购,产品制造、分销,到交付给最终用户的全过程,在提高客户满意度的同时,降低成本、提高企业效率。

中华人民共和国国家标准《物流术语》(GB/T 18354—2006)将供应链管理定义为:对供应链涉及的全部活动进行计划、组织、协调与控制。

供应链管理是一种集成的管理思想和方法,它是对供应链中从供应商到最终用户的商流、物流、信息流、资金流等的计划、组织、协调与控制。从物流来看,早期的供应链管理将重点放在管理库存上,将其作为平衡有限的生产能力和适应用户需求变化的缓冲手段,它通过各种协调手段,寻求把产品迅速、可靠地送到用户手中所需要的费用与生产、库存管理费用之间的平衡点,从而确定最佳的库存投资。因此,其主要的工作任务是管理库存和运输。当今的供应链管理则把供应链上的各个企业作为一个不可分割的整体,使供应链上各企业分担的采购、生产、分销和销售的职能成为一个协调发展的有机体(阅读参考 5.2)。

阅读参考 5.2　英业达导入供应链系统,跨国交易 40 小时完成

为提高跨洲的供应链处理效率,NB 与 PC 代工厂英业达就选择采用电子商务解决方案 i2 的供应链管理系统,以提升英业达集团位于亚洲、美洲及欧洲三大洲供应链规划管理的能力。

由于在电子商务时代,以生产为导向的厂商需要更确切的订货管理系统,以免背负过多的库存,导致资金的周转率降低。英业达信息长林钦文表示,自从导入这套供应链系统后,不仅改善了对客户需求的预测并能对客户所下订单做实时的承诺,还能提供正确的需求预测给供货商并取得供货商的承诺。

英业达在导入整套供应链管理后,目前从我国台湾到美国休斯敦再到苏格兰三地之间的沟通,只需要 40 小时就能完成从客户需求预测到对客户订单承诺(CF2CC,Customer Forecast to Customer Commitment)的流程;若将所需的零件列出并透过因特网发送给信息供货商,则在 24 小时内获得供货商的响应及承诺,因此这套系统提高对零件供货商讯息的掌握,厘清零件供货商的供货状况,这对零件样式繁多的计算机制造业

---

①　转引自:陈克松,张若云.供应链管理发展过程与趋势[J].沿海企业与科技,2006(1):30.

②　马士华,林勇.供应链管理[M].北京:高等教育出版社,2003:5.

而言,可以避免零件库存管理的困扰。

台湾分公司总经理许静华表示,在过去,供应链管理较专注于企业内部的运作,但在 Internet 时代,强调的是 Internet-enabled 的供应链管理系统,也就是企业需要与周遭的合作伙伴彼此协同合作,将所有的讯息透过网络随时互通,以获得实时且正确的信息。

资料来源:张嘉伶.企业 e 化专题(二)导入供应链管理能为企业节省超过 20% 成本[Z/OL]. i Thome电脑报,2001-1-9。

2)供应链管理基本内容

由于供应链是以核心企业为主,上游原材料及零部件供应商与下游代理商、经销商或零售商,直至最终消费者共同形成的一种网链结构。因此,供应链的管理范围涉及需求、生产、供应、物流和信息五个领域(图 5.10)。供应链管理以市场需求为导向,信息共享为基础,物流高效为目的,使供应链中各企业供应敏捷适时,生产快速响应,从而更好地满足消费者或用户需求。

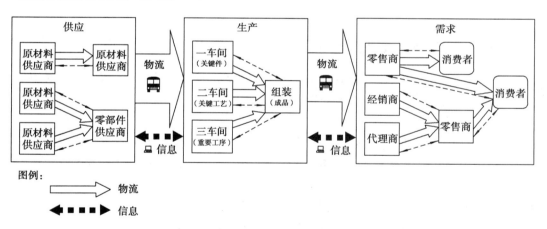

图 5.10　供应链管理的领域

供应链管理的根本目标是降低物流总成本,提高客户服务水平。但由于成本与服务之间的效益背反关系,因此,供应链管理所追求的目标实际上更多时候表现为寻求降低物流总成本和提高客户服务水平之间的平衡。

围绕供应链管理所涉及的 5 个领域,供应链管理的基本内容主要包括产品需求预测及计划、产品制造及生产控制、采购供应保证及供应商管理、供应链物流管理、供应链信息管理、供应链规划与设计等(表 5.1)。

表 5.1　供应链管理基本内容

领　域	供应链管理基本内容	供应链管理具体内容
需　求	需求预测与顾客服务	市场需求预测、客户服务管理
生　产	产品制造与生产控制	物料需求预测、物料供应、生产计划与库存控制
供　应	采购供应与供应商管理	原材料采购与供应、供应商管理
物　流	供应链物流管理	供应物流、生产物流、销售物流与回收物流管理
信　息	供应链信息管理	基于现代计算机技术、通信技术和网络技术的供应链信息共享与管理
设　计	供应链规划与设计	根据企业战略来规划与设计供应链

3)供应链管理的发展阶段

大多数的学者认为,供应链管理从提出发展到现在,主要经历了分散管理、集中管理、集中分散相结合管理 3 个基本的发展阶段。

(1)分散管理阶段

分散管理阶段又称为职能部门化阶段(20 世纪 50 年代—80 年代末)。在这个阶段,企业的组织结构主要表现为一系列各自为政的职能化或者区域性的条条框框的特征。各职能部门分别在相互隔离的环境下制定和执行。由于业务信息缺乏标准化,数据完整性较差,分析支持系统不足,各自完全不同的技术系统,以及缺乏推动信息共享的激励机制,因此,企业试图在此环境下进行集中供应链计划非常困难。

供应链执行决策是由各独立业务部门的核心管理人员制定的,很少考虑与其他部门的相互影响。这些决策是被动反应式的,仅仅依据该决策将涉及的特定职能部门的需求而制定。

(2)集中管理阶段

集中管理阶段又称为集成供应链阶段(20 世纪 80 年代末—90 年代后期)。在这个阶段,高级计划排程(APS)系统、企业资源规划(ERP)系统的迅速传播和广泛采用,以及后来与业务流程重组(BPR)的相结合,从而推动供应链管理由分散管理向集中管理转变。

在 20 世纪 80 年代末和 90 年代初,随着 BPR 的出现,企业领导人逐渐认识到,把企业的组织结构与主管人员的相关业务目标和绩效激励机制结合起来,可获得效益。技术的进步以及计算处理成本的降低,加快了全企业范围的业务处理系统,如 ERP 系统的渗透。如今,高层管理者可以容易地得到标准化的业务信息,以及一套一致的不同业务、职能部门和地理区域的评价指标。随着 APS 系统的引入,供应链优化成为切实可行的选择。这也提高了日益集中的供应链计划流程的效率。跨职能部门团队的协作推动供应链计划流程更加一体化,并将企业作为一个整体来看待。

各行各业的领先性企业均开始认识到,如果要尽可能地提高效益,需求预测、供应链计划和生产调度应作为一个集成的业务流程来看待。因此,越来越多的跨职能部门团队以定期开会的方式,相互协调,制订最佳的销售和运营计划行动方案。

与供应链计划一样,供应链执行决策也逐渐向跨职能部门的一体化方向发展。现在,采购和制造部门能够共同进行原材料的采购决策,从而实现产品总生产成本的最小化,而不仅仅是最低的采购价格。同样,客户服务、分销和物流部门也可以通过共同进行订单履行的决策,实现客户服务成本的最小化。

(3)集中与分散结合管理阶段

集中与分散结合管理阶段又称为价值链网络管理阶段(20 世纪 90 年代后期至今)。互联网的迅猛发展,使协同工作成为现实,从而为供应链管理创造了一个强有力的手段。随着计划流程所需的大部分输入信息已经可以从底层迅速传递到整个企业,以及更多的数据直接来自最终用户,一体化的集中供应链计划将变得更加有效。相关人员也将可以根据业务状况的最新进展来检查和调整有关信息,销售代表能够掌握最新的客户信息,迅速更新需求预测,并逐渐做到支持客户直接更新。与此同时,购买方和销售方有关产品季节性、促销活动以及新产品发布等信息的共享,将进一步强化此趋势的发展,从而提高相关的效益,如更高的客户服务水平和更低的供应链成本。

另一个重大发展是供应链执行决策变得日益分散化。随着供应链从供应推动模式(面向库存)发展到需求拉动模式(面向需求),成功地运作供应链需要四大关键因素:实时的可视性(横跨整个供应链)、灵活性(供应和来源的选择)、响应性(针对客户需求多变和订交货周期缩短)以及快速的新产品上市(根据市场潮流和新型设计)。

对供应链效率的不断追求将越来越强调分散与集中相结合的结构和方法,即集中计划与分散执行相协调的模式。这对供应链的实时可视性提出了很高的要求,必须具备基于事件监控管理和快速反应的机制,对出现的问题进行迅速调整和补救。因此,有效的供应链计划和管理必将采取包括执行层、中高级管理层的多层面一体化团队组织架构,并通过实际的或虚拟的途径执行计划和决策(表 5.2)。

表 5.2　供应链管理的演变

类　型	职能部门化阶段	集成供应链阶段	价值链网络阶段
供应链计划	在各独立职能部门内进行供应链计划	关注业务流程变革	协同计划
	信息缺乏横跨企业的标准,可视性有限,供应链计划的效率低下	由于企业内信息的标准化,供应链效率得以提高;集成的供应链计划、需求预测、计划与调度	把企业计划流程扩展到企业之外,包括签约制造商、主要客户和供应商
供应链执行	基于独立部门的供应链执行,通常是被动反应	集成的跨部门决策,仍主要属于被动反应模式	决策由企业内最适当的管理层制定
	决策通常由部门经理及其主要助手制定	有限的协作	更高比例的协同、预见性决策

4)供应链管理的目标

供应链管理的目标就是通过控制和协调供应链中物流总成本最低、客户服务最优、总库存成本最小、总周期时间最短和物流质量最优等目标间的冲突,以实现供应链绩效的最大化。

(1)物流总成本最低

为了实现有效的供应链管理,必须将供应链各成员企业作为一个有机整体来考虑,并使实体供应物流、制造装配物流与实体分销物流之间达到高度的均衡。因此,物流总成本最低化目标并不是单指运输费用或库存成本,或其他任何供应链物流运作与管理活动的成本最小,而是整个供应链运作与管理的所有物流成本的总和最低化。

(2)客户服务最优化

由于差异化的客户服务能够给企业带来独特的竞争优势,因此,供应链管理的实施目标之一就是通过上下游企业协调一致的运作,保证达到客户满意的服务水平,吸引并保留客户,最终实现企业的价值最大化。

(3)总库存成本最小

按照 JIT 管理思想,库存是不确定性的产物,任何库存都是浪费。因此,在实现供应链管理目标的同时,要使整个供应链的库存控制在最低的程度。实现供应链总库存成本最小化也是指要实现整个供应链的库存水平与库存变化的最优控制,而不只是单个成员企业库存水平的最低。

(4)总周期时间最短

当今的市场竞争不再是单个企业与企业之间的竞争,而是供应链与供应链之间的竞争,同时,时间也已经成为市场竞争成功的最重要要素之一。因此,从某种意义上说,供应链之间的竞争实质上是时间竞争,必须实现快速有效的客户反应,最大限度地缩短从客户发出订单到获取满意交货的整个供应链的总时间周期。

(5)物流质量最优

供应链企业间服务质量的好坏,直接关系到供应链的存亡。因此,达到与保持服务质量的水平,是供应链管理的重要目标。而这一目标的实现,必须从原材料、零部件供应的零缺陷开始,直至供应链管理的全过程、全方位质量的最优化。

总之,就传统的管理思想而言,上述目标相互之间呈现出互斥性,即客户服务水平的提高、总时间周期的缩短、交货品质的改善必然以库存、成本的增加为前提,因而无法同时达到最优。但只要运用集成化管理思想,从系统的观点出发,改进服务、缩短时间、提高品质与减少库存、降低成本是可以在一定程度上兼得的。

5.1.3　供应链管理本质

供应链管理的本质是什么?对此,人们有不同的认识。从目前来看这些认识主要包括以下 3 个方面。

从技术方面看,一些人认为供应链管理从本质上来说是一种新的管理技术和手段。持这种认识的主要是一些供应链管理系统提供商。他们认为一个完整的供应链管理需要基于最终客户的需求,对围绕提供某种共同产品或服务的相关企业的信息资源,以基于 Internet 技术的软件产品为工具进行管理,从而实现整个渠道商业流程优化的一个平台。基于这样的认识,他们认为供应链本质就是平台。

从制度方面看,一些人认为供应链管理从本质上来说是一种新的规则、新的制度,是一种跨企业的制度安排。它是利用信息技术固化了一套管理制度和管理规则,技术仅仅是供应链管理的表现形式,而制度才是供应链管理的本质。所谓制度,是指在一定的生产力基础上,人和组织相互博弈而形成的约束人和组织的经济行为选择,以及调整相互利益关系的一般规则。从这个定义我们可以清楚地看到,供应链管理实际上就是供应链上企业之间通过相互博弈而最终形成的一套规则。

从观念方面看,一些人认为供应链管理从本质上来说是一种管理思想,这种管理思想的核心是竞争合作,也就是说企业参与市场竞争,必须树立既竞争又合作的观念与思想。持这种认识的主要是一些供应链管理的推动者。他们认为现代市场发展到今天,竞争越来越激烈,单靠企业独立面对多变的、变化迅速的、开放的市场越来越困难,企业只有加强相互的协作,共同面对市场环境的挑战,才能更好地为最终用户提供满意的产品或服务,从而赢得市场,企业也才能发展。实际上,供应链管理思想反映在许多方面,如信息思想、客户管理思想、关系管理思想、风险管理思想等。

5.1.4　供应链管理的产生

供应链管理最早可以追溯到第二次世界大战后期,当时美、英等同盟国军队对后勤保障系统的研究,就涉及物流管理和系统论等领域。但供应链管理的真正产生、兴起,却是20世纪80年代后期。特别是20世纪90年代以来,由于以现代计算机技术、通信技术、网络技术为代表的信息技术的飞速发展,顾客的消费水平不断提高,开始成为市场上的主导者,企业竞争日益激烈,政治、经济、社会等环境发生了巨大变化,导致市场需要多变和多样化,企业难以预测。面对这个消费者主导、多样而变化迅速、无法预测的买方市场,企业纷纷尝试引入先进的制造技术、管理方法,供应链管理就是在这样的背景中应运而生。

1)环境变化提出新的要求

(1)技术更新速度越来越快

现代技术发展日新月异,新技术层出不穷。近50年来,人类的新发现、新发明远远超出过去两千年的总和。现在,全世界每天有6 000~8 000篇具有世界水平的创造性科研成果论文发表,平均每秒钟有一部科技书刊出版。科学技术在生产实践中的应用周期也大大缩短,如从理论研究到实际运用,蒸汽机历时80年、电话历时50年、广播通信历时35年、电视历时12年、集成电路用了2年、激光器只用了1年时间。

(2)产品更新换代越来越快

随着新技术的不断涌现,新产品的研发周期大大缩短,产品的更新速度越来越快。近年来,汽车公司平均每年推出新款汽车近百款,电子类新产品尤其是计算机产品的开发时间由过去以年计变为现在的以月计,许多产品几乎是一上市就已经过时,连消费者都有些应接不暇。与此相应的是产品的生命周期缩短,更新换代速度加快。由于产品在市场上存留时间大大缩短了,企业在产品开发和上市时间的活动余地也越来越小,给企业造成巨大压力。尤其是一般的中小企业在这样的环境中更是显得力不从心。许多企业曾经红火,但因后续产品开发跟不上,造成产品落伍,导致企业倒闭。

(3)消费需求的差异越来越大

由于技术的发展,消费者收入水平的不断提高,地区经济发展水平的不平衡,消费需求日益呈现出个性化、品牌化、知识化、文化化、层次化等多样化发展。由于消费需求的这种差异,需要企业以不同的产品、不同的市场定位、不同的价格、不同的营销策略等,以更好地满足消费者的需求。由此,对企业的制造能力、营销能力、管理能力等提出全方位的挑战。

（4）对产品服务质量要求越来越高

进入 20 世纪 90 年代，由于技术的进步，消费者收入水平的不断提高，对产品质量和服务质量提出越来越高的要求。消费者不再满足于千篇一律的标准化产品，而是希望买到根据自己要求定制的产品或服务。由于消费者需求越来越个性化，企业产品生产方式出现革命性变化，由过去"一对多"的标准化生产或服务转向"一对一"的定制化生产或服务。

（5）低价格导致利润空间越来越小

虽然竞争已由过去的质量竞争、成本竞争转到时间的竞争上来，但价格竞争仍然激烈，其激烈程度甚至比以前有过之而无不及。因为许多制造成本更低廉的新全球化竞争者不断加入市场；网络迅速普及，使得比较价格变得更为容易；电子商务的广泛应用大大降低交易成本；客户与消费者越来越具有价值意识；所有这些因素互相作用，迫使企业不断降低价格，从而使得企业的利润空间不断被压缩，因此不得不寻找新的降低成本的途径。于是，企业关注成本的眼光不得不从企业内向企业外延伸，不得不从企业价值链转向供应链。

2）原有管理模式不能适应

"纵向一体化"的管理模式是许多企业，特别是许多传统企业长期以来一直沿用的模式。该模式将企业中的人、财、物和信息等资源，高质量、低成本、快速及时地转换为市场所需要的产品和服务。在市场还是卖方市场的时代，由于市场需求巨大、变化相对较小、消费者消费水平较低，因此，这种管理模式对促进企业迅速发展、赢得市场竞争曾经功不可没。但是，随着市场逐步由卖方市场向买方市场转变，企业在不同时期也尝试着调整企业生产经营管理方式，如通过确定经济生产批量、安全库存、订货点，来保证生产的稳定性。但由于不能较好地解决独立需求和相关需求的差别，这些方法并未带给企业期望的成果。直到物料需求计划（MRP，Material Requirements Planning）的提出，才较好地解决了相关需求管理问题。此后，制造资源计划（MRP Ⅱ，Manufacturing Resources Planning）、准时生产制（JIT，Just-In-Time）及精细生产（Lean Production）等新的生产方式纷纷涌现，对提高企业整体效益和在市场上的竞争能力作出了很大的贡献。

然而，进入 20 世纪 90 年代以来，由于市场环境出现巨大变化，对企业参与竞争的能力提出了更高的要求，还像过去只在方法、技术等方面进行改良或改进，而不在管理模式上作出调整或更新，将被市场无情地淘汰。因为当前这种新的市场环境，仅靠一个企业所拥有的资源是不能够适应市场的。在新的市场环境面前，传统管理模式的缺陷暴露无遗，如越来越重的投资负担加大了丧失市场时机的风险，分散的资源难以集中形成企业的核心竞争力,企业承担着越来越大的行业风险等。

正是由于今天市场环境所表现出来的一系列新特点,以及传统管理模式对新环境的不适应,催生了供应链管理。也正是由于环境的变化,特别是随着全球经济一体化发展影响的地区越来越广泛,更促进供应链管理向纵深发展。

5.2　供应链管理思想

伴随供应链竞争时代的来临,供应链管理带给我们许多新观念、新思想,这些新的观念和思想概括起来主要包括:横向一体化、信息共享、快速响应、可靠性和相互关系。

5.2.1　横向一体化

横向一体化思想是指企业充分利用外部资源,把原来由自己负责的,但又不擅长或者非关键的生产经营业务等委托、外包给业务合作伙伴,与这些企业形成一种水平分工和优势互补,甚至结成战略联盟关系。同时,企业将有限的资源集中于自己的关键业务或领域,不断增强和提高企业的核心竞争力。横向一体化可以使企业有效地利用其他企业的资源,促使产品或服务快速上市,避免通过自己投资带来的投资大、基建周期长、投资回收慢等一系列问题,并赢得产品在低成本、高质量、早上市等方面的竞争优势。

横向一体化形成了一条从供应商到制造商、分销商再到零售商的贯穿所有企业的链,这条链上的节点企业必须达到同步、协调运行,才有可能使链上的所有企业都能共同受益。

5.2.2　信息共享

信息共享思想是指供应链上相互合作的企业间应充分地共享各种信息。信息共享是供应链管理的基础,能够为企业带来多方面的价值。如共享订单状态信息能改进客户服务质量,缩短支付周期,降低劳动力费用;共享零售商销售数据能减轻"牛鞭效应";共享生产计划信息能够在不发生脱销的情况下降低部分库存;与物流代理商共享运输信息能够提高客户服务水平;共享市场信息并密切协调有助于新产品开发等。因此,供应链管理非常强调信息共享。

Internet 是连接不同企业的有效纽带,也是进行信息共享的理想平台。实现基于

Internet 的供应链管理的有效方法之一,就是构建能够快速收集、处理和传递所有相关信息的信息中心。该信息中心是供应链节点企业间数据网络中的一个单元,具有数据存储、信息处理和信息发布等功能,整个网络形成一个轮辐结构式的信息系统。

当然,信息共享并不能给供应链上的所有企业带来价值,也不是任何时候都能带来价值。如果制造商的生产能力有限,共享需求信息不会带来明显的好处;如果需求与时间高度相关,需求高度变化或者提前期很长,共享需求信息才具有更高的价值。对于集团企业内部来讲,共享信息能够带来更多的好处。

5.2.3 快速响应

快速响应思想是指企业能够对市场变化在较短或最短的时间内作出反应。今天的市场竞争,从某种意义上说就是速度的竞争。变化的市场要求及时生产、及时供应、及时销售、及时配送,及时满足客户需求。谁能在这场速度竞赛中跑在前面,比竞争对手做得更好,谁就能赢得竞争的桂冠。快速响应不仅要求企业自身要不断努力,更重要的是整条供应链能够做到快速响应。对于以需求推动生产而不是依靠预测进行生产的企业来说,树立快速响应观念和思想尤其重要。

供应链的快速响应(QR,Quick Response)是指在供应链中,为了实现共同的目标,零售商和制造商建立战略伙伴关系,利用 EDI 等信息技术,进行销售时点的信息交换以及订货补充等其他经营信息的交换,用多频度小数量配送方式连续补充商品,以实现缩短交货周期、减少库存,提高客户服务水平和企业竞争力的供应链管理方法。

快速响应这种新型的合作方式意味着双方都要告别过去的敌对竞争关系,要以战略伙伴关系来提高向最终用户的供货能力,同时降低整个供应链的库存量和总成本。只有当贸易双方用技术来有效地管理彼此间的商流和信息流的时候,并在管理中接受这种新的"开放"关系的时候,快速响应才能真正发挥作用。

快速响应最重要的作用是在降低供应链的总库存和总成本的同时提高销售额,因此,成功的"快速响应"伙伴关系将提高供应链上所有伙伴的获利能力。快速响应业务成功的前提是零售商和厂商的良好关系。实现这种关系的方法之一就是战略伙伴关系。

5.2.4 可靠性

可靠性思想是指企业对供应链的管理不仅注重供应链的规划与设计,更要重视供应链的可靠性。供应链可靠性是指供应链排除外界干扰,在规定的时间内和条件下,完成规定订单产品和服务以及各项业务,并满足客户要求的能力。供应链的可靠性反映了供应链履行承诺的能力。这种能力首先是能够提供可靠的产品,包括正确的包装、正确的质量和数量等要求;其次是可靠的服务,包括正确的地点和正确的时间交付等。供应链的可靠性还取决于供应链节点企业、供应链结构以及供应链管理是否可靠。

供应链的可靠性与稳定性及风险有着非常密切的关系。供应链的稳定性是指供应链的抗扰动性,从狭义角度看是应对需求波动的能力,从广义角度看是供应链中企业应付外在干扰的能力,包括供应链联盟关系抗干扰的能力,供应链拓扑结构的抗干扰能力等。而供应链的风险则是一种潜在的威胁,它是由于供应链系统的脆弱性而导致的对供应链系统造成破坏,给上下游企业以及整个供应链带来损失的可能性。

供应链的可靠性能够通过可靠性管理得到提高。供应链的可靠性管理主要包括选择可靠的供应链伙伴、改善供应链的结构、优化和重组供应链中企业间业务流程、改善和提高供应链的协调性、建立供应链的风险管理机制等内容。

5.2.5　相互关系

相互关系思想是指供应链上的企业相互之间不仅仅是一种相互依存的业务合作关系,还包括相互之间的信任,追求共同的理念和价值观等。供应链上的企业相互之间如果除了业务合作关系,还能够形成一种有着共同的理念与价值追求,恒定的互助互信关系,供应链的稳定性和可靠性将得到极大提高。特别是当供应链竞争成为一种标准的竞争模式时,这种不同于以往流行的企业间关系模式将帮助企业取得更大的成功。

供应链上各企业之间的相互关系首先是信任关系。所谓信任,简单地说就是对对方有信心而愿意听从对方。供应链上各企业之间的信任主要表现信守供应链协议。也就是说,供应链上各企业之间遵守协议,不采取危害供应链整体利益和对方利益的行动。在实践中,供应链上各企业之间,主要是核心企业与非核心企业之间对对方的信任各有侧重。核心企业对非核心企业的信任主要是一种忠诚信任,即他们相信非核心企业能够信守供应链协议,不会危害供应链的整体利益,不会背离其所在的供应链;非核心企业对核心企业的信任主要是一种能力信任,即他们相信核心企业有能力在不确定的市场环境下通过构建和领导现有的供应链,获取更大的市场份额、提高整体效益,并让非核心企业分享收益。

当供应链上的企业相互信任时,他们能够更好地共享信息,促进合作,增强整条供应链的快速反应能力;减少因重新选择合作伙伴而增加的信息搜集、新伙伴风险成本等,大大降低交易成本;还能够较好地避免供应链联盟中的管理僵硬,从而有利于形成稳定的、具有创造性的供应链伙伴关系。

5.3　物流管理与供应链管理

5.3.1　物流管理与供应链管理的关系

物流管理与供应链管理之间有着十分密切的关系，以致许多人将供应链管理看作是物流一体化管理的一部分或代名词。实际上两者不能混为一谈。供应链管理从物流管理发展而来，但它已经超出了物流管理的范畴。物流管理与供应链管理既有联系又有区别。

物流管理与供应链管理的联系主要表现在 3 个方面。首先，从管理思想看，物流管理与供应链管理都强调一体化管理和集成管理。其次，从系统角度看，物流系统是供应链系统的子系统。物流系统是供应链系统顺利运行的基础，没有物流，供应链中生产的产品的使用价值就无法得以实现，供应链也就失去了存在的价值。最后，从管理内容看，物流管理是供应链管理的重要组成部分。由于物流在供应链中的地位，决定了物流管理必然成为供应链管理的重要部分。只有加强物流管理，才能保证供应链的顺利运转。

物流管理与供应链管理的区别主要表现在 4 个方面。首先，从发展的基础上看，只要有企业的生产经营活动，就必然有物流，当然就需要对物流进行管理，而供应链管理的基础却是供应链导向，也就是说企业要有构建供应链的意愿和行动，这样供应链管理才能够被提上议事日程。其次，从管理模式看，物流管理在企业管理中主要表现为一种职能化管理模式，而供应链管理则是对多个企业所构成的流程进行的管理，这是一种流程化的价值链管理模式。再次，从导向目标看，物流管理的目标是以最低的成本产出最优质的物流服务，这个目标是在企业总体战略下的物流管理目标。而对于供应链管理环境下的物流管理，其目标是以供应链为指导，实现企业内部物流和接口物流的同步优化。供应链管理的目标则是以供应链为导向，提升客户价值和客户满意度，获取供应链整体竞争优势。最后，从管理层次看，物流管理对运输、储存、装卸、搬动、流通加工、配送及相关信息等功能进行协调与管理，以降低物流成本、优化物流服务，属于运作层次的管理，而供应链管理聚焦于关键流程的战略管理。这些关键流程跨越供应链上所有成员企业及其内部的传统业务功能，供应链管理从战略的高度设计、整合与重构关键业务流程，并作出各种战略决策，包括战略伙伴关系、信息共享、合作与协调等决策。

5.3.2　供应链管理环境下的物流管理

传统物流管理更多时候是从企业自身角度规划企业物流,即使范围再大一些,也只考虑与其有业务往来企业之间的物流活动。由于企业相互之间缺少沟通与合作,信息传递通道不畅,容易出现信息扭曲的"牛鞭效应",经常出现一方面库存在增加,另一方面当需求出现时又无法满足而丧失市场机会的现象。

在供应链管理环境下,由于强调企业相互之间的协作,强调从供应链整体规划物流。因此,在供应链管理环境下的物流管理出现了一些新的特点和要求。

1)供应链物流管理的特点

(1)共享信息

在供应链管理环境中,由于各企业之间建立了战略合作关系,因此企业之间的信息交流几乎不受时间和空间的限制,整个供应链上的信息能够共享。因此企业都能及时掌握和了解市场的需求信息和整个供应链的运行情况,从而最大限度地避免了信息失真的现象。

(2)协调合作

供应链环境下物流管理,更强调协调与合作,关注的重点从只注重物流业务环节之间的协调转到注重供应链上所有企业物流业务活动之间的协调,从单纯的企业内的物流职能部门之间的协调扩展到整条供应链上所有企业及其相关部门之间的合作,更注重加强物流部门成员与其他各部门成员之间的协调与合作。

(3)快速反应

供应链环境使得节点企业的作业流程得到进一步的重组和优化,消除了不增加价值的过程和时间,极大地提高了物流系统的快速反应能力,进一步降低了供应链的物流系统的成本。同时,通过物流系统的快速响应,也促进了供应链的快速响应和精细化。

(4)无缝连接

由于信息共享更为容易,大大提高了对物流信息的跟踪能力,供应链中物流过程更加透明,从而为实时控制物流过程奠定了基础,物流的各个业务活动之间的时间和空间浪费得到最大限度的消除,采购物流准时到位,运输货物及时到达,顾客需要及时满足,物流业务活动过程之间的连接更加平滑,"无缝连接"真正得以实现。

(5)服务满意

在供应链管理环境下,物流服务更为灵活多样,从而提高了顾客的满意度。通过制造商和销售部门的实时信息交换,及时将客户在运输、包装、配送等方面的需求反馈到相关物流管理部门,提高了整个供应链系统对用户个性化需求响应的能力,改善了服务质量,也使物流服务的管理效率大大提高。传统物流管理与供应链管理环境下物流管理的比较(表5.3)。

表5.3　传统物流管理与供应链物流管理比较

项　　目	传统物流管理	供应链物流管理
支撑体系	无现代信息与网络技术支撑、无虚拟企业、协同开发、客户关系管理等管理平台	有现代信息与网络技术支撑、协同产品开发、客户关系管理、价值链管理等管理平台
核心理念	以规模为中心,追求规模效益;以成本为中心,追求降低成本	以客户为中心,尤其是以全球客户为中心,强调客户的个性化服务,追求客户增值效益
配送体系	单一线性死板配送网,无虚拟配送,不可控性供应链流程	网状配送灵活网络体系,有虚拟配送,可控性供应链物流流程
技术支持	传统管理技术支持,技术支持差,物流管理效率低下	网络技术、信息技术支持、技术支持好,物流管理效率高
信息响应	对信息响应速度比较慢,对信息反应迟钝,信息利用率低	对信息响应速度比较快,对信息反应快速,信息利用率高
市场响应	对市场响应速度慢、服务效率低、客户满意度低	对市场响应速度快、服务效率较高、客户满意度高
管理特征	管理具有刚性化倾向,应变能力弱,组合实体企业	管理具有柔性化倾向,应变能力强,组合敏捷的虚拟企业
整合能力虚拟集成能力	格局分析、商业伙伴间的整合能力差,基本无虚拟集成能力	从整合能力向集成能力过渡,第四方物流的集成能力提高

资料来源:李志平,陈丽清.基于供应链管理环境的物流管理创新[J].江苏商论,2003(2):24。

2)供应链物流管理的基本内容

供应链物流管理的内容与传统物流管理的内容没有本质上的差别,但由于供应链物流的特点,因此供应链物流管理的内容有所侧重,主要表现在以下几个方面:

(1)采购管理

基于供应链的采购管理包括供应商、订购合同和订单管理,管理的重点主要在:企业利用配销单据等对整个补充网络制订计划,并向供应链自动发出订货单;通过合同管理在供需双方建立长期关系,通过检查订购数量,将订单送经供应商并对已接收货物进行支付,取得供应商的充分信赖。

（2）库存管理

基于供应链的库存管理的重点在于：通过库存管理缩短订货、运输和支付的周期，加速库存周转，避免缺货现象发生，以提高整个供应链的协调和高效运转。

（3）分销管理

基于供应链的分销管理，通常不必储备所有的顾客所需商品，只储备商品的通用组件，从而大大降低库存成本。这里的物流系统主要采用较有代表性的交接运输方式。交接运输是从仓库或分销中心运出的货，不作为存货，而是为紧接着的下一次货物发送做准备的一种分销系统。对进入分销中心的物资，其管理过程主要包括配销需求管理、实物库存管理、运输车队管理、劳动管理等。

（4）仓库管理

基于供应链的仓库管理除了入库货物的接运、验收、编码、保管，出库货物的分拣、发货、配送等一般业务外，还包括代办购销、委托运输、流通加工、库存控制等业务。为提高仓库管理的自动化、信息化和机械化水平，仓库管理中积极应用条形码技术与自动扫描技术、EDI 技术等，从而大大提高了仓库管理的效率。

（5）第三方物流管理

由于第三方物流的专业化服务更有效率，通过物流业务外包给专业化的第三方物流服务商，能够让企业将时间和精力放在自己的核心业务上，提高整条供应链的运作效率。此外，第三方物流还在供应链的小批量库存补给、联合仓库管理、顾客订单处理等方面具有优势，可以帮助企业实现产品从供应方到需求方全过程中达到环节减少、时间最短、费用最省的效果。因此，第三方物流管理也是供应链管理的重点。

3）供应链物流管理方法

供应链环境下物流管理的方法，首先必然用到一般物流管理的方法。但人们也探索尝试一些能够更好适应供应链管理要求的管理方法。

（1）联合库存管理

所谓联合库存管理（JMI，Joint Managed Inventory），就是由供应商和用户联合管理库存，它是整个供应链建立起核心企业为核心的库存系统，即建立起核心企业为中心的分布合理的库存点体系和相应的联合库存控制系统。联合库存管理是一种基于协调中心的库存管理方法，是为了解决供应链体系中的"牛鞭效应"、提高供应链的同步程度而提出的。联合库存管理还是一种风险共担的库存管理模式。

分布合理的库存点体系，就是仓库的空间分布合理。分布合理的基本准则是对核心企业最方便有效，成本最低。通常分集中库存和无库存两种模式。

集中库存模式，就是变各供应商的分散库存为核心企业的集中库存，各个供应商的货物都直接存入核心企业的原材料库。由于仓库的减少,不仅能够节省仓库建设的费用和仓储作业费用,还减少了物流环节,提高了工作效率,降低了系统总的库存费用。

无库存模式,则是核心企业不设原材料库存,实行无库存生产。由于供应商的成品库和核心企业的原材料库都被取消,因此供应商与核心企业将实行同步生产、同步供货,供应商将产成品直接送上核心企业的生产线。这就是准时化供货模式。由于完全取消了库存,因此效率高,成本低。但对供应商和核心企业的运作标准化、协作配合的要求也很高,操作过程要求非常严格,一般两者的距离不能太远。

联合库存体系除了建立起联合库存分布外,还要建立起统一的库存控制系统。库存控制也有两种模式:一是合理库存量控制模式,主要适用于核心企业设有原材料库存的情况;二是无库存控制模式,主要适用于核心企业实行无库存生产的情况。

联合库存管理系统把供应链系统管理进一步集成为上游和下游两个协调管理中心,从而部分消除了由于供应链环节间的不确定性和需求信息扭曲,导致的供应链库存波动。通过协调管理中心,供需双方共享需求信息,可使供应链的运作更加稳定。

(2)供应商管理库存

供应商管理库存(VMI,Vendor Managed Inventory),就是由供应商管理核心企业库存的一种库存管理模式。供应商管理库存,可以掌握市场需求变化并据此及时调整生产计划和采购计划;可以把核心企业从库存陷阱中解放出来,使它们能够集中资金、人力、物力用于提高它们的核心竞争力,从而给整个供应链、包括供应商企业创造一个更加有利的局面。当然,信息共享、友好协商、互惠互利是供应商管理库存策略得以有效实施的重要保证(阅读参考5.3)。

阅读参考5.3 美的将VMI引入家电业

价格大战、库存压力、材料涨价、利润滑坡,这是空调厂商的几大头痛问题。要在市场上不输给竞争对手,除对产品和市场创新外,成本领先更成为众厂商首选的生存之道。在实施VMI模式前,美的空调有最少5~7天的零部件库存和十几万台成品库存。在2002销售年度,美的空调导入了供应商管理库存模式,开始实践"用信息替代库存"的经营思想。美的空调作为供应链中的核心企业,要求供应商采取准时制供货方式。以出口为例,美的空调在顺德总部(美的出口机型都在顺德生产)建立了很多仓库,把仓库分成很多片区。运输距离长的外地供应商(运货时间3~5天),一般会租赁一个片区(仓库所有权归美的公司),并把零配件放到片区仓库里储存。美的空调要用这些零配件则通知供应商,进行资金划拨并取货,零配件的产权由供应商转移到美的公司。

实施VMI后,2002年美的零部件周转率达到70~80次,零部件库存由原来平均保存 5~7 天,减少到现在的 3 天,而这 3 天的库存也是由供应商管理。周转率提高后,资金占用减少,资金利用率提高,资金风险和库存成本下降,其竞争优势大幅度提高。2002 年度美的空调销售量同比 2001 年度增长 50%~60%,而成品库存却降低了9 万台。

资料来源:史晓东,关志民.供应商管理库存新模式(VMI)及其在我国的应用[J].冶金经济与管理,2004(5):35。

供应商管理库存的主要思想是供应商根据客户允许设立库存,拥有库存控制权,确定库存水平和补给策略,从而为客户提供快捷高效的物流配送服务。精心设计并开发供应商库存管理系统,不仅可以降低供应链的库存水平,降低成本,而且用户还可以获得高水平的服务,改善资金流,与供应商共享信息和获得更高的客户信任度。

(3)供应链运输管理

运输管理也是供应链物流管理的重要内容。供应链运输管理(TM,Transportation Management)的主要任务包括设计规划运输任务,确定合适的运输承包商,进行运输组织和控制 3 个方面。

设计规划运输任务,就是要站在供应链的整体高度,统一规划有关的运输任务,确定运输方式、运输路线,联合运输方案,达到既能够满足各点的运输需要,又使总运输费用最省的目的。

运输任务方案确定下来后,就需要确定运输承包商。对运输承包商的要求首先是具备实力,其次是服务可靠。与承包商的合作关系应保持相对的稳定。如果可能,可以考虑让其加入供应链系统。

运输组织和控制,即根据制定的运输管理规划,从供应链角度,对供应链的运输活动进行具体的组织、管理和控制。

(4)连续补货

连续补货(CRP,Continuous Replenishment Process),就是利用及时准确的 POS 数据确定销售出去的商品数量,根据零售商或批发商的库存信息和预先规定的库存补充程序确定发货补充数量和发送时间,以小批量、多批次方式进行连续配送,可及时补充零售店铺的库存,提高库存周转率,缩短交纳周期时间。连续补货是一种配送供货或准时化供货。配送供货一般用汽车将供应商下线后的产品按核心企业所需要的批量(日需要量或者半天需要量)进行频次批量送货(如一天一次、二次或三次)。准时化供货一般用汽车、叉车或传输线进行更短距离、更高频次的小批量多频次供货,通常是按生产线的节拍,一个小时一两次,或者通过自动化传输线进行连续同步供应。

(5)准时化技术

准时化技术即 JIT,包括准时化生产、准时化运输、准时化采购、准时化供货等一整套技术。这些技术都可以广泛应用于供应链上的各个企业及其相关业务。JIT 的基本原理是在合适的时间,将合适的货物、按合适的数量送到合适的地点。准时化技术的管理控制系统一般采用看板管理系统。基本模式都是多频次、小批量连续送货。

（6）快速响应系统

快速响应系统（QR,Quick Response）是 20 世纪 80 年代由美国塞尔蒙公司（Kurt Salmon）提出并流行起来的一种供应链管理系统,主要的思路就是依靠供应链系统,而不是只依靠企业自身来提高市场响应速度和效率。通过加强企业间沟通和信息分享、供应商管理库存、连续补充货物等多种手段进行运作能够达到更高效率,能够以更高速度灵敏地响应市场需求的变动。

（7）有效客户反应

有效客户反应（ECR,Efficient Consumer Response）是美国塞尔蒙公司于 20 世纪 90 年代提出来的供应链管理系统,主要思想是组织由生产厂家、批发商和零售商等构成的供应链系统,在店铺空间安排、商品补充、促销活动和新商品开发与市场投入 4 个方面相互协调和合作,更好、更快并以更低的成本满足消费者需要为目的的供应链管理系统（图 5.11）。

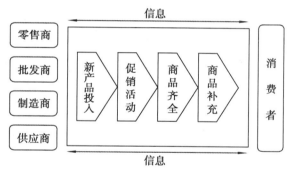

图 5.11　ECR 的供应链过程

有效客户反应是流通管理思想的革新,它作为一个供应链管理系统,需要把市场营销、物流管理、信息技术和组织革新技术有机结合起来作为一个整体来应用,以实现有效客户反应的目的。构筑有效客户反应系统的具体目标就是实现低成本的流通基础关联设施建设,消除组织间的隔阂,协调合作,满足消费的需要。

≫ 本章小结

供应链是企业为获得竞争优势,以市场为导向,在将产品或服务提供给最终用户过程中,将供应商、制造商、分销商、零售商和最终用户有效组织而形成的网链。中华人民共和国国家标准《物流术语》(GB/T 18354—2006)将供应链定义为:生产及流通过程中,涉及产品或服务提供给最终用户形成的网链结构。

供应链上的企业在市场需求驱动下,通过供应链的职能分工与合作(生产、分销、零售等),以商流、信息流、资金流、物流为媒介实现整个供应链的不断增值。供应链上的企业也实现企业自身的目标。供应链实际上是企业相互间业务合作的一种模式。供应链上一般有一个核心企业。供应链在运作过程中,用户的需求拉动是供应链中物流、信息流、资金流的驱动源。

根据供应链中核心企业的不同,供应链结构可以分为以制造企业为主导的供应链、以零售企业为主导的供应链和以第三方物流企业为主导的供应链等几种。供应链的类型也是多种多样的。根据不同的分类标准有不同的类型。

供应链管理就是对供应链涉及的全部活动进行计划、组织、协调与控制。供应链管理的根本目标是降低物流总成本,提高客户服务水平。通过控制和协调供应链中物流总成本最低、客户服务最优、总库存成本最小、总周期时间最短和物流质量最优等目标间的冲突,以实现供应链绩效的最大化。供应链管理的基本内容主要包括产品需求预测及计划,产品制造及生产控制,采购供应保证及供应商管理,供应链物流管理,供应链信息管理,供应链规划与设计等。供应链管理从提出发展到现在,主要经历了分散管理、集中管理、集中分散相结合管理3个基本的发展阶段。

供应链管理是一种新的规则、新的制度,是一种跨企业的制度安排;供应链管理是一种管理思想,这种管理思想的核心是竞争合作;供应链管理是一种新的管理技术和手段,是以基于 Internet 技术的软件产品为工具进行管理,从而实现整个渠道商业流程优化的一个平台。

伴随供应链竞争时代的来临,供应链管理带给我们许多新观念、新思想,这些新的观念和思想概括起来主要包括横向一体化、信息共享、快速响应、可靠性和相互关系。

供应链管理与物流管理之间有着十分密切的关系,两者既有区别又有联系。在供应链管理环境下,由于强调企业相互之间的协作,强调从供应链整体规划物流。因此,在供应链管理环境下的物流管理出现了一些新的特点,主要表现为共享信息、协调合作、快速反应、无缝连接、服务满意等。

供应链环境下物流管理的方法,首先必然用到一般物流管理的方法。但人们也探索尝试一些能够更好适应供应链管理要求的管理方法,如联合库存管理、供应商管理库存、连续补货、准时化技术、有效客户反应等。

>> 案例分析

HP 台式打印机供应链的构建

1.HP 公司及台式打印机概况

惠普(Hewlett-Packard)公司成立于 1939 年。HP 台式机于 1988 年开始进入市场，并成为惠普公司主要的成功产品之一。但随着台式机销售量的稳步上升(1990 年达到 600 000 台,销售额达 400 万美元),库存的增长也紧随其后。在实施供应链管理之后,这种情况得到改善。

DeskJet 打印机是 HP 的主要产品之一。该公司有五个位于不同地点的分支机构负责该种打印机的生产、装配和运输,从原材料到最终产品生产周期为六个月。在以往的生产和管理方式下,各成品厂装配好通用打印机之后直接进行客户化包装,为了保证 98% 的顾客订单即时满足率,各成品配送中心需要保存大量的安全库存(一般需要 7 周的库存量)。产品将分别销往美国、欧洲和亚洲。

2.存在问题

HP 打印机的生产、研究开发节点分布 16 个国家,销售服务部门节点分布 110 个国家,而其总产品类超过 22 000 种。欧洲和亚洲地区对于台式打印机电源供应(电压 110 伏和 220 伏的区别,以及插件的不同)、语言(操作手册)等有不同的要求。以前这些都由温哥华的公司完成,北美、欧洲和亚太地区是它的三个分销中心。这样一种生产组织策略,我们称之为"工厂本地化(Factory Localization)"。HP 的分销商都希望尽可能地降低库存,同时尽可能快地满足客户的需求。这导致 HP 公司有很大的压力。为保证供货的及时性,不得不采用备货生产(make-to-stock)的模式,以保证准时为分销商供货的高可靠性,因而分销中心成为有大量安全库存的库存点。制造中心是一种拉动式的生产模式,计划的生成是为了通过 JIT 模式满足分销中心的目标安全库存,同时它本身也必须建立一定的零部件、原材料安全库存。

零部件原材料的交货品质(存在到货时间推迟、错误到货等问题)、内部业务流程、需求等的不确定性是影响供应链运作的主要因素。这些因素导致不能及时补充分销中心的库存,需求的不确定性导致库存堆积或者分销中心的重复订货。

公司需要用大约一个月的时间将产品海运到欧洲和亚太分销中心,这么长的提前期导致分销中心没有足够的时间去对快速变化的市场需求作出反应,因而欧洲和亚太地区就只能以大量的安全库存来保证对用户需求的满足。

产品生产占用了大量的流动资金,若某一地区产品缺货,为了应急,可能会将原来为其他地区准备的产品拆开重新包装,造成更大浪费。因此,提高产品需求预测的准确性是一个主要难点。

3.任务

减少库存和同时提供高质量的服务成为温哥华 HP 公司管理的重点,着重于供应商管理以降低供应的不确定性,并减少机器闲置时间。

企业管理者希望在不牺牲顾客服务水平前提下改善这一状况。

4.解决方案

供应商、制造点(温哥华,Vancouver)、分销中心、经销商和消费者组成 HP 台式打印机供应链的各个节点,供应链是一个由采购原材料,把它们转化为中间产品和最终产品,最后交到用户手中的过程所组成的网络。重新设计的供应链如图 5.12 所示。

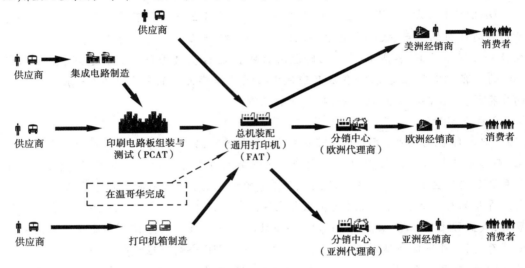

图 5.12　HP 公司 DeakJet 打印机供应链

在这个新的供应链中,主要的生产制造过程由在温哥华的 HP 公司完成,包括印刷电路板组装与测试(PCAT,Printed Circuit Board Assembly and Test)和总机装配(FAT,Final Assembly and Test)。

在 PCAT 过程中,电子组件(诸如 ASICS、ROM 和粗印刷电路板)组装成打印头驱动板,并进行相关的测试;在 FAT 过程中,电动机、电缆、塑料底盘和外壳、齿轮、印刷电路板总装成打印机,并进行测试。其中的各种零部件原材料由 HP 的子公司或分布在世界各地的供应商供应。在温哥华生产通用打印机,通用型打印机运输到欧洲和亚洲后,再由当地分销中心或代理商加上与地区需求一致的变压器、电源插头和用当地语言写成的说明书,完成整机包装后由当地经销商送到消费者手中。通过将客户化工作推迟到分销中心进行("延迟"策略),HP 公司实现了根据不同的用户需求生产不同型号的产品。这样一种生产组织策略,称为"分销中心本地化(DC-Localization)",并且在产品设计上作出了一定变化,电源等客户化需求的部件设计成了即插即用的组件。

这种生产方式改变了以前由温哥华的总机装配厂生产不同型号的产品,并保持大量的库存以满足不同需求的情况,大大缩小了库存量,原来需要7周的成品库存量以满足98%的订货服务目标,现在只需要5周的库存量以满足生产需求,一年大约可以节约3 000万美元,电路板组装与总装厂之间也基本实现无库存生产。同时,打印机总装厂对分销中心实施JIT供应,以使分销中心保持目标库存量(预测销售量+安全库存量)。通过供应链管理,HP公司实现了降低打印机库存量的目标。同时,通过实施供应链管理还改善了HP公司的服务水平,通过改进供应商管理,减少了原材料供应而导致的生产不确定性和停工等待时间。

5.效果

安全库存周期减少为5周,减少库存总投资的18%,仅这一项改进便可以每年节省3 000万美元的存储费用。由于通用打印机的价值低于同等数量的客户化产品,因此又进一步节省了运输、关税等项费用。除了降低成本,客户化延迟使产品在企业内的生命周期缩短,从而对需求预测不准确性或是外界的需求变化都具有很好的适应性,一旦发现决策错误,可以在不影响顾客利益的情况下,以更小的损失更快地加以纠正。

资料来源:马士华,林勇.供应链管理[M].北京:高等教育出版社,2003(6):90-92。

>> 讨论问题

1.根据案例资料,分析HP公司DeakJet打印机物流存在的主要问题有哪些? 这些问题分别属于物流过程的哪些环节?

2.请根据案例资料的描述,画出HP公司DeakJet打印机原来的供应链。

3.请指出HP公司DeakJet打印机新设计的供应链的结构属于哪一种?

4.根据案例资料,你认为HP公司DeakJet打印机供应链优化的目标是什么?

5.HP公司DeakJet打印机新的供应链与原来的供应链比较,在哪些方面进行了改进?

>> 关键概念

供应链;链状供应链;网状供应链;稳定供应链;动态供应链;低成本供应链;高柔性供应链;平衡供应链;倾斜供应链;有效性供应链;反应性供应链;供应链管理;纵向一体化;横向一体化;信息共享;快速响应;供应链快速响应;供应链可靠性;供应链稳定性;供应链风险;相互关系;信任;忠诚信任;能力信任;联合库存管理;供应商管理库存;供应链运输管理;准时化技术;快速响应系统;连续补货;有效客户反应

≫ 复习思考

1.什么是供应链？供应链有怎样的结构？

2.供应链有哪些类型？

3.何谓供应链管理？它有哪些基本的管理内容？

4.供应链管理发展经历了哪几个阶段？

5.供应链管理的目标是什么？

6.你是如何理解供应链管理本质的？

7.供应链管理是怎么产生的？

8.你认为现代物流企业应该有哪些供应链管理思想？

9.请你谈谈物流管理与供应链管理的关系。

10.供应链物流管理有什么特点？请比较分析传统物流管理与供应链物流管理的异同。

11.供应链物流管理的方法主要有哪些？

第 ③ 篇

业务功能篇

本篇导读:

- 物流功能是通过物流业务活动来实现的

第6章 物流业务功能

物流是一个综合系统。物流系统的功能都要通过运输、储存、装卸、搬运、包装、流通加工等业务活动得以实现。物流业务功能也常常被称为物流系统业务要素。

学完本章，我们应能回答以下问题

- 为什么说运输和储存是物流最基本的活动？
- 你能指出物流过程中没有装卸搬运的地方吗？为什么？
- 包装在物流过程中具有哪些作用？
- 流通加工有哪些类型与形式？
- 配送的特点是什么？配送中心的功能有哪些？

6.1 现代运输

6.1.1 运输概述

1）运输的本质

中华人民共和国国家标准《物流术语》（GB/T 18354—2006）将运输定义为，用专用运输设备将物品从一地点向另一地点运送，其中包括集货、分配、搬运、中转、装入、卸下、分散等一系列操作。一般说来，运输就是物品或人的位移。实现物品（人）的位移是运输的基本功能和本质。

在物流系统中,运输是物品流动得以实现的基本活动要素,它承担了改变物品空间状态的主要任务,也是改变物品空间状态的主要手段。不仅运输,搬运和配送也是改变物品空间状态的物流业务活动。因此,运输和搬运、配送一起进行,才能够圆满地完成物品改变空间状态的全部任务。

运输在实现物品空间位移的同时,为我们创造了"场所价值"。这个场所价值主要包括从集中生产场所流入分散需求场所创造的价值,从分散生产场所流入集中需求场所创造的价值,从一生产地流入另一需求地创造的场所价值。其实,从某种意义上讲,运输也是移动着的储存。

2)运输的类型

运输本身也是一个复杂的系统,因此我们也需要对其进行分类。

运输类型最常见的分类是按运输设备或工具的不同,将运输划分为公路运输、铁路运输、水路运输、航空运输和管道运输。此外,按照运输线路不同,运输可以分为干线运输、支线运输、城市运输和厂内运输;按照运输作用不同,运输可以分为集货运输和配货运输;按照运输地理范围不同,可以分为市内运输、省际运输、国内运输以及国际运输;按照运输协作程度不同,可以分为一般运输、联合运输和多式联运等。

6.1.2　基本运输方式

1)公路运输

公路运输是使用汽车或其他车辆(如人、畜力车)在公路上运送货物或旅客的一种运输方式。公路运输主要承担近距离、小批量的货运,水路运输、铁路运输难以到达地区的长途、大批量货运,铁路运输、水路运输优势难以发挥的短途运输等。

公路运输的主要优点是灵活性强,公路建设期短、投资较低,易于因地制宜,对设施要求不高,可以采取"门到门"的运输形式,即从发货者门口一直到收货者门口,而不需转运或反复装卸搬运。公路运输也可作为其他运输方式的衔接手段。但是,与铁路运输和水路运输相比,公路运输的运输能力较小,不宜作长途运输,易造成环境污染,易发生事故,消耗能源较多。公路运输的经济半径,一般在200 km 以内。

2)铁路运输

铁路运输是使用铁路设施、设备运送货物或旅客的一种运输方式,主要承担长距离、大数量的货运,在没有水运条件的地区,大批量货物的运输都主要由铁路运输完成。

它是在干线运输中起主要作用的运输形式。铁路运输可分为车皮运输和集装箱运输两种。

铁路运输的主要优点是速度快,运输基本上不受自然条件限制;运量大,运输成本较低。其主要缺点是灵活性差,只能在固定线路上实现运输,需要与其他运输手段配合和衔接。铁路运输经济里程一般在 200 km 以上。

3）水路运输

水路运输是使用船舶运送货物或旅客的一种运输方式,其在干线运输中起主要作用。水路运输的主要优点是成本低,能进行低成本、大批量、长距离的运输。但是,水路运输也有其显而易见的缺点,主要是运输速度慢,受港口、水位、季节、气候影响较大,一年中中断运输的时间较长,航行周期长,但目前国际贸易对水路运输的依赖性较强。水路运输主要有沿海运输、近海运输、远洋运输、内河运输等几种形式。

4）航空运输

航空运输是使用飞机或其他航空器运送货物或旅客的一种运输方式。主要适合其运载的货物有两类:一类是价值高、运费承担能力很强的货物,如贵重设备的零部件、高档产品等;另一类是紧急需要的物资,如抢险救灾物资等。

航空运输的主要优点是速度快,时间效益好;安全性高,飞行标准、运输组织管理、机场、航空器都有国际统一的规范和章程;破损少,货物在运输过程中受到震动、撞击等的概率均小于其他运输方式;航线不受地形、地貌、山川、河流等障碍的限制,能够达到地面运输难以达到的地区。航空运输的缺点是费用高,运输质量受限制。

5）管道运输

管道运输是利用管道输送气体、液体和粉状固体的一种运输方式。其运输形式是靠物体在管道内顺着压力方向移动实现的,与其他运输方式的主要区别在于,管道设备是静止不动的。管道运输是随着石油和天然气产量的增长而发展起来的,目前已成为陆上油、气运输的主要方式。近年来,输送固体物料的管道,如输煤管道,也有很大的发展。

管道运输的主要优点是连续性强,消耗少;运输量大,定向性强;机械化程度高,运输费用低;不占用土地,管理简单方便,有利于环境保护;由于采用密封设备,在运输过程中可避免散失、丢失等损失,也不存在其他运输设备本身在运输过程中消耗动力所形成的无效运输等问题。管道运输的缺点是建设投资大,对运输货物有特定要求和限制,灵活性差。

6.1.3 运输设施与设备

1)公路运输的主要技术设施与设备

公路运输的各种技术设施与设备是组织公路运输活动的物质基础,主要包括公路和运输车辆等。

公路是汽车运输的重要设施。公路的基本构成包括路基、路面、桥涵、隧道及各种防护工程。为了满足行车安全的要求,公路还设置了行车标志、加油站、路用房屋、通信设施、附属工厂及绿化带等。根据交通量的大小及其使用任务、性质的不同,公路可分为高速公路、一级公路、二级公路、三级公路、四级公路 5 个等级。在各等级公路组成的公路网中,高速公路、一级和二级公路在公路运输中的地位和作用最重要。

公路运输车辆包括人力车、畜力车和各种机动车辆。其中汽车是现代公路运输最主要的车辆类型,常见的有客车、货车和专用运输车辆。客车可分为小客车(如轿车、吉普车等)和大客车等;货车按其载质量可以分为轻型、中型和重型 3 种;常用的专用运输车辆主要包括厢式货车、自卸车、散粮车、敞车、平板车、罐式挂车、冷藏车、高栏板车、牵引车、挂车和特种车等。

2)铁路运输的主要技术设施与设备

铁路运输的各种技术设施与设备是组织铁路运输活动的物质基础,主要包括线路、车站、信号与通信设备等固定设备,以及机车和车辆等活动设备。

线路是列车运行的基础设施,由轨道、路基、桥涵、隧道等建筑物组成一个整体的工程结构。

车站是运输活动的基地,是办理货物运输业务,编组和解体列车,组织列车始发、到达、交会、通过等作业,以及货物暂存与中转的场所。车站按业务性质可分为客运站、货运站、客货运站、编组站、区段站、中间站等。

铁路信号设备是对铁路信号、连锁、闭塞、机车信号及自动停车装置、道口自动信号等设备的总称。铁路通信设备的作用是确保铁路运输系统各有关单位或部门的通信畅通,使整个运输系统连成一体,以便迅速准确地调度列车、组织运输。

铁路机车是牵引或推送车辆运行,本身不载荷的车辆动力装置,主要有蒸汽机车、内燃机车、电力机车等种类。

铁路车辆是由铁路机车牵引运行的铁路载运工具,按其用途可分为客车、货车和特种用途车。其中,铁路货车是物流领域的常用装备,按结构和所运货物种类的不同,货车又可分为敞车、棚车、平车、罐车和保温车5大类。此外,还有一些根据特殊需要而制造的专用铁路货运车辆,如漏斗车、家畜车、鱼苗车等。

3) 水路运输的主要技术设施与设备

水路运输的各种技术设施与设备是组织水路运输活动的物质基础,主要包括港口和船舶两大类。

港口位于沿海、内湖或河口,拥有一定水域和陆域面积,具备必要的生产和生活设施,用于船舶出入和停泊、方便旅客和货物集散的场所。它是水上与陆地运输的重要联系枢纽,是船舶装卸、修理或货物集散的重要基地。最常见的港口设施设备主要有水面设施、码头设施、港区交通设备和导航设施等。

船舶是水路运输的主要运输工具,按照用途的不同可分为民用船舶和军用船舶两大类。其中,民用船舶又可分为运输船舶、渔业船舶、港口作业船舶、水上施工船舶、港航监督船舶、海事救助与打捞船舶等。现代物流水路运输使用的船舶种类繁多,主要包括以下种类:以装运零批件货为主要业务的普通杂货船;能装运多种货、特大特重件,实现水上"门到门"运输的集装箱船;可以装运杂件货、散货、集装箱、重大件货和滚装货的多用途船;专供散运无需包装的散装货物的散装货船(如运煤船、散粮船、矿砂船、散装水泥船等);可以将鱼、肉、水果、蔬菜等易腐易烂货物保持在一定低温条件下的冷藏船;专门运送原油和成品油的油船;专门运送液化气或散装液化化学品的液化天然气船及液化化学品船等。

4) 航空运输的主要技术设施与设备

航空运输的各种运输设施与设备是组织航空运输活动的物质基础,主要包括飞机、航空港、航线、航路等。

飞机是航空运输的重要设备,主要有客机、客货机和货机3类。客机主要运送旅客,客货机以运送旅客为主,运送货物为辅;货机则专门用于装运各种货物。

机场又称航空港、空港,是航空运输的重要设施。机场专供飞机起飞、降落、维修和保养,也是办理各种客货运输业务的场所,是航空运输的网络节点。它一般由飞行区、客货运输服务区和机务维修区3部分组成。

航线,又称航空线,是指在一定的方向上,沿着规定高度的地球表面,连接两个或两个以上城市,供飞机飞行的空中交通线。航线可分为国际航线和国内航线两大类,其中国内航线又可分为国内干线和地方支线。

航路是指根据地面导航设施建立的走廊式保护空域,供飞机作航线飞行之用,是由多条航线共用的公共空中通道。

5) 管道运输的主要技术设施与设备

管道运输的各种技术设施与设备是组织管道运输活动的物质基础,主要包括管道、站房等。

管道主要是指用于长距离输送货物的管线,常被简称为长输管道,主要由干管、阀室等装置组成。长输管道一般每隔一定距离就设置一个阀门,阀门可设在地下阀井或地上的阀室内,大型穿(跨)越结构物两端也设置了阀门,以便发生事故时能够及时截断管内流体,防止事故的扩大。

站房一般俗称输油(气)站,是对管道沿线各类作业场站的统称,其主要作用是为管道内的流体货物增加输送压力,或者通过加热来增加货物的可流动性。

6.1.4 现代运输组织

随着科学技术的进步与社会经济的发展,现代运输广泛引入新观念、新技术,实现运输设施、设备与工具的现代化。当代运输发展的新方向越来越向运输设施设备及工具的现代化、运输方式的多样化、运输过程的一体化、各种运输方式的分工协作与配合的方向发展。集装箱运输与综合运输是这种发展的集中体现。

1) 集装箱运输

集装箱运输就是以集装箱为单位运送货物的一种运输方式。由于该运输方式较好解决了普通散件杂货运输过程中长期以来存在的装卸及运输效率低、时间长,货损、货差严重,影响货运质量,货运手续繁杂,影响工作效率等问题,因此自19世纪90年代在英国出现以来,发展迅速。特别是随着经济规模的全球化,集装箱运输成为海上运输的主要方式。

集装箱运输具有低成本、高效率、大投资和易联运等特点。

(1)低成本

由于采用集装箱运输,散件杂货无需包装,从而大大节约包装费用;集装箱本身的坚固密封性,使其在运输途中无需拆箱倒载,一票到底,即使是长途运输或多次换装,也不易损坏箱内货物,集装箱运输还可减少被盗、潮湿、污损等引起的货损和货差。由于集装箱的装卸能够机械化,基本上不受恶劣气候的影响,船舶非生产性停泊时间缩短,装卸时间缩短,船运商提高了航行率,降低船舶运输成本,港口提高了泊位通过能力,减少了营运费用。

（2）高效率

传统运输方式装卸环节多、劳动强度大、装卸效率低、运输工具周转慢，而集装箱运输方式具有规模大、机械化装卸程度高的优势，因此劳动生产率大大提高。

（3）大投资

集装箱运输虽然是一种高效率运输方式，但它同时也是一种资本高度密集的运输方式。主要表现在船舶、汽车等运输工具和集装箱需要巨额投资。如集装箱船每立方英尺（1英尺=30.48 cm）的造价就高达普通货船的 3.7~4 倍。集装箱的投资也较大，特别是专用集装箱的投资更大；其次，集装箱运输中的港口的投资也相当大，需要专用集装箱泊位、码头及相关设施设备；此外，如果开展集装箱多式联运，还需配套的设施及货运站场等。

（4）易联运

集装箱运输在不同运输方式之间换装时，只需换装集装箱，不需搬运箱内货物，换装作业效率高，如换装转运时，海关及有关监管单位只需加封或验封转关放行，从而提高了运输效率。因此，集装箱运输适用于不同运输方式之间的联合运输。

2）综合运输

（1）综合运输的内涵

综合运输又称为一体化运输。一般认为综合运输是至少包括两种以上运输方式，并在基础设施、技术标准、政策法规、通信、信息和管理体制等方面，实现了全面整合的长途、全程、无缝、连续的运输过程。然而，随着私家汽车广泛普及所引发的越来越多的社会经济问题，如交通安全、交通拥挤、土地资源紧张、空气污染、噪声、全球气候变暖、能源消耗急剧增长等，日益成为制约社会经济发展的瓶颈。为解决这些问题，从20世纪80年代末开始，一些发达国家相继提出新的综合运输观念，不仅强调整体运输能力和运输质量的提高，而且强调交通运输环境与人类生活协调和可持续发展；不仅关注各种运输方式的综合，而且关注不同领域，如军事运输与民用运输的综合、常规运输与应急运输的综合等，因为这个世界还存在着战争的威胁，人类还面临着自然灾害等突发性事件的影响。

（2）综合运输体系

综合运输体系是为满足经济社会发展需要及客货用户要求，以市场经济为导向，以高新技术为基础，铁路、公路、水运、民航、管道等现代运输方式合理布局、分工协作、优势互补、连续贯通的交通运输综合系统。

综合运输体系是市场经济发展到一定阶段，科学技术发展到一定水平，制度与管理体制创新条件下产生并形成的一种现代交通运输的组织形式。这种运输组织形式有利于减少客货运输的中间环节,提高运输组织水平,协调各种运输方式的衔接,提高运输效率、降低运输成本,实现合理运输。

综合运输体系一般由3个子系统组成。一是交通基础网络系统,这是综合运输体系的基础。交通基础网络系统由铁路网、公路网、水(内河、近海、远洋)路网、航线网等交通通道网络、港口码头、站场等交通运输节点有机组成。二是一体化的运输系统,这是运输服务和综合运输体系的效益、效率得以最终体现的运行系统。这一系统的有效运行,需要各运输方式的有效衔接,协调配合,统筹规划。三是综合管理系统,这是综合运输体系高效运行的组织保障。该系统的组织协调作用,需要通过信息网络和信息共享得以实现。

随着经济社会的进一步发展,传统的交通运输系统越来越不能适应市场经济发展的要求,各国都在尝试突破传统运输体系,探索新的运作方式,因此,综合运输体系的建立开始越来越受到各国重视,综合运输体所发挥的作用也日显突出。综合运输体系建设是国家经济建设的需要,是发展现代物流系统的要求,能满足人们出行的需要。根据我国社会经济发展及其对交通运输的需要,我国综合运输体系在今后50年将有一个更大的发展空间(阅读参考6.1)。

阅读参考6.1 2020—2050年我国综合运输体系发展的主要特点

2020年以后,我国交通运输将基本进入成熟的发展阶段,也是实现我国交通运输现代化的阶段。这一阶段的主要特点如下。

· 网络化、智能化系统得到普遍使用,交通运输实现现代化。

· 发达地区的交通基础设施主要是结构性调整,完善交通运输网络,对原有的设施进行维护改造和能力提高,西部基础设施还将保持一定数量的增长。

· 公路作用更加突出,将形成以公路、铁路为主导,民航、水运、管道相应发展的全国综合交通运输格局,社会经济活动和居民出行对公路交通的依赖程度越来越大。

· 货物运输总量基本保持平稳,特别是随着新的替代能源和大宗货物的新型替代材料的开发和逐步推广使用,运输量还有下降的可能。

· 客货运输追求个性化、特殊化更加突出。

资料来源:藩焰.我国综合运输体系发展前瞻[J].综合运输,2002(7):6。

3)甩挂运输

(1)甩挂运输的定义

甩挂运输就是用牵引车拖带挂车至目的地将挂车甩下后,换上新的挂车运往另一个目的地的运输方式。这种运输方式在运输过程中,货车被分成牵引车和挂车两个部分,挂车能自由脱离牵引车,也能与挂车自由组合,可不受地区、企业、号牌的限制。

甩挂运输于 20 世纪 40 年代开始在欧美等发达国家和地区使用,目前已是这些国家和地区的主流运输方式,甩挂运输的货物周转量占到其总货物周转量的 70%~80%。在韩国、新加坡、菲律宾、巴西等国家,甩挂运输也很普遍。甩挂运输在中国起步稍晚,20 世纪 80 年代中国一些企业开始采用甩挂运输,但发展一直较为缓慢,主要是在珠三角、长三角以及沿海经济发达地区的少数第三方物流企业依托港口采用了这种方式。从目前来看,中国的道路货物运输方式仍然以普通单体货车运输为主,与发达国家相比,甩挂运输发展滞后较为严重。

（2）甩挂运输的优势

甩挂运输之所以在发达国家和地区发展成为主流,是因为其具有物流成本低、运输效率高、节能减排和推进现代物流与多式联运的优势。

物流成本低。采用甩挂运输可以节省牵引车和驾驶员的配置数量,从而节省了车辆购置维护及人工等成本;在甩挂运输中,挂车能够作为"临时移动货仓",减少仓储成本,从而在整体上降低物流成本。

运输效率高。采用甩挂运输,可以大大减少装卸等待时间,一方面,增加牵引车的周转次数,提高牵引车利用率;另一方面,可减少挂车空驶,加快货物中转以缓解库存压力。

促进节能减排。甩挂运输是一种高度集约化的运输组织方式,可实现在运营网络内根据牵引车按需合理调度,以有效减少和避免牵引车的空驶,保证重载运输效率,从而降低单位货物周转量能耗,促进节能减排。

推进现代物流与多式联运。甩挂运输能够促进公路货运向集约化、网络化和标准化方向发展,并推进其与铁路运输、水路运输等其他运输方式的多式联运,从而促进现代物流发展。例如,海上滚装运输、铁路驼背运输(货运汽车或集装箱直接开上火车运输)等现代运输方式,都以公路甩挂运输作为基础支撑。

（3）中国甩挂运输的发展

中国甩挂运输的发展之所以滞后,主要是因为受到多重因素的影响。这些因素主要有:牵引车和半挂车检测时间不一致,挂车检测次数多,牵引车的运输生产时间大大缩短;不同地方的政府主管部门对半挂车的管理执行标准不一,甩挂运输企业无所适从;海关监管将牵引车、半挂车、集装箱视为一体化组合进行监管,不允许牵引车、半挂车分离;中国运输企业规模不足;甩挂作业站场设施建设滞后;符合标准的牵引车和挂车不足,牵引车与挂车之间的链接和匹配缺乏技术标准规范;站场的标准不统一、与车辆的标准不统一、站场的托盘不统一、装卸货的时间和效率不高等。

由于甩挂运输在中国的发展受到制度环境、企业自身和设备设施等方面的制约。因此推进中国甩挂运输发展,应从破解这些制约因素入手。

首先是完善甩挂运输的相关法规制度标准。修订《中华人民共和国道路交通安全法》《中华人民共和国机动车交通事故责任强制保险条例》等法律法规中不利于和阻碍甩挂运输的相关条款。如参照发达国家做法，调整车辆分类标准，将挂车列入非机动车，免缴机动车交通事故责任强制保险，明确车辆在行驶过程中发生的交通事故赔偿责任完全由牵引车承担，挂车不再承担连带责任。研究和适时发布《货运挂车系列型谱》《道路甩挂运输标准化导则》等国家标准，实现甩挂运输车辆生产的标准化，确保不同厂家的牵引车和挂车都能够挂得上、拖得走。

其次是大力推进适应甩挂运输方式的站场等基础设施建设。政府可充分发挥财政资金的杠杆作用，引导企业投资开展甩挂运输所需的站场建设和装卸等基本设备采购。在中央财政已出台的相关扶持政策基础上，继续加大对甩挂运输基础设施建设的支持力度，拓展支持范围，特别是进一步落实各省级财政的配套资金，重点支持西部地区以及集疏运需求较高的港口的甩挂运输站场建设。

最后是加快大型专业运输企业和中小企业物流联盟的发展。针对前者，政府应努力通过各种政策手段加强行业整合，创造有利于企业做大做强的环境和条件，培育形成和扶持一批运输龙头企业和骨干企业。针对后者，政府可参照扶持小微型货运企业健康发展的有关政策，鼓励中小型运输企业以物流联盟的形式开展合作，实现资源和运力的优化共享和调配。同时，有志开展甩挂运输的企业，也要主动通过各种途径和方式做大规模，以适应甩挂运输方式的规模经济性要求，并进一步加强企业自身的技术改造、信息化建设等，提高企业精细化管理水平，促进企业运作模式向规模化、集约化、网络化方向转型。

总之，甩挂运输是一种先进的道路货运组织方式，是现代物流业的发展方向。随着中国经济结构和发展方式的不断优化升级，甩挂运输需求将越来越大，以及适应甩挂运输的法规、制度、标准和基础设施的不断完善，甩挂运输的发展环境将越来越好，这将为道路运输企业大力发展甩挂运输带来宝贵的市场机遇。

阅读参考6.2　甩挂运输的原理

甩挂运输是一种先进的道路物流组织方式，它的原理就是利用牵引车与挂车的灵活分离与组合，缩短因装卸货物而造成的牵引车或牵引汽车停滞时间，提高车辆动力部分利用率的运输形式。甩挂运输的原理如图6.1所示。

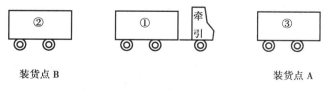

装货点 B　　　　　　　　　　　　　　　　　　　　装货点 A

图6.1　甩挂运输组织原理示意图

设一辆半挂牵引车拖带半挂车由装货点 A 向卸货点 B 运送货物。假设一辆牵引车配有 3 辆挂车,在某一时段,装满货物的挂车①由牵引车拖带从 A 点向 B 点运行。与此同时,挂车②在卸货点卸货,挂车③在装货点装货。当牵引车拖带着挂车①到达卸货点时,设挂车②已被卸空,这时将挂车①与牵引车分离即卸下挂车,并将牵引车与挂车②结合(即挂上挂车),然后拖带挂车②从 B 点向 A 点运行,此时卸货点组织挂车①卸货作业。当到达 A 点时,设挂车③已装满货物,这时将挂车②与牵引车分离,并与挂车③结合,然后再拖带挂车③从 A 点向 B 点运行,进入下一个循环,如此周而复始。由此可见,甩挂运输的实质,就是利用牵引车拖带一辆挂车在线路上运行的时间,来完成被甩下的挂车的装货和卸货作业。甩挂运输的运行组织方式,可以使载货汽车(或牵引车)的停歇时间缩短到最低限度,从而可以最大限度地利用牵引能力,提高运输效能。在同样的条件下,甩挂运输与定挂运输相比有较高的运输效率。

资料来源:根据相关原理编写。

6.2   现代储存

6.2.1   储存概述

1)储存的本质

中华人民共和国国家标准《物流术语》(GB/T 18354—2006)对储存做了如下定义:保护、管理、贮藏物品。从这一定义中可以看出,储存包含 3 方面的内容。保护,即保护存放的物品不受损毁;管理,即按照规章制度,有效管理物品的贮藏、保管工作;贮藏,即将物品积累存放起来。因此,储存就是贮藏物品并进行有效保护和管理。一般来说,储存就是物品的时滞。实现物品的时滞是储存的本质和基本功能。

储存是物品流动得以实现的基本活动要素,它承担了改变物品时间状态的主要任务,也是改变物品时间状态的主要手段。储存与仓储、配送中心一起能够很好地完成物品改变时间状态的全部任务。

在物流系统中,储存起着缓冲、调节和平衡的作用,是物流的中心环节之一。储存在实现物品时间延迟的同时,为我们创造了"时间价值"。这个时间价值包括从生产时间集中流入需求时间分散所创造的价值,从生产时间分散流入需求时间集中所创造的价值,以及从这一时间生产流入另一时间需求所创造的价值。

在物流系统中,运输承担了改变"物"的空间状态的重任,改变"物"的时间状态则是由储存来承担的。因此,在物流系统中,运输和储存两大功能要素又被称作物流的两大支柱。

2）储存的功能

在现代物流系统中,储存除了其储藏、保护物品这一基本功能外,还具有以下功能。

（1）调节供需

生产和消费由于时滞不可能完全同步。如空调等季节性商品,其生产是均衡的,而消费不均衡;如粮食等农产品,生产有时间间隔而消费却是连续的。这两种情况都会引起生产与消费的供需不平衡。储存作为平衡环节加以调控,把生产和消费协调起来。比如,人们每天都要消费大米,市场对大米的需求是连续的,而大米的产出往往集中在每年秋季。为使集中产出的大米能连续地向市场供应,以满足人们日常需要,就需要把秋季集中产出的大米储存起来,在需要的时候投放市场。储存通过对供给与需求之间时间差（时滞）的调节,来调节大米的市场供需。

（2）调节价格

根据经济学需求定律,供需的不平衡对商品价格有着直接影响。正是由于储存对供需具有调节功能,商品才能在市场上获得最大价值,企业才能获得理想效益。仍以大米为例,如果没有储存,直接把秋季集中产出的大米全部投放市场,大米的供给会大大超过需求,势必引发大米价格暴跌。同样,到了春夏季,如果大米的供给远远少于需求的话,就会引发大米价格的暴涨。因此人们往往把秋季集中产出的大米储存起来,调节供需之间的平衡,最终起到稳定大米价格的作用。在这一过程中,储存起到了价格调节的功能。

（3）调节运力

各种不同的运输工具,其运输能力（运量）差异很大。一般船舶的运量大,海运船一般是万吨以上,内河船也以百吨或千吨计。火车的运量较小,每节车皮能装 30~60 吨,一列火车的运量可达数千吨。汽车的运量最小,一般每辆货车只有 5 吨左右。当在这些不同的运输工具之间进行转运时,运输能力很不匹配。通过储存,就能够有效地进行调节和衔接。

（4）流通加工

现代储存业务还向流通、销售、零部件供应等方向延伸,用来储存物品的仓库不仅具备储存保管货物的设施,而且增加了分拣、配送、捆包、流通加工、信息处理等设备。这样既扩大了仓库的经营范围,提高了物资综合利用率,又促进了物流合理化,方便了消费者,提高了服务质量。

3)储存的分类

按照储存的性质,可以将其分为生产储备、消费储备、流通储备和国家储备,其中生产储备又可以分为经常储备、保险储备和季节储备。

按照储存的集中程度,又可以将其分为集中储存、分散储存和零库存。集中储存是以一定大数量集中于一个场所之中;分散储存是储存在较广区域上,每个储存点的储存数量相对较低;零库存是某一领域不再保有库存,以无库存或很低库存保障生产和供应。

按照储存产品的种类来划分,可以将其分为原材料/零部件储存、半成品储存和产成品储存。

按照物品所有权划分,可以将其分为自有储存、公共储存和合同储存。自有储存是企业通过自己拥有的仓库进行的储存;公共储存与自有储存正好相反,是由公共仓库向客户提供的储存,又称"第三方储存";合同储存是指在一定时期内,按照一定的合同约束而进行的物品储存,合同储存是从公共储存中延伸出来的一个分支,是通过一种长期互惠协议而安排的物品的储存。

按照储存的目的,可以将其分为投机性储存、定期性或周期性储存、额外储存或安全储存。投机性储存指企业持有某些库存的目的可能是投机,以期日后价格上涨,如对某些原材料的采购;定期性或周期性储存是指为了满足连续补货期间的平均需求而进行的储存;额外储存或安全储存是指为了防范需求和补货提前期的变动而建立的储存。额外储存或安全储存的保有量取决于需求波动的幅度和企业现货的供应水平。

6.2.2　储存设施与设备

1)储存设施

仓库是储存的基本设施。所谓仓库,就是保管、储存物品的建筑物和场所的总称。物品储存一般都会使用仓库,但在实际工作中,也使用车辆、船舶、集装箱等设备,或者直接利用地面、水面、具备条件的废弃矿井等作为仓库。仓库类型很多,可以按照不同的标志对仓库进行分类(表6.1)。

为满足物品的储存、保管及其管理的需要,仓库必须配置基本的设施与设备。基本的仓库设施包括主体建筑、辅助建筑和附属设施。

仓库主体建筑通常有库房、货棚和货场3种。库房是仓库中用于存储货物的主要建筑,多采用封闭方式。库房主要由库房基础、地坪、墙壁、库门、库窗、柱、站台、雨棚等建筑结构组成。货棚是一种简易的仓库,为半封闭式建筑。露天货场即堆放货物的空地(图6.2)。

表6.1 常见的仓库类型

分类标志	分类及说明
按仓库性质分类	营业仓库——仓库业者所有的、为一般企业提供保管服务的仓库
	自用仓库——企业自己所有的、主要从事内部物流业务的仓库
	国有仓库——国家或地方政府所有的仓库,如粮食仓库等
	其他——如保税仓库等
按保管形态分类	普通仓库——常温条件下的一般仓库
	冷藏仓库——具有冷却设备并具有隔热功能的仓库(一般温度在10 ℃以下)
	恒温仓库——能够调节温度、湿度的仓库(一般温度在10~20 ℃)
	露天仓库——露天堆码、保管的室外仓库
	仓储仓库——保管谷物、小麦、玉米等颗粒型物体的仓库,如储藏谷物的筒仓型仓库
	危险品仓库——保管危险品的仓库,如保管石油等液体的储油罐
	水上仓库——在划定水面保管木材的室外型仓库
	简易仓库——没有固定的建筑物、用帐篷等简易材料构成的仓库
按利用形态分类	储藏仓库——以储藏保管为主要功能的仓库
	流通仓库——同时具备储藏保管、配送、流通加工等功能的仓库
	专用仓库——专门保管煤炭、钢铁、谷物等某些特定物品的仓库
	专属仓库——只为某些特定用户办理业务的货物仓库
	保税仓库——依据关税法规专门保管尚未缴纳进出口关税物流的仓库
	其他——原材料仓库、零部件仓库、成品仓库、商品仓库等
按所在位置分类	港口仓库、车站仓库、机场仓库、市区仓库、郊区仓库等
按建筑物形态分类	平房仓库、多层仓库、地下仓库等
按建筑物所用建筑材料分类	钢架混凝土仓库、钢筋混凝土仓库、钢架挂瓦仓库、钢筋砂浆质仓库、木架砂浆质仓库,其他(木质、砖质)仓库

续表

分类标志	分类及说明
按库内形态分类	地面型仓库——一般仅为平地面的仓库,多使用非货架型的保管设备
	货架型仓库——采用多层货架保管的仓库。在货架上放置货物或托盘,货物和托盘可在货架上滑动。货架分固定货架和移动货架,采用固定货架的仓库称为货架仓库,采用移动货架的仓库称为移动货架仓库
	自动化立体仓库——出入库用运送机器存放取出,用移动吊车等设备进行机械化自动化作业的高层货架仓库
	斜坡道型仓库——在多层仓库的层与层之间设置升降坡道的仓库

资料来源:宋华,胡左浩.现代物流与供应链管理[M].北京:经济管理出版社,2000:214。

　　库房　　　　　　货棚　　　　　　货场

图 6.2　仓库设施

　　仓库辅助建筑,主要是指办公室、车库、修理间、休息间、工具储存间等建筑物。仓库辅助建筑一般设在与存货区保持一定的安全间隔的生活区。

　　仓库辅助设施,主要有通风、照明、取暖设施、提升(电梯等)、地磅(车辆衡、轨道衡)以及避雷设施等。

2) 储存设备

　　储存设备是储存活动中需要使用的技术装置和机具等。基本的储存设备一般包括装卸搬运设备、保管设备、计量设备、养护检验设备、通风照明设备、消防安全设备、劳动防护设备以及其他用途设备和工具等(表 6.2)。

表 6.2　常见的储存设备

储存设备	常见或主要的设备
苫垫用品	用于遮挡雨水和隔潮、通风等。包括苫布(油布、塑料布等)、苫席等
存货用具	用于存放货品。包括各种类型的货架、货橱

储存设备	常见或主要的设备
计量设备	用于商品进出时的计量、点数,以及货存期间的盘点、检查等。常见的计量设备包括各种磅秤、天平、案秤、台秤、地下及轨道衡器、电子秤、自动称量装置等重量计量设备,流量计、液面液位计等流体容积计量设备,检尺器、自动长度计量仪等长度计量设备,自动计数器及自动计数显示装置等个数计量设备,以及综合的多功能计量设备等
养护检验设备	用于商品进入仓库的验收,在库养护、测试、化验,以及防止商品变质、失效的机具、仪器、仪表等。常见如:测湿仪、红外线装置、空气调节器、防潮剂、防锈油等,以及化验使用的部分仪器和工具
通风保暖照明设备	这是用于商品保管和仓储作业的设备,如排风扇、各种照明灯具等
消防安全设备	用于库房消防安全,包括各种报警器、灭火器材,如消防车、手动抽水器、水枪、消防水源、砂土箱、消防云梯等
劳动防护用品	用于确保仓库职工在作业中的人身安全,主要包括工作服、手套、安全帽、防护面具及专业防护用具等
其他用品和用具	一些杂项工具、用品等,如小型打包机、标号打印机等

3)装卸搬运设备

装卸搬运设备主要用于商品的出入库、库内堆码以及翻垛作业。这类设备对改进储存管理,减轻劳动强度,提高收发货效率具有重要作用。一般仓库中使用的装卸搬运设备主要有装卸堆垛设备、搬运传送设备和成组搬运工具3类。

(1)装卸堆码设备

装卸堆码设备包括各种起重机、吊车、叉车、堆码机等。其中巷道堆码起重机是仓库中的专用起重、堆垛、装卸设备,按有无导轨可分为有轨巷道堆码起重机和无轨巷道堆码起重机两类,主要应用于巷道式货架仓库中。其中,有轨式起重机高度高,运行稳定,行走通道较狭窄,是巷道堆码起重机中主要的类别。

(2)搬运传送设备

搬运传送设备包括各种手推车、电瓶车、内燃机搬运车、拖车、运货卡车、各式平面和垂直传送装置等。

(3)成组搬运工具

常见的成组搬运工具主要是托盘和滑板。随着仓库叉车增多,托盘和滑板的使用日益普及。托盘是仓库叉车用以装卸、堆码、输送商品的配套设备,能扩大商品的盛载面,有平托盘、箱型托盘、有柱托盘等。滑板又称薄板托盘或滑片,是托盘的一种变形体,其结构只是一片无支撑的薄板。叉车的钢叉可以沿滑板滑动插入板底,在不伤毁其他货物的情况下将滑板连同滑板上的货物一起进行装卸搬运操作。

6.2.3 现代储存技术

储存活动的顺利进行,除了必须依赖储存设施与设备外,还要借助储存技术。储存技术涉及面较广,主要包括仓库布局技术、物资检验技术、物资堆码苫垫技术、储存温湿度控制技术等。

1)仓库布局技术

仓库布局包括两个方面,一方面,是指在地区(区、市、全国甚至全球)范围内仓库的配置问题,即在地区范围内,分析、研究、权衡各影响因素,选择合适的地理位置配置仓库,我们可以称为仓库区域布局。显然,仓库的区域布局会对整个社会的物流活动产生极大的影响。另一方面,是仓库内的作业设施设备的配置问题,即在分析进出仓库及储存的物资数量、种类、客户要求等基础上,合理配置仓库作业所需的各种设施设备,称之为仓库作业布局。显然,仓库的作业布局能够提高作业效率,更好地为客户服务。这里简要介绍仓库作业布局。

(1)仓库作业布局

仓库作业布局就是规划安排仓库内部的区域。仓库内部区域通常分为生产作业区和辅助作业区。生产作业区是仓库的主体,用来储存、检验、装卸货物,一般包括库房、货场、货棚、站台、磅房、检验室以及铁路、公路等。辅助作业区一般由两部分组成。一是为货物的储存保管业务进行生产服务的设施,如车库、配电室、油库、材料库、维修车间、包装站等;二是为仓库的生活业务管理和服务的设施,如宿舍、食堂、文化娱乐场所及办公室等。

(2)仓库作业布局应注意的问题

仓库作业布局对仓库内物流影响重大。因此,在进行仓库内部区域规划时应注意以下问题。

①设置合适的库房和货场。不同商品货物所要求的保管条件不同,因此必须根据储存商品货物的品种和数量,设置相应的库房和货场。

②制订合理的仓容定额。仓容定额是指在一定条件下,仓库单位面积允许合理存

放货物的最高数量。仓容定额主要受到储存商品货物的性质、特点、形状及质量,仓库地坪负荷量、堆码方法、仓库结构、机械化程度等因素影响。因此,应综合考虑各影响因素,制订合理的仓容定额。

③合理设置专用线与装卸机械。储存商品货物过程中离不开装卸作业环节。装卸作业、作业距离与专用线的布置位置,专用线和通道的衔接等,关系十分密切。一般要求专用线应沿仓库长边布置,位置设在仓库宽度的中间或1/3处。专用线和道路交叉路口不得少于两个。装卸机械的设置一般要横跨专用线,以方便专用线的装、卸作业。固定式装卸作业机械要求尽可能扩大作业可及的面积。在设置两种以上的装卸作业机械时,要充分考虑到机械设备的衔接、装卸吨位和作业时间的配套。

④货位布置方式。货位布置方式主要包括垂直(平行)式、倾斜式。垂直(平行)式布置方式主要又分为横列式、纵列式和混合式3种,适用于一般的门式和桥式起重机的作业。倾斜式布置是一种适用于叉车作业的货位布置方式。

2)物资检验技术

物资的检验工作贯穿储存全过程,包括物资入库时的检验、保管期间的抽验、发货阶段的复验、盘点检查时的查验等。

(1)物资质量的检验

物流活动过程中的物资的质量检验,就是对这些物资的物理和化学性能的检验。检验工作通常都在专门的理化实验室内完成。实验室的设备一般取决于待验物资的种类、性能和价值。用于理化性能检验的主要设备有金相组织观察用的显微镜、材料力学试验用的各种试验机、无损探伤仪、电气性能的测量仪表、化学元素的定量分析仪器、其他理化性能试验的辅助设备等。

(2)物资的盘点和检查

物资在储存过程中会出现难以避免的物资损耗,如挥发、升华、飞散、风化、潮解、漏损或换装倒桶过程中发生的自然减量等,这些损耗都是自然损耗。但在一定时期内,储存保管某种物资的自然损耗应控制在一定范围内。通常将储存过程中允许发生的最大损耗称为物资的保管损耗。因此需要定期对储存物资进行盘点与检查。同时物资不断流进流出,货位经常变化,也需要定期进行盘点与检查,让仓储管理者及时掌握库存物资的变化情况,避免发生物资短缺或者长期积压,保证卡、账、物相符。

一般地说,物资检查的主要内容包括:查规格、点数量、查质量、查有无超过保管期或长期积压情况、查保管条件、查安全等。

盘点的常见形式主要有动态盘点、循环盘点、定期盘点、重点盘点等。动态盘点是库管员每天对有收发状态的物资盘点一次,以便及时发现问题,防止收发差错;循环盘点是库管员对自己所保管的物资,根据其性质特点,分轻重缓急,作出月度盘点计划,然后按计划逐日轮番盘点;定期盘点是库管员在月末、季末、年中或年末按计划进行的对物资的全面清查;重点盘点是库管员根据季节变化或工作需要,为某种特定目的而进行的盘点工作。

3)物资堆码苫垫技术

(1)物资堆垛技术

由于物资的性质不同,外形也多种多样,因此,堆码时就形成了各种不同的垛形。最常见的堆码方法主要有重叠式、纵横交错式、仰伏相间式等。

重叠式堆码是将物资逐件逐层地向上重叠码高。其特点是货垛各层的排列方法一致,尤其适用于钢板、箱装材料等质地坚硬、占地面积较大而又不会倒塌的物资。堆码时可逢 5 或逢 10 交错,便于记数。

纵横交错式是将上一层物资横放在下一层物资上面,纵横交错地上码,形成方形垛。此法主要适用于狭长且长短规格一致的物资或其包装箱体。

仰伏相间式是将物资一层仰放、一层伏放,仰伏相间、相扣,也可伏放几层再仰放一层或仰伏相间成组。此法能更好地使堆垛稳固。

此外,还有衬垫式、栽柱式、压缝式、串联式、通风式等许多其他的垛形。如栽柱式是在货垛的两旁,各栽上 2~3 根木柱或钢棒,然后将材料平铺柱中,每层或隔几层在两侧相对应的柱子上用铁丝拉紧,以防倒塌;串联式是利用物资之间的管道或孔,用绳子或其他工具按一定数量串联起来,再逐层上码;通风式是让码成的货垛中间含有空隙,有利于通风,木材等物资常使用此法;鱼鳞式适用于盘条等圆圈形物资。

为了更好地控制物资堆码数量,堆码作业时常用"五五化"法。所谓"五五化",即是以 5 为基本计算单位,根据物资的不同形状,码成各种垛形,其总数均是 5 的倍数。

(2)物资苫盖衬垫技术

物资存放露天时,为防止受雨(雪)淋、风吹及日光曝晒等危害,需加适当的苫盖物,这便是物资的苫盖。常用的苫盖物有芦席、油布、铁皮、苫布、油毡等。无论使用何种苫盖物,基本的要求是苫顶应保持平整,以防雨后积水;垛底的垫木、石墩不能露在苫盖物外,以防雨水渗入垛内;苫盖物下端应保留一定的通风间隙,以利空气流通。近年来,许多仓库中采用活动料棚,不仅可以迅速地对物资进行苫盖,而且通风效果好,便于机械化作业。

物资堆垛时,为减少地面潮气对物资的影响,需要根据垛形的尺寸及负重情况,在垛底放上适当的衬垫物,使物资与地面互有间隔,以利垛底通风,这就是物资的衬垫。常用的衬垫有枕木、垫板、水泥块、石墩等,无论采用什么衬垫物,基本要求是放平并注意保护地坪。露天场地的地面要平整夯实,防止堆码后发生地面下沉引起倒垛事故。

4)库房的温湿度控制技术

许多理化特性不同的物资有特定的温度、湿度范围要求。如果储存环境的温度、湿度超过这个范围,就会引起或加速物资的品质变化。因此,需要对物资的储存环境温度、湿度进行测定和控制。

(1)温湿度的测定

温湿度的测定是了解温湿度状况的基本手段。常用的测定设备和工具主要有干湿球温度计、毛发湿度表、电子湿度表等。为使环境温度、湿度的测定更准确,要根据库房面积的大小、物资性质特点及季节气候情况,确定安置温湿度计的适当地方和数量。一般每日上下午各观测记录一次,以作为调节库房温湿度的依据和研究温湿度变化规律的可靠资料。

(2)温湿度的控制

由于物资储存环境随时都在发生变化,为保持物资储存过程中温湿度适合物资的保管,需要对储存的温度、湿度进行有效的控制和调节。实际工作中,常用的温度、湿度控制和调节方法与技术主要有通风、吸潮、密封等。

通风是根据空气的流动规律,有计划地组织库内外空气的交换,以达到调节库内温湿度的目的。通风操作简单,对降低库内温湿度都可以收到一定的效果,同时还可以排除库房内的污浊空气。通风时可以采用自然通风、机械通风或两者结合的方式。需要注意的是如果通风只是为了降温,则只要库外的温度低于库内温度就可以了。但如果通风是为了降湿,除了要求库内绝对湿度小于库外绝对湿度外,还要注意防止结露现象发生。

吸潮是利用吸潮设备或吸潮剂吸附空气中的水蒸气,以达到降低空气湿度的目的。实际工作中常用的吸潮方式主要有空气去湿机(机械吸潮)、吸潮剂吸潮等。机械吸潮效率高、操作简便、无污染;吸潮剂吸潮常用的吸潮剂主要有生石灰、氯化钙、硅胶等。

密封是指采用一定的方式将物资尽可能地封闭起来,防止或减弱外界空气的不良影响,以达到安全保管的目的。密封的方法常与通风和吸潮的方法结合使用。密封的方法主要有货架密封、货垛密封、库内小室密封及整库密封等。

6.3　装卸搬运

装卸搬运伴随着物流活动全过程,渗透于物流的各领域和各环节。它是改善物流条件,提高物流效率和物流质量,降低物流成本,保证物流活动顺利进行的关键。

6.3.1　装卸搬运概述

装卸搬运是指在物流业务活动过程中,以改变物料存放状态和空间位置为主要内容与目的的活动。装卸是物品在指定地点以人力或机械载入或卸出运输工具的作业过程,这一过程是垂直移动为主的物流作业。搬运是指在同一场所内,对物品进行空间移动的作业过程。这一过程是水平移动为主的物流作业。

装卸搬运活动的结果是使物品的空间状态发生转变。装卸活动的结果是使物品发生空间垂直位移,搬运活动的结果是使物品发生空间水平位移。虽然运输活动也改变物品的空间位置,但搬运活动主要是指物品在区域范围内(通常指在某一个物流节点,如仓库、车站或码头等)所发生的短距离,以水平方向为主的位移。在流通领域,人们常把装卸搬运活动称为"货物装卸",而生产企业则把这种活动称为"物料搬运"。

装卸搬运是连接物流活动各环节的纽带。在物流的每一环节的开始及结束时,如运输与储存相互之间的转换过渡,装卸搬运都是不可缺少的组成部分。在物流活动过程中,装卸搬运实际上是物流业务活动系统中的"节点",正是通过装卸搬运,物流各业务功能之间才形成有机联系和紧密衔接。因此,装卸搬运是高效物流系统的关键。在美国,全部生产过程中只有5%的时间用于加工制造,95%的时间则用于装卸搬运、储存等物流过程。在中国,火车货运以500 km为限,运距超过500 km,运输在途时间多于起止的装卸时间;运距低于500 km,装卸时间则超过实际运输时间。此外,进行装卸操作时往往需要接触货物,它是物流过程中造成货物破损、散失、损耗等损失的主要环节之一。正是装卸搬运活动把物流运动的各个阶段连接起来,成为连续的流动过程。从企业物流(制造型企业)看,装卸搬运成为各生产工序间连接的纽带,它是从原材料、设备等装卸搬运开始,以产品装卸搬运为止的连续作业过程。从宏观物流考察,产品离开生产企业,进入再生产过程或生活消费,装卸搬运同样伴随流通活动过程始终。尤其是在一些特定的物流系统中,装卸搬运已成为系统的核心,如港口物流系统、车站物流系统等都以装卸搬运为主要内容。

早期的装卸搬运主要以人工装卸搬运为主,但在物流发展的今天,装卸搬运已经形成劳动者、装卸搬运设施、设备、货物、信息、管理等多项因素有机组成的作业系统。因此,要求作业系统各要素各环节必须互相协调和紧密配合。值得注意的是,虽然现代设施设备及技术应用非常先进和普遍,但员工仍然是其中的决定性因素,因而必须重视充分调动员工的工作主动性、积极性和创造性(阅读参考6.3)。

阅读参考6.3 高超装卸技术,高速装卸效率

学习许振超激发了青岛港人科学管理机械、科学组织生产的激情。从5月11日14时30分开始,在载有5 319吨纸浆的“汉莎星轮”作业中,青岛港西港公司以破竹之势,仅用3.5小时优质完船,舱时量达759.9吨,每小时综合卸率为1 519.7吨,一举赶超大港公司此前创下的世界第一。

作业中,西港装卸工人与司机进一步发扬“振超精神”,在操作中以“一钩准”的“绝活”,将一钩货的摘挂时间从原来的3.5分钟缩短至1.5分钟,拖车更是以“一停准”的“绝活”保证了最佳配合效果。整个作业如行云流水般顺畅快速,最终将时间胜利锁定在3.5小时以内。据悉,按常规该轮作业最少需要20小时,这样短的作业时间预计为船东、货主降低成本20余万元。为此,船方专门致信表示感谢。

资料来源:徐瑞蔓.青岛港纸浆装卸再戴世界桂冠 仅3.5小时优质完船[N].青岛日报,2004-5-13。

6.3.2 装卸搬运设施与设备

装卸搬运设施设备种类繁多,可以按照不同的划分依据进行分类(表6.3)。

表6.3 常见的装卸搬运设施设备

分类标准	类 型	设施设备
作业性质	装卸机械	电动葫芦、单梁起重机、卡车吊、悬臂吊等
	搬运机具	搬运车、手推车、托盘、输送机等
	装卸搬运机械	叉车、铲车、跨运车、龙门吊车、电运输送机等
工作原理	叉车类	通用叉车、高架叉车、专用叉车、无人控制叉车
	吊车类	门式、桥式、塔式、履带式、轮胎式、岸壁式、巷道式等
	输送机类	皮带式、辊道式、链式、轮式、悬挂式等
	作业车类	无人搬运车、手推车、普通搬运车、笼车、台车等
	管理输送机类	粉状、颗粒状、液体等输送管道
动力	动力式装卸搬运机具	内燃式、电动式
	重力式装卸输送机	辊式、滚轮式
	人力式装卸搬运机具	手动叉车、手推车、手动升降平台等

1）叉车

叉车是对成件托盘货物进行装卸、搬运、堆垛和短距离运输作业的装卸搬运车辆。它广泛应用于港口、车站、机场、货场、车间、仓库、配送中心、流通中心等,并可进入船舱、车辆和集装箱内进行托盘货物的装卸、搬运作业。叉车是托盘、集装箱装卸搬运和运输不可缺少的设备,是物流现代化的主力设备之一。

叉车类型很多,通常分为内燃叉车、电动叉车和仓储叉车3类。内燃叉车有普通内燃叉车、重型叉车、集装箱叉车和侧面叉车之分。内燃叉车主要以柴油、汽油、液化石油气或天然气发等发动机为动力。由于燃料补充方便,因此能够长时间连续作业,并能胜任雨天等恶劣环境下的工作。电动叉车以蓄电池为能源,电动机为动力,因此没有污染、噪声小,广泛应用于对环境要求较高的装卸搬运作业,如医药、食品等行业。仓储叉车主要用于仓库内货物的装卸搬运作业。除少数手动的外,大多数都是电动的。主要有托盘搬运叉车、托盘堆垛叉车、前移式叉车、拣选叉车、低位驾驶三向堆垛叉车、高位驾驶三向堆垛叉车等。

2）起重机

起重机是物料起重机械的统称。由于各类型起重机结构特点、起重量、起升高度和速度、工作级别等的不同,适用范围也各异。

按照具有机械多少、动作繁简的程度以及工作性质和用途,常见的起重机分为简单、通用和特种3类。简单起重机,一般只作升降运动或按一个直线方向移动,只需要具备一个运动机械,而且大多数是手动的,如绞车、葫芦等;通用起重机主要用电力驱动,包括通用桥式起重机、门式起重机、固定旋转式起重机和行动旋转式起重机(如汽车起重机)等;特种起重机一般是具备两个以上机构的多动作起重机械,专用于某些专业性的工作,构造比较复杂,如冶金专用起重机、建筑专用起重机和港口专用起重机等。

3）输送机

输送机被广泛用于收货入库和货物出库作业,以及被用来作为拣选系统的基本设备。输送机按照电力、重力、滚轴或皮带输送机进行分类。在电力输送机系统中,输送机使用上下驱动链,电力构造装置限制了输送机的灵活性;重力输送机和滚轴或皮带输送机系统在需改进时,困难最小;便携式重力型滚轴输送机通常在仓库中用于装卸货物,有时可将它放在拖车上,运往指定地点以帮助卸货。

连续输送机的特点是在工作时连续不断地沿同一方向输送散料或质量不大的单件物品,装卸过程无须停车,因此生产率很高。在流水作业生产线上,连续输送机已成为整个工艺过程中最重要的环节之一。根据构造的特点,连续输送机可分为两大类:一是带有柔性牵引件的连续输送机,如带式输送机、链板输送机、刮板输送机、埋刮板输送机、小车输送机、悬挂机、斗式提升机;二是没有柔性牵引机的输送机,如螺旋输送机、振运输送机、滚轴输送机、气力输送机等。在选用连续输送机时,应针对物料的特性进行选择。

4)牵引挂车

①电动牵引车。电动牵引车以电动机作动力,并利用其牵引能力,后面拉动多个载货小车,小车上承载托盘货或散货等。电动牵引车主要用于车间或仓库内,车间之间或仓库之间大批货物的运输,如机场的行李运输、仓库向装配线的运输。

②拖缆。拖缆是指设置于地面或悬吊安装的与四轮拖车一起配套使用的一种牵引设备。这种拖车是连续供电的。拖缆的主要优点是可以连续运动,缺点是不具备叉车的灵活性。拖缆常用于仓库内拣选货物,拣选时,商品被放在四轮拖车上,然后用拖缆将拖车拖到出运区。

6.3.3 装卸搬运方式与方法

在实际工作中选择适宜的装卸搬运方式和方法,对提高装卸搬运效率、节约装卸搬运作业时间、降低装卸搬运费用至关重要。

1)装卸搬运的方式

装卸搬运的方式有多种。概括起来主要有以下 5 种。

(1)吊上吊下方式

采用各种起重机械从货物上部起吊,依靠起吊装置的垂直移动实现装卸,并在吊车运行或回转的范围内实现搬运。由于吊起、放下属于垂直运动,这种装卸方式属垂直装卸。

(2)叉上叉下方式

采用叉车从货物底部托起货物,并依靠叉车的运动进行货物位移,搬运完全靠叉车本身,货物可不经中途落地直接放置到目的地。这种方式垂直运动不大,主要是进行水平运动,属水平装卸方式。

(3)滚上滚下方式

利用叉车或半挂车、汽车承载货物,连同车辆一起开上船,到达目的地后再从船上开下,称"滚上滚下"方式。它主要是港口装卸的一种水平装卸方式。滚上滚下方式需要有专门的船舶,对码头也有不同要求,这种专门的船舶称"滚装船",停靠滚装船的码头就叫"滚装码头"。

(4)移上移下方式

在两车之间(如火车及汽车)进行靠接,然后利用各种方式,不使货物垂直运动,而靠水平移动从一车辆推移到另一车辆上,称移上移下方式。移上移下方式需要使两种车辆水平靠接,因此,对站台或车辆货台需进行改装,并配合移动工具实现这种装卸。

(5)散装散卸方式

散装散卸方式是对煤炭、矿石、水泥、化肥等散装货物进行装卸。一般从装点直到卸点,中间不再落地,这是集装卸与搬运于一体的装卸方式。

2)装卸搬运方法

装卸搬运的方法多种多样,从不同的角度区分,有以下几类。

(1)按装卸搬运作业对象分

按装卸搬运作业对象不同,主要分为单件作业法、集装作业法、散装作业法3类。

①单件作业法。单件、逐件的装卸搬运是人工装卸搬运阶段的主导方法。现实中,某些货物由于本身特有的属性,采用单件作业法更安全;或在没有设置装卸机械或难以设置的装卸搬运场合被迫采用单件作业;或因为某些货物体积过大,形状特殊,不便于采用集装化作业而只能采用单件作业,故其机动性较强。但单件作业法装卸搬运速度较慢,容易出现货损货差。

②集装作业法。集装作业法是指将货物先进行集装,再对集装件进行装卸搬运的方法,主要包括以下3种方法。

a.集装箱作业法。集装箱的装卸搬运作业分为垂直装卸作业和水平装卸作业。垂直装卸法在港口按与岸边集装箱起重机配套的机械类型又可分为跨车方式、轮胎龙门起重机方式、轨道龙门起重机方式等。在铁路车站集装箱垂直装卸是以轨道龙门起重机方式为主,轮胎龙门起重机方式和跨车方式等也有所采用。水平装卸法即"滚上滚下"方法,港口是以拖挂车和叉车为主要装卸设备,在铁路车站主要是采用叉车或平移装卸机的方式。

b.托盘作业法。叉车是托盘装卸搬运的主要机械。水平装卸搬运托盘主要使用搬运车辆和辊子式输送机;垂直装卸主要使用升降机、载货电梯等。

c.其他集装件作业法。货捆单元化的货物,可以使用叉车、门式起重机和桥式起重机进行装卸搬运作业。带有与各种框架集装化货物相配套的专用吊具的门式起重机和叉车等是配套的装卸搬运机械。集装袋和其他网袋集装化物资,由于体积小、自重轻、回送方便、又可重复使用,是备受欢迎的作业方式。

③散装作业法。散装作业是指对大批量粉状或粒状货物进行无包装装卸搬运的作业方法。它可连续进行,也可采用间歇方式。散装作业包括以下4种方法。

a.倾翻法作业。这是将运载工具载货部分倾翻再将货物卸出的方法。如铁路敞车被送入翻车机,夹紧固定后,敞车和翻车机一起翻动,货物倒入翻车机下面的受料槽。

b.重力法作业。重力法作业即利用货物的位能来完成装卸作业的方法。比如重力法卸车是指底开门车或漏斗车在高架线或卸车坑道上自动开启车门,让煤或矿石依靠重力自行流出的卸车方法。

c.气力输送法。这是利用风机在气力输送机的管内形成单向气流,依靠气体的流动或气压差来输送货物的方法。

d.机械作业法。这是采用各种机械,采用专门的工作机构,通过舀、抓、铲等作业方式,达到装卸搬运的目的的方法。

（2）按作业场所分

装卸搬运按作业场所不同,主要分为车间、站台和仓库装卸搬运3类。

①车间装卸搬运。车间装卸搬运是在车间内部工序间进行的各种装卸搬运活动。

②站台装卸搬运。站台装卸搬运是在车站或仓库外的装卸站台上进行的各种装卸搬运活动。

③仓库装卸搬运。仓库装卸搬运是在仓库、堆场、物流中心等处的装卸搬运活动。

（3）按作业手段和组织水平分

按作业手段和组织水平不同,主要分为人工作业、机械化作业和综合机械化作业3类。

①人工作业法。人工作业法是完全依靠人力和人工使用无动力器械来完成装卸搬运的方法。

②机械化作业法。机械化作业法是以各种装卸搬运机械,采用多种操作方法来完成物资的装卸搬运作业方法。

③综合机械化作业。综合机械化作业是作业机械设备和作业设施、作业环境的理想配合,对装卸搬运系统进行全面的组织、管理、协调,并采用自动化控制手段,取得高效率、高水平的装卸搬运作业。

（4）按装卸设备作业特点分

根据装卸设备作业特点不同,主要分为间歇作业和连续作业。

①间歇作业。间歇作业是在装卸搬运作业过程中有重程和空程两个阶段,即在两次作业中存在一个空程准备过程的作业方法。

②连续作业。连续作业法是在装卸搬运过程中,设备不停地作业,物资可连绵不断、持续流水般地实现装卸作业的方法。

6.3.4 合理组织装卸搬运

1）消除无效搬运

消除无效搬运,具体包括:提高搬运纯度,只搬运必要的物资,去除杂质之后再搬运;避免过度包装,减少无效负荷;提高装载效率,充分发挥搬运机器的能力和装载空间;中空的物件可以填装其他小物品再进行搬运;减少倒搬次数,节省人力、物力,减少物品损坏的可能性。

2）提高搬运活性

仓库中的物品都是待运物品,应使它们处在易于移动的状态,即提高搬运活性。物品放置时要有利于下次搬运,如装于容器内并有垫放物的物品较散放于地面的物品易于搬运;装上时要考虑便于卸下,入库时要考虑便于出库。另外,还要创造易于搬运的环境和使用易于搬运的包装。

3）减少附加质量

在货物搬运、装卸和堆存时,尽可能利用货物的自重,以节省能量和投资。如利用地形差进行装货、采用重力式货架堆货等。在保证货物搬运、装卸和堆存安全的前提下,尽可能减少附加工具的自重和货物的包装物质量。

4）合理利用机械

通常情况下,人们习惯于让搬运机械在以下情况使用:超重物品;搬运量大、耗费人力多、人力难以操作;粉体或液体的物料搬运;速度太快或距离太长,人力不能胜任时;装卸作业高度差太大,人力无法操作时。但是,即使人可以操作,为了提高生产率、安全性、服务性和作业的适应性等,也应将人力操作转由机械来实现,让人在更高级的工作中发挥作用。

5）保持均衡顺畅

物品的处理量波动大时会使搬运作业变得困难,但是搬运作业受运输等其他环节的制约,其节奏不能完全自主决定,因此应综合各方面因素妥善安排,使物流量尽量均衡,避免忙闲不均的现象出现。

6）集装单元化

将零放物体归整为统一格式的集装单元称为集装单元化。集装单元化能很好地改善搬运作业。集装单元化可以达到以下目的：由于搬运单位变大，可以发挥机械的效能，提高作业效率，搬运方便，灵活性好；负载大小均匀，有利于实行标准化作业；在作业过程中避免物品损伤，对保护被搬运的物品有利。因此，应大力推行使用托盘和集装箱，推行将一定数量的货物汇集起来，成为一个大件货物以有利于机械搬运、运输、保管，形成单元货载系统。

6.4　现代包装

6.4.1　现代包装概述

1）包装的含义

中华人民共和国国家标准《包装通用术语》（GB 4122—1983）将包装定义为：在流通过程中保护产品、方便储运、促进销售，按一定技术方法而采用的容器、材料及辅助物等的总体名称，同时也指为了达到上述目的而采用容器、材料和辅助物的过程中，施加一定技术方法等的操作活动。

包装也是与物流全过程中的运输、保管、装卸和配送等业务有机联系的重要作业环节。其基本功能就是保护商品在物流过程中的完好无损，便利运输和促进销售。

任何商品都离不开包装。包装是现代商品生产、储存、销售和人们社会生活不可缺少的重要组成部分。随着现代物流的逐步推进，包装进入物流体系之中，并作为供应链中的重要一环，被赋予新的价值和内涵。

包装是物流的基础，无论是包装的功能作用，还是质量、造型、材料加工等各方面都会对物流的效率产生影响，因此需要综合、全面地考虑包装的合理性，结合商品的运输、储存、装卸搬运以及销售等相关因素综合考虑，发挥整体物流效果，提高产出量。所以，包装的合理化、现代化就显得尤为重要。

包装合理化是物流合理化的前提与基础。包装合理化包括确定包装方式，合理选用包装材料与技术，以及如何方便回收利用，实现物流再循环等。在物流的各个业务环节,商品都会面临潜在的损害,可能在装卸搬运过程中受冲击、碰撞、被压、被挤;在运输途中受震动、颠簸、倒斜、倒置;在仓库保管期间,变质、发霉、生锈、鼠咬虫食、异味浸入,会影响商品品质,降低商品价值,造成不必要的经济损失。包装的现代化则体现在实行标准化包装上。标准化包装不仅能有效地保护产品,在运输过程中还可以使用托盘和叉车,进行集装单元化保管与运输,使装卸与搬运实现机械化、自动化作业,为安全流通提供良好的条件,最大限度地减小流通过程中的产品损失。

由此可见,包装的合理化、现代化、低成本是现代物流安全、顺利、高效运行的有力保障。因此,应根据物流诸因素的变化科学地确定最优包装。

2) 包装的功能

（1）保护功能

保护功能是包装的基本功能。一方面,包装要保护物品不受损伤,防止商品在流通过程中受到质量和数量上的损失;另一方面,包装还要能够防止危害性内装物对与其接触的人、生物和环境造成的危害或污染。

物流活动过程的商品最易受到外来因素的影响。维护商品质量、保护商品安全是包装的主要目的,也是商品正常流转的必要条件,因此保护商品是包装的基本功能。一般要求包装能够防止货物的破损变形、化学变化、散失、丢失和盗失,防止有害生物的影响、异物的混入等。

（2）方便功能

包装的方便功能是指包装便于储运、装卸和保管处理,提高生产、搬运、运输、配送、保管等作业效率。适当的外形符合一定规格的包装便于仓库存储的堆码叠放,提高仓库利用率和增加车船等运输工具的装卸能力,因此,能够较合理地利用物流空间;整齐规矩的包装件外形也便于运输搬运,为装卸活动提供方便,因此能提高装卸作业效率;包装件外表面的储运标志能方便清点商品,减少货差,从而提高验收工作效率。适当的包装,可以缩短各流通环节的作业时间,加速商品流转速度,提高工作效率,降低商品的流通费用。

（3）促销功能

包装还能够促进商品的销售,加速商品周转。在市场营销中促进商品销售的手段很多,其中包装的装潢设计占有重要地位。一方面,造型别致、形状及构造特别的包装能够吸引顾客注意;另一方面,包装通过有效运用文字、图案、色彩等设计表现手段,通过装潢艺术特有的魅力,激发顾客的购买欲望,从而起到宣传介绍商品、推销商品的作用。

综上所述,除包装的销售功能与商流相关。包装的保护功能和方便功能是与物流密切相关的两大功能。改进包装的不合理性,发挥包装的作用,是促进物流合理化的重要方面,是日益被物流工作者重视的一个十分重要的领域。

3）包装的分类

现代包装门类繁多,品种复杂。这是由于要适应货物或商品性质差异和不同运输工具等各种不同的要求和目的,使包装在设计、选料、包装技法、包装形态等方面出现了多样化(表 6.4)。

表 6.4　包装的分类

分类标准	包装的类型
按包装功能不同分类	商业包装是以促进商品销售为主要目的。这种包装的特点是:外形美观,有必要的装潢,包装容量主要考虑能否适合顾客购买量和商店设施的要求; 工业包装又称为运输包装,是物资运输、保管等物流环节所要求的必要包装。工业包装以强化运输、保护商品、便于储运为主要目的。工业包装要在满足物流要求的基础上使包装费用越低越好
按产品的经营习惯分类	内销商品包装是商品在国内移动、周转和销售的包装; 出口商品包装是对出口商品进行的包装。按国际贸易经营习惯,分为国际运输包装和国际销售包装。国际运输包装主要考虑运输路程和运输方式的不同;国际销售包装除保持其本身的特性外,还要考虑商品销往国的不同要求和特点; 特种商品包装是指对工艺美术品、古文物、军需用品等需要进行的有特殊功能要求的包装。对于这些物品的保护措施,如在防压、抗震、抗冲击等方面比一般商品包装要求要高
按包装层次不同分类	个包装是指一个商品为一个销售单位的包装形式。个包装直接与商品接触,在生产中与商品装配成一个整体。它以销售为主要目的,一般随同商品销售给顾客,因而又称为销售包装或小包装。个包装起着直接保护、美化、宣传和促进商品销售的作用; 中包装(又称内包装),是指若干个单体商品或包装组成一个小的整体包装。它是介于个包装与外包装的中间包装,属于商品的内层包装。中包装在销售过程中,一部分随同商品出售,一部分则在销售中被消耗掉,因而被列为销售包装。在商品流通过程中,中包装起着进一步保护商品、方便使用和销售的作用,方便商品分拨和销售过程中的点数和计量,方便包装组合等; 外包装(又称运输包装或大包装),是指商品的最外层包装。在商品流通过程中,外包装起着保护商品、方便运输、装卸和储存等方面的作用
按包装容器质地不同分类	硬包装(又称刚性包装),是指充填或取出包装的内装物后,容器形状基本不发生变化、材质坚硬或质地坚牢的包装。这类包装,有的质地坚牢,能经受外力的冲击,有的质地坚硬,但脆性较大; 半硬包装(又称半刚性包装),是介于硬包装和软包装之间的包装; 软包装(又称挠性包装),是指包装内的充填物或内装物取出后,容器形状会发生变化,且材质较软的包装

续表

分类标准	包装的类型
按包装使用范围分类	专用包装是指专供某种或某类商品使用的一种或一系列的包装。采用专用包装是根据商品某些特殊的性质来决定的。这类包装都有专门的设计制造和科学管理方法； 通用包装是指一种包装能盛装多种商品，被广泛使用的包装容器。通用包装一般是不进行专门设计制造，而是根据标准系列尺寸制造的包装，用于包装各种无特殊要求或标准规格的产品
按包装使用的次数分类	一次用包装是指只能使用一次，不再回收重复使用的包装。它是随同商品一起出售或销售过程中被消费掉的销售包装； 多次用包装是指回收后经适当加工整理，仍可重复使用的包装。多次用包装主要是商品的外包装和一部分中包装； 周转用包装是指工厂和商店用于固定周转，多次重复使用的包装容器
按运输方式不同分类	可分为铁路运输包装、卡车货物包装、船舶货物包装、航空货物包装及零担包装和集合包装等
按包装防护目的不同	可分为防潮包装、防锈包装、防霉包装、防震包装、防水包装、遮光包装、防热包装、真空包装、充气包装和防冻包装、危险品包装等
按包装操作方法分类	可分为罐装包装、捆扎包装、裹包包装、收缩包装、压缩包装和缠绕包装等
包装的其他分类方法	此外，还可以根据包装内装物的数量、包装组合方式、收货人的不同等进行分类

6.4.2　包装机械与材料

1）包装机械

典型的包装机械包括以下 6 大类。

（1）充填机械

充填机械的主要作用是将产品按预定量的多少充填到包装容器内的机械，主要有容积式充填机、称重式充填机、计数充填机 3 大类。

容积式充填机是根据容积计量的填充机械，适合于干料或稠状流体物料的填充，特点是结构简单、计量速度快、造价低，但计量精确度低，一般用于价格比较便宜的物品的包装作业。

称重式充填机是将产品按预定质量填充到包装容器内的机械,计量的精确度较高,适合于流动性差、比重变化较大或容易结块物料的包装。

计数充填机是根据被包装物品的长度、容积、堆积或个数,进行计数定量的填充机械。

（2）灌装机械

灌装机主要作用是将定量的液体物料充填到包装容器内。该类机械不仅可以使黏度较低的物料(如酒类、油类、果汁、牛奶、饮料、酱油等)依靠自重以一定速度流动,也可以使某些黏稠物料(如牙膏、洗发膏、药膏等)依靠压力以一定速度流动。灌装机类型较多,但是主要结构都由包装容器的供送装置、灌装物料的供送装置、灌装阀3部分组成。

（3）封口机械

封口机械主要作用是在包装容器内盛装物品后,为了使物品得以密封保存、保持物品品质,对容器进行封口。常见的封口机有手压封口机、脚踏式封口机、落地式自动封口机、卧式自动封口机、立式自动封口机、超声波封口机、自动缝合机、半自动手扳热排封口机、半自动旋合式封口机等。

用于封口作业的黏结剂分为水型、溶液型、热融型和压敏型等几种。近年来由于普遍采用高速制箱及封口的自动包装机,因此大量使用短时间内能够黏结的热融结合剂。黏合带有橡胶带、热敏带、黏结带3种。橡胶带遇水可直接溶解,结合力强,黏结后完全固化,封口很结实;热敏带一经加热活化便产生黏结力,一旦结合,不好揭开且不易老化;黏结带是在带的一面涂上压敏性结合剂,如纸带、布带、玻璃纸带、乙烯树脂带等,也有两面涂胶的双面胶带,这种带子用手压便可结合,十分方便。

（4）裹包机械

裹包机械是用挠性包装材料进行全部或局部裹包产品的包装设备。裹包机械适合于块状,并具有一定刚度的物品的包装。常见的有折叠式裹包机和接缝式裹包机。

（5）贴标机械

贴标机主要作用是采用黏结剂将标签贴在包装件或产品上,贴标机基本上由供标装置、取标装置、打印装置、涂胶装置及连锁装置几部分构成。

（6）捆扎装置

捆扎的作用是打捆、压缩、缠绕、保持形状、提高强度、封口防盗、便于处置和防止破损等。捆扎机械是利用带状或绳状捆扎材料将一个或多个包件紧扎在一起的机器,属于外包装设备,常见的有自动捆扎机与半自动捆扎机。现在已很少使用天然捆扎材料,而多用聚乙烯绳、聚丙烯绳、纸带、聚丙烯带、钢带、尼龙布等。

2）包装材料

包装材料是包装的物质基础,常用的包装材料主要有以下7大类。

（1）纸和纸板

在所有包装材料中,纸的应用最广泛,品种最多,消耗量也最大。特别是在运输包装、销售包装方面,纸所占全部包装材料的比重极大。

纸和纸板作为包装材料具有独特的优点:价格低、质量轻,可降低包装成本及节省运输费用;纸的质地细腻、均匀、柔软,具有耐磨性,并有一定的强度,容易黏合和印刷;不受温度的影响;容易实现自动化、机械化的包装生产;无味、无毒,纸类包装材料用后极易处理和回收。

（2）塑料

塑料具有许多优良特性,如气密性好、易于成形和封口、防潮、防渗漏、防挥发、透明度高、化学性能稳定、耐酸、耐碱、耐腐蚀等。塑料袋及塑料编织袋已成为牛皮纸袋的代用品。因此塑料已成为目前使用很广泛的一种包装材料。常用的塑料品种包括聚乙烯（PE）、聚丙烯（PP）、聚偏二氯乙烯（PVDC）、聚苯乙烯（PS）等。但是塑料包装也有其缺点,由于塑料由树脂或添加剂组成,在光热等外界条件下,容易分解出有害物质,会污染内装物品;另外,由于塑料难于处理,难于分解,有些焚烧后会产生有害气体,对环境造成污染。

（3）木材

木材包装是指以木板、胶合板、纤维板为原料制成的包装材料。常用的木材包装材料有框架箱、栅栏箱或木条胶合板箱等。由于木材成长期长,大量砍伐树木容易造成水土流失,破坏生态平衡,因此许多包装领域已用纸和塑料替代。但因木材具有良好的包装特性,在重物包装以及出口物品等方面仍有使用。

（4）金属

金属可压制成薄片,作为包装物品的材料,包装方式通常有金属圆桶、白铁内罐、金属丝等。目前,金属包装中用量最大的是马口铁和金属箔两大品种。马口铁具有坚固、抗腐蚀、易进行机械加工、表面容易进行涂饰和印刷等优点,尤其用马口铁所制作的容器具有防水、防潮、防污染等优点。金属箔是把金属压延成很薄的薄片,多用于食品包装,如糖、肉类、奶油、乳制品的包装等。

（5）纤维

纤维指用各种纤维制成的袋状包装材料。天然的纤维材料有黄麻、红麻、大麻、青麻、罗布麻、棉花等;经工业加工提供的纤维材料有合成树脂、玻璃纤维等。

（6）陶瓷与玻璃

玻璃具有耐风化、不变形、耐热、耐酸、耐磨等优点,尤其适合各种液体物品的包装。陶瓷、玻璃制成的包装容器,容易洗刷、清毒、灭菌,能保持良好的清洁状态。同时,它们可以回收复用,有利于包装成本的降低。然而,玻璃、陶瓷也有弱点,即在超过一定冲击力的作用下容易破碎。

（7）复合包装材料

将两种或两种以上具有不同特性的材料复合在一起的包装材料，其特点是可以改进单一包装材料的性能，发挥包装材料更多的优点。常见的复合材料有三四十种，使用最广泛的是塑料与玻璃纸复合，塑料与塑料复合，金属箔与塑料复合，金属箔、塑料与玻璃纸复合，纸张与塑料复合，等等。

6.4.3　现代包装技术

1）缠绕包装

缠绕包装技术是近年来在运输包装领域涌现出来的一种现代化的新技术，是推进集装化运输和物流产业化的基础。它采用特定配方与工艺技术制成的缠绕拉伸薄膜，通过应用先进电子技术和精湛的机械制造工艺制成的缠绕包装机，将各种外形规则或不规则的产品包裹成一个整体，使货物能受到保护，防止擦伤、碰伤，不破损、不散失、无划痕，减少油污与脏斑，减少因包装不善带来的经济损失。

缠绕包装技术的应用不仅能够改变产品原始落后的包装，而且能提高单元载荷体，提高装卸、运输作业效率；保证装卸人员、运输工具的安全，是发展集装化运输和物流产业的基础。缠绕包装技术还可以大大降低货物（产品）包装费用，提高企业经济效益，这也是缠绕包装技术能够快速发展的关键所在。缠绕包装技术的出现，代替了原来的各种纸包装、木包装，可以大大减少木材、纸张等资源的消耗，为改革运输包装、发展物流产业找到了一条好的减量化对策。拉伸薄膜裹包与其他组成单元货载的方法（如捆扎带、黏合或使用收缩膜等方法）相比较，适应性非常广泛，可以裹包各种构型的产品和实现相同尺寸的产品堆码，满足各种货载的要求。

2）包装成组技术

包装成组技术是为了更有效地搬运或运输的需要而将零散的货物或商品成组包装为一个受约束的载荷。如生产物流活动中用零部件箱、包、盒和桶等容器盛装零散的原材料、零部件以提高操作管理效率。通过使用容器来使零散货物或商品成组化，组成MCS（Master Cartons），当MCS成组为更大的单元时，就称作集装化或成组化。如果包装的设计没有充分考虑物流的有效性，那么所有的物流系统都将受到影响。

成组化基本方法包括刚性容器形成单位载荷的成组化方法和承载工具的成组化方法。集装化包括了从将两个MCS捆在一起的成组化到使用专门的运输设备成组化的所有形式。所有类型的集装化都是为了实现一个基本目标:提高物料或货物搬运的效率。

3)包装智能技术

包装智能技术是指将智能技术或活性技术运用于包装,以实现包装功能的智能化。

如欧洲有些食品包装采用了"智能包装技术"或者"活性包装技术",消费者借此可以得知产品是否安全。又如一种被称为"时间温度指示"的包装技术,简称 TTI,可以显示食品在某一温度下保存了多长时间。它的里面有一种掺杂染料的塑料圆片,通过与包装袋内食品释放的气体发生作用,显示肉类和蔬菜是否变质。利用减缓食品变质速度的原理来包装食品是另一种思路。美国加利福尼亚州门洛帕克市的一家公司正在研究一种名为 Intelimer 的包装膜,在温度发生变化时,会改变其透气性,以使不同的食品保持在最佳的氧和二氧化碳浓度比例之下。

6.4.4 绿色包装

1)绿色包装概述

1972 年,各国政府齐聚斯德哥尔摩共同研究环境问题。会议开幕日被确定为"世界环境日"。1987 年联合国环境与发展委员会发表《我们共同的未来》,提出人类应该走一条"既满足当代人的需要,又不损害后代人满足需要的能力的发展"的"可持续发展"之路。发展经济与重视环境开始受到世人关注。1992 年联合国环境与发展大会通过《里约环境与发展宣言》《21 世纪议程》等文件,随后国际标准化组织统一制定了 ISO 14000 环境管理标准体系,保护环境的浪潮一波接一波地滚滚而来。"环境之友包装"(Environmental Friendly Package)、生态包装(Eological Package)作为可持续发展的组成部分,日益成为西方国家环保浪潮中引人注目的焦点问题。

我国包装界从 1993 年起,将有利于环境的包装统称为"绿色包装"(Green Package)。目前一般认为,绿色包装应对生态环境和人体健康无害,能循环复用和再生利用,也就是说包装产品从原材料选择、制造、使用、回收和废弃的整个过程均应符合生态环境保护的要求。它包括了节省资源、能源、减量、避免废弃物产生,易回收再循环利用,可焚烧或降解等生态环境保护要求的内容。

发展绿色包装应遵循 3R1D 基本原则,即包装减量化(Reduce)[①]、可重复利用(Reuse)、可回收再生(Recycle)和易降解腐化(Degradable)。

---

① 包装减量化是指包装在满足保护、方便、销售等功能的条件下,应少用甚至不用。

绿色包装有 A 级和 AA 级之分。A 级绿色包装是指废弃物能够循环复用、再生利用或降解腐化,含有毒物质在规定限量范围内的适度包装。AA 级绿色包装是指废弃物能够循环复用、再生利用或降解腐化,且在产品整个生命周期中对人体及环境不造成公害,含有毒物质在规定限量范围内的适度包装。

2)包装绿色化的途径

（1）设计绿色化

设计绿色化,就是要在包装设计方面突出环保内涵与要求。即在包装设计过程中充分调查了解各国有关环保包装的法规,消费者环保消费观念的深度、绿色组织活动、环保包装发展趋势等,并在包装设计时充分考虑。

（2）材料绿色化

材料绿色化,即广泛研制采用对环境影响最小的各种绿色包装材料。绿色包装材料按照环境保护要求及材料使用后的归属主要可分为 3 大类:可再用材料、可降解材料、可回收材料。

可再用材料是指可回收处理再造的材料,主要包括纸张、纸板材料、模塑纸浆材料、金属材料、玻璃材料、通常的线型高分子材料(塑料、纤维),也包括可降解的高分子材料。

可降解材料是指可自然风化回归自然的材料,主要包括纸张、纸板、模塑纸浆材料等纸制品材料,可光降解、生物降解、氧降解、光/氧降解、水降解的各种材料,可以食用和可食性材料,以及生物合成材料、草、麦秆填充、贝壳填充、天然纤维填充材料等。

可回收材料是指可回收焚烧,不污染大气且可少量再生的材料。包括部分不能回收处理再造的线型高分子、网状高分子材料、部分复合型材料(塑/金属、塑/塑、塑/纸)等。

（3）制造绿色化

制造绿色化,即重视包装制造过程的环保性,不断开发包装制造新技术、新工艺。

实际上,目前主要使用的纸、塑料、玻璃、金属等绿色包装材料,其生产过程中造成的环境污染远大于废弃后造成的环境污染。例如,包装用的纸在制浆时会排出大量废液,包装用的塑料在从原油提炼时会对大气造成污染,包装用玻璃在熔炼过程中会排出大量烟尘及二氧化碳、二氧化硅等废气。

因此只重视使用绿色包装材料远远不够,还应该使包装材料在其生命周期的全过程具有"绿色"性。为此,就必须进行"清洁"生产。绿色包装材料的"清洁"生产的关键是开发生产过程中"少废"和"无废"生产工艺技术;建立起从原料投入到废物循环回收利用的闭式生产过程,尽量减少对外排放废物,这样既提高了资源利用率,还能够从根本上杜绝"三废"的产生,使包装生产加工不对环境造成危害。

6.5 流通加工

6.5.1 流通加工概述

流通加工是物品从生产领域向消费领域流动的过程中,为了促进产品销售、维护产品质量和实现物流效率化,对物品进行加工处理,使物品的物理或化学性发生变化的作业活动过程。这种在流通过程中对商品进一步的辅助性加工,可以弥补生产过程中加工程度的不足,更有效地满足用户的需求,更好地衔接生产和需求环节,使流通过程更加合理。因此,流通加工是物流活动中的一项重要增值服务,也是现代物流发展的一个重要趋势。

中华人民共和国国家标准《物流术语》(GB/T 18354—2006)将流通加工定义为"根据顾客需要,在流通过程可对产品实施的简单加工作业活动(如包装、分割、计量、分拣、刷标志、拴标签、组装等)的总称"。

流通加工内容非常丰富。比如,按照顾客的订单要求,将肉制品、鲜鱼进行分割或把量分得小一些;家具的喷涂、调整;家用电器的组装;衣料布品陈列前挂牌、上架;礼品的拼装等,都属流通加工。流通加工是生产加工在流通领域中的延伸,也可以看作流通领域为了更好地提供服务而在职能方面的扩大。流通加工与一般的生产性加工比较,虽然在加工方法、加工组织、生产管理方面是相同的,但在加工对象、加工程度方面差别很大(表6.5)。

表 6.5 流通加工与生产加工的比较

	流通加工	生产加工
加工对象	产品	零部件、半成品
加工程度	简单加工,是生产加工的补充及辅助	复杂加工
加工目的	完善产品使用价值,使产品价值增值	创造产品价值
加工主体	流通企业、物流企业	生产企业

流通加工有利于提高原材料的利用率,方便客户生产或消费,提高加工效率及设备利用率,降低物流成本。

①提高原材料利用率。利用流通加工环节进行集中下料,是将生产厂直运来的简单规格产品,按使用部门的要求进行下料。例如,将钢板进行剪板、切裁;将钢筋或圆钢裁制成毛坯;将木材加工成各种长度及大小的板、方等。集中下料可以优材优用、小材大用、合理套裁,有很好的技术经济性。

②方便客户生产或消费。对于一些用量小或临时需要的企业,通常缺乏进行高效率初级加工的能力,流通加工可以帮助这些企业省去初级加工的投资、设备及人力,方便用户。目前发展较快的流通加工主要有:水泥加工成生混凝土,原木、板方材、铝型材或塑钢等加工成门窗,冷拉钢筋及冲制异型零件,钢板预处理、整形、打孔等加工。

③提高加工效率及设备利用率。由于建立集中加工点,可以采用效率高、技术先进、加工量大的专门机具和设备,从而能够极大地改善工作条件,降低工作强度,形成经济规模,因此能够提高流通加工的效率,使加工设备得到充分利用。

④降低物流成本。一般说来,由生产厂到流通加工这一段输送距离长,因此可以用船舶、火车等进行定点、直达、大批量的远距离高效输送,而从流通加工到消费环节的这一段距离短,则可利用汽车和其他小型车辆进行配送,满足多规格、小批量、多用户的产品的物流服务要求。这样不但可以充分发挥各种输送手段的最高效率,加快输送速度,节省运力运费,而且还可提高服务水平,完善整个物流系统。

6.5.2　流通加工类型与方式

1)流通加工类型

常见的流通加工类型主要有以下 6 种。

①为弥补生产领域加工不足而进行的深加工。许多产品在生产领域不能完全实现最终加工,需要在流通过程中不断加工完善,直到满足顾客的需求为止。如钢铁厂只能按照标准规格进行大规模生产,以保证产品有较强的通用性,于是冰箱厂需要对其进行深加工,生产冰箱外壳;洗衣机厂需要对其进行深加工,生产洗衣机外壳。

②适应多样化需求的流通加工。制造商的高效率、大批量生产往往不能完全满足客户多样化的需求。为了满足客户对产品多样化的需求,同时又保证高效的社会大生产,将生产出来的单调产品进行多样化的改制加工,是流通加工中一种重要的加工形式。这种适应多样化需求的流通加工,减少了生产企业的生产流程,使其可以集中力量从事较复杂的技术性较强的劳动,而不必将大量初级加工包揽下来,从而可以使生产技

术密集程度提高。

③保护产品的加工。在物流过程中,直到用户投入使用前都存在对产品的保护问题,防止产品在运输过程中遭受损失,产品使用价值顺利实现。这种加工并不改变进入流通领域的"物"的外形和性质,它主要采用稳固、改装、冷冻、保鲜、涂油等方法。

④提高物流效率的加工。很多产品由于本身固有的形态使其难以进行物流操作,这就需要进行适当的流通加工来弥补。如鲜鱼装卸、储存操作的困难,超大型装备装卸的困难,气体物运输、装卸的困难,等等。通过适当的流通加工,如鲜鱼冷冻、超大型装备解体、气体液化等就可以使物流各环节易于操作,提高物流效率。这类加工往往改变物品的物理状态,但不改变其化学性质,最终仍能恢复其原物理状态。

⑤促进销售的流通加工。这种加工是不改变"物"的本体,只进行简单改装的加工,起到促进销售的作用。如将过大的包装或散装物分装成适合一次销售的小包装的分装加工;将原来以保护产品为主的运输包装改换成以促进销售为主的装潢性包装,以起到吸引消费者,引导消费的作用;将零配件组装成用具、车辆以便于直接销售;将蔬菜、肉类洗净切块以满足消费者需求。

⑥便于运输的流通加工。在干线运输或支线运输的节点处,设置流通加工环节,可以有效解决干线运输与末端运输、集货运输之间的衔接等问题,既可以在流通加工点与大生产企业之间形成大配送,也可在流通加工点将运输包装转换为销售包装,从而有效衔接不同目的的运输方式。

⑦以追求企业利润,提高经济效益为目的的流通加工。流通加工的一系列优点,可以帮助企业形成一种"利润中心"的经营形态,成为企业经营的一环,在满足生产和消费要求的基础上获得利润,同时在市场和利润引导下使流通加工在各领域中能有效地发展。如建筑行业普遍将混凝土搅拌外包,于是出现了专业的混凝土搅拌公司。

⑧生产—流通一体化的流通加工。依靠生产企业与流通企业的联合,或者生产企业向流通领域延伸,或者流通企业向生产领域延伸,形成合理分工、规划、组织和统筹进行的生产与流通加工结合的统一安排,这就是生产—流通一体化的流通加工。它可以促成产品结构及产业结构的调整,充分发挥企业集团的经济技术优势,这是目前流通加工领域的新形式。

2)流通加工方式

流通加工方式中,常见的有以下9种。

①剪板加工,是指在固定地点设置剪板机进行下料加工,或设置各种切割设备将大规模钢板裁小或切裁成毛坯的流通加工。

②集中开木下料,是指在流通加工点,将原木锯裁成各种锯材,同时将碎木、碎屑集

中加工成各种规格的板材,甚至还可进行打眼、凿孔等初级加工。

③配煤加工,是指在使用地区设置加工点,将各种煤及一些其他发热物资,按不同配方进行掺配加工,生产出各种不同发热量的燃料。

④冷冻加工,是指为解决鲜肉、鲜鱼或药品等在流通中保鲜及搬运装卸问题,采取低温冷冻方式的加工。

⑤分选加工,是指针对农副产品规格、质量离散较大的情况,为获得一定规格的产品,采用人工或机械进行分选的加工。

⑥精制加工,是指在农牧副渔等产品的产地和销地设置加工点,去除无用部分,甚至可以进行切分、洗净、分装等加工。

⑦分装加工,是指为了便于销售,在销售地区的零售地点按所需要求进行新的包装、大包装改小包装、散装改小包装、运输包装改销售包装等。

⑧组装加工,是指采用半成品(高容量)包装出厂,在消费地由流通部门所设置的流通加工点进行拆箱组装,随即进行销售。

⑨加工订制,是指企业委托外厂进行加工和改制,这是弥补企业加工能力不足,或没商店经营所需商品的一项措施,如非标准设备、工具、配料、半成品等,可分为带料加工和不带料加工,前者由使用单位供料,加工厂负责加工,后者由加工厂包工包料。

6.5.3 流通加工合理化

流通加工合理化就是实现流通加工的最优配置。流通加工合理化不仅是要避免各种不合理的流通加工,进行最优配置,还包括流通加工本身是否具有存在价值的分析与决策。为避免流通加工过程中的各种不合理现象,对是否设置流通加工环节,在什么地点设置,选择什么类型的流通加工,采用什么样的技术装备设施,等等,都需要作出正确抉择。流通加工合理化的途径主要有以下 3 个方面。

1)流通加工与配送相结合

这是将流通加工设置在配送点,一方面,按配送需要进行必要加工;另一方面,流通加工本身又是配送业务流程中分货、拣货、配货的一环,加工后的产品直接进入配货作业。这就不需要单独设置一个加工的中间环节,使流通加工有别于独立的生产,而使流通加工与中转流通巧妙结合在一起。同时,由于流通加工在配送之前,可使配送服务水平大大提高,这是流通加工合理化的重要选择途径之一。目前,流通加工与配送结合在煤炭、水泥、建筑钢筋等产品的流通中已表现出较大的优势。

2) 流通加工与配套相结合

在对配套要求较高的流通中,配套的主体来自各个生产商。但是,完全配套有时无法全部依靠现有的生产商。这时进行适当的流通加工,可以有效促成配套,从而大大提高流通的桥梁与纽带的作用。

3) 流通加工与合理运输相结合

流通加工能有效衔接干线运输与支线运输,促进两种运输形式的合理化。一般来说,在支线运输转干线运输或干线运输转支线运输过程中本来需要必要的停顿时间,但利用流通加工可以不进行一般的支转干或干转支,而是按干线或支线运输合理的要求进行适当的流通加工,从而大大提高运输效率及运输转载水平。

6.6 配送服务

6.6.1 配送服务

1) 配送的含义与特性

中华人民共和国国家标准《物流术语》(GB/T 18354—2006)对配送的定义是:在经济合理区域范围内,根据客户要求,对物品进行拣选、加工、包装、分割、组配等作业,并按时送达指定地点的物流活动。需要特别指出的是,配送的经济合理的区域范围包括经济合理时间、区域范围和空间区域范围。

在物流系统中,配送具有非常突出的服务特性。在社会再生产过程中,物流起着桥梁和纽带作用,服务于生产和消费。这里的作用主要就是通过配送得以实现。配送作为供应物流和生产物流的服务方式,为生产过程提供服务,配送原材料、零部件等,它是JIT 生产的基本保障;配送作为销售物流的服务方式,为商业部门和消费者提供服务,按需求者的要求把商品送到指定的地点等。配送服务具有综合、准时与增值的特性。

配送服务的综合性主要表现在两个方面:一是服务内容的综合性;二是配送作业的综合性。客户购货一般要经过订货、选货、付款、提货、包装、装车、运输、卸货等过程,环节多,重复性大,耗时耗力。通过为客户提供配送服务,能够大大简化客户的购货过程,客户只需要下达订单,并提出相应要求,其余的工作就通过配送服务完成。当货物按客户要求送到接收地,并经客户验收后,按规定的方式结算付款即可。

配送服务的准时性主要表现为按照客户要求的时间或时间区间将货物送达目的地。配送服务准时性要求是现代生产和现代社会生活的需要。在现代生产流水装配线上,产品的生产连续进行,各工位需要准时供应零部件;现代生活与工作节奏越来越快,特别是网络的兴起,人们希望节省购买时间与精力,能够在家购物,需要准时配送,以节省购买和等待时间。

配送服务的增值性主要表现为根据客户的要求提供配送服务以满足其配送服务需求的多样性,以帮助客户实现其经营目标。配送增值服务内容非常丰富,如混凝土、钢筋加工配送服务,钢材、木材、平板玻璃等的集中下料加工配送服务,产品分装与配送服务。

2)配送服务的类型与模式

根据不同的分类标准,配送服务有多种类型(表6.6)。

表6.6　配送服务的类型

分类标志	类　型
按配送主体不同分类	配送中心配送、仓库配送、生产企业配送、商店配送
按经营形式不同分类	供应配送、销售配送、销售—供应一体化配送、代存代供配送
按商品种类及数量不同分类	少(单)品种大批量配送、多品种少批量配送、配套成套配送
按配送时间及数量不同分类	定时配送、定量配送、定时定量配送、定时定路线配送、即时配送
按配送专业化程度不同分类	专业配送、综合配送

实际工作中,常见的配送服务业务模式主要有自营配送、第三方配送和共同配送3种。

自营配送即生产商或供应商售出的物品,由自己的物流配送部门、分公司或配送中心,根据客户要求配送到户的物流活动。采用这种配送模式一般是企业将配送作为提高销售额、市场占有率、市场竞争力的战略或手段。典型应用多见于批发商配送、零售商配送、连锁配送、外协件配送等。

第三方配送即生产商或供应商售出的物品,由委托的物流配送服务商,根据客户要求配送到户的物流活动。采用这种配送模式一般是企业为强化竞争优势,将非核心竞争力的配送业务外包的战略或手段。其适用于大多数企业的配送需求,典型应用多见于电商配送。

共同配送即由多个企业联合组织实施的配送活动。实践中主要有两种运作形式:

一种是由一个配送企业对多家用户进行配送。即由一个配送企业综合某一地区内多个用户的要求,统筹安排配送时间、次数、路线和货物数量,全面进行配送;一种是仅在送货环节上将多家用户待运送的货物混载于同一辆车上,然后按照用户的要求分别将货物运送到各个接货点,或者运到多家用户联合设立的配送货物接收点上。这种配送有利于节省运力和提高运输车辆的货物装载率。典型应用多见于城市配送。

6.6.2　配送中心

1)配送中心的含义

配送中心是从事配送业务且具有完善信息网络的场所或组织。配送中心是物流领域社会分工、专业分工细化的产物,它适应了物流合理化、生产社会化、市场扩大化的客观需求,集储存、加工、集货、分货、装运、信息等多项功能于一体,通过集约化经营取得规模效益。配送中心应基本符合下列要求:主要为特定客户或末端客户提供服务,配送功能健全,辐射范围小,提供高频率、小批量、多批次配送服务。

配送中心的产生是物流领域中社会分工进一步细化的结果,是物流合理化与市场化的需要。企业为更好满足客户需求,使物流合理化,离不开配送中心支持。因为配送中心具有人才、技术、信息和管理的专业化、规模化、社会化、信息化优势,通过配送中心能够实现物流配送的规模经济效益,帮助客户节省时间和成本,专注于自己的核心竞争力。

2)配送中心的功能

配送中心是一种多功能、集约化物流节点。它将订货、收货、验货、存储保管、装卸搬运、分拣、流通加工、配送、结算、信息处理等作业有机结合在一起,为客户提供全方位的物流配送服务。一般来说,配送中心应具备的基本功能包括集散、储存、分拣、加工、配送和信息功能。

（1）集散功能

配送中心将分散的商品集中起来,经过分拣、整理、配装等作业环节,配送给多家客户。配送中心通过集散功能实现商品集散,形成配送经济规模,有效调节生产与消费,实现资源的有效配置。

（2）储存功能

配送中心必须储备一定数量的商品,才能满足客户的要求,按照其所需要的商品在规定的时间送到指定的地点,进行生产和消费。配送中心通过集中商品、形成储备来保证配送服务所需要的货源。

（3）分拣功能

分拣功能是配送中心与普通仓库和一般送货的最主要区别。配送中心根据客户对商品品种、规格、数量等多方面的不同要求,通过拣选、分货等作业完成配货工作,为配送运输作好准备,以满足客户的需要。

（4）加工功能

配送中心为促进销售,便利物流或提高原材料的利用率,按用户的要求并根据合理配送的原则而对商品进行下料、打孔、解体、分装、贴标签、组装等初加工活动,因而使配送中心具备一定的加工能力。加工功能不仅提高了配送中心的经营和服务水平,也有利于提高资源利用率。

（5）信息功能

配送中心在干线物流与末端物流之间起衔接作用,这种衔接不但依赖于实物的配送,也依赖于信息的衔接。配送中心的信息活动是全物流系统中重要的一环。

3）配送中心的类型

由于服务对象、组织形式等各不相同,配送中心有多种类型(表6.7)。

表 6.7　配送中心的类型

分类标志	类　型
根据服务性质不同分类	供应型配送中心、销售型配送中心
根据地域范围不同分类	城市配送中心、区域型配送中心
根据运营主体不同分类	制造商为主体的配送中心、批发商为主体的配送中心、零售商为主体的配送中心、储运商为主体的配送中心
根据配送商品的品种不同分类	专业配送中心、综合配送中心
根据配送中心内部特征不同分类	储存型配送中心、流通型配送中心、加工型配送中心

6.6.3　配送服务发展

1）社区配送

社区配送就是深入居民生活网点,直接向个人配送的方式,它是物流中真正的"最后一百米",处于物流的末端。因此,社区配送与传统的 B2B 配送模式,即配送中心到企业、配送中心到超市等配送模式有很大的不同,它的服务对象更广,接触的层次更深。

这必然对社区配送的运作方式、配送的技术平台,以及配送管理策略等提出新的要求。

随着城市居民生活水平的不断提高,人们对社区服务需求会越来越大。社区配送作为社区服务的重要内容以及新兴的第三产业服务形式,会成为未来配送发展方向之一。

社区服务就是社区为不断满足社区成员的生活需求而开展的福利服务和便民利民的生活服务。它以各种社会资源为依托,以城市社区居民为服务对象,提供家政、维修、教育、医疗、法律等服务及咨询,各种生活用品如蔬菜、报纸、杂志、饮料、日用品等的社区配送服务等。

2) 无人配送

无人配送就是借助无人机、无人车、无人船或机器人向客户配送的方式。它能提高配送时效,降低配送成本,尤其能较好地满足地处偏远、分散的客户的配送需求。无人配送是随着电子商务的广泛应用和普及,为适应网络在线购物的配送需求而日益受到重视的。

无人配送目前主要还处于实验测试阶段,未规模化商用。2013 年,中国的顺丰、美国的亚马逊和 UPS 分别进行了各自的无人机配送实验测试。2014 年,美国谷歌开展了送货无人机项目,德国的 DHL 也在德国进行了无人机送货实验测试。2015 年,中国的淘宝联合圆通速递开展了无人机快递实验,京东也制订了无人机送货计划,并成立了京东物流实验室。日本政府更是将千叶县、广岛县、爱媛县、今治市、北九州市指定为放宽限制的国家战略特区,允许利用小型无人机配送医疗用医药品和生活必需品。英国的外卖公司 Just Eat 则尝试用无人车送餐。

虽然目前无人配送处于实验测试阶段,但无人配送高效快捷、成本低廉,具有满足地处偏远或分散的客户的配送需求的优势。随着无人配送技术的成熟,其优点将逐步显现出来,未来广泛应用的前景可期。

3) 众包配送

众包配送就是将配送任务外包给社会大众由其向客户配送的方式。它是众包理念引入物流领域的一种配送方式。所谓"众包"①是指组织将需要解决的项目发布在互联

---

① "众包"(crowd sourcing)是美国记者杰夫·豪(Jeff Howe)在 2006 年 6 月出版的《连线》(Wired)杂志中提出的一个概念。他认为"众包"是"一个公司或机构把过去由员工执行的工作任务,以自由自愿的形式外包给非特定的(而且通常是大型的)大众网络的做法。众包的任务通常由个人来承担,但如果涉及需要多人协作完成的任务,也有可能以依靠开源的个体生产的形式出现"。

网上,从社会大众中寻找自愿且合适的个人或多人协作的团队完成该任务,并给予一定的报酬。众包的本质是通过互联网匹配供给与需求,优化资源配置。

众包配送最突出的特点是有效利用社会上有空闲时间的公众,或者顺路捎带的公众为客户配送商品,让客户得到高性价比的配送服务,从而有效降低配送人员成本、提高配送时效。众包配送目前主要为餐饮、外卖、水果、生鲜、私厨、超市便利店、花店等典型的O2O场景提供配送服务。因此,消费者买午饭或水果,众包送货的速度会更快。

中国在2013年出现了第一家众包配送平台"人人快递"。随后国内涌现出一大批众包配送平台,如京东的"京东到家","饿了么"的"蜂鸟",美团外卖的"美团专送",百度外卖的"百度骑士"等。虽然众包配送在中国起步时间不长,同时也面临不少质疑,但其通过互联网优化资源配置,有效匹配供给与需求,降低配送人员成本,提高配送时效,为客户带来高性价比的配送服务的优势,将会让其在未来高效解决"最后一公里"问题的竞争中占据一席之地。

≫ 本章小结

运输是用专用运输设备将物品从一地点向另一地点运送。其中包括集货、分配、搬运、中转、装入、卸下、分散等一系列操作。实现物品(人)的位移是运输的基本功能和本质。在物流系统中,运输是物品流动得以实现的基本活动要素,它承担了改变物品空间状态的主要任务,也是改变物品空间状态的主要手段。运输和搬运、配送一起能够圆满完成物品改变空间状态的全部任务。运输在实现物品空间位移的同时,为我们创造了"场所价值"。

运输本身也是一个复杂的系统,类型很多。运输设施设备就是组织运输的物质基础。

当代运输发展的新方向越来越向运输设施设备及工具的现代化、运输方式的多样化、运输过程的一体化、各种运输方式的分工协作与配合的方向发展。集装箱运输,甩挂运输、综合运输是这种发展的集中体现。

储存就是保护、管理、储藏物品。实现物流的时滞是储存的基本功能和本质。在物流系统中,储存起着缓冲、调节和平衡的作用,是物流的中心环节之一。储存在实现物流时间延迟的同时,为我们创造了"时间价值"。储存除了其储藏、保护物品这一基本功能外,还具有调节供需、价格和运输能力,并进行流通加工等功能。同样,储存的分类也不少。仓库是储存的基本设施。常见的仓库类型主要包括营业仓库、自用仓库、国有仓库、保税仓库、冷藏仓库、恒温仓库等。为满足物品的储存、保管及其管理的需要,仓库必须配置基本的设施与设备。

装卸搬运是指在物流业务活动过程中,以改变物料存放状态和空间位置为主要内容与目的的活动。装卸搬运活动的结果是使物品的空间状态发生转变。装卸搬运设施设备种类繁多,可以按照不同的划分依据进行分类。装卸搬运的方式和方法多种多样。装卸搬运合理组织主要通过消除无效搬运、提高搬运活性、利用重力减少附加质量、合理利用机械、保持物流的均衡顺畅、集装单元化,立足全局,提高综合效果。

包装是在流通过程中保护产品、方便储运、促进销售,按一定技术方法而采用的容器、材料及辅助物等的总体名称,同时也指为了达到上述目的而采用容器、材料和辅助物的过程中,施加一定技术方法等的操作活动。包装是现代商品生产、储存、销售和人们社会生活不可缺少的重要组成部分。包装主要有保护、方便和促销的功能。现代包装门类繁多,品种复杂。典型的包装机械包括充填机械、灌装机械、封口机械、裹包机械、捆扎装置等几类。包装材料是包装的物质基础,常用的包装材料主要有纸和纸板、塑料、木材、金属、陶瓷与玻璃、复合包装材料等。现代包装技术常见的有缠绕包装、包装成组技术和包装智能技术等。

目前一般认为,绿色包装应对生态环境和人体健康无害,能循环复用和再生利用。也就是说,包装产品从原材料选择、产品制造、使用、回收和废弃的整个过程均应符合生态环境保护的要求。它包括了节省资源、能源、减量、避免废弃物产生,易回收再循环利用,可焚烧或降解等生态环境保护要求的内容。发展绿色包装应遵循 3R1D 基本原则,即包装减量化(Reduce)、可重复利用(Reuse)、可回收再生(Recycle)和易降解腐化(Degradable)。包装绿色化的途径有设计绿色化、材料绿色化、制造绿色化等。

流通加工是根据顾客需要,在流通过程可对产品实施简单加工作业活动(如包装、分割、计量、分拣、刷标志、拴标签、组装等)的总称。流通加工有利于提高原材料的利用率,方便客户生产或消费,提高加工效率及设备利用率,降低物流成本。

常见的流通加工类型主要有为弥补生产领域加工不足而进行的深加工、适应多样化需求的流通加工等。常见的流通加工方式有剪板加工、集中开木下料等。流通加工合理化的途径包括流通加工与配送相结合、流通加工与配套相结合等。

配送是在经济合理区域范围内,根据客户要求,对物品进行拣选、加工、包装、分割、组配等作业,并按时送达指定地点的物流活动。配送与物流系统一样,具有非常突出的服务特性。根据不同的分类标准,配送服务有多种类型。配送中心是从事配送业务且具有完善信息网络的场所或组织。配送中心是物流领域社会分工、专业分工细化的产物,它适应了物流合理化、生产社会化、市场扩大化的客观需求,集储存、加工、集货、分货、装运、信息等多项功能于一体,通过集约化经营获取规模效益。配送中心有多种类型。配送服务作业主要包括进货、储存、分拣、补货、配装、配送加工、送货等环节。无人配送、社区配送和众包配送等是未来配送服务发展的主要方向。

≫ 案例分析

一份跨洲越洋的外卖

长途"跋涉"

一天，美国音乐制作人史蒂夫·弗朗西斯打通了北爱尔兰贝尔法斯特一家餐馆的送餐电话，当时接电话的餐馆老板阿里夫·艾哈迈德刚听到客人要求时，甚至以为电话出了毛病。但因为弗朗西斯态度严肃，餐馆决定送出这份昂贵的"越洋外卖"。

运送这份"越洋外卖"可不是简单的事。在运送前，它要经过脱水冷藏并用干冰包裹，到达大西洋彼岸后只需加热即可食用。这些食物要装在特制的容器中，才可以和普通行李一起通过过境检验。为防万一，餐馆工作人员还通知了所有飞行途中涉及的航班的负责人。

外卖的一部分将从该餐馆设在都柏林的分店搭乘私人包机到伦敦，另一部分将在贝尔法斯特包装好，并航空运送至伦敦与"另一半"会合。

抵达伦敦后，餐馆两位合伙人之一的塔里克·萨拉赫丁和艾哈迈德的妻子坎姆伦将从希思罗机场搭乘航班赶赴纽约。纽约机场有豪华轿车恭候，接机后将驶往曼哈顿中心城区的一个私人宴会。

极度昂贵

这家印度咖喱餐馆一般的外卖价格稍稍高于 20 英镑（约合 38 美元），其中包括一瓶免费赠送的葡萄酒，有时候会收取 5 英镑（约合 9.5 美元）的交通费。

而这次的"越洋外卖"花费却昂贵得多。只不过点了 1 份鱼肉咖喱、4 份鸡肉沙拉以及一些洋葱酸辣酱，弗朗西斯就将为此付出 2 500 美元。

比起昂贵的交通费，这个价钱还只是小菜一碟。外卖和"护送"它的两名餐馆工作人员"越洋旅行"将花去弗朗西斯 8 000 英镑（约合 1.52 万美元）。不过弗朗西斯将得到 70 瓶免费赠送的葡萄酒，这也许能给他带来些许安慰。

送完外卖后，弗朗西斯还准备邀请陪伴外卖越洋旅行的塔里克和坎姆伦在纽约的宾馆住上一夜。

重金解馋

弗朗西斯是美国 20 世纪 80 年代著名乐队"灵魂相对"的创办者，如今他是一名音乐编曲制作人。他并不是通过黄页找到这家印度咖喱餐馆的电话号码，而是深藏在记忆中的美味让他心甘情愿为"越洋外卖"付出昂贵的代价。

"我们曾为英国音乐节提供食品,我曾见过弗朗西斯,"塔里克说。

弗朗西斯准备为他所在公司的年轻歌手希瑟·帕克举办一场私人宴会,酒宴承办人说希瑟喜爱印度食品到了疯狂的地步。

但环境专家指出,运送"越洋外卖"将制造出 42 吨二氧化碳。根据能源保护计划,弗朗西斯可能要额外付出约 600 美元来补偿此举造成的能源浪费。

资料来源:唐彧.上万美元买份盒饭[N].北京晚报,2006-9-15。

≫ 讨论问题

1.外卖通过哪些运输方式被送到客户手中?请在地图上绘出这份外卖的"旅行"线路。

2.外卖进行了加工吗?进行了哪些加工?是流通加工吗?为什么?

3.通过互联网查阅相关资料,试分析案例中的特殊包装可能是什么样的包装?

4.案例描述的情景是配送服务吗?为什么?

5.请帮助弗朗西斯列出一张支出清单,其中物流配送费用是多少?

6.如果你是这家公司的老板,当接到这样的电话会如何决策?

≫ 关键概念

运输;铁路运输;水路运输;公路运输;航空运输;管道运输;集装箱运输;甩挂运输;综合运输;一体化运输;综合运输体系;储存;仓库;仓库主体建筑、仓库辅助建筑;仓库辅助设施;装卸;搬运;吊上吊下方式;滚上滚下方式;单件作业法;集装作业法;气力输送法;集装单元化;包装;包装合理化;工业包装;运输包装;商业包装;特种包装;个包装;中包装;硬包装;软包装;多次包装;绿色包装;包装绿色化;流通加工;流通加工合理化;配送;配送中心;无人配送;社区配送;众包配送

≫ 复习思考

1.运输的本质是什么?如何理解运输在物流系统中的地位和作用?

2.请用比较分析方法,认识和理解基本运输方式?(从定义、优缺点、设施设备、技术等方面比较分析。)

3.现代运输的组织有哪些?它们有什么特点?

4.储存的本质是什么?有哪些功能?又有哪些类型?

5.储存的主要设施和设备有哪些?

6.现代储存技术有哪些?

7.装卸搬运在物流活动中是什么地位? 常见的装卸搬运设施设备有哪些?

8.请通过搜索引擎等找些反映装卸搬运方式的图像或影像并作出说明。

9.请用图表的形式,说明常见的装卸搬运方法。

10.怎样合理地组织装卸搬运?

11.什么是包装合理化? 包装有哪些作用?

12.请用实例说明包装的类型。

13.请搜集、展示常见的包装机械图片或影像并作说明。

14.你能够举出一些本书没有列出的包装材料吗? 有哪些?

15.请举例说明现代包装技术都有哪些?

16.怎样实现包装的绿色化?

17.流通加工都有哪些类型和形式?

18.配送服务的特点是什么? 常见的配送服务类型和模式有哪些?

19.配送中心有哪些功能? 未来配送服务发展的方向在哪里?

第 **4** 篇

管理篇

本篇导读：

- 管理是物流活动有效进行的保障

第 7 章　物流管理

与任何其他活动一样,有效的物流活动也离不开管理。20世纪60年代以来,物流管理不断发展,管理内容不断丰富,进入21世纪,物流管理呈现出新的发展变化。

学完本章，我们应能回答以下问题

- 物流管理发展有哪几个阶段? 是什么力量在影响着物流管理的发展?
- 为什么不同的企业有不同的物流管理目标?
- 你是如何认识和理解企业物流战略的?
- 你能为企业制定物流战略吗? 如何制定?
- 物流管理信息系统一般有哪些功能?
- 你知道怎样计算物流成本吗?
- 如何认识和理解物流服务质量? 怎样进行物流客户管理?

7.1　物流管理概述

7.1.1　物流管理的定义

1) 什么是管理

管理的历史非常悠久,可以说与人类的历史一样长(阅读参考7.1)。然而,从古至今,人们对管理的认识和理解都有许多的不同。

阅读参考7.1　历史悠久的管理

把管理作为一门学科进行系统的研究,只是最近一两百年的事。但是,管理实践却和人类的历史一样悠久,至少可以追溯到几千年以前。生活在幼发拉底河流域的闪米尔人,早在公元前5000年已经开始了最原始的记录活动,这也是有据可考的人类历史上最早的管理活动。3 000多年前(公元前17世纪)中国的商代,国王已经统辖、指挥几十万军队作战,管理上百万名分工不同的奴隶进行生产劳动。朝廷中的管理机构已相当复杂,设有百官辅佐国王进行统治,百官大体分为政务官、宗教官、事务官三类。到了公元前11世纪的周朝,中央设有"三公""六卿""五官"。"三公"即太师、太傅、太保,是国家的总管。"六卿"即太宰、太宗、太史、太祝、太士、太卜,均为分管朝廷中的政务、宗族谱系、起草文书、编写史书、策命诸侯和大夫、祭祀、卜筮等的职务。"五官"即司徒(司土)、司马、司空(司工)、司士、司寇,分别掌管土地、军赋、工程、群臣爵禄、刑罚等。周朝还制定了许多管理国家的典章制度,提出了"明德慎罚"的管理思想。为了适应诸侯王国之间政治、军事活动的需要,设立了驿站制度,在中央到全国主要都城的大道上每隔15 km设一个驿站,备良马固车,专门负责传递官府文书、接待往来官吏和运送货物等,形成全国性的信息网络。信息传递的速度可以达到平均每天250 km,这可称为世界上最早的管理信息系统。在土地资源的管理方面实行了著名的"井田制",据《孟子·滕文公上》记载:"方里而井,井九百亩,其中为公田,八家皆私百亩,同养公田,公事毕,然后敢治私事。"

世界上所有的文明古国如巴比伦、罗马等都早在几千年前就对自己的国家进行了有效的管理,并且建立了庞大严密的组织,完成了许多今天来看仍是十分巨大的建筑工程。中国的长城、秦兵马俑,埃及的金字塔都可证明:在2 000年前,人类已能组织、指挥、协调数万乃至数十万人的劳动,历时许多年去完成经过周密计划的宏大工程,其管理才能不能不令人折服。

资料来源:周三多.管理学——原理与方法[M].上海:复旦大学出版社,1997。

我国学者周三多在《管理学原理与方法》中总结了一些具有代表性的观点。

①管理是由以计划、组织、指挥、协调及控制等职能为要素组成的活动过程。

②管理通过计划工作、组织工作、领导工作和控制工作等诸过程来协调所有的资源,以便达到既定的目标。

③管理是在某一组织中,为完成目标而从事的对人与物质资源进行协调的活动。

④管理就是由一个或更多的人来协调他人活动,以便收到个人单独活动所不能收到的效果而进行的各种活动。

⑤管理就是协调人际关系,激发人的积极性,以达到共同目标的一种活动。

⑥管理也是社会主义教育。

⑦管理是一种以绩效责任为基础的专业职能。

⑧管理就是决策。

⑨管理就是根据一个系统所固有的客观规律,施加影响于这个系统,从而使这个系统呈现一种新状态的过程。

显然,以上这些关于管理的观点,反映了人们从各自不同角度对管理的认识和理解。在综合前人的这些研究基础之上,周三多教授将管理定义为:管理是社会组织中,为了实现预期的目标,以人为中心进行的协调活动。

这个定义包含了5个观点:管理的目的是实现预期目标;管理的本质是协调;协调必定产生在社会组织之中;协调的中心是人;协调的方法是多样的,既需要定性的理论和经验,也需要定量的专门技术。

2) 管理的职能

人类的管理总是要通过具体管理活动得以实现,或者说管理总是由具体的内容体现出来。这些具体的管理活动或内容就是管理的职能。管理到底包括哪些最基本的职能? 这一问题经过了许多人近一百年的研究,至今仍然众说纷纭。自管理学家法约尔提出5种管理职能以来,有提出6种、7种的,也有提出4种、3种,甚至2种、1种的(表7.1)。周三多教授认为,决策、组织、领导、控制、创新这5种职能是一切管理活动最基本的职能。[①]

表7.1　管理职能

管理职能		古典的提法	常见的提法	周三多的提法
决策	Decision making			决策
计划	Planning	★	★	
组织	Organizing	★	★	组织
用人	Staffing			
指导	Directing			
指挥	Commanding	★		
领导	Leading			领导
协调	Coordinating	★		
沟通	Communicating			
激励	Motivating			
代表	Representing			

① 周三多.管理学原理与方法[M].上海:复旦大学出版社,1993(12):11-15.

管理职能		古典的提法	常见的提法	周三多的提法
监督	Supervising			
检查	Checking			控制
控制	Controlling	★	★	
创新	Innovating			创新

3）物流管理的定义

关于物流管理的概念,在第 1 章分析讨论物流的含义时曾经指出,人们对物流的认识,实际上许多时候是从管理的角度来认识的。

美国物流管理协会(CLM,The Council of Logistics Management)将物流定义为:以满足客户需求为目的的,对原材料、在制品、产成品以及相关信息从供应地到消费地的高效率、低成本流动和储存而进行的计划、实施和控制过程。[①]

1998 年,美国物流管理协会为适应物流的发展,重新修订物流的定义为:物流是供应链流程的一部分,是为了满足客户需求而对商品、服务及相关信息从原产地到消费地的高效率、高效益的正向和反向流动及储存进行的计划、实施与控制过程。[②]

欧洲物流协会(ELA,European Logistics Association)在其 1994 年发表的《物流术语》(Terminology in Logistics)中定义物流为:物流是在一个系统内对人员或商品的运输、安排及与此相关的支持活动的计划、执行与控制,以达到特定的目的。

中国学者吴清一认为:物流管理是指对原材料、半成品和成品等物料在企业内外流动的全过程所进行的计划、实施、控制等活动。这个全过程,就是指物料经过的包装、装卸搬运、运输、储存、流通加工、物流信息等物流环节的全部过程。[③]

中国学者崔介何认为:物流管理是指通过物流管理组织对整个物流活动进行计划、组织、指挥、监督、控制、调节工作的总和。[④]

中国物流与采购联合常务副会长丁俊发认为:物流管理是根据物流这种先进的经济运行模式而产生的各种物流运作活动,根据客户的要求,为了达到物流的根本目的,而进行的计划、组织、协调与控制。[⑤]

---

① ② 徐天亮.刘志学.中美"物流"定义的分析与比较[J].中国物流与采购,2002(9):22-23.
③ 吴清一.物流学[M].北京:中国建材工业出版社,1996:190.
④ 崔介何.物流学[M].北京:北京大学出版社,2003:32.
⑤ 丁俊发.正确认识物流、物流产业、物流管理等基本概念.[Z/OL]中国物流与采购联合会会员通讯,2003,11(15).

中华人民共和国国家标准《物流术语》(GB/T 18354—2006)则将物流管理定义为：为了以最低的物流成本达到用户满意的服务水平，对物流活动进行计划、组织、协调与控制。

根据以上对管理的概念和管理职能的分析，结合对物流管理的认识与理解，我们认为：物流管理就是组织为实现预期目标，对物流活动的决策、组织、领导、协调和创新。

物流管理活动是一种社会群体活动，因此管理总是与组织相联系。凡有群体活动的地方，必然有管理。凡有管理的地方，必然有组织的存在。这里的组织，可以是物流企业，也可以是生产企业、商业企业；可以是盈利性的企业，也可以是非盈利性的部门、组织或机构。

物流管理活动也是有目的的。这种目的可能是客户和顾客的，也可能是企业和社会的；可能是为了促进销售、保证生产经营的顺利进行；也可能是为了获得订单，或者为了提升企业的竞争能力或拓展市场(阅读参考 7.2)。

阅读参考 7.2　配送设施是沃尔玛成功的关键之一

沃尔玛前任总裁大卫·格拉斯说过："配送设施是沃尔玛成功的关键之一，如果说我们有什么比别人干得好的话，那就是配送中心。"灵活高效的物流配送系统是沃尔玛达到最大销售量和低成本的存货周转目标的核心。沃尔玛公司的现任 CEO 就来自物流部门，由此可见，物流和配送在公司中的重要性。

据统计，在美国，沃尔玛利用配送系统把货品送到商店的物流成本占销售额的 2.5% 左右，而其竞争对手做同样的事情一般要付出 5% 的成本。那就是说，当沃尔玛与对手经营同一种商品的时候，他们比竞争对手的成本要低 2.5% 左右。同时，沃尔玛利用卫星资讯处理系统，把制造商、物流商融入自己的营运网络。别人要 30 天完成配送补货，沃尔玛只要 5~7 天。这才是沃尔玛维持"天天平价"的保障。

资料来源：苗郁.沃尔玛中国遭遇物流之痛[Z/OL].搜狐财经，2003-1-3。

物流管理活动都是通过物流管理职能的履行而实现的，这些基本职能包括决策、组织、领导、协调和创新。

物流管理可能是社会宏观物流的管理，也可能是企业微观物流的管理；可能是横向管理，也可能是纵向管理；可能是单元管理，也可能是多元管理。

物流管理必须以企业为核心，以市场为导向，以信息网络技术为支撑，以降低物流成本、提高服务质量为目的。物流管理是现代企业管理的重要内容。物流管理同样离不开人才，因此物流人才是物流管理的关键。

7.1.2 物流管理发展阶段

1）物流管理发展阶段模型

根据物流管理在欧美及日本的发展历程，结合我国物流管理在企业的实践，可知物流管理发展经历了从自然管理到创新管理的发展过程（图7.1）。

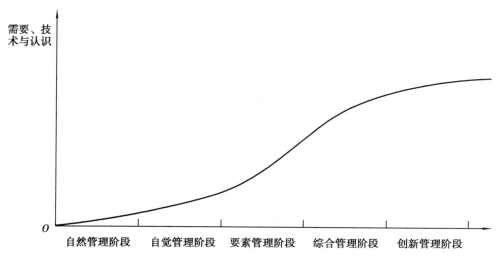

图 7.1　物流管理发展阶段模型

（1）自然管理阶段

自然管理阶段主要在 20 世纪初期以前。这一时期，由于社会生产力水平发展较低，生产的社会化、专业化程度不高，生产与流通之间的联系较单一，因此生产企业把自己的主要精力集中在生产上，还没有认识到物流的作用。

（2）自觉管理阶段

自觉管理阶段在 20 世纪初—50 年代。随着生产力水平的不断提高，社会经济的不断发展，生活消费和生产对物质产品需求数量的迅速增加，以解决生产与消费之间在时间、空间及品种数量矛盾为己任的物流，日益暴露不能适应生产、消费要求的矛盾，直接影响着经济的发展。于是，人们开始重视对物流问题的研究，加强对物流的管理工作。由于在这个时期正是卖方市场向买方市场的转变时期，生产企业面对卖方市场转为买方市场这一形势，全力将注意力集中到成品的销售上，因此，这一阶段物流管理的特征是注重产品到消费者的物流环节。

（3）要素管理阶段

要素管理阶段在 20 世纪 50—70 年代。在这一时期,社会经济稳步发展,市场需求进一步扩大,生产与交换的规模越来越大,对运输、仓储、包装、装卸搬运等物流业务活动提出越来越高的要求,原有的运输、仓储、包装、装卸搬运等业务系统不能适应社会经济发展、市场需求扩大和企业生产经营的要求,企业需要千方百计地解决运输、保管、包装等问题。这时,企业非常重视运输、仓储和包装等物流业务的管理。但这个时期的物流管理局限于运输、仓储等物流业务活动的个别管理。

（4）综合管理阶段

综合管理阶段在 20 世纪 70—90 年代。这一时期,国际经济一体化开始发展,生产社会化程度进一步提高,单纯依靠技术革新、扩大生产规模提高生产率来获利的难度越来越大。人们开始寻求新的途径提高利润水平。改进和加强物流管理、降低物流费用成为众多企业的着力点,成为现代企业获得利润的新的重要源泉之一。尤其是 20 世纪 70 年代中期出现的经济衰退,迫使企业更加重视降低成本,以提高企业竞争力。企业将其着眼点开始从生产领域转向流通领域,通过流通开发和改进对顾客的服务,降低运输和存储费用来增加利润。这个阶段的物流开始出现革命性变革。企业开始尝试将物流管理与实体分配结合起来管理,将物流系统中各个环节作为统一的连续过程,以提高企业生产经营管理的效率和效益。

但这一时期,企业主要是对其内部在包装、装卸、保管、运输、信息等方面进行局部的合理化,还缺乏从整体上研究并开发物流系统,各部门、企业、行业之间缺乏紧密配合。因此,从整个社会来看,物流费用并没有得到显著下降,社会的总体经济效益还不高。

（5）创新管理阶段

创新管理阶段在 20 世纪 90 年代—现在。这一时期,全球经济一体化进程加快,受世界范围内的原材料和燃料价格猛涨、人工费用不断增加等一系列因素的影响,迫使企业必须大幅度降低物流费用来提高企业竞争能力。现代系统理论、系统工程、价值工程等科学管理理论和方法的出现,信息技术特别是现代计算机、通信与网络技术的迅猛发展,使得在全球范围内实现物流合理化成为可能。这一时期企业开始从系统角度对物流的各项职能进行研究,从整体上进行开发,对物流活动全过程进行有机整合。许多企业,特别是大型跨国公司,开始把着眼点放在物流活动的全过程,包括原材料的供应商和制成品的分销商在内的整个流通过程,并探索创新与之相适应的管理。供应链管理就是在这样的背景下应运而生的。供应链物流管理是一个将供应商、制造商、批发商、零售商和顾客等所有供应链上的关联企业和消费者作为一个整体看待的系统网链结构。供应链物流管理不仅强调企业内,更强调企业外,即降低供应链的物流成本及费用、压缩订货周期、加快资金周转和提高服务水平。

2)物流管理发展动力因素

物流管理不断向前发展,利益当然是企业的根本动因,但这只是必要原因(内因),而不是充要原因(外因)。物流管理的不断发展除了企业本身的需要,还有市场、技术、认识等外因的推动。

(1)市场的影响

市场是推动物流管理发展的基本动力因素。市场对物流管理发展的影响主要表现在3方面:一是用户或者消费者对时间越来越重视,要求购买更加方便,因此希望物流速度更快,能够配送到户,或者送货上门;二是市场竞争越来越激烈,市场需求变化越来越快,产品市场寿命周期越来越短,为适应这种变化,企业引入及时制造、敏捷制造等现代生产制造技术,从而也要求与之相适应的物流管理;三是市场范围越来越广,许多企业的市场由地区市场扩大到全国市场,由全国市场扩大到国际市场,甚至全球市场,其原材料供应商,目标顾客分布在许多国家和地区,因此原材料如何及时购进,商品如何及时送达目标市场,也对物流管理提出要求。正是市场的这些压力,形成了企业开展物流管理的动力,形成了现代物流管理迅猛发展的动力。

(2)技术的发展

技术是推动物流管理发展的关键动力因素。技术对物流管理发展的影响主要表现在两个方面。一是现代技术广泛应用于现代物流管理,为提高物流服务水平创造了更好的技术条件,如全球卫星定位技术(GPS)、地理信息系统(GIS)应用于物流管理,能够为客户提供货物实时跟踪服务,让用户随时随地知道自己货物的位置。二是为提高物流管理水平创造了更好的技术条件,如现代计算机技术、通信技术和网络技术的应用,帮助企业极大地提高了物流管理的信息化和网络化水平;以射频技术(FIRT)为代表的自动识别技术广泛应用于物流领域,极大地提高了物流管理的自动化和机械化水平。正是现代技术广泛应用于物流领域,推动了现代物流管理的迅猛发展。

(3)认识的提高

行动总是基于认识。物流管理的发展历程从某种意义上说,也是人们对它认识逐步深入的过程。正是因为人们对物流的认识越来越深入和全面,认识到物流对企业经营活动的重要作用,认识到物流管理在企业管理中的重要地位,才使得企业越来越重视物流及物流管理工作。因此,认识的提高也是推动物流管理发展的重要动力因素。

7.1.3　物流管理目标与内容

物流管理是有目的的活动,无论是部门还是企业通过对物流活动的管理,都是为了实现物流的快速反应、最小变异、最低库存等目标。物流管理工作要有效进行,必须遵循基本的管理原则。物流管理有着丰富的内容,现叙述如下。

1)物流管理目标

不同的组织、机构和企业,物流管理的目标可能不完全一样。根据物流管理对物流的基本要求,以及物流管理对企业经营活动的影响,可以从物流管理的基本目标和差异目标两方面来对其加以认识。

（1）物流管理的基本目标

物流管理的基本目标就是与物流活动直接相关的目标,主要包括快速反应、最小变异、最低库存3个基本目标。

①快速反应。快速反应是现代市场竞争条件下影响企业能否及时满足顾客需求的能力的关键性因素之一。现代信息技术、通信技术和网络技术的发展与广泛应用,为企业物流业务快速响应市场变化,以最短的时间、最快的速度完成物流作业,满足客户需要奠定了技术基础。加强物流管理,提高物流作业效率,企业物流快速响应市场的目标才能真正得以实现。

②最小变异。变异是指由于受各种因素影响,物流业务活动不能顺利进行的现象。物流变异现象可能发生在物流业务活动的各个环节。如顾客收到订货的期望时间被延迟,制造中发生意想不到的损坏及货物到达顾客所在地时发现受损,或者把货物交付到不正确的地点等。减少和降低物流业务过程中的变异的可能性直接关系到物流作业质量和物流管理质量。

③最低库存。库存意味着物资周转速度下降和对资金的占用。在企业物流系统中存货所占用的资金占企业流动资金的绝大部分。在保证供应前提条件下提高周转率,意味着库存占用的资金得到有效利用。在保证企业正常生产经营条件下,保持最低库存水平意味着库存占用资金水平的下降。因此,保持最低库存的目标是把库存减少到与顾客服务目标相一致的最低水平,以实现最低的物流总成本。"零库存"是企业物流的理想目标,物流设计必须把资金占用和库存周转速度当成重点来控制和管理。

（2）物流管理的差异目标

物流管理差异目标是指组织或企业为实现其战略进而对物流提出的特殊要求,确定的特殊目标。不同的组织和企业,由于其发展战略的差异,将影响他们对物流管理目标的确定。

①物流管理的营销目标。物流管理的营销目标主要是促进销售。物流具有服务的功能,尤其是物流配送服务,是顾客能够感受的。因此,实践中许多企业纷纷将提高物流服务水平作为促进销售的重要手段,一些企业更是将其作为营销目标之一。

②物流管理的产品生命周期目标。产品生命周期理论认为,产品从投入市场到退出市场要经过引入、成长、成熟和衰退 4 个阶段。产品在这些阶段具有不同的特点。据此可以确定产品不同生命周期阶段的物流目标,以帮助企业制定相应的物流策略。

a.新产品引入阶段,如果存货短缺或配送不稳定,就可能抵消营销战略所取得的成果。因此,在此阶段的物流费用一般较高。物流的基本目标是产品的可得性与物流的灵活性相统一。企业在制订新产品的物流计划时,必须考虑顾客获得产品的及时性和企业迅速而准确的供货能力。新产品引入阶段的物流服务是在充分提供物流服务与费用之间找到平衡。

b.产品成长阶段,产品取得了一定程度的市场认可,销售量迅速增长,物流活动的基本目标是平衡的服务和成本绩效相统一。企业对本阶段的物流服务应作好全方位的准备和设计。因为此阶段产品销售不断增长,所以只要顾客愿意照价付款,几乎任何水准的物流服务都可能实现。

c.成熟阶段具有激烈竞争的特点,因此物流的基本目标是物流服务的高度选择性。因为在这一阶段,由于竞争激烈,竞争对手之间会调整自己的基本服务内容,以独特的服务赢得顾客的青睐。为了能有效整合销售渠道,许多企业通过建立配送仓库以满足来自许多不同渠道的各种物流服务需求。由于多个渠道,配送任何一个地点的产品物流量都比较小,并需要为特殊顾客提供特殊服务。因此,这一阶段的物流活动较为复杂并对物流作业的灵活性提出了较高要求。

d.当一种产品进入衰退阶段时,物流的基本目标则是保持有限配送服务与合理控制风险相统一。这个阶段,企业所面临的抉择是在低价出售产品或继续有限配送等可选择方案之间进行平衡。因此企业一方面保证有后续的物流配送,以维护企业信誉;另一方面则是最大限度地降低物流风险。在两者中,后者相对显得更重要。

2)物流管理原则

物流管理的具体原则很多,但最根本的指导原则是保证物流合理化的实现。

所谓物流合理化,就是对物流设备配置和物流活动组织进行整合,实现物流系统整体优化的过程。它具体表现在兼顾成本与服务上。物流成本是物流系统为提高物流服务所投入的活劳动和物化劳动的货币表现,物流服务是物流系统投入后的产出。合理化是投入和产出比的合理化,即以尽可能低的物流成本,获得可以接受的物流服务,或以可以接受的物流成本达到尽可能高的服务水平。

物流活动各种成本之间经常存在着此消彼长的关系,物流合理化的一个基本思想就是"均衡",从物流总成本的角度权衡得失。不求极限,但求均衡,均衡造就合理。例如,对物流费用的分析,均衡的观点是从总物流费用入手,即使某一物流环节要求高成本的支出,但如果其他环节能够降低成本或获得利益,就认为是均衡的,即是合理可取的。在物流管理实践中,牢记物流合理化的原则和均衡的思想,有利于防止"只见树木,不见森林"的情况出现,做到不仅注意局部的优化,更注重整体的均衡。这样的物流管理对于企业最大经济效益的取得才是有成效的。

随着世界经济一体化,市场竞争全球化,企业面临越来越大的竞争压力。当今市场的特征是新产品开发速度日益加快,产品生命周期不断缩短,客户个性化需求越来越突出,市场竞争越来越激烈。在这种形势下,最低的成本、最高的效率、最好的产品和服务成为影响现代企业生存和发展的 3 个最主要的方面。企业意识到在激烈的市场竞争中仅仅依靠价格、质量、产品和服务已无法赢得竞争优势,因为这些东西是竞争对手很快就可以学到的。只有不断加强管理,在管理方面多下功夫,通过引入先进的管理模式与理念,向管理变革要效益,才能够在激烈的市场竞争中脱颖而出。

近年来,随着越来越新的信息技术不断涌现,极大地推动了物流行业的剧变和发展。现代物流不再是物流功能的简单组合运作,而是综合系统的活动。因此,企业只有对物流进行系统科学管理,才能保证物流效率。

3)物流管理的内容

物流管理的内容非常丰富,包括物流业务要素的管理、物流系统要素的管理、物流活动职能的管理等。

(1)物流业务要素的管理内容

从物流业务要素角度看,物流原理的内容有以下 8 个方面。

①运输管理。包括运输方式及服务方式的选择、运输路线的选择、车辆调度与组织等。

②储存管理。包括原料、半成品和成品的储存策略,储存统计、库存控制、养护等。

③装卸搬运管理。包括装卸搬运系统的设计、设备规划与配置、作业组织等。

④包装管理。包括包装容器和包装材料的选择与设计,包装技术和方法的改进,包装系列化、标准化、自动化等。

⑤流通加工管理。包括加工场所的选定、加工机械的配置、加工技术与方法的研究和改进、加工作业流程的制订与优化等。

⑥配送管理。包括配送中心选址及优化布局、配送机械的合理配置与调度、配送作业流程的制订与优化。

⑦物流信息管理。包括对反映物流活动内容的信息、物流需求的信息、物流作用的信息和物流特点的信息等所进行的搜集、加工、处理、存储、传输和共享等。信息管理在物流管理中的作用越来越重要。

⑧客户服务管理。包括对与物流活动相关的服务的组织和监督,调查和分析顾客对物流活动的反映,决定顾客所需要的服务水平、服务项目等。

（2）物流系统要素的管理

从物流系统的角度看,物流管理的内容有以下6个方面。

①人的管理。人是物流系统和物流活动中最活跃的因素。对人的管理包括物流从业人员的选拔和录用,物流专业人才的培训与提高,物流教育和物流人才培养规划与措施的制订等。

②物的管理。"物"指的是物流活动的客体即物质资料实体。物质资料的种类千千万万,物质资料的物理、化学性能更是千差万别。对物的管理贯穿了整个物流活动的始终。它涉及物流活动诸要素,即物质资料的运输、储存、包装、流通加工等。

③财的管理。主要指物流管理中有关降低物流成本,提高经济效益等方面的内容。它是物流管理的出发点,也是物流管理的归宿,主要内容有物流成本的计算与控制、物流经济效益指标体系的建立、资金的筹措与运用、提高经济效益的方法等。

④设备管理。指对物流设备管理有关的各项内容,主要有各种物流设备的选型与优化配置,各种设备的合理使用和更新改造,各种设备的研制、开发与引进等。

⑤方法管理。主要有各种物流技术的研究、推广普及,物流科学研究工作的组织与开展,新技术的推广普及,现代管理方法的应用等。

⑥信息管理。信息是物流系统的神经中枢,只有做到有效地处理并及时传输物流信息,才能对系统内部的人、财、物、设备和方法5个要素进行有效的管理。

（3）物流活动职能的管理

物流活动从职能上划分,主要包括物流计划管理、物流质量管理、物流技术管理、物流经济管理等。

①物流计划管理。物流计划管理是指在物流系统目标的约束下,对物流过程中的每个环节都要进行科学的计划管理,具体体现在物流系统内各种计划的编制、执行、修正及监督的全过程。物流计划管理是物流管理工作的最重要的职能。

②物流质量管理。物流质量管理包括物流服务质量、物流工作质量、物流工程质量等的管理。物流质量的提高意味着物流管理水平的提高,意味着企业竞争能力的提高。因此,物流质量管理是物流管理的中心工作。

③物流技术管理。物流技术管理包括物流硬技术和物流软技术的管理。对物流硬技术的管理,主要是对物流基础设施和物流设备的管理。如物流设施的规划、建设、维修、运用,物流设备的购置、安装、使用、维修和更新,提高设备的利用效率,日常工具管理工作等。对物流软技术的管理,主要是对物流各种专业技术的开发、推广和引进,物流作业流程的制订,技术情报和技术文件的管理,物流技术人员的培训等。物流技术管

理是物流管理工作的依托。

④物流经营管理。物流经营管理包括物流费用的计算和控制,物流服务价格的确定和管理,物流活动的经济核算、分析等。成本费用的管理是物流经营管理核心。

7.2 物流战略管理

物流管理成功的最主要因素在于对物流活动进行全面的和整体的规划,制定合理的物流发展战略,合理配置资源,从而降低成本,提高对顾客的服务水平。

7.2.1 现代物流与企业战略

1)企业战略的层次

所谓企业战略,是在分析企业外部环境和内部条件的基础上,为在竞争中求生存和发展而作出的总体的、长远的谋划。

通常,企业的战略分为企业战略、经营战略和职能战略 3 个层次(图 7.2)。

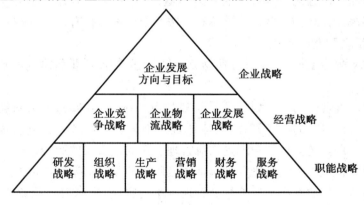

图 7.2 企业战略层次

企业战略即企业的总体战略,这是企业最高层次的战略。一般企业战略侧重于两个方面:一是从企业全局出发,根据外部环境的变化及企业的内部条件,选择企业所从事的经营范围和领域,即明确企业的业务是什么,企业应当在什么业务上进行经营;二是明确企业所从事的业务后,在各产品、业务之间合理配置企业各项资源,以实现企业整体的战略意图和目标。

经营战略是企业面对激烈竞争的市场,为了生存和不断发展,依据企业总体战略作出的经营谋划。企业经营战略主要涉及 3 个方面的问题:企业在它所从事的某个行业(市场)如何竞争?企业在自己的经营领域扮演着什么角色?在经营单位内如何分配资源?因此,经营战略许多时候被称为竞争战略,主要包括企业竞争战略、企业发展战略、企业物流战略等。

职能战略是在生产、营销、财务、研发、人事等职能部门中,由职能管理人员制订的短期目标和规划,以实现公司和事业部门的战略计划。职能战略通常包括市场策略、生产策略、研究与开发策略、财务策略、人事策略等。

企业战略、经营战略和职能战略构成了一个企业的战略层次,它们之间相互作用、紧密联系。如果企业整体要想获得成功,必须将三者有机地结合起来。

2)现代物流在企业战略中的地位

从企业战略的层次分析中,可以看到企业物流战略与企业战略之间是一种相辅相成的关系。企业战略谋划企业经营全局,为企业经营发展确定目标,指明方向;物流战略则是企业为做好物流工作而制定的行动指南。物流战略只是企业战略的组成部分,必须服从企业战略的要求,与企业战略方向协调一致。

随着越来越多的企业经营者认识到物流的重要性,企业物流开始成为企业竞争力的重要来源,企业物流系统的构建成为企业重塑竞争力的重要手段和方式。物流战略越来越受到许多有远见的企业关注,并上升到企业战略层面。现代物流在企业中的战略地位主要体现在增强竞争力、新的利润源泉和经营战略思想 3 个方面(阅读参考7.3)。

阅读参考 7.3 海尔的物流战略与企业战略

过去,海尔的物流同国内其他企业一样,仅意味着仓储和运输工作。但随着海尔市场的开拓,对生产系统提出了越来越高的要求:如何在市场需要的时候,生产并送交顾客满意的产品及服务。然而,因认识局限,海尔的物流状况总是不尽如人意,与集团国际化的总体战略存在一定差距。

改造企业物流,真正激动人心的并不是如何降低成本,而是如何对自身物流能力进行定位,以获得竞争优势。

海尔将物流重组定位在增强企业竞争力的战略高度上,希望以物流重组先行推动海尔整体的管理变革,也希望通过物流重组,实现物流管理的总目标,即以最低的物流成本向客户提供最大附加值的服务。海尔充分认识到物流对企业生存的关键性作用,所以把物流定位为集团的核心能力的一部分。

海尔的国际化战略目标,要求海尔持续批量地生产出高质量的产品,既要保持大批量生产条件下产品质量的一致性,又要求采购必须从原来分散在各事业部的局限于国内的活动,变为整个集团集中的国际化采购。这种迅速走向国际化的作业,提高了物流成本,也增加了物流的复杂性,海尔面临全球物流壁垒的挑战——4D挑战(距离——Distance,需求——Demand,多样性——Diversity,单证——Document),必须站在供应链管理的高度去管理由大量不同国家的供应商及经销商所组成的复杂供应链。"如果说资金流是企业的血液,那么现代物流便是企业的肌肉,有了它,企业才能做大做强。"海尔的战略就是"通过物流的再造,整合全球化资源,使海尔由制造业向服务业转型"。

物流成了海尔战略转型的切入点。物流对海尔来说不仅仅是可物化、可测量的"第三利润源泉",更重要的是它正在重塑海尔的企业意识。

资料来源:胡泳.海尔卖家电如海鲜[J].知识经济,2004(4):18-19。

(1)现代物流是提高企业竞争力的重要战略手段

随着现代科学技术迅速发展、消费需求变化加快、市场竞争日益激烈,企业要想持续不断地发展壮大,必须不断推出新产品、开拓新市场,以适应市场需求发展变化及产品生命周期日益缩短的趋势。企业之间竞争的关键越来越集中在谁能够最快地把客户需求准确地反馈到企业,并在最短的时间内开发、采购、生产,最快地投放市场,为顾客提供更好的服务,满足顾客需要,获取利润。在这个竞争过程中,谁拥有竞争优势又主要表现在物流服务的可得性、作业表现和可靠性等方面。越来越多的企业将物流能力定位为企业竞争的核心能力。

(2)现代物流是企业的"第三利润源泉"

随着生产技术和管理技术的提高,各企业之间通过千方百计降低生产成本、提高产品产量和产品质量的竞争日趋激烈。企业在降低生产成本方面的竞争已经走到了尽头,产品质量的好坏,也仅仅是一个企业能否进入市场参与竞争的敲门砖。这样,竞争的焦点就从生产领域转向非生产领域,转向过去那些分散、孤立的,被视为辅助环节而不被重视的领域,诸如运输、存储、包装、搬运装卸、流通加工等物流领域。企业发现,通过加强物流管理、降低物流成本、提高服务质量也可以创造第三个利润源泉。

(3)现代物流是企业的经营思想

随着企业对现代物流的深入认识和实践,物流不仅是企业利润的源泉,是企业核心竞争力的组成部分,还开始逐渐成为一种理念和思想,即通过高效率的物流活动实现企业的经营战略,通过物流服务提高顾客满意度。

7.2.2　企业物流战略管理

1）企业物流战略

企业物流战略是企业根据总体战略制订的企业物流发展的长远规划。也就是说，企业物流战略是企业面对激烈竞争的市场和不断变化的经营环境，为企业的生存和发展，实现企业战略，对企业经营管理活动过程中所涉及的物流活动及其管理的谋划和方略。

企业物流战略并不孤立存在于企业物流管理中，它是企业战略的有机组成部分。企业物流战略是在对整个企业物流系统进行综合分析评价后制定形成的。

企业物流战略类型按发展方向划分，可以分为规模经营导向物流战略和服务导向物流战略；按实施过程划分，可以分为内部一体化物流战略和外部一体化物流战略；按实施方式划分，可以分为自营物流战略、协同物流战略和第三方物流战略等。

（1）规模经营导向物流战略和服务导向物流战略

规模经营导向物流战略，即企业以降低物流成本，提高规模效益为利润增长点的物流战略。一般选择该战略的企业都是大型企业。这些企业凭借数量巨大的订货合同，通过规模降低订货成本、运输成本等，从而使得企业总成本下降，再辅以集约化管理，实行低价薄利经营。

服务导向物流战略，即企业通过提升物流服务水平进而提升企业服务水平的战略。选择服务导向物流战略的企业，除了考虑规模经营外，将物流服务作为差异化高水平服务的战略选择。

（2）内部一体化物流战略和外部一体化物流战略

内部一体化物流战略是企业将采购、生产等物流活动作为一个有机整体，通过整合企业内部物流职能，为企业带来竞争优势。

外部一体化物流战略旨在将供应链与物流职能整合，通过物流为供应链带来增值。协同物流和第三方物流是实施外部一体化物流战略的主要途径。

（3）自营物流战略、协同物流战略和第三方物流战略

自营物流战略，即由企业自己承担物流活动的战略。这是一种"大而全、小而全"的物流模式。企业自营物流不利于企业资源的优化配置，不利于发挥企业核心竞争力，因此用现代物流理念来衡量，其不符合现代物流要求。但现阶段，自营物流在我国许多企业仍占据着主导地位。主要原因有：一些企业认识到物流的重要性，结合自身实际，将物流服务纳入自己的核心业务以形成企业核心竞争力；能够满足这些企业需要的第三

方物流较少,发展水平较低;供应链管理在我国企业的发展尚未完全成熟,企业物流真正做到横向一体化,还需要一个过程。

协同物流战略,即企业实施协同物流的战略。协同物流包括纵向协同物流和横向协同物流。纵向协同物流是指处于流通渠道不同阶段的企业相互协调,形成合作性、共同化的物流管理系统。这种协同合作所追求的目标不仅是物流活动的效率即通过集中作业实现物流费用的递减,而且还包括物流活动的效果即商品能迅速、有效地从上游企业向下游企业转移,提高物流服务水平。纵向协同物流包括两个方面:一是与供应商的协同,这是通过供应商直接送货,或是通过配送中心、仓储企业、运输企业的协同和信息的共享来实现企业之间的联盟;二是与社会力量的协同,这种协同无论是从规模上,还是从专业化水平上,与真正的第三方物流是有区别的,它是从自营物流到第三方物流发展的过渡形式。横向协同是指相同行业或不同行业的企业间为了有效开展物流服务、降低多样化和即时配送产生的高额物流成本而相互之间形成的一种集中处理物流业务的方式。

第三方物流战略。第三方物流是通过协同企业之间的物流业务和提供物流服务,把企业的物流业务外包给专门的物流企业来承担,它提供了一种集成化、专业化的物流作业模式,使供应链的小批量库存补给变得更加经济,而且还能够创造出比供方和需方采用自营物流服务更高的物流效益。虽然我国第三方物流目前还很不成熟。但发展第三方物流,实施第三方物流战略是大势所趋。

此外,企业物流战略还可以按照服务范围划分为地区型物流战略、区域型物流战略和国际型物流战略,按照供应链的类型划分为推动式物流战略和拉动式物流战略,按物流技术形式划分为技术领先型物流战略和互联网物流战略等。

2)企业物流战略管理

企业物流战略管理是企业通过对物流战略的分析、制定、选择、实施与控制,保证企业战略得以实现的动态管理过程(图 7.3)。

(1)企业战略目标

企业物流战略的制定必须以企业战略为指导。因此企业制定物流战略,首先必须清楚和明确企业战略及其战略目标。正如在前面所分析的那样,企业物流战略是企业为做好物流工作,实现企业战略目标而制定的行动指南。物流战略只是企业战略的组成部分,必须服从企业战略的要求,与企业战略方向协调一致。

(2)企业外部环境分析

认识和分析企业所处的外部环境,把握环境的变化发展趋势,是物流战略制定的基础。物流战略环境分析包括宏观环境、行业及竞争环境分析两个方面。

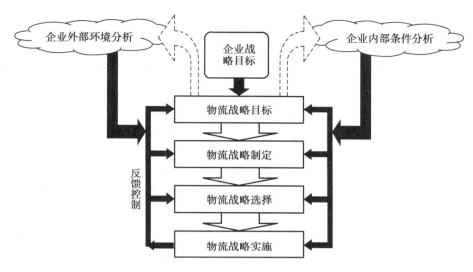

图 7.3　企业物流战略管理基本过程

①宏观环境分析。

a.社会与文化环境分析。社会环境包括国家社会阶层的形成和变动,执政党的状况,人口数量、分布及其地区性流动,人口年龄结构变化,受教育程度,社会中权力结构、人们生活方式及工作方式的改变、就业状况、城乡差别、社会福利、社会保障、廉政建设、社会道德风气、公众对国家的信心等。文化的基本要素包括哲学、宗教、语言与文字、文学艺术等,是文化环境的重要组成部分。社会及文化环境影响因素虽然对企业物流没有直接的影响,但它们都通过各种途径反映到企业中来,进而影响社会对企业产品及劳务的需求,也改变着企业的物流决策。如随着生活多样化,消费向个性化方向发展,人们注重个性化商品,这种变化对企业物流管理产生了深远影响,供应链管理、JIT 生产物流、电子商务物流等就是这种变化的写照。

b.法律环境分析。法律环境是指与企业相关的社会法制系统及其运行状态。法律环境因素概括起来主要包括法律法规、司法执法机关和法律意识 3 个方面。

国家的法律规范是由国家制定或认可、体现统治阶级意志、由国家强制力保证实施的行为规则。法律规范是一个完整的体系,与企业及其活动相关的法律规范体系是由不同效力等级的一系列法律所组成,主要有宪法、基本法律、行政法规、地方性法规等,其中与企业物流相关的法律规范构成企业物流法律环境中最基本的内容。由于物流系统的综合性,规范物流活动的法律、法规、法令、国家标准、国际公约和国际惯例也包括许多方面(表 7.2)。

c.经济环境分析。物流是派生的。物流需求取决于市场需求,而市场需求取决于企业所面临的经济环境的发展变化。所谓经济环境是指影响企业生存和发展的社会经济状况及国家经济政策。社会经济状况包括经济要素的性质、水平、结构、变动趋势等多方面的内容,涉及国家、社会、市场及企业等多个领域。国家经济政策是国家履行经济管理职能、调控宏观经济水平和结构、实施国家经济发展战略的指导方针,对企业经济环境有着重要影响。企业经济环境是一个多元动态系统,主要包括经济发展水平、社会经济结构、宏观经济政策要素。

表 7.2　与物流相关的部分法律法规

物流活动范畴	主要相关法律法规
运输相关的法律法规	《中华人民共和国海商法》、《中华人民共和国合同法》运输合同分章、《中华人民共和国国际海运条例实施细则》、《水路货物运输规则》、《危险货物运输规则》、《国内水路集装箱货物运输规则》、《中华人民共和国国际货运代理业管理规定实施细则》、《中华人民共和国公路法》、《汽车货物运输规则》、《乘用车运输服务规范》、《集装箱汽车运输规则》、《汽车危险货物运输规则》、《中华人民共和国铁路法》、《铁路货物运输管理规则》、《中华人民共和国民用航空法》、《中国民用航空货物国际运输规则》。《统一提单的若干法律规定的国际公约》——海牙规则、《修改统一提单的若干法律规定的国际公约议定书》——海牙-维斯比规则、《联合国海上货物运输公约》——汉堡规则、《联合国国际货物多式联运公约》、《国际公路货物运输合同公约》、《国际公路运输公约》;《国际铁路货物联运协定》、《国际铁路货物运输公约》、《统一国际航空运输某些规则的公约》——华沙公约、海牙议定书、《瓜达拉哈拉公约》、国际集装箱多式联运管理规则。《联合国国际货物多式联运公约》《联合运输单证统一规则》等
包装、仓储和配送相关的法律法规	货物的销售、运输、仓储方面的法律法规、国际公约和惯例中都有包装条款。此外还包括"一般货物运输包装通用技术条件""包装储运图标标志""运输包装收发货标志""对辐射能敏感的感光材料图标标志"等标准;"危险品货物运输包装通用技术条件""危险货物包装标志、包装储运图标标志""运输包装件基本试验""运输包装件尺寸界限"等标准;国际海运危险品对货物包装要求适用《国际海运危险货物规则》《中华人民共和国合同法》中有关仓储合同的规定,《保税货物的仓储适用关于简化和协调海关业务制度的国际公约》——京都公约、《海关对保税仓库及所存货物的管理办法》等
装卸和搬运相关的法律法规	《铁路装卸作业安全技术管理规则》《集装箱在铁路上的装卸和拴固》《铁路车站集装箱货运作业标准》《汽车运输装卸危险货物作业规程》《联合国国际贸易运输港站经营人赔偿责任公约》《国际海协劳工组织装箱准则》《联合国国际货物多式联运公约》等

物流活动范畴	主要相关法律法规
口岸法规及相关的国际公约	海关货物监管法规和国际公约:《中华人民共和国海关法》、《中华人民共和国进出口关税条例》、《中华人民共和国海关进出口税则》、《中华人民共和国海关对过境货物的监管办法》、《中华人民共和国海关关于转关运输货物监管办法》、《中华人民共和国海关对暂时进口货物监管办法》、《货物暂准进口报关手册的海关公约》即 ATA 报关公约。卫生检疫法规及法律:《中华人民共和国国境卫生检疫法》及《中华人民共和国国境卫生检疫法实施细则》、《中华人民共和国国境口岸卫生监督办法》、《中华人民共和国食品卫生法》、《中华人民共和国传染病防治法》、《中华人民共和国海洋环境保护法》、《中华人民共和国水污染防治法》、《进出境集装箱检验检疫管理办法》。动植物检疫法律及法规:《中华人民共和国进出境动植物检疫法》及《中华人民共和国进出境动植物检疫法实施条例》、《中华人民共和国进出境装箱检验检疫管理办法》、《中华人民共和国进出境快件检验检疫管理办法》、《中华人民共和国传染病防治法》。进出口商品检验法律及法规:《中华人民共和国进出口商品检验法》及《中华人民共和国进出口商品检验法实施条例》、《中华人民共和国食品卫生法》、《中华人民共和国出口食品卫生管理办法》。口岸通关的国际公约:《关于设立海关合作理事会的公约》、《商品名称及编码制度的国际公约》、《关于货物实行国际转运或过境运输的海关公约》即 ITI 公约、《1972 年集装箱关务公约》、《关于简化和协调海关业务制度的国际公约》及附约(即京都公约),以及涉及海关估价制度详细规定的国际公约等
货物销售相关的法规公约和惯例	《中华人民共和国对外贸易法》、《中华人民共和国进出口管理条例》《货物自动进出口许可管理办法》《出口商品配额管理办法》《中华人民共和国反倾销条例》《中华人民共和国反补贴条例》《出口产品反倾销应诉规定》《货物进口指定经营管理办法》《出口商品配额招标办法》《中华人民共和国产品质量法》《中华人民共和国进出口商品检验法实施细则》《中华人民共和国食品卫生法》《进出境动植物检疫法》《中华人民共和国国境卫生检疫法》《中华人民共和国海关法》《国际海运危险货物规则》《联合国国际货物销售合同公约》《国际贸易术语解释通则》《跟单信用证统一惯例》《1932 年华沙-牛津规则》。中国人民保险公司制定的与海洋货物运输保险、陆上货物运输保险、航空货物运输保险、邮包货物运输保险有关的保险条款等

资料来源:根据相关法律法规整理。

经济发展水平是指一个国家或地区经济发展的规模、速度和所达到的水平。反映一个国家或地区经济发展水平的主要指标有国民生产总值、国民收入、人均国民收入、经济增长速度等。企业从这些指标中可以认识国家或地区经济全局的发展状况。利用全国、各省市和企业自身的数据对比,并对这些数据进行时间序列(各年度数据)的比较,可以从中认识国家或地区宏观经济形势及企业环境的发展变化(阅读参考7.4)。

阅读参考7.4　经济发展水平影响决定着货物运输的发展与变化

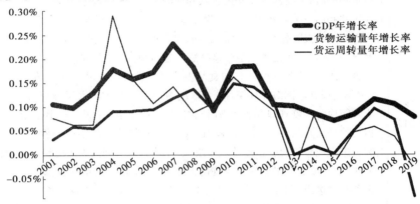

图 7.4　货运量和货运周转量与 GDP 发展水平的相关性

资料来源:中华人民共和国全国年度统计公报,中华人民共和国国家统计局。

社会经济结构又称为国民经济结构,是指国民经济中不同经济成分、不同产业部门以及社会再生产各个方面在组成国民经济整体时相互间的适应性、数量比例及相互关联的状况。一般社会经济结构主要包括产业结构、分配结构、交换结构、消费结构和技术结构等内容。其中,对物流需求有直接影响的是产业结构。不同的产业和行业会带来不同的物流需求(阅读参考7.5)。

阅读参考7.5　中国电子商务发展带动快递业问鼎世界第一

电子商务的快速发展,带动了哪些行业的发展? 孙庆国说,电子商务的特点就是利用网络进行交易活动,包括订单签订、支付、物流配送等环节,因此,电子商务的发展带动了金融网络支付、物流快递等相关产业的发展,特别是促进了物流配送服务水平的提高。2014 年我国快递业与迅猛发展的电子商务携手共进,快递业务量问鼎世界第一。据国家邮政局的统计数据显示,2014 年中国快递正式进入"百亿"时代,快递业务量达 140 亿件,同比增长 51.9%,超过美国问鼎世界第一,快递业连续 4 年保持了年均增幅超过 50% 的速度。

资料来源:陈键.我国电子商务市场发展迅猛带动快递业问鼎世界第一[Z/OL].人民网,2015-8-4。

此外,从物流服务角度看,与物流有关的服务是运输、仓储、订单处理以及存货要求、信息系统等。这些相关服务在重组物流系统设计时可通过外包得到。提供物流服务的企业可以是当地的公司,也可以是国内外的大企业。目前,在国内选择将物流外包给第三方物流企业的比重不断增加。从物流系统设计的角度看,这种服务具有增加灵活性和减少固定成本的潜力。

经济政策是一个国家或地区的政府在一定时期内为达到经济发展目标而制定的战略与策略。经济政策一般包括综合性的经济发展战略和产业政策、国民收入分配政策、价格政策、物资流通政策、金融货币政策、劳动工资政策、对外贸易政策等。宏观经济政策是国家根据一定时期经济领域中普遍存在的问题提出的针对性政策,它规定企业活动的范围、原则,引导和规范企业经营的方向,协调企业之间、经济部门之间、局部与全局之间的关系,保证社会经济正常运转,实现国民经济发展的目标与任务(阅读参考7.6)。

阅读参考7.6 现代物流发展的政策措施

为促进我国现代物流发展而制定的部分政策措施如表7.3所示。

表7.3 近年来中国政府及相关部门就促进现代物流发展制定的部分政策措施

政府及相关部门	政策与措施
国务院办公厅(2018年9月)	推进运输结构调整三年行动计划(2018—2020)
交通运输部(2018年4月)	关于深入推进无车承运人试点工作的通知
国务院办公厅(2018年1月)	关于推进电子商务与快捷物流协同发展的意见
国家邮政局等十部门(2017年11月)	关于协同推进快递业绿色包装工作的指导意见
国务院办公厅(2017年8月)	关于进一步推进物流降本增效促进实体经济发展的意见
国务院办公厅(2017年4月)	关于加快发展冷链物流保障食品安全促进消费升级的意见
交通运输部(2017年4月)	推进交通运输生态文明建设实施方案
商务部等五部门(2017年2月)	商贸物流发展"十三五"规划
交通运输部等十八部门(2017年1月)	关于进一步鼓励开展多式联运工作的通知
国家发展改革委(2016年7月)	"互联网+"高效物流实施意见
国家发展改革委等十部门(2016年2月)	关于加强物流短板建设促进有效投资和居民消费的若干意见
国务院(2015年10月)	关于促进快递业发展的若干意见

续表

政府及相关部门	政策与措施
财政部（2015 年 9 月）	关于继续实施物流企业大宗商品仓储设施用地城镇土地使用税优惠政策的通知
商务部（2015 年 7 月）	关于智慧物流配送体系建设的实施意见
国务院（2014 年 9 月）	物流业发展中长期规划（2014—2020 年）
国家发改委等十二部门（2013 年 9 月）	全国物流园区发展规划
交通运输部（2013 年 6 月）	关于交通运输推进物流业健康发展的指导意见
商务部（2012 年 6 月）	关于推进现代物流技术应用和共同配送工作的指导意见
财政部 国家税务总局（2012 年 1 月）	关于物流企业大宗商品仓储设施用地城镇土地使用税政策的通知
商务部、发展改革委、供销总社（2011 年 3 月）	商贸物流发展专项规划
国务院办公厅（2011 年 8 月）	国务院办公厅关于促进物流业健康发展政策措施的意见
国家发展改革委（2010 年 6 月）	农产品冷链物流发展规划

资料来源：根据相关资料整理。

　　以上经济环境要素相互结合、整体地影响着企业的生存和发展。从企业的角度来看，企业在宏观经济环境中应当加强经济环境意识。企业经营管理活动是多样、复杂、快节奏的，以致许多企业领导人整天被企业内部生产经营问题所缠绕，"只顾埋头拉车而不抬头看路"，忽略了对宏观经济形势的观察、了解和思索，而宏观经济环境往往是通过各种经济政策具体地对企业发生作用，因此导致企业对它的感觉和认知在时间和空间上存在一定距离，由此带来的结果是：当宏观经济环境发生的变化逐步被企业领导者觉察时，早已错过良机，甚至某种经济形势早已"兵临城下"，使企业被动应付，险象环生，困窘不堪。形势突变，如江河决堤，一泻千里，顷刻吞没企业的情况也时有发生。因此，企业的宏观经济环境意识要特别强，这样才能使企业在经济环境乃至整个社会环境中的生存发展得到有力的保证。

　　d.技术环境分析。技术环境即企业所处的社会环境中的科技要素及与该要素直接相关的各种社会现象的集合。技术环境影响主要包括科技水平、科技力量、科技政策与立法等。这些要素都会对企业的生产、经营、管理活动等多方面产生影响。

对物流管理有影响的技术主要包括信息、包装及包装材料、运输、储存、配送等技术。其中,互联网、物联网、大数据、云计算、深度学习、人工智能、OCR(光学式自动读取系统)、POS(销售时点管理系统)、卫星定位系统等技术的应用,使高效、快速、准确的物流管理成为可能。现代科技带给企业物流新的发展机会和动力,提高企业物流管理水平,促进了企业物流装备的现代化发展。

e.地理环境分析。地理环境及其区位对物流发展也会带来很大影响,因此企业物流发展还需要考察企业所处地区/城市的地理区位。通过对地理区位的分析,我们可以知道本地和周边的经济联系,以此确定该地区的物流需求量及物流发展条件等(阅读参考7.7)。

阅读参考 7.7 武汉发展物流的区位

武汉具有独特的地理优势。这种通江达海、承东启西、汇聚南北的居中区位,将武汉市置于一种全新的极其重要的战略地位。武汉将成为长江中游乃至中国中部最大的经济增长极,成为联结中国南北方最重要的枢纽,成为中国经济由东向西推进的最重要的战略支点。它是我国中部重要特大型中心城市,是东西交通必经之地,也是中国南北交通的枢纽;同时,武汉还位于长江经济发展区域中上海和重庆两大直辖市的中间,是京、汉、沪以及粤港大三角的中心。武汉拥有全国四大航空货运枢纽之一的天河机场,内河第一大港长江武汉港,京广、京九两大铁路运输动脉,以及京珠、沪蓉、106、107、316、318 等 6 条高速公路和国道,16 条省道。以武汉为圆心,在半径 400 km 范围内,辐射 4 个省、45 个中等以上的城市,共计 1.83 亿人,占全国城市总人口的 21.25%;在半径1 200 km 范围内,覆盖了中国 14 个地区生产总值超过千亿元的城市中的 12 个。武汉得天独厚的地理优势为它的物流发展奠定了良好的基础。

资料来源:根据相关资料整理。

企业的物流设施网络结构直接同客户及供应商的位置有关。地理区域的人口密度、交通状况以及人口变动都影响物流设施选址。所有公司都必须从这些地区的市场因素去考虑最有市场潜力的物流配送中心的位置。人口统计信息,如年龄、收入、教育程度等均是确定市场潜力的基本要素。

②微观环境(行业)分析。

a.行业及竞争环境分析。不同行业之间,其特性及结构方面的差别很大。如汽车行业与零售业之间、建筑业与医药行业之间的经济和竞争特性就有很大的差异,对物流需求也有很大不同。因此,行业及竞争环境的分析首先要从整体上把握行业的最主要的经济特性,物流的需求特点。所谓行业或产业,是居于微观经济的细胞(企业)与宏观经济单位(国民经济)之间的一个集合概念。行业是具有某种同一属性的企业的集合,又是国民经济以某一标准划分的部分,如汽车行业、家电行业等。行业经济特性分析对企业物流战略制定有很大影响。行业经济特性分析主要考虑 12 个因素(表 7.4)。

表 7.4　行业经济特性的主要因素

行业主要经济特性	战略重要性
物流市场规模	小市场吸引不了大的或新的竞争者,大市场常常会引起企业的兴趣
客户数量	如果产品是高价位商品,则客户的数量较少,追寻低价位产品的客户将增加
竞争企业数目及其相对规模	行业是被众多企业所细分,还是被几家大企业所垄断
行业内企业竞争范围	是在全球范围开展竞争,还是在国际性、全国性、区域性、地区性范围开展竞争
市场增长速度及行业所处的生命周期阶段	行业处在生命周期的不同阶段,其市场增长速度是不同的
行业盈利水平	高利润行业吸引新进入者,行业环境萧条会增加退出者
进入/退出壁垒	进入壁垒高会保护现有企业的地位和利润,进入壁垒低使该行业易于吸引新进入者,退出壁垒高使行业内竞争激烈
产品标准化	会使购买者权利增加
技术变革迅速	企业风险加大
产品革新迅速	缩短产品生命周期,风险加大
资源条件	资本、时间等资源需求往往成为进入、退出行业的重要因素
规模经济	要求具有成本竞争所必需的产量和市场份额

　　b.行业竞争结构分析。企业制定物流战略还必须了解行业中竞争结构与竞争态势。通过深入分析行业竞争过程,找出竞争压力的来源,确定行业内各种竞争力量的强度,对制定企业物流战略具有重要的意义。不同行业中物流竞争的压力可能是不一致的,但 M.E.波特(M .E.Porter)给出了一个基本的分析思路——5 种基本竞争力量模型,还有一些学者认为应加上第六种竞争力量——其他利害相关者(图 7.5)。波特认为,一个行业的激烈竞争,其根源在于其内在的竞争结构。在一个行业中存在着 5 种基本竞争力量,即新进入者的威胁、行业中现有企业间的竞争、替代品或服务的威胁、供应者讨价还价的能力、用户讨价还价的能力。这 5 种基本竞争力量的现状、消长趋势及其综合强度,决定了行业竞争的激烈程度和行业的获利能力。在竞争激烈的行业中,一般不会出现某个企业获得非常高的收益的现象;在竞争相对缓和的行业中,会出现相当多的企业都可获得较高的收益。5 种基本竞争力量的作用是不同的,问题的关键是在该行业中的

企业应当找到能较好地防御这 5 种竞争力量的位置,甚至对这 5 种基本竞争力量施加影响,使它们朝着有利于本企业的方向发展。因此,制定企业物流战略时,必须了解行业中各种竞争力量的特点。

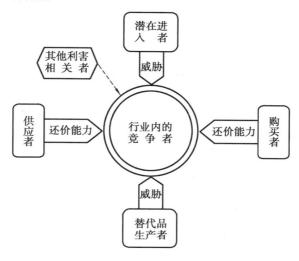

图 7.5　M.E.波特的 5 种竞争力模型

根据对 5 种(或 6 种)基本竞争力量的分析结果,必须认识到在产业(市场)中的竞争不仅是原有竞争对手之间的竞争,购买者、供应者、替代品生产者和潜在进入者都可能是我们的竞争对手。

(3)企业内部条件分析

①企业资源要素分析。不断变动着的外部环境既会对企业物流战略带来有利影响,也会带来不利的影响。如何充分利用有利影响,降低甚至消除不利影响,关键要看企业如何运用有限的资源。因此,要求企业系统分析其内部条件,摸清企业自身资源要素,并合理配置这些资源要素。一般企业的资源要素主要有七大类(表 7.5)。

表 7.5　影响企业物流战略的内部因素

主要影响因素	具体影响要素
人力资源	人员数量、人员素质、人员结构、人员配置、人员培训、人员流动和人员的劳动保护、人力资源管理制度和运行机制等
财力资源	物流资产结构、负债和所有者权益结构、物流服务增值、物流成本、物流投资风险等
物力资源	物流服务设施设备、设备完好及维修状况、能源供应状况等
信息资源	环境监测、竞争情报、内部信息、信息共享等

续表

主要影响因素	具体影响要素
技术资源	物流信息技术、物流工程技术、物流设备技术、物流环保技术、新技术应用等
组织资源	物流组织状况、物流管理效率等
信誉资源	物流服务质量、企业信誉、物流管理模式等

对企业物流资源进行合理的分配与协调是确定企业物流发展战略的核心内容。为此,需要对物流资源价值进行评估。从企业物流发展战略出发,应对资源进行价值分类、竞争权衡,确定优势资源,努力集中优势资源,共享优势资源,创造更大的资源价值。

②企业物流价值链分析。企业物流活动也是一条价值链。企业物流价值链是企业采购/供应、生产、销售、逆向/回收物流活动的集合。企业的这些物流活动构成了创造或增加客户价值和企业价值的动态过程,即物流价值链。通过物流价值链分析,从而找出对企业生产经营活动最有价值、最有优势的物流活动,并加以改进提高,以达到提高企业竞争力的目的(图7.6)。

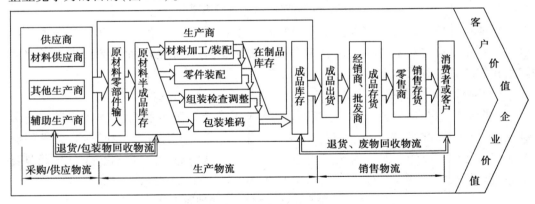

图 7.6　企业物流价值链

通过企业物流价值链的分析,能够帮助我们认识和了解企业物流价值的增值过程。特别需要注意的是,物流价值链各项活动之间是紧密联系的,正是这种联系才形成了企业的物流竞争优势。各项物流活动对企业的物流竞争优势的形成所起的作用是不同的。因此,要站在最终用户的角度来评价企业的物流价值链,使企业整个价值体系做到整体最优。

企业物流价值链分析就是要抓住企业物流价值增值链中的关键环节进行深入细致的分析,才能找到企业物流过程中存在的优势及劣势。同时,对照物流价值链的各个环节,逐项比较与竞争对手的差异,从而了解哪些活动是本企业的物流竞争优势,哪些是竞争劣势。尤其是与同行业中表现最优秀的企业进行对比,分析本企业与其在物流价值链管理方面的差距,如重大的物流成本差异是在上游的供应商内部生产制造经营环节,还是在价值链的下游市场销售环节?找出本企业与优秀企业之间物流价值链成本的差异,还要分析产生差异的原因。只有找出本企业比竞争对手做得更好的最有优势的关键价值链活动环节,并把企业的资源和人才集中于这些最有优势的关键价值链活动环节上,才能建立和维持持久的竞争优势。

(4)物流战略目标确定

企业物流战略目标是企业战略目标的具体化。不同的企业,其物流战略目标肯定有所不同,但一般来说,企业物流战略的基本目标有 3 个:成本更低、投资更省、服务更好。

成本更低,即物流战略实施的目标是将企业与运输、存储、装卸搬运等相关的可变成本降到最低。通常要评价各备选的行动方案。如在不同的仓库位置中进行选择或者在不同的运输方式中进行选择,保持物流服务水平不变,找出成本最低的方案,以形成最佳物流战略。利润最大化是本战略的首要目标。

投资更省,即物流战略实施的目标是使企业物流系统的投资最小化,其根本出发点是投资回报最大化。如为避免进行存储而直接将产品送达客户,放弃自有仓库而选择公共仓库,选择适时供给而不采用储备库存的办法,或是利用第三方提供物流服务。

服务更好,即通过高品质的物流服务增加企业收入。尽管提高物流服务水平将大幅度提高成本,但只要收入的增长超过成本的上涨,就是有效的物流服务。要使战略有效果,应制定与竞争对手截然不同的服务战略(阅读参考7.8)。

阅读参考 7.8　天山燃气设备公司的物流服务战略

天山燃气公司是一家生产燃气具的企业。公司凭借优质的物流服务赢得了市场。某客户的采购人员曾经向公司的销售人员展示了同一产品的两张发票,一张是天山燃气公司的,一张是其竞争对手的,竞争对手的价格比天山燃气公司的价格低9%。但是,如果天山公司为客户保有服务中心(专用存储点及额外的增值服务),那么天山公司就可以赢得 800 万元的服务订单。天山公司满足了客户的要求,建立了服务中心,赢得了合同。客户非常满意,天山公司的收入也有很大的增长,因为服务中心的运营成本只有销售额的 3.5%。

资料来源:罗纳德.H.巴罗.企业物流管理——供应链的规划.组织和控制[M].王晓东,胡瑞娟,李芊,等译.北京:机械工业出版社,2006:28。

在企业实际经营中,物流战略目标更具体。如维持企业长期供应物流的稳定性,做到低成本、高效率;作为企业的特色服务,谋求良好的竞争优势;以企业整体战略为目标,帮助企业促进销售;满足企业生产制造系统要求等。

（5）物流战略制定与选择

企业物流战略的制定与选择,实际上就是企业根据企业总体战略目标,通过外部环境及其内部条件的分析,在掌握外部环境的变化及其发展趋势的基础上,结合企业自身的实际情况,运用一定方法和技术,明确并评价和选择企业物流发展方向和目标的过程。最常用的方法之一是SWOT矩阵法（图7.7）。

物流战略　内部条件／外部环境	S 优势 1.有良好的财务状况; 2.有良好的商务能力; 3.拥有地理优势; 4.有很有影响力的总经理; 5.已拥有好几个大客户	W 劣势 1.技术能力薄弱,需要引进人才或培养人才; 2.服务范围有限,物流配送领域还需要开发; 3.信息系统亟待建立; 4.员工物流行业经验不足
O 机会 1.政府大力发展制造业; 2.在当前的经济环境和市场条件下,物流需求市场潜力巨大,物流业有较大发展空间; 3.投资环境大大改善; 4.交通环境得到极大改善	SO 战略 1.进行市场开拓,对开发区制造企业进行重点培养; 2.开辟省内其他城市物流市场; 3.开辟省外少数大城市的物流市场	WO 战略 1.引进急需人才,培养后备技术骨干,广泛开展物流知识培训; 2.小范围开展物流配送业务,先从开发区做起; 3.先建立小范围信息系统,留待以后逐步升级
T 威胁 1.进入 WTO,国内物流企业面临严峻的挑战; 2.物流企业在经营中面临较高的经营成本; 3.虽然物流市场潜在需求增加,但低层次瓜分和高层次的恶性竞争在加剧,竞争对手实力较强; 4.全国各地物流中心增加,造成国内物流业重复投资; 5.我国物流业需要更好的法制环境	ST 战略 1.利用地理优势,培养现有客户的忠诚度; 2.小范围近距离开辟市场,避免远距离的同行竞争; 3.避免恶性的服务竞争,发挥自己的优势服务项目; 4.不轻易增加物流服务网点	WT 战略 1.进行市场维护,培养客户忠诚度; 2.培养后备技术力量,广泛开展内部培训; 3.不开展物流配送服务项目,逐步培养对少数制造企业的部分物流服务; 4.不增加服务网点; 5.不参加恶性的物流服务竞争

图 7.7　A 物流公司的 SWOT 矩阵图

图 7.7 是某市 A 物流公司战略分析的 SWOT 矩阵图。将矩阵图中的备选方案进行归纳,可以得出 4 个备选方案:

①市场扩张战略。以本市为中心,尤其是以本市经济技术开发区为中心,向省内其他城市、省外城市扩张。

②进一步开拓本地市场战略。以本市经济技术开发区内的制造企业为对象,进一

步挖掘近距离的物流服务需求量。这个方案的目的是发挥公司现有财务优势和商务优势，同时回避过于激烈的恶性竞争和较高的交易成本，稳步地占领市场。

③服务品种延伸战略。引进和培养人才，探索开展小范围、短距离物流配送服务。

④市场维持战略。除了进行极少数潜在客户的培养之外，基本上不开辟新的市场，主要集中培养现有客户的忠诚度。

采用定性或定量评价，从这些方案中选出适合企业的方案，而其他方案可以作为备选方案。实际工作中 A 公司采用专家评分法，按评价指标体系给各个方案评分，最后求出方案的总分，总分最高的即为最优方案。最后得出方案二的总分最高，方案二成为 A 公司物流战略方案。

（6）物流战略实施与控制

当物流战略制定后，战略管理的重点就转向战略实施和战略控制。两者交替进行，在战略实施中进行战略评价和控制，在战略控制中推进战略实施。

①物流战略实施。企业物流战略在实施过程中应遵循战略协同、寻求优势、区域平衡、有限合理、阶段发展、系统优化等原则；同时，应注意影响物流战略实施的因素。特别应注意物流企业规模、经营过程的复杂程度、物流企业环境的复杂程度、物流企业面临的问题等。

在企业物流战略实施的全过程，要加强组织领导和指导工作，这是战略实施成败的关键因素。由于战略实施计划会涉及许多细节，活动内容很多，因此，应在战略开始实施前拟订实施计划或行动计划，将各项活动合理安排，分出轻重缓急，依次进行，保证工作的质量。

②物流战略控制。企业物流战略是企业物流发展的长远性谋划，实施的周期通常在 3～5 年以上。在这段时间内，无论是企业外部环境还是企业内部条件都会发生许多变化，这就要求企业持续监测企业的外部环境和内部条件变化，并据以研究现行战略是否需要调整，是否需要主动进行战略变革。因此物流战略的控制就是对物流战略的实施情况进行跟踪监测，当发现主客观形势的变化和问题，在必要时对战略作出调整或变革。

企业物流战略控制主要有 4 种类型：前提控制、战略监测、执行控制、特警控制。

a.前提控制。任何战略都是基于某些计划前提（假设或预测）制定的，物流战略也不例外。前提控制就是在整个物流战略管理过程中，系统连续地考虑战略所依据的前提是否仍然有效。如果战略的某一项关键前提不再有效，则需要变革战略。对失效的前提识别和否决得越早，则战略转移或变革越容易。

b.战略监测。战略监测是在整个物流战略管理过程中比较广泛地监测企业内外出现的可能影响物流战略进程的影响因素，通过对多种信息来源的广泛监测，以发现一些重要的先前未预料到的信息。前提控制主要将注意力集中在战略所依据的前提是否持续有效,而战略监测则没有集中的注意点,因此它是一种宽松的"环境扫描"活动。

c.执行控制。这是在物流战略实施阶段执行的控制。物流战略的实施涉及多方面的工作,执行控制就是通过考察这些工作成果,对是否应当变革战略作出评估。常见的执行控制有两类:战略要点监测和阶段成果评审。

战略要点监测。战略要点是指为实施战略而特意制订的一些计划项目,如决定物流战略成败的关键业务等。对这些关键业务,管理者应特别注意监测,并根据监测结果来确定物流战略是继续实施还是需要变革。

阶段成果评审。阶段成果是指企业确定的在物流战略实施过程中应当达到的阶段性标志,它可以是关键事件、主要资源的分配等。阶段成果评审就是根据定出的阶段成果评审物流战略实施过程,视其达到阶段成果与否决定物流战略的变革。一般只有当物流战略上升为企业战略时,才进行阶段成果评审控制。因为阶段成果评审一般要求对影响战略的因素进行全面、客观的评估,无论是继续实施战略还是变革战略,都会直接影响企业的发展。

d.特警控制。这是指在战略实施阶段遇到突发的意外事件时,对执行的战略所做的迅速而彻底的再思考。为此,企业尤其是严重依赖国际物流的企业应设置专职的预警管理小组,负责对突发意外事件进行监测并向企业领导者提出最初的应对报告(图7.8)。

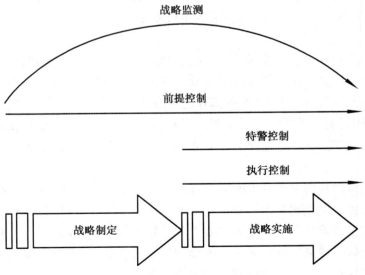

图 7.8　物流战略控制的 4 种类型

资料来源:J.A.Pearce Ⅱ,R.B.Robinson.*Straltegic Management*[M].6th Edition,McGraw-Hill,1997.东北财经大学出版社,1998 年重印本:381。

上述 4 种类型的控制都是对企业外部环境和内部条件的监测,同战略调研的关系非常密切,所以一般可责成战略调研责任部门去进行,包括负责特警控制的预警小组也可附设在该部门中。战略调研部门既为战略制定提供依据,又为战略实施及实施过程中的战略变革提供依据,战略变革也是一次新的战略制定。

③物流战略作业控制。物流战略作业控制就是对企业物流战略计划或预算的执行过程进行的控制。它将执行过程的实际业绩同预定的目标或标准相比较,发现差异,分析原因,采取措施,纠正差异,以保证预定目标或标准的实现,或在必要时修改预定目标或标准。物流战略的作业控制与物流战略控制既有区别又有联系。作业控制与战略控制的区别主要表现在:第一,物流战略控制关注的是物流的长远战略和目标能否实现,是否需要变革;作业控制则关注年度物流计划乃至更短期的季度、月度计划目标能否实现,是否需要调整。第二,物流战略控制的目的是保证其与企业的基本方向和战略的适宜性,及时改变不适宜的战略;作业控制则是对企业物流业务活动的控制,及时纠正不合理的业务活动。第三,物流战略控制的依据是以企业总的战略目标为基础,并对企业外部环境和内部条件进行连续监测,主要由物流部门或企业战略调研部门提供所需信息,作业控制则侧重企业物流业务活动的连续监测,主要由会计、统计等核算部门提供信息。

作业控制与战略控制的联系主要表现在:第一,作业控制的对象是根据物流战略具体落实的体现——年度计划乃至更短期的季度、月度计划,这些计划的实现是战略实现的条件,因此两种控制的终极目的是一致的;第二,在作业控制中同样可能发现物流战略是否需要调整甚至变革的问题,从而与战略控制结合起来了。

作业控制也是一个工作活动过程,一般有 5 个步骤(图 7.9)。

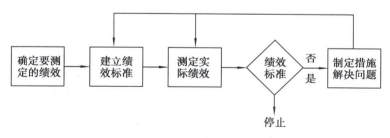

图 7.9 物流战略作业控制过程

物流战略的作业控制过程包括 3 个基本内容:确定评价标准;测定实际绩效;反馈,即采取纠正措施。这三者又被称为作业控制三要素。其中,确定评价标准包括物流战略内部绩效评价标准、物流战略外部绩效评价标准和物流战略综合绩效评价标准。

7.3　物流信息管理

7.3.1　物流信息资源

1）信息资源

所谓资源①，即财富的源泉，它是能够创造财富的物质或物品。

社会经济发展的历史表明，新价值产生于对资源的占有和整合。如在农业社会，价值产生于对土地资源的占有及土地与人力、畜力等资源的整合；在工业社会，价值产生于对投资建造机器的资本的占有及资本与土地、人力、煤、铁等自然资源的整合。今天，我们已进入信息社会，或者正处在工业社会向信息社会过渡时期（也有人称为后工业社会），新价值将产生于对信息资源的占有及信息与土地、资本等资源的整合。

信息资源可从狭义和广义两方面理解。狭义的信息资源是指企业经营管理活动过程中经过加工处理有序化并大量积累而形成的有用信息的集合，如财务信息、人事信息、商品信息、销售信息、物流信息、顾客需求信息、市场竞争信息等。广义的信息资源是企业在经营管理过程中积累起来的信息、信息技术、信息设备等信息活动要素的集合。

对于现代企业来说，在激烈的市场竞争中，谁能够更为有效地掌握和利用信息资源，谁就能够在市场竞争中处于有利地位。

2）物流信息资源

物流信息资源也有狭义与广义之分。狭义的物流信息资源是指与物流活动（如包装、保管、流通运输等）有关的信息集合。如运输工具的选择，运输路线的确定，运送批量的确定，库存数量的确定，订单管理，如何提高顾客服务水平等，都是非常重要的物流信息资源。广义的物流信息资源除了与物流活动有关的信息的集合外，还包括与其他流通活动有关的信息的集合，如商品交易信息和市场信息等。商品交易信息即买卖双方交易过程相关的信息，如销售和购买信息、订单信息、货款收付信息等。市场信息即与市场活动相关的信息，如消费者的需求信息、竞争性信息、交通通信等基础设施信息

---

① 资，货也（《说文》）。资，川也（《广雅》）。源，本义水源，源泉。

等。广义的物流信息资源不仅能起到连接整合生产厂家、经过批发商和零售商最后到消费者的整个供应链的作用,而且在应用现代信息技术(如 EDI、EOS、POS,电子商务等)的基础上能实现整个供应链活动的效率化。

3)物流信息资源的特征

由于物流活动涉及的面非常广,因此物流信息资源具有信息量大、来源多样、更新迅速的特点。

①信息量大。物流信息资源随着物流活动以及商品交易活动展开而大量发生。多品种少量生产和多频度小数量配送使库存、运输等物流活动的信息大量增加。零售商广泛使用销售时点系统(POS)读取销售时点的商品品种、价格、数量等即时销售信息,并对这些销售信息加工整理,通过电子数据交换(EDI)向相关企业传递。同时为了使库存补充作业合理化,许多企业采用电子自动订货系统(EOS)。随着企业间合作倾向的增强和信息技术的发展,物流信息资源的信息量将会越来越大。

②来源多样。物流信息资源不仅包括企业内部的物流信息(如生产信息与库存信息等),而且包括企业间的物流信息和与物流活动有关的基础设施的信息。企业竞争优势的获得需要供应链上参与企业之间相互协调合作。协调合作的手段之一是信息即时交换和共享。许多企业把物流信息资源标准化和格式化,利用 EDI 在相关企业间进行传送,实现信息共享。另外,物流活动往往利用道路、港湾、机场等基础设施。因此,为了高效率地完成物流活动,必须掌握与基础设施有关的信息,如在国际物流过程中必须掌握报关所需信息、港湾作业信息等。

③更新迅速。物流信息资源的更新速度快。多品种少量生产、多频度小数量配送与利用 POS 系统的即时销售使各种作业活动频繁发生,从而要求物流信息资源不断更新,而且更新的速度越来越快。

7.3.2　物流管理信息系统

物流管理信息系统是企业开发、利用和管理物流信息资源的基本手段和保证。因此,选择、开发和使用什么样的物流管理信息系统对企业物流管理非常重要。

1)企业信息系统模型

企业信息系统,是一个人—机系统,它是企业的神经系统,为企业经营管理决策提供信息支持。企业信息系统是一个三维综合系统(图 7.10)。

第一维是企业自上而下的 4 个管理层次,即战略管理层、战术管理层、运行管理层

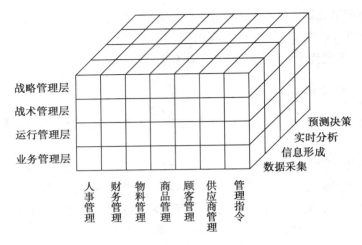

图 7.10　企业信息系统模型

和业务管理层。适应企业经营管理 4 个层次的信息系统,属于业务管理层和运行管理层的信息系统主要有事务处理系统、办公自动化系统,以及与经营管理有关联的 POS 系统、订单管理系统和其他监测系统等;属于战术管理层的信息系统有狭义的管理信息系统(或称信息报告系统,其实它也部分地属于运行管理层)、决策支持系统和某些专家系统等;属于战略管理层的有主管信息系统或主管支持系统、战略信息系统等,这一个层次的系统主要是知识系统。

　　第二维是逻辑职能部门的划分,逻辑职能部门也叫逻辑职能域。它是对企业现有机构部门的抽象和综合。在信息系统的设计中不根据企业现有机构部门,而是根据相对稳定的逻辑职能域来划分职能部门,这样企业的信息系统就不会因企业机构部门的变动或者部门职能、职责的重新划分而重新开发和调整,从而真正实现信息获取的唯一性,实现信息的共享和交换,最大限度地克服企业"信息孤岛"现象。

　　第三维是信息的处理深度,有 4 个层次:数据采集是指在数据产生地就地采集、初加工和向外传输,其包括数据的采集、整理、处理和存储。数据采集是最接近商品卖场、物流业务活动和外界环境的;信息形成即利用数据处理结果,经过汇总、分析,形成有用的信息,其中在线处理和分析是要求更高、更为综合的信息技术;问题分析就是对生产、销售等业务活动现状,对比原定的目标、计划与任务,进行分析,发现问题,提出解决方案,然后进行评价选择;预测决策就是根据历史数据和当前数据进行分析预测,利用综合数据辅助决策,为企业明确长远的发展目标,提出战略措施,制订宏观和长远计划。

　　从企业信息系统模型示意图可以看出,各管理层次、各职能部门和各业务环节之间的信息流是非常复杂的。如从业务管理层、运行管理层、战术管理层到战略管理层,既有自下而上的业务经营信息,也有自上而下的控制指挥信息;此外,各管理层都同时与外界进行大量的信息交换。

2）物流管理信息系统

物流管理信息系统是企业管理信息系统的组成部分，是由计算机软硬件、网络通信设备及其他办公设备组成的，服务于物流作业、管理、决策等方面的应用系统。物流管理信息系统与企业管理信息系统一样，也由多个子系统组成。通常，企业的物流管理信息系统主要包括采购、仓储、生产、销售、财务、运输、决策和管理等子系统，各子系统均有自己特有的功能（表7.6）。

表7.6　物流管理信息子系统及功能

各子系统	各子系统的基本功能
采购管理系统	订单管理、供应商管理
仓储管理系统	储存业务收发、分拣、摆放、补货、配送，库存分析与控制
生产物流系统	生产计划、物料需求计划，领料管理等
销售物流系统	销售统计、需求分析、渠道计划、客户管理等
运输管理系统	运输计划、车辆管理、运输服务商管理等
配送管理系统	配送派车计划、体积装载计划以及配送行程计划等
财务管理系统	资金管理、费用核算、收益管理，财务报表
决策支持系统	汇集系统中各子系统相关数据，提供统计分析模型，根据管理者设置的条件，提供决策参考
管理系统	维护和管理物流信息管理系统本身，一般包括系统初始设置、使用权限设置、计量单位设置等

需要注意的是，物流管理信息系统的组成因企业的规模、服务内容等的不同而不同。如运输服务企业的物流管理系统，就没有生产管理子系统，但会包括运输车辆管理、驾驶员管理等子系统；物流管理信息系统各子系统之间有着非常密切的业务联系，比如生产系统中的生产计划、物料需求计划，就与采购管理系统中的订单有着直接的联系。因此在物流管理信息系统结构中，应确定子系统间的信息流与数据接口（包括通信协议与数据标准定义），满足子系统之间实现数据交换的通信需求。

3）物流管理信息系统的建立

对于一些大型企业或有开发能力的企业，可以根据自身的特点开发自己的物流管理信息系统。而对于一些中小企业或开发能力不足的企业，则可以外包物流管理信息系统的开发或直接购买通用物流管理信息系统。

(1)物流管理信息系统建立的步骤

一般地,企业物流管理信息系统的建立有 10 个步骤(表 7.7)。

表 7.7 企业物流管理信息系统建立步骤

步　骤	工作内容
①可行性分析阶段	在进行大规模的信息系统开发之前,要从有益性、可能性和必要性 3 个方面对未来系统的经济效益、社会效益进行初步分析
②信息系统规划阶段	系统规划是在可行性分析论证之后,从总体的角度来规划系统应由哪些部分组成,在这些组成部分中有哪些数据库,它们之间的信息交换关系是如何实现的,并根据系统功能需求提出计算机系统网络配置方案。 建立物流信息系统,不是单项数据处理的简单组合,必须要有系统的规划。因为它涉及传统管理思想的转变,管理基础工作的整顿提高,以及现代化物流管理方法的应用等许多方面,是一项范围广、协调性强、人机紧密结合的系统工程。系统规划实际上是信息系统工程的决策,它关系到企业的利益、工程的成败
③信息系统分析阶段	系统分析阶段的任务是按照总体规划的要求,逐一对系统规划中所确定的各组成部分进行详细的分析
④信息系统设计阶段	系统设计阶段的任务是根据系统分析的结果,结合计算机的具体实现,设计各个组成部分在计算机系统上的结构
⑤信息系统开发实施阶段	系统开发实施阶段的任务包括系统硬件设备的购置与安装,应用软件的程序设计
⑥信息系统测试阶段	程序设计工作的完成并不标志系统开发的结束。系统测试是从总体出发,测试系统应用软件的总体效益、系统各个组成部分的功能完成情况、系统的运行效率及系统的可靠性等
⑦信息系统安装调试阶段	在系统安装、数据加载等工作完成后,可对系统硬件和软件进行联合调试以及发现系统设计和开发实施可能存在的问题,并修改调整
⑧信息系统试运行阶段	对信息系统进行一段时间的试运行,可使用户逐步适应系统的使用,避免未曾预料问题的出现造成严重的经济损失,从而降低系统的风险性
⑨信息系统运行维护阶段	在系统正式运行后,要制订一系列系统管理规章制度。要做好系统的日常维护工作
⑩信息系统更新阶段	当系统已不能满足企业或组织业务发展的要求时,准备信息系统进入下一个开发周期

资料来源:王斌义.现代物流实务[M].北京:对外经济贸易大学出版社,2003:408-410.

（2）物流管理信息系统建设原则

为保证物流管理信息系统建设与企业自身条件及技术发展相适应，企业在规划建设物流管理信息系统时应遵循以下原则：

①完整性原则。完整性原则即要求功能的完整性。就是根据企业物流管理的实际需要，制订的系统能全面、完整覆盖物流管理的信息化要求。要保证系统开发的完整性，企业应制订出相应的管理规范。如开发文档的管理规范、数据格式规范、报表文件规范，保证系统开发和操作的完整和可持续性。

②可靠性原则。可靠性原则即保证系统在正常情况的可靠运行。实际就是要求系统运行要保证准确性和稳定性。一个可靠的物流管理信息系统要能在正常情况下达到系统设计的预期精度要求，不管输入的数据多么复杂，只要是在系统设计要求的范围内，都能输出可靠结果。同时，还要一定程度上具备非正常情况下的可靠性，即系统在软、硬件环境发生故障的情况下仍能部分使用和运行。一个优秀的系统也是一个灵活的系统，在设计时必须针对一些紧急情况提出应对措施。

③经济性原则。追逐经济利益是企业活动的最终目的，因此在建设物流管理信息系统时，企业也要以最小投入获得最大效益。一方面，在保证质量的前提下尽可能降低硬件购置成本；另一方面，系统投入运行后，应尽可能保持较低的运行维护费用，减少不必要的管理费用（阅读参考7.9）。

阅读参考7.9　靠 QQ 调配物流

弃用物流企业必备的企业资源管理系统（ERP），改用普通的腾讯 QQ 和简单的信息管理系统（MIS）替代，快递公司采用"土办法"的花费仅为前者的1/10。

宅急送就采用了 QQ 调配物流方式。据宅急送重庆分公司经理李华介绍，将每一位司机手机号与调度 QQ 绑定，司机送完一票货，只需将单号与签收人姓名用手机短信形式发送到调度 QQ 上，由调度导入 MIS，客户就可通过网站看到货物签收情况。此举轻易就实现了对全国多个网点的货物调度。

李华介绍，在全国范围的货物调配中，货物运送、信息处理、货物跟踪等需要强大的 ERP 系统支撑。而开发这样的广域系统，耗资至少数千万元。2002年，该公司花费一年的时间，投入近1 000万元做前期 ERP 课件，但最终因投入太大，难以和其他物流公司对接而放弃。

但利用 QQ，每年只需有一个系统工程师跟踪维护就搞定，花费不过数百万元。仅仅是每月的电话费，就可节省近万元。

QQ 调配物流，成了快递物流业的黑色幽默。相比之下，美国普通的物流公司都用掌上电脑操作。

事实上，重庆目前大大小小的快递公司近百家，多数快递公司从事代理业务，用到

ERP 的极少,因为操作不规范,在时间和货物调配上差错多,引起很多消费纠纷。

资料来源:邹辉,万里,胡香玲.快递公司:QQ 调配物流[N].重庆晚报,2004-10-18。

7.3.3　物流大数据

互联网已经成为我们生活和工作的一部分。随之而起的云计算、物联网等技术的广泛应用,使大数据日益受到各行各业的重视。大数据作为信息化技术的自然延伸,成为物流企业信息管理的重要内容。

1)物流大数据

(1)大数据的定义与特点

大数据目前还没有统一的定义。麦肯锡公司最早给大数据下定义,认为大数据是指其大小超出了典型数据库软件的采集、储存、管理和分析等能力的数据集。英国学者维克托·迈尔-舍恩伯格认为,大数据是人们在大规模数据的基础上可以做到的事情,而这些事情在小规模数据的基础上是无法完成的。IT 研究与顾问咨询公司 Gartner[①] 认为大数据是需要新处理模式才能具有更强的决策力、洞察发现力和流程优化能力的,海量、高增长率和多样化的信息资产。我们认为,大数据就是全面细致地记录事物发展过程及其影响的数据集。

大数据具有实时记录、海量数据、多样类型、潜在价值的特点,能随时随地地记录事物的活动过程。因此,大数据具有实时性的特点。这种记录是事无巨细地记录,因此记录的数据量非常庞大;通过多种技术手段记录下来的数据既有常见的数值、文本,也有声音、图像、影像等,因此数据类型多样;实时记录下来的这些庞杂的数据的价值密度[②]不高,但可能存在极高的潜在商业价值。

(2)物流大数据的概念

物流大数据就是全面细致地记录物流活动过程及其影响的数据集。作为物流信息管理的延伸和深化,物流大数据日益成为物流信息管理的重要内容。

物流大数据与信息资源一样,也可从狭义和广义两方面理解。狭义物流大数据是指与运输、储存、装卸、搬运、包装、流通加工、配送等与物流业务活动直接相关的数据

---

①Gartner（高德纳,又译顾能公司）是全球权威的 IT 研究与顾问咨询公司,成立于 1979 年,总部设在美国康涅狄克州斯坦福。其研究范围覆盖全部 IT 产业,就 IT 的研究、发展、评估、应用、市场等领域,为客户提供客观、公正的论证报告及市场调研报告。

②单位数据带来的商业价值。

集,如物流运输工具选择、运输路线确定、驾驶员安排、车辆定位,货物入库出库、货位安排、订货补货,配送订单、客户资料、用户地理数据等。狭义物流大数据,本质上就是物流业务活动的数据集。广义物流大数据是除与物流业务活动直接相关的数据集外,其他相关的对物流活动过程有影响的数据集,如商品交易数据、支付结算数据、消费者行为数据、市场竞争数据、交通地理数据、交通基础设施数据、温度、湿度数据等。广义物流大数据,本质上就是物流供应链和物流行业生态的数据集。

同时我们还应注意,物流大数据的采集、储存、传递、分析与应用离不开大数据技术的支撑,没有大数据应用技术的进步与发展,大数据应用也无从谈起。因此,大数据技术与信息技术一样,也是信息管理的重要内容之一。

2)物流大数据的作用

加强物流大数据管理,不仅是物流信息管理的重要内容,更是企业经营管理的重要内容。通过有效管理物流大数据,不仅能够更好地预测物流业务的变化,以此为基础优化调度物流资源,还能够更有针对性地辅助管理者进行科学的管理决策,提高管理效率,更能够通过对物流大数据的深入分析与挖掘,发现新的商机,创造数据的商业增值价值。

(1)实时监测业务变化

互联网时代,特别是随着物联网应用日益深入,企业运营管理的所有环节和过程都能够被实时记录并储存下来形成海量数据。面对海量数据,企业原有的数据分析与处理方式完全不能满足企业对物流的每个环节甚至过程的运行状态进行实时监控的需求。大数据技术则能够将物流业务活动的每个节点甚至过程的数据自动采集并储存下来,再通过实时的大数据分析,对物流的业务活动过程及其变化作出更为准确的预测,进而帮助管理者甚至一线员工掌握物流的整体运作情况及具体的业务情况。

(2)优化调度物流资源

以物流大数据为基础,借助大数据分析技术与工具,综合分析商品的特性和规格、客户的不同时间需求与位置、配送路线的实时交通状况等影响因素,制定合理的配送线路,调配合适的运输工具,并能够根据配送实时数据变化,实时调整配送线路;综合分析商品进出库的数量、频率、质量、体积、存放时间等影响因素,能够更为合理地安排储位,进而提高搬运分拣效率,提高仓库利用率。此外,借助大数据技术还能够优化物流营销、配送中心选址、物流成本管理、人员配置等。

(3)辅助物流运营管理科学决策

物流企业记录下来的海量的、真实的数据,客观反映了企业的运营管理活动过程以及市场的需求变化。企业借助大数据技术,通过对具体的业务运作的数据以及市场需求变化的数据进行分析,能够更准确地判断出哪些业务带来的利润率高、哪些业务的增长速度较快、哪些业务的市场前景好等,从而让企业能够将主要资源配置到能给企业带来高额利润的业务上。同时,通过对数据的实时分析,企业还可以随时对业务进行实时的调整和优化,以确保业务的盈利,从而实现高效的运营。

(4)发现新的业务和新的商机

随着大数据应用的不断普及和深入,企业内部的数据将远远不能满足其应用需求,其应将眼光移向企业外部,以企业内部数据应用为基础,探索企业外部其他领域的数据应用,如电子商务交易数据、支付数据、客户位置数据、天气数据,客户投诉数据、社交数据等。通过跨领域、跨产业、跨行业、跨企业、跨产品(服务)的,多维度的数据整合与分析,构建起基于大数据的生态链,并成为大数据生态链中的一环,探索创建新的业务模式、盈利模式或商业模式,进而帮助企业发现新的业务形态、新的商业机会,实现企业的升级和转型。因此,从这个角度看,如何让大数据创造新的价值就成为对企业最有吸引力的应用。如物流配送业务活动过程中,需要跟踪用户的位置,以更好地为用户提供配送服务,那么,通过对用户位置数据的深入分析,能够帮助企业发现客户群的迁移流动规律,这对于旅游路线开发、房地产的科学选址、商圈定位、交通拥堵监控、城市建设规划等,都将带来巨大的应用价值。这就是可能带来的跨行业新商机。

阅读参考 7.10　菜鸟的"大数据化"

仔细盘点和观察菜鸟近年来的一系列动作,我们不难发现,菜鸟已经全线布局快递大数据业务。

动作一:物流预警雷达,迎战"双十一",高峰期预测订单流量流向。在经历了 2010 年和 2011 年两个"双十一"的物流洗礼后,阿里巴巴从 2012 年开始,启动了物流预警雷达系统,旨在帮助快递合作伙伴提前预测订单的流量和流向,从而有效地避免爆仓。经过 2013 年的升级,在 2013 年和 2014 年的"双十一"大考中,菜鸟物流预警雷达发挥了巨大作用,且深受快递公司追捧。全新的物流数据雷达不仅可以监控中转站,还可以监控到行政县区和服务网点的层面,监控范围从"主动脉"覆盖到"毛细血管"。这些数据将帮助电商平台和快递公司作出决策,通过线路预测帮助各大快递公司分拨点不出现爆仓,并有利于提升快递"最后一公里"的服务质量;而商家也可以通过数据雷达对物流订单实施管理,揽收率、在途率、签收率等一目了然。可以说,这是菜鸟在快递大数据方面第一个成功的产品和应用。

动作二:电子面单平台,串联商家数据,提升发货速度。2014 年 5 月,菜鸟网络联合"三通一达"等 14 家主流快递公司推出了电子面单平台,各大快递公司和商家都可以申请免费接入使用。据菜鸟表示,这是其联合快递公司推进快递行业使用大数据的一次努力,得到了各快递公司的热捧。区别于传统纸质面单,电子面单是一种高效率、环保的信息化面单。通过数据的流转,菜鸟网络电子面单系统可以串联快递公司、商家与消费者的数据信息。根据各快递合作伙伴的数据显示,使用电子面单,发货速度能提升30%以上。

动作三:数据路由分单,取代人工分单,提升中转分拣效率。据菜鸟网络负责人介绍,目前人工记忆分拣的正确率在95%左右,菜鸟网络运用了大数据分析,结合高德地图的空间定位技术,可用数据实现包裹与网点的精准匹配,准确率达98%以上,随着大数据沉淀,可向100%接近。根据目前快递企业收件路径,来自全国各地的大量包裹先集中到分拨中心,再按照收货地址将包裹归类后分往下一个网点。分拨中心流水线上会有大量的分拣员,他们需要看着包裹上的地址信息,凭记忆确定包裹下一站到达哪个网点,每个包裹需要3~5秒的时间来判断下一个路径并进行分拣。快递公司启用大数据路由分单后,只需1~2秒即可完成这个动作。此外,凭人工记忆分单,耗时、耗力,还容易出错。然而,用大数据代替人力劳动,不仅可以大大提高效率,更能够降低出错率。未来,随着自动化分拣设备的投入,大数据路由分单可以完全将人力从这部分工作中解脱出来,这意味着快递公司分拨中心的人力成本将大为降低。

动作四:高德地图制导末端配送,精确地址库,提供更精准的线路规划和配送分派。目前,菜鸟对于该产品还没有过多的表述,但是,从已透露的信息中仍然能够清晰地看到这个产品的强大:联合高德地图以及大数据处理产生的四级地址库,可以匹配消费者的配送地址到架构化的乡镇或街道。有了这些架构化的地址信息,就可以提供更精准的线路规划和配送分派,通过大数据的方式,有效地帮助各快递公司提升服务质量。

动作五:物流App"裹裹",能查能寄,统一快递流量入口,创造新商机。2015年5月28日,在菜鸟成立两周年之际,菜鸟科技正式推出了升级版的物流App——裹裹。"裹裹"作为将亿万消费者连接起来的App,目前已经有全峰、优速、宅急送、圆通、快捷、百世汇通等快递公司接入。通过"裹裹",消费者不但可以查询所有快递信息,还能够通过搜索附近的驿站寄发快递或者自提快递。在激烈的市场竞争中,"裹裹"的面世,必将掀起新一轮的快递界移动入口之争。

资料来源:佚名.菜鸟也来"大数据化"五大动作全线布局[Z/OL].卡车之家,2015-8-10。

3)物流大数据管理与传统物流信息管理的比较

物流大数据能够帮助企业获得新的认知、创造新的价值,也是改变物流市场、公司组织机构等的重要路径。但物流大数据纷繁、复杂、多源和异构等特性,决定了其价值获取难度大、成本高、风险大。因此,只有通过有效地管理物流大数据,才能有效地控制物流大数据的成本,充分实现物流大数据的价值,进而帮助物流企业实现更好的效益。物流大数据管理与传统物流信息管理相比,无论是在管理理念与目标,还是在数据信息的性质与获取上,甚至所需人才及其要求方面都有不同(表7.8)。

表 7.8　大数据管理与传统信息管理比较

内　　容	大数据管理	传统信息（数据）管理
管理理念与目标	动态的、系统的、开放的数据整合，管理思维、理念、方法等的技术革命，驱动着产业的创新、多行业的发展与组织的变革	静态的、个态的、封闭的内部数据分析，是一种辅助性质的管理
数据性质及获取	非结构化的、规模巨大的、彼此可能并无关联的数据流／集，需要依赖新兴技术（如 Hadoop 等）进行处理	结构化数据，关联性强，按照事先设定的软件程序或严格的随机抽样进行收集获取
人才背景和需求	更多的创新思维、多学科交叉相融的背景及特殊洞察力	数学、统计或信息科学等专业

7.4　物流成本管理

降低物流成本与提高物流服务水平是物流管理工作最基本的内容之一。物流成本管理在企业物流管理中具有重要意义。通过对物流成本的有效把握，科学、合理地组织物流活动，加强物流活动过程中费用支出的有效控制，降低物流活动中的物化劳动和活劳动的消耗，有助于物流企业降低物流总成本，提高企业和社会经济效益。

7.4.1　物流成本概述

1）物流成本含义

物流成本就是物流活动中所消耗的物化劳动和活劳动的货币表现。具体来说，就是物流活动过程中，运输、储存、装卸、搬运、包装、流通加工、物流信息处理等各个环节中所支出的人力、物力和财力的总和。

我们可以从宏观和微观两个方面认识理解物流成本。宏观物流成本是从社会再生产总体角度考察物流活动所发生的耗费水平，微观物流成本就是具体企业的物流成本。

微观物流成本又区分为非物流企业的物流成本和物流企业的物流成本。非物流企业的物流成本即企业物流活动中消耗的物化劳动和活劳动的货币表现。物流企业的物流成本则是指物流企业在为客户提供物流服务过程中消耗的物化劳动和活劳动的货币表现,即物流企业在经营物流业务的过程中所发生的耗费,这些耗费是物流企业在履行客户物流业务合同或订单的过程中所发生的应归属于某一业务合同或订单的耗费。

无论是宏观物流成本还是微观物流成本,无论是非物流企业的物流成本还是物流企业的物流成本,都是物流活动或者是物流业务活动的物化劳动和活劳动的货币表现。

从非物流企业角度看,企业的物流活动是其生产劳动在流通领域的继续,虽然这个过程不能创造商品新的使用价值(流通加工活动除外),但却能够创造商品的价值——主要体现在商品的时间价值、空间价值和分类价值上。然而,并非物流成本越高,物流劳动创造的价值就越高,物流成本的上升会减少企业收益,影响企业经济效益,因此物流成本及其管理受到越来越多企业的重视。

从物流企业角度看,物流企业与非物流企业的物流业务外包紧密相连,没有制造商、批发商等非物流企业的物流业务外包,物流企业就不可能生存。非物流企业为了增强企业的核心竞争力,通过选择更专业、更高效的物流企业,将物流业务外包,以降低企业的物流成本。这时,这些物流成本就成为非物流企业的物流服务收入,因此两者的物流成本从内容构成上看可能是相同的,但成本性质却有本质差异。这种差异首先表现在两者之间在企业盈利模式的本质差异,其次表现在两者之间企业组织架构的设计、业务运作方式设计等方面的不同,最重要的是由此带来的成本的下降。

2)物流成本的特性

(1)物流成本隐藏性

在企业生产经营管理中,物流活动是企业生产经营管理活动的组成部分,大多数的物流成本都隐藏在其他费用之中,很难掌握其全貌。管理学家德鲁克称物流是"经营的黑暗大陆",物流成本是"降低成本的最后的处女地"。西泽修教授提出"物流成本冰山说",认为物流成本就像冰山一样,只是其很小部分,更大的部分隐藏在海面之下。企业的物流活动,除了委托企业外部物流企业完成的业务活动以外,还有企业自己从事的物流业务活动,如利用企业自有运输工具运货,设置自有仓库和属于本企业的职工进行包装和装卸作业等;此外,还有配备物流管理人员和进行大量的物流信息处理业务的成本。如果根据目前企业的财务会计报表或盈亏平衡表中所反映出来的物流成本,只是冰山的一角。根据现有成本核算制度,企业大多数物流成本并没有被反映出来,而是混在其他费用科目之中(图7.11)。

(2)物流成本效益背反性

所谓效益背反,是指在系统中,改变任何一个因素,都会影响其他要素改变,也就是说,系统中任何一个要素增益,必将会对系统中其他要素产生减损作用。物流成本效益

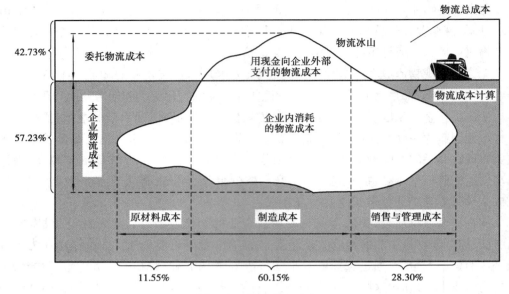

图 7.11　物流成本冰山

的背反性是指在物流功能之间,一种功能成本的削减会使另一种功能成本增加。物流成本效益背反性主要表现在两个方面。

①物流成本与服务水平的效益背反。在一定技术条件下,高水平的物流服务需要较高的物流成本来保证。如果技术没有取得较大进步,企业很难在提高物流服务水平的同时降低物流成本。因此,一般来说,提高物流服务水平,物流成本也会上升。

②物流业务活动的成本效益背反。任何物流活动都是运输、仓储、搬运、装卸、包装、流通加工、物流信息等物流业务活动的集合。企业要想降低其中某项物流业务的成本,往往会增加另外某项物流业务的成本。如减少库存,库存成本降低了,但却会使库存补充更频繁,运输频次增加,运输成本会上升;简化包装,包装成本降低,但包装强度可能下降,在运输和装卸中的破损率可能会增加,低强度的包装在仓库中不能堆放过高,保管效率也会下降等。

由于物流成本的背反性,要求企业对物流成本的管理应该从全局角度,综合各方面因素通盘考虑。追求物流总成本的最低才是企业物流成本管理的目标。

(3)物流成本削减乘数效应

物流成本的削减乘数效应又称为乘法效应,是指物流成本的增减不仅带来直接的收益增减,还带来间接的收益增减。如假定某零售企业的年销售额为 100 万元,其中物流成本为 10 万元,则物流成本占销售额的比重为 10%。当物流成本降低 10 万元,则意味着销售额增加 100 万元,如式(7.1)所示。对企业来说,降低 10 万元成本可能较增加 100 万元销售额相对更容易,即

$$\Delta S = \frac{\Delta C}{\lambda} \quad (0 < \lambda < 1) \tag{7.1}$$

式中 ΔS——收益增加值；

ΔC——成本增加值；

λ——成本占收益的比重。

3）物流成本的构成与分类

（1）根据物流成本项目不同划分的物流成本

根据物流成本项目划分，物流成本由物流功能成本和存货相关成本构成。其中物流功能成本包括物流活动过程中所发生的包装成本、运输成本、仓储成本、装卸搬运成本、流通加工成本、物流信息成本和物流管理成本，存货相关成本包括企业在物流活动过程中所发生的与存货有关的资金占用成本、物品损耗成本、保险和税收成本（表7.9）。

表 7.9　企业物流成本项目构成表

成本项目			内容说明
物流功能成本	物流运作成本	运输成本	一定时期内，企业为完成货物运输业务而发生的全部费用，包括从事运输业务人员费用、车辆（包括其他运输工具）的燃料费、折旧费、维修保养费、租赁费、养路费、过路过桥费、年检费、保险费、事故损失费、相关税金、业务费等
		仓储成本	一定时期内，企业为完成货物储存业务而发生的全部费用，包括仓储业务人员费用、仓储设施的折旧费、维修保养费、水电费、燃料与动力消耗，相关税金、业务费等
		包装成本	一定时期内，企业为完成货物包装业务而发生的全部费用，包括包装业务人员费用、包装材料消耗、包装设施折旧费、维修保养费、包装技术设计、实施费用，包装标记的设计、印刷费，相关税金、业务费等
		装卸搬运成本	一定时期内，企业为完成装卸搬运业务而发生的全部费用，包括装卸搬运业务人员费用、装卸搬运设施折旧费、维修保养费、燃料与动力消耗费，相关税金、业务费等
		流通加工成本	一定时期内，企业为完成货物流通加工业务而发生的全部费用，包括流通加工业务人员费用、流通加工材料消耗、加工设施折旧费、维修保养费、燃料与动力消耗，相关税金、业务费等
	物流信息成本		一定时期内，企业为完成物流信息的采集、传输、处理等活动所发生的全部费用，包括物流信息人员费用、信息设施折旧费、信息系统开发摊销费、软硬件系统维护费、通信费、咨询费、业务费等
	物流管理成本		一定时期内，企业为完成物流管理活动所发生的全部费用。包括管理人员费用、差旅费、办公费、会议费、水电费，以及国际贸易中发生的报关费、检验费、理货费等

续表

成本项目		内容说明
存货相关成本	流动资金占用成本	一定时期内,企业在物流活动过程中负债融资所发生的利息支出(显性成本)和占用内部资金所发生的机会成本(隐性成本)
	存货风险成本	一定时期内,企业在物流活动过程中所发生的物品跌价、损耗、毁损、盘亏等损失
	存货保险成本	一定时期内,企业在物流活动过程中,为预防和减少因货品丢失,损毁造成的损失,而向社会保险部门支付的物品财产保险费用

资料来源:中国标准出版社,企业物流成本构成与计算(GB/T 20523—2006)/中华人民共和国国家标准[S].北京:中国标准出版社,2007(1)。

（2）根据物流成本产生范围划分的物流成本

根据物流成本产生的范围划分,物流成本由供应物流成本、企业内物流成本、销售物流成本、回收物流成本以及废弃物物流成本构成(表7.10)。

表7.10　企业物流成本范围构成表

成本范围	内容说明
供应物流成本	企业在采购环节所发生的物流费用,即经过采购活动,将企业所需原材料(生产资料)从供给者的仓库运回企业仓库为止的物流过程中所发生的物流费用
企业内物流成本	货物在企业内部流转所发生的物流费用,即从原材料进入企业仓库开始,经过出库、制造形成产品以及产品进入成品库,直到产品从成品库出库为止的物流过程中所发生的物流费用
销售物流成本	货物在销售环节所发生的物流费用,即为了进行销售,产品从成品仓库运动开始,经过流通环节的加工制造,直到运输至中间商的仓库或消费者手中的物流活动过程中所发生的物流费用
回收物流成本	即退货、返修物品和周转使用的包装容器等从需方返回企业(供方)的物流活动过程中所发生的物流费用
废弃物物流成本	即企业将经济活动中失去原有使用价值的物品,根据实际需要进行收集、分类、加工、包装、搬运、储存等,并分送到专门处理场所的物流活动过程中所发生的物流费用

资料来源:中国标准出版社.企业物流成本构成与计算(GB/T 20523—2006)/中华人民共和国国家标准[S].北京:中国标准出版社,2007(1)。

（3）根据支付形态划分的物流成本

根据物流成本支付形态划分,企业物流总成本由委托物流成本和内部物流成本构成。其中,内部物流成本按支付形态分为材料费、人工费、维护费、一般经费和特别经费（表7.11）。

表 7.11　企业内部物流成本支付形态构成表

成本支付形态		内容说明
自营物流成本	材料费	包括资材费、工具费、器具费等
	人工费	包括工资、福利、奖金、津贴、补贴、住房公积金、人员保险费、职工劳动保护费。按规定提取的产值利益金、职工教育培训费等
	维护费	包括各类物流设施设备的折旧费、维护维修费、租赁费、保险费、税金、燃料与动力消耗费等
	一般经费	包括办公费、差旅费、会议费、通信费、水电费、咨询费、煤气费以及各物流功能成本在材料费、人工费和维护费三种支付形态之外反映的费用细目
	特别经费	包括存货流动资金占用费、存货跌价、损耗、盘亏和毁损费、存货保险费
委托物流成本		企业向外部物流机构所支付的各项费用

资料来源:中国标准出版社.企业物流成本构成与计算（GB/T 20523—2006）/中华人民共和国国家标准［S］.北京:中国标准出版社,2007（1）。

（4）根据计算范围不同划分的物流成本

物流成本按其范围来分,有广义和狭义之别。狭义的物流成本是指由于物品实体的场所（或位置）位移而引起的有关运输、包装、装卸等费用。广义的物流成本是指包括生产、流通、消费全过程的物品实体与价值变换而发生的全部费用。它具体包括了从生产企业内部原材料、协作件的采购、供应开始,经过生产制造过程中的半成品存放、搬运、装卸、成品包装及运送到流通领域,进入仓库验收、分类、储存、保管、配送、运输,最后到消费者手中的全过程所发生的所有费用。物流成本从其所处的领域看,可分为流通企业物流成本和生产企业物流成本。

（5）根据物流活动划分的物流成本

根据物流活动划分的物流成本主要包括直接费用、间接费用和日常费用。

直接费用,是指那些为完成物流工作而引起的费用。运输、仓储、原料管理、订货处理以及库存等直接费用一般都可从传统的成本中提取出来。

间接费用则较难分离,因为与间接因素有关的费用往往涉及固定资本的分摊。物流活动的间接费用的确定经常决定于管理者的判断,一般在每一件平均成本的基础上分配间接费用。

日常费用,是指一个企业的所有部门日常经营管理活动开支的费用,如各种设施中的灯光和暖气所需的费用等。为此,就要求对如何将这些日常费用和在什么程度上将这些类型不同的日常费用分配到特定的活动中去作出判断和决定。一种方法是直接将总的企业日常费用在一个统一标准的基础上分配到所有的运作单位上去。另一种传统的,而且日益引起争论的分配方法是以直接劳动费用为基础的分摊方法。不过,在另一个极端,也有一些企业拒绝所有的日常费用的分配,以避免扭曲对直接和间接的以活动为基础的物流成本的衡量。

进行物流成本管理,必须明确物流成本计算的范围和对象。

7.4.2　物流成本计算

1)成本计算对象

根据中华人民共和国国家标准《企业物流成本构成与计算(GB/T 20523—2006)》,以物流成本项目、物流范围和物流成本支付形态作为物流成本计算对象。

成本项目类别的物流成本包括物流功能成本和存货相关成本。其中,物流功能成本指在包装、运输、仓储、装卸搬运、流通加工、物流信息和物流管理过程中所发生的物流成本。存货相关成本指企业在物流活动过程中所发生的与存货有关的资金占用成本、物品损耗成本、保险和税收成本。

范围类别的物流成本包括供应物流、企业内物流、销售物流、回收物流和废弃物流等不同阶段所发生的各项成本支出。

形态类别的物流成本包括委托物流成本和企业内部物流成本。其中,企业内部物流成本其支付形态具体包括材料费、人工费、维护费、一般经费和特别经费。

2)物流成本计算

(1)物流成本表

物流成本计算以物流成本项目、物流范围和物流成本支付形态三个维度作为成本计算对象。因此,物流成本表包括成本项目、范围和支付形态三个维度。具体包括企业物流成本表(主表)(表7.12)和企业内部物流成本支付形态表(附表)(表7.13)。

(2)物流成本计算方法

①基本思路。

对于现行成本核算体系中已经反映但分散于各会计科目之中的物流成本,企业在按照会计制度的要求进行正常成本核算的同时,可根据本企业实际情况,选择在期中同步登记相关物流成本辅助账户,通过账外核算得到物流成本资料;或在期末(月末、季末、年末)通过对成本费用类科目再次进行归类整理,从中分离出物流成本。

对于现行成本核算体系中没有反映但应计入物流成本的费用即存货占用自有资金所产生的机会成本,根据有关存货统计资料按规定的公式计算物流成本。

表 7.12　企业物流成本表(主表)

编制单位:　　　　　　　　　　　　　　　年　　月　　　　　　　　　　　　单位:元

范围及支付形态 / 成本项目	供应物流成本			企业内物流成本			销售物流成本			回收物流成本			废弃物流成本			物流总成本		
	自营	委托	小计	自营	委托	小计	自营	委托	小计	自营	委托	小计	自营	委托	小计	自营	委托	合计
物流功能成本 — 运输成本																		
仓储成本																		
包装成本																		
装卸搬运成本																		
流通加工成本																		
物流信息成本																		
物流管理成本																		
合计																		
存货相关成本 — 流动资金占用成本																		
存货风险成本																		
存货保险成本																		
合计																		
其他成本																		
物流总成本																		

②具体方法和步骤。

a.对现行成本核算体系中已经反映但分散于各会计科目之中的物流成本,计算步骤如下。

第一步,设置物流成本辅助账户,按物流成本项目设置运输成本、仓储成本、包装成本、装卸搬运成本、流通加工成本、物流信息成本、物流管理成本、资金占用成本、物品损耗成本、保险和税收成本二级账户,并按物流范围设置供应物流、企业内物流、销售物流、回收物流和废弃物流三级账户,对于内部物流成本,还应按费用支付形态设置材料费、人工费、维护费、一般经费、特别经费费用专栏。上述物流成本二级账户、三级账户及费用专栏设置次序,企业可根据实际情况选择。

表 7.13 企业内部物流成本支付形态表

编制单位: 年   月   单位:元

支付形态 / 成本项目		材料费	人工费	维护费	一般经费	特别经费	合　计
物流功能成本	运输成本						
	仓储成本						
	包装成本						
	装卸搬运成本						
	流通加工成本						
	物流信息成本						
	物流管理成本						
	合计						
存货相关成本	流动资金占用成本						
	存货风险成本						
	存货保险成本						
	合计						
其他成本							
物流成本合计							

第二步,对企业会计核算的全部成本费用科目包括管理费用、营业费用、财务费用、生产成本、制造费用、其他业务支出、营业外支出、材料采购、应交税金等科目及明细项目逐一进行分析,确认物流成本的内容。

第三步,对于应计入物流成本的内容,企业可根据本企业实际情况,选择在期中与会计核算同步登记物流成本辅助账户及相应的二级、三级账户和费用专栏,或在期末(月末、季末、年末)集中归集物流成本,分别反映出按物流成本项目、物流范围和物流成本支付形态作为归集动因的物流成本数额。

第四步,期末(月末、季末、年末),汇总计算物流成本辅助账户及相应的二级、三级账户和费用专栏成本数额,按照表7.12、表7.13的内容要求逐一填列。

b.对于现行成本核算体系中没有反映但应计入物流成本的费用即存货占用自有资金所产生的机会成本,计算步骤如下。

第一步,期末(月末、季末、年末)对存货按在途和在库两种形态分别统计出账面余额。

第二步,按照公式存货资金占用成本=存货账面价值×企业内部收益率(或一年期银行贷款利率),计算出存货占用自有资金所产生的机会成本,并按供应物流、企业内物流和销售物流分别予以反映。

第三步,根据计算结果,按照表7.12、表7.13的内容要求填列。

③物流间接成本分配原则。

在计算物流成本时,对于单独为物流作业及相应的物流功能作业所消耗的费用,直接计入物流成本及其对应的物流功能成本,对于间接为物流作业消耗的费用,为物流作业和非物流作业同时消耗的费用、为不同物流功能作业共同消耗的费用以及为不同物流范围阶段消耗的费用,应按照从事物流作业、物流功能或物流范围阶段作业人员比例、物流工作量比例、物流设施面积、设备比例,以及物流作业所占资金比例等确定。

④物流成本表的填写要求。

a.企业物流成本表(主表)(表7.12)。生产企业一般应按供应物流、企业内物流、销售物流、回收物流和废弃物流5个范围阶段逐一进行填列。流通企业一般应按供应物流、销售物流、回收物流和废弃物流4个范围阶段逐一进行填列。若某阶段未发生物流成本或有关成本项目无法归属于特定阶段的,则按实际发生阶段据实填列或填列横向合计数即可。对于委托物流成本,若无法按物流范围进行划分的,填列横向合计数即可,若采用不分成本项目的整体计费方式对外支付的,则填列纵向合计数即可。前述直接填写合计数的,应对合计数内容在表后作备注说明。

对于物流企业,不需按物流范围进行填列,按成本项目及支付形态填写物流成本总额即可。

b.企业内部物流成本支付形态表(附表)(表7.13)。对于运输成本、仓储成本、装卸搬运成本,对应的支付形态一般为人工费和维护费;对于物流信息成本,对应的支付形态一般为人工费、维护费和一般经费;对于包装成本、流通加工成本,对应的支付形态一般为材料费、人工费和维护费;对于物流管理成本,对应的支付形态一般为人工费和一般经费;对于资金占用成本、物品损耗成本、保险和税收成本,对应的支付形态一般为特别经费。凡成本项目中各明细项目有相应支付形态的,均需填写;无相应支付形态的,则不填写。

⑤钩稽关系。

企业物流成本表中"物流总成本—内部"一列中各项成本数值应等于企业内部物流

成本支付形态表中"合计"一列中各项成本数值。

3）作业成本法

作业成本法，又称 ABC 成本法，是一种以作业为基础，对企业消耗的各种资源采用不同的分配率进行费用分配的成本计算方法。由于物流成本是企业为实现商品在空间、时间上的转移而发生的物流活动所产生的成本，因此理论上讲，根据企业物流流程中发生的物流活动来确定物流成本范围是更合理的一种方式。此方法的优点，一是有利于明确每种物流活动的责任，能够弥补现行会计制度中不单独计算物流成本的缺陷，可以清晰地说明物流成本增加的具体原因；二是便于计算物流服务所消耗的成本，能够更好地适应现代企业客户管理的要求。美国和日本企业都普遍采用作业法计算物流成本。此方法的缺点，一是必须有一套能够控制物流活动过程的预算体系相配合，二是计算比较复杂，对企业物流成本核算人员要求较高。

作业成本法的应用目前已经比较成熟。根据"产品需要作业，作业需要资源"原理，第一阶段分析资源动因，将消耗的资源分配到作业；第二阶段分析作业动因，将成本分配到成本对象。其具体应用步骤如下：

（1）分析确定资源

资源指支持作业的成本、费用来源。它是一定期间内为了生产产品或提供服务而发生的各类成本、费用项目，或者是作业执行过程中所需要付出的代价。这些资源包括能直接分配到产品或顾客的直接资源如包装材料、直接人工等，还包括大部分的间接材料、间接人工、资产折旧、水电费等，这些是不同成本对象共用的资源。通常，在企业财务部门编制的预算中可以比较清楚地得到这些资源项目。资源可以分为货币资源、材料资源、人力资源、动力资源及厂房设备资源等。

企业各项资源被确认后，要为每类资源设立资源库，并将一定会计期间的资源耗费归集到各相应的资源库中。资源库设置时，有时需要把一些账目或预算科目结合组成一个资源库，有时需要把一些被不同作业消耗的账目或预算科目分解开来。

（2）分析确定作业

作业是企业为了达到某一特定的目的而进行的资源耗费活动，是企业划分控制和管理的单元，是连接资源和成本对象的桥梁。物流作业分散在企业的组织结构中，随着企业的规模、工艺和组织形式的不同而不同。如在采购业务环节，涉及的物流作业有供应商评价、订货、验收、入库等；在配送业务环节，涉及搬运、包装、拣货、配送、账务处理、单据传递等作业。

根据作业对产品的贡献不同，可以把作业分为不增值作业、专属作业和共同消耗作业三大类别。

不增值作业是指那些不直接对企业创造价值行为作出贡献的作业,属于企业希望消除且能够消除的作业,如运输中的返空作业、装卸机具的多余动作等。

专属作业是指为某种特定产品或服务提供专门服务的作业,如为客户提供的加急运输作业等。专属作业的资源耗费应由所属产品或劳务负担。

共同消耗作业是指同时为多种产品或服务提供服务的作业,如暖气、电力供应等,不仅为物流服务,也为生产服务。

基本的物流作业如表 7.14 所示,表 7.15 是一个普通的制造企业物流作业简况。

表 7.14　基本的物流作业

物流业务	物流作业
原材料或劳务的接收、储存、分配	原材料搬运、车辆调度等
生产物流活动	材料准备、设备测试等
产品集中储存和销售	库存管理、送货车辆管理、订单处理等
产品或服务营销	报价、定价等
仓库、物流设备设施等投入活动	企业物流管理、物流会计核算等

表 7.15　普通制造企业的物流作业

业务职能部门	主要作业
采购部	搜集采购信息、签订合同、确认收货
储运部	收货、验货、存储、发货、运输/配送
生产部	物料准备、领料、包装
质监部	检验
会计部	审核开具发票、收款、付款、制单

（3）分析确认资源动因,分配资源耗费到作业

物流资源动因反映了物流作业量与资源耗费间的因果关系,说明资源被各作业消耗的原因、方式和数量。因此,物流资源动因是把资源分摊到作业中去的衡量标准。作业成本计算要观察、分析物流资源,为每项物流资源确定动因。如订单处理作业过程,可能的资源消耗有人工、电、文印、电话、折旧等费用,其中专门负责订单处理的工作人员的工资及其福利费等可直接分配到订单处理作业;对于电的耗费,则需要根据资源动因来衡量每项作业消耗资源的程度,然后再根据用电量来分摊。

在物流成本分配的过程中,各资源库价值要根据资源动因一项一项地分配到各物流作业中去。可以用作业成本核算矩阵进行分配。作业成本核算矩阵就是一张反映和

描述成本项目和作业成本关系的表格,如表7.16所示,通过它可以准确地得出每个物流作业的成本。

表 7.16 作业成本核算矩阵

作业名称 / 资源动因 / 成本项目	运 输	装卸搬运	订单处理	入库检验	…
人工费					
包装费					
水电费					
租赁费					
折旧费					
…					
作业成本					

资料来源:孙朝苑.企业物流成本管理的理论与方法研究[D].成都:西南交通大学,2002:59。

(4)分析确定作业动因,分配作业成本到对象

物流作业动因是最终成本对象耗费物流作业的原因和方式,反映成本对象使用物流作业的频度和强度。如商品装卸搬运的作业动因是商品装卸搬运的频次,它是分配、计算商品装卸搬运成本的依据。作业动因是作业成本分配到成本对象的标准,也是将作业耗费与最终产出相沟通的中介。根据资源动因将物流资源分配到各物流作业(中心),形成物流作业成本库,然后根据作业动因,将各作业成本库中的物流成本分摊到成本计算对象。分摊过程如下:

①物流资源分摊。根据物流资源消耗的特点,物流资源分摊有3种方法。

a.若一项资源只为某一特定物流作业所消耗,则直接计入该成本对象。

b.若某项资源从发生区域上可划分为被不同物流作业所消耗,则可根据发生区域直接计入各物流作业成本库。

c.若资源同时被多个物流作业所消耗且呈混合状态,则需选择合适的资源动因作为划分依据,据以将其分解到各物流作业中心去。资源分配率的计算如下:

$$物流资源分配率 = \frac{物流资源成本总额}{资源成本动因量化总和} \tag{7.2}$$

其中,成本动因量化根据物流资源动因确定,所依据的资源动因可以是存货体积、物流员工人数等,将其加总就是量化总和。如将员工工资分配到运输部门时,运输部员

工人数就是其资源动因,运输部的总员工人数就是其量化总和。

求出物流资源分配率后,将其与各物流作业中心的资源量化总和相乘,就可得到分配到各物流作业中心的物流资源数额。例如,将工资分配率乘以运输部员工人数,就可得到运输部应分摊的工资额。

②计算物流作业中心成本分配率。物流资源分解到作业中心后,形成物流作业成本库中的成本。对这些成本需根据物流作业动因,计算某项物流作业的分配率。计算公式为:

$$某物流作业中心成本分配率 = \frac{物流作业中心成本总额}{物流中心成本作业动因量化总和} \qquad (7.3)$$

其中,作业动因量化根据物流作业动因确定,所依据的作业动因可以是作业次数、机器小时和单据数量等,将其加总就可得到量化总和。例如,对入库商品质量检验的量化,检验次数是作业动因,因此量化总和就是检验的总次数。

(5)计算物流成本总额

得出物流作业中心成本分配率后,就可以计算分摊至各物流成本对象的物流成本总额了。其公式为:

$$\begin{array}{l}成本对象的 \\ 物流总成本\end{array} = \sum \left(\begin{array}{l}成本对象消耗的 \\ 该项物流作业量总和\end{array} \times \begin{array}{l}该项物流作业 \\ 成本分配率\end{array} \right) \qquad (7.4)$$

将成本对象中分摊的各物流作业成本加总,即得成本对象负担的间接物流成本,再加上直接物流成本,就是各成本对象的物流总成本并可据此计算单位物流成本(阅读参考7.11)。

阅读参考7.11   一个核算包装成本的实例

某企业对甲、乙两产品进行包装,本月发生的成本资料如表7.17所示。

表7.17   甲、乙产品的成本费用开支

项　　目	甲产品	乙产品	合　　计
产量/件	200 000	400 000	
直接成本/元	20 000	100 000	120 000
间接成本总计/元			720 000
其中:准备费用/元			200 000
检验费用/元			145 000
电费/元			180 000
维护费/元			195 000
准备次数/次	600	400	1 000
检验时数/小时	1 000	450	1 450
耗电量/度	120 000	180 000	300 000
机器工时/小时	20 000	100 000	120 000

运用作业成本法核算两产品的包装成本如下。

1.间接物流成本相关的作业及成本动因如表 7.18 所示。

表 7.18　间接物流成本相关的作业及成本动因

作　业	准　备	检　验	供　电	维　护
成本动因	准备次数	检验次数	用电度数	机器小时

2.物流作业中心成本分配结果如表 7.19 所示。

表 7.19　物流作业中心成本分配结果

成本项目	作业中心归集成本/元	作业量	分配率
准备费用	200 000	1 000 次	200
检验费用	145 000	1 450 小时	100
电费	180 000	300 000 度	0.6
维护费	195 000	120 000 小时	1.625

3.两产品包装成本计算如表 7.20 所示。

表 7.20　两产品包装成本计算表　　　　单位:元

		甲产品	乙产品	合　计
直接成本		20 000	100 000	120 000
间接成本	准备费用	120 000	80 000	200 000
	检验费用	100 000	45 000	145 000
	电费	72 000	108 000	180 000
	维护费用	32 500	162 500	195 000
	小计	324 500	395 500	720 000
合计		344 500	495 500	840 000
单位成本		1.723	1.239	—

资料来源:连桂兰.如何进行物流成本管理[M].北京:北京大学出版社,2004:38-39。

7.4.3　物流成本管理

1）物流成本管理的定义

物流成本管理就是对物流活动发生的相关费用进行的计划、协调与控制。许多人提到物流成本管理时，常常会认为就是"管理物流成本"。其实不然，物流成本管理是通过成本去管理物流活动，管理的对象不是成本而是物流。因此，物流成本管理属管理成本范畴，是物流管理的手段与方法。

物流成本管理的意义在于，通过对物流成本的有效把握，利用物流要素之间的关系，科学、合理地组织物流活动，加强对物流活动过程中费用支出的有效控制，降低物流活动中的物化劳动和活劳动的消耗，从而达到降低物流总成本，提高企业和社会经济效益的目的。物流成本管理的作用主要体现在两个方面。

从宏观角度看，如果全行业的物流效率普遍提高，物流费用平均水平降低到一个新的水平，那么，该行业在国际上的竞争力将会得到增强。对于一个地区的行业来说，可以提高其在全国市场的竞争力；全行业物流成本的普遍下降，将会对产品的价格产生影响，导致物价相对下降，这有利于保持消费物价的稳定，相对提高国民的购买力水平。物流成本的下降，对于全社会而言，意味着创造同等数量的财富在物流领域所消耗的物化劳动和活劳动得到节约，以尽可能少的资源投入，创造出尽可能多的物质财富，减少资源消耗。

从微观角度看，物流成本在产品成本中占有较大比重，在其他条件不变的情况下，降低物流成本意味着扩大了企业的利润空间，有利于提高利润水平。物流成本的降低，增强了企业在产品价格方面的竞争优势，从而提高产品的市场竞争力，扩大销售，并以此为企业带来更多的利润。根据物流成本计算结果，制订物流计划，调整物流活动并评价物流活动效果，以便通过统一管理和系统优化降低物流费用。根据物流成本计算结果，可以明确物流活动中不合理环节的责任者。

总之，通过准确计算物流成本，管理者就可以运用成本数据改进工作，从而大大提高物流管理的效率和水平。

2）物流成本管理的内容

物流成本管理的内容包括物流成本预测、物流成本决策、物流成本计划、物流成本控制、物流成本核算、物流成本分析和物流成本检查等。

（1）物流成本预测

物流成本预测是根据已有相关成本数据结合企业具体的发展情况,运用一定的预测技术与方法,对企业未来的成本水平及其变动趋势作出估计。成本预测是成本管理工作的基础,能够提高物流成本管理的科学性和预见性。

成本预测在物流成本管理的许多环节都存在,如采购供应环节的进货价格预测、运输环节的货物周转量预测、仓储环节的库存预测等。

（2）物流成本决策

物流成本决策是在成本预测的基础上,结合其他相关资料,运用一定的科学方法,从若干个物流成本管理方案中选择一个满意方案的过程。从整个物流流程来看,物流成本决策包括配送中心的新建、改建和扩建的投资决策;装卸搬运设备、设施投资的决策;运输配送成本最小化决策等。物流成本决策是物流成本计划的基础,因此物流成本决策就是明确物流成本管理的目标,而确定成本目标是编制成本计划的前提;同时,也是实现成本事前控制,提高经济效益的重要途径。

（3）物流成本计划

物流成本计划是根据成本决策所确定的方案、计划期的生产任务、降低成本的要求以及有关资料,通过一定的程序,运用一定的方法,以货币形式规定计划期物流各环节耗费水平和成本水平并提出保证成本计划顺利实施所采取的措施。通过成本计划管理,可以在降低物流各环节成本方面给企业提出明确的目标,推动企业加强成本管理责任制,增强企业的成本意识,控制物流环节费用,挖掘降低成本的潜力,保证企业降低物流成本目标的实现。

（4）物流成本控制

物流成本控制是根据计划目标,对成本发生和形成过程以及影响成本的各种因素和条件施加主动的影响,以保证实现物流成本计划的工作。从企业物流活动过程看,物流成本控制包括事前控制、事中控制和事后控制。事前控制是物流成本控制活动中最重要的环节,它直接影响以后各物流作业流程成本的高低。事前控制包括物流设施建设、设备购进控制,物流设施、设备的配备控制,物流作业过程改进、优化与再造控制等。事中控制是对物流作业过程实际劳动耗费的控制,包括设备耗费的控制、人工耗费的控制、劳动工具耗费和其他费用支出的控制等。事后控制是通过定期对过去某一段时间成本控制的总结、反馈来控制成本。通过成本控制,可以及时发现存在的问题,采取纠正措施,保证成本目标的实现。

（5）物流成本核算

物流成本核算是根据企业确定的成本计算对象,运用相应的计算方法,按照规定的成本项目,通过一系列的物流费用提取、汇集与分配,最后计算出各物流活动成本计算对象的实际总成本和单位成本。物流成本核算能够如实地反映物流活动中的实际耗费,同时也是控制各种活动费用实际支出的过程。

(6)物流成本分析

物流成本分析是在成本核算及其他有关资料的基础上,运用一定的方法,揭示物流成本水平的变动,进一步分清影响物流成本变动的各种因素。通过物流成本分析,提出积极的建议,采取有效的措施,合理地控制物流成本。

成本管理活动的内容是互相配合、相互依存的一个有机整体。成本预测是成本决策的前提。成本计划是成本决策所确定目标的具体化。成本控制是对成本计划的实施进行监督,以保证目标的实现。成本核算与分析是对目标是否实现的检验方式。

7.5　物流服务质量与客户管理

7.5.1　物流服务质量概述

1)物流服务质量的含义

物流服务质量,是用精度、时间、费用、顾客满意度等来表示的物流服务的品质。物流服务是企业提供给顾客的无形产品,其与有形产品相比,具有无形性、不可储存性、差异性和不可分离性等特点。因此,物流服务质量是顾客感知的服务质量。这种感知的质量是顾客预期的服务水平与实际感受到的服务水平的比较(图 7.12)。如果实际的服务水平满足了顾客期望的服务水平,则物流服务质量就好;反之,就差。

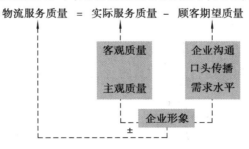

图 7.12　物流服务质量

顾客期望质量是一系列影响因素的综合作用的结果。这些因素主要包括企业与顾客之间的沟通、企业的形象、顾客口头传播、顾客需求水平等。实际服务质量是服务客观质量与主观质量的综合反映。服务客观质量是企业为顾客提供的服务结果,它一般是能够定量测定的影响因素的综合反映,如成本的降低、时间的缩短、货物损耗率的有效控制、服务设施设备先进程度等,因此又称为技术性质量;服务主观质量是顾客接受服务过程的质量,即顾客在接受服务时对企业服务的感觉或印象,它受主观因素的影响很大,这些因素主要包括服务时间,服务地点,服务人员的态度,顾客的个性、爱好、态度、行为方式等。企业形象这一影响因素对顾客期望质量和实际服务质量都有影响,并直接影响物流服务质量。企业形象的好坏首先会影响顾客的期望质量水平,一般与期望质量水平成正比。同时,在顾客接受服务过程中,如果企业形象好,企业实际的服务质量又达到甚至超过顾客的期望质量,则顾客对物流服务质量的感受会"锦上添花";如果企业的形象不佳,企业的实际服务哪怕只是很小的失误,都会让顾客对服务质量的感受"冷若冰霜"。

2)物流服务质量的特征

由前述我们对物流服务质量的基本认识和理解,物流服务质量与实体产品质量相比有许多不同之处,有自己的特征。

①物流服务质量是一种主观质量。有形产品的质量可以采用许多客观的标准进行测量,但物流服务质量却很难进行这种测量。不同的顾客对同样的物流服务质量可能会有不同的感受。

②物流服务质量是一种互动质量。物流服务质量是在服务提供者与顾客互动的过程中形成的。如果没有顾客的响应,或者顾客无法清晰地表达服务要求,服务过程就可能会失败,服务质量也就会降低。

③物流服务质量是一种过程质量。由于物流服务质量是服务者与顾客的互动过程中形成的,因此物流服务过程的质量如何,直接影响着最终的服务质量。服务过程质量是服务质量的必要条件,即只有服务过程质量好,服务质量才高。

3)物流服务质量的要素

既然物流服务质量是顾客对企业提供的物流服务的感知,那么顾客一般是从哪些方面来感知物流服务的呢?目前比较一致的看法认为包括 5 个要素:有形性、可靠性、反应性、保证性和关怀性。

①有形性。有形性即顾客通过物流服务的"有形"部分,如各种物流设施、设备以及服务人员的服饰、言行等来感受服务。这样,顾客就能借助这些有形物来认识和把握企业所提供的服务的实质,形成其对企业物流服务的期望质量。

②可靠性。可靠性就是企业准确无误地完成向顾客承诺的服务。可靠性要求企业在物流服务过程中避免出现差错。因为服务过程中出现差错,给企业带来的不仅是直

接的经济损失,而且会由此造成不良的企业形象,从而可能失去更多潜在的顾客。

③反应性。反应性是指企业对顾客所提出的各种服务要求是否能作出准确而迅速的反应。它反映了企业准确为顾客提供快捷、有效服务的意愿程度。企业对顾客的各种服务要求是否及时予以满足,也表明了企业是否坚持服务导向。

④保证性。保证性是指企业物流服务人员的观念意识、服务技能与水平、服务的言行与举止等方面能让顾客产生信任感的程度。物流服务人员的服务态度和服务能力是相辅相成的,服务态度不好,会让顾客感到不快,专业知识和服务技能的欠缺,也会令顾客失望。

⑤关怀性。关怀性是指除了服务人员的态度要和蔼可亲外,企业要真诚地为顾客着想,了解他们的实际需要,主动关心顾客并为其提供个性化服务,同时服务过程还应富有人情味。

7.5.2 物流服务质量管理体系

1)物流服务质量管理体系的含义

物流服务质量管理是企业或组织对物流服务质量活动的计划、组织、协调与控制。物流服务质量管理的内容主要包括制订服务质量方针与目标,制订物流服务质量指标、进行质量控制、保证和改进等。由于物流服务质量涉及面广,既涉及企业自身,又涉及顾客或客户,为促进物流服务质量管理工作有效而顺利地进行,必须建立相应的管理体系,这就是物流服务质量管理体系。它是企业或组织制订物流服务质量方针和质量目标并为实现这些目标而建立的体系。

物流服务质量管理体系的建立和实施,是系统方法在质量管理中的运用。其最主要的任务是围绕物流服务质量形成的全过程,通过管理体系把影响和形成物流服务质量的技术、管理、人员和资源等综合在一起,相互配合、相互促进、协调运转、持续改进、有效控制,实现质量管理目标,帮助企业提高物流服务质量管理的有效性和效率。建立物流服务质量管理体系的目的在于,通过体系的各项管理活动,将影响物流服务质量的全部因素,在服务的全过程中始终处于受控状态。

物流服务质量管理体系的内容主要包括组织、职责和权限、工作程序、资源和人员4个方面。质量管理体系的有效运行必须有相应的组织机构;所有质量工作人员人人有职、人人有责,协调配合,以实现质量目标;所有的质量工作及相关活动都应严格按程序(管理性和技术性)进行;资源和人员是质量管理体系的基础,应合理利用资源,调配人员;物流服务质量管理体系的内容需要通过文件予以表现,这是对物流服务质量管理体系的制度、方针、活动、程序等内容的系统整理和总结。这些文件通常包括质量方针、质量手册、质量计划、质量记录等。

物流服务质量管理体系是企业或组织用于内部管理的管理体系,而顾客对企业的物流服务质量提出的外部证明要求的体系称为服务质量保证体系(模式)。质量保证体系是从质量管理体系派生出来的。

物流服务质量管理体系的建立既是顾客的需要,也是企业自身的需要。企业或组织建立起物流服务质量管理体系并通过第三方认证,能够向顾客展示企业具备质量保证的能力,树立良好的企业形象,赢得顾客的信任;同时,也为规范企业的服务质量管理工作提供了标准和依据,让企业服务质量管理有据可依,有章可循。

2)物流服务质量管理体系的建立

企业进行物流服务质量管理体系建设主要是根据 ISO 9000 质量管理体系标准进行,一般包括 4 个工作阶段:前期准备、文件编制、试运行、审核评审。各阶段又有多个工作步骤。

（1）前期准备

本阶段主要是进行各项准备工作。这些工作主要有:调查分析现状,统一思想认识,成立工作机构,确定质量方针目标,调整组织机构,配备各项资源。

①调查分析现状。就是调查分析企业组织机构设置是否适应质量体系的需要,了解并分析管理人员、技术人员和操作人员的组成、结构及水平状况等情况,了解分析质量管理标准化、质量责任制、质量信息与教育等管理基础工作,分析企业物流服务的特点、服务对象等以及企业原有质量体系情况等。调查分析现状的目的是合理地选择质量管理体系要素。

②统一思想认识。物流服务质量管理体系的建立和完善过程,也是一个继续教育学习,不断统一和提高认识的过程。质量管理体系的建立涉及企业的各个部门和全体成员。只有不断学习、统一认识,才能保证质量管理体系成功建立。教育学习应分层次,循序渐进地进行。一般第一层次主要是决策层,对他们教育培训的内容主要是质量管理与质量保证的发展,建立完善质量管理体系的意义,介绍质量体系标准,讲解质量体系要素,特别是管理职责要素,明确决策管理者在质量管理体系建设中的关键地位和主导作用。第二层次主要是管理层,这个层次的人员是建设完善质量管理体系的骨干力量,要使他们全面接受 ISO 9000 质量管理体系标准有关内容的培训。第三层次主要是执行层,即与产品质量形成全过程有关的作业人员。对他们主要培训与本岗位质量活动有关的内容,包括在质量活动中应承担的任务,完成任务应赋予的权限,以及造成质量过失应承担的责任等。

③成立工作机构。由于物流服务质量管理体系的建设工作涉及企业所有部门和全体员工,需要协调配合的部门众多,工作量大,因此大多数企业需要专门成立一个精干工作机构或工作班子。这个机构同样也分 3 个层次:第一层次,成立以企业总经理或分管物流服务质量的副经理为组长、质量主管部门领导为副组长的物流服务质量管理体系建设领导小组或委员会。小组的主要任务是对体系建设进行总体规划,制订质量方针和目标,按职能部门进行质量职能的分解等。第二层次,成立由质量主管部门或相关部门牵头,各职能部门领导或主管参加的具体工作机构。机构的主要任务是根据体系建设的总体规划具体组织实施。第三层次,成立要素工作小组。即根据各个职能部门的分工,明确质量体系要素的责任单位。如"订单处理"要素一般应由市场部或客户部负责,"采购"要素由采购部负责等。

④制订工作计划。体系建设工作的组织和责任落实后,就要按照不同的层次分别制订工作计划。在制订工作计划时需要注意 3 点:一是明确目标。即明确需要解决哪些问题? 达到什么目的? 完成什么任务? 二是控制进程。即制订建立体系和主要阶段应完成任务的时间表,明确主要责任人及参与人员的职责分工以及相互协作关系。三是突出重点。即要抓住体系中的薄弱环节或关键少数。

⑤确定质量方针与目标。质量方针是企业对质量的追求,对顾客的承诺,同时也是企业员工质量行为的准则和质量工作的方向。企业在制订质量方针时应注意与企业经营总方针相协调,结合企业文化特点,容易被各级员工理解和执行,并应包含质量目标。

⑥调整组织结构并配备资源。调整组织结构并配备资源即从整体上调整企业组织机构,主要是根据物流服务质量形成的客观规律,以及服务质量管理体系要素所涉及的工作职责和权限分配到各职能部门。同时,根据各职能部门的职责和权限,调配充实人力、设备、资金等资源,以保证质量管理活动的顺利开展和进行。

(2)文件编制

本阶段的工作是将企业物流服务质量管理体系文件化,即编制物流服务质量管理体系文件及相关文档。它是物流服务质量活动管理的基础文件,是以文件形式对质量体系进行的充分的文字描述,是质量管理体系运行的法规性依据,是对质量管理手段和方法的制度化。物流服务质量管理体系文件主要有 4 类(表 7.21)。

编制质量体系文件是企业贯彻 ISO 9000 质量管理体系标准,建立、健全质量体系的重要工作。编制文件时,应在总结企业原有管理和技术经验基础上,结合本企业实际,按照 ISO 9000 质量管理体系标准的要求,着重考虑能加强企业服务质量形成全过程各个环节的控制,合理优化各项控制活动的程序,使之具有可操作性和实施性,以进一步促进物流服务质量的提高,理顺和协调各个部门之间的关系,使质量体系有效运行,提高质量体系的活动和过程的效益和效率,实现企业的质量方针和目标。

表 7.21　质量体系文件类型

类　型	文　件
法规性文件	质量方针、质量手册、程序文件、质量计划、作业指导书
通用性文件	质量方针、质量管理手册、程序文件
专业性文件	质量计划、质量保证手册
证据性文件	质量记录

资料来源:江大维.ISO 9000 质量体系文件编制方法与示例[M].广州:华南理工大学出版社,2000(1):2。

（3）质量体系的试运行

企业质量管理体系文件编制完成后,将进入试运行阶段。通过试运行,检验质量体系文件的有效性和协调性,并对暴露出的问题进行改进和纠正,以达到进一步完善质量体系文件的目的。在质量体系试运行过程中,主要应注意做好以下工作。

①有针对性地宣传贯彻质量体系文件,使企业全体员工认识到,新建立或完善的质量体系是对过去质量体系的变革,是为了与国际标准接轨,要适应这种变革就必须认真学习和贯彻质量体系文件。

②通过试运行必然会出现一些问题,要求全体员工将实践中出现的问题和改进意见如实反映并汇总到相关部门,及时协调、纠正和改进。

③加强信息管理,做好质量信息的收集、分析、传递、反馈、处理和归档等工作。这项工作不仅是体系试运行本身的需要,也是保证试运行成功的关键。

（4）质量体系的审核与评审

这一阶段的工作是通过对质量体系进行审核和评审,以确认体系文件的适用性和有效性。审核和评审的主要内容:确立的质量方针和质量目标是否可行;体系文件是否覆盖了所有主要质量活动,各文件之间的衔接是否清楚;组织机构能否满足质量体系运行的需要,各部门、各岗位的质量职责是否明确;质量体系要素的选择是否合理;规定的质量记录是否能起到见证作用;所有员工是否养成了按体系文件操作或工作的习惯,执行情况如何。

无论是在体系的试运行阶段还是正常运行阶段,都应进行审核和评审。试运行阶段在审核时,通常将符合性与适用性结合起来进行。为了使问题尽可能地暴露出来,应让广大员工参与进来,通过实践发现和提出问题。在审核的基础上,再由企业高层管理者组织评审。正常运行时的体系审核,着重看其符合性。需要强调的是,企业物流服务质量管理体系是在不断改进中得以完善的。质量体系进入正常运行后,仍然要采取内部审核,管理评审等各种手段以使质量体系能够保持和不断完善。

7.5.3 物流客户管理

1）物流客户管理的含义

（1）客户与客户管理

客户是购买企业的产品或服务的目标消费者。它是针对企业目标市场而言的。也就是说，对企业而言，由于资源的有限性，其产品或服务不可能满足所有消费者的需求，只能满足其中一部分消费者的需求，企业愿意并能够满足需求的这部分消费者就是企业的客户。随着客户越来越受到企业重视，其内涵也有了进一步的发展。客户不仅是企业产品或服务的直接消费者，也包括处于供应链下游的企业，它们可能是企业产品或服务的批发商、零售商或生产商；客户不仅是企业外的消费者或企业，还包括企业内部处于上、下工作流程的部门或员工。因此，也可以说客户是所有接受产品或服务的个人或组织的统称。

客户管理是掌握客户基本情况，为客户提供有针对性的服务，以提高客户满意度的活动过程。它是现代营销理念的具体体现，即以客户为中心，围绕客户需求提供产品和服务，给客户以关怀，使客户满意，成为企业的忠诚客户。为此，要求企业不仅要重视客户的开拓与发展，更应重视客户的管理，特别是企业营销过程中客户的管理。

（2）物流客户管理

物流客户管理就是掌握物流客户基本状况，提供有针对性的物流服务，并带给客户良好的服务体验，增强客户满意度的活动过程。物流客户管理的本质在于让客户在接受企业物流服务的过程中，企业员工与客户之间有良好的互动。即企业不仅要为顾客提供价廉物美的物流服务，还要有针对性地为客户提供获得物流服务的良好体验。

物流服务的特点，使得物流客户具有多重性，即物流企业的客户除了单一客户外，许多时候有两个客户，特别是第三方物流企业，其客户一般都有两个：一个是委托物流企业提供物流服务的客户，称为直接客户；另一个是接受物流企业物流服务的客户，该客户又是委托者的客户，称为间接客户，间接客户又有企业客户和个人客户之别。由此可知，物流客户管理的难度较一般服务性企业更大。从这个意义上说，做好物流客户的管理对物流服务商来讲就显得更为重要。

2）物流客户管理的内容

物流客户管理的内容主要包括搜集分析客户信息，识别选择客户，开发客户和保持客户4个方面。

（1）物流客户信息的搜集与分析

物流客户信息的搜集与分析就是搜集、整理和分析客户基本需求或消费特征等各方面的信息资料，为物流客户管理的后续管理工作提供信息支持。

物流客户信息搜集的主要内容包括：客户性质、客户购买总额、交（发）货时间、投诉抱怨率、货损率、应对客户的响应时间等。物流客户信息搜集的方法多种多样，常见的主要有统计资料法、观察法、调查法、沟通法、网络搜索、购买法等（表7.22）。搜集客户信息的基本要求是信息真实、准确和充足。搜集客户信息应有针对性、系统性、连续性和计划性。

表7.22　常见的物流客户信息搜集方法

方　　法	具体做法
统计资料法	通过企业的各种统计资料、服务合同、收发货统计、库存统计、客户订单、车辆调度记录、客户投诉记录等，获得客户基本信息
观察法	通过一线服务人员，包括能与客户接触的财务部、运输部、仓储部等相关部门人员在工作中的实地观察，获得客户的相关信息
调查法	主动向客户听取意见，以获得客户的详细信息。调查法是企业收集客户接受服务过程的经历和感受的最有效的方法之一
沟通法	与客户进行双向交流与沟通，以获得客户的详细信息。沟通法实际上是收集客户信息的非正式调查法
网络搜索法	借助互联网搜索引擎，从互联网搜集客户的相关信息。网络搜索法的关键是掌握搜索引擎的方法和技巧
购买法	从专业机构或公司购买客户的相关信息。这些专业机构主要是各种专业研究机构、大学研究部门等，专业公司主要是各类咨询公司、顾问公司等

物流客户信息搜集到之后，需要对其进行分析、整理和归类，以便于客户识别和选择。在物流客户信息的分析整理中，市场细分方法是一种可以借鉴的方法。对于个人客户而言，主要结合个人客户的年龄、性别、职业、收入、教育、家庭、民族等人口统计因素；消费动机、个性、偏好、生活方式等心理因素；消费时机、购买次数、购买数量等行为因素；所处地理位置、自然环境等地理因素进行分析整理。对于组织客户而言，主要结合组织客户所属行业、购买数量、购买时机、所处地理位置、自然环境等因素进行分析整理。此外，也可以从物流业务环节、服务态度等方面对客户信息进行整理归类。

（2）物流客户的识别与选择

物流客户的识别与选择就是在分析整理信息的基础上，从众多的客户中确认谁是企业的一般客户、基本客户和关键客户。

识别与选择物流客户的基本依据是客户价值的大小。从企业角度看，所谓客户价值就是客户持续购买本企业产品或服务为企业带来的利润及其企业价值。

$$物流客户价值=物流服务利润(价值)-客户服务成本 \qquad (7.5)$$

式中,物流服务利润是物流企业为客户提供物流服务的价值(价格)扣除服务产品成本的差额。客户服务成本是企业为客户提供针对性服务的成本支出。

这里特别注意两点:一是物流客户价值的持续性,即客户是否有价值,不是看其接受企业一次或几次物流服务带来的利润,而是看客户一段时期甚至一生的时间内接受企业的物流服务所带来的利润。二是客户的价值不仅仅是带给企业利润,还能够提升企业的价值,即带来企业形象的提升、品牌价值的增值等。如果你的物流客户中有格力、海信、宝钢、沃尔玛等企业,显然他们带给企业的就不仅仅是利润。当然,客户能否带给企业持续的赢利能力是企业价值增值的根本。

企业在选择客户时,除了关注现实的客户价值外,更应该重视潜在的客户价值。特别是那些可能为企业带来长远收益的客户,在客户分析时尽可能不要遗漏,并将其作为企业的关键客户进行培育。企业还可以结合顾客让渡价值理论,对物流客户进行更深入的分析。

(3)物流客户的开发

物流客户的开发是物流客户管理的重要内容。开发物流客户就是开拓物流服务市场,从根本上说就是物流市场营销。因此,在分析市场环境及企业自身条件的基础上,进行市场细分,确定目标市场,开展物流市场营销活动,就是物流客户的开发。企业在开发物流客户工作中,尤其应注意两方面的问题。一是建立完善的物流服务体系,这是开发物流客户的基础。物流服务体系主要包括物流服务设施网络和物流服务质量体系。物流服务设施网络是开发物流客户的硬件系统,物流服务质量体系是开发物流客户的软件系统。二是建立物流服务品牌,这是开发物流客户的保障。物流服务品牌的建立,有利于企业培养客户的忠诚,使企业能够持续开发客户,从而保证长期稳定的市场占有率及长期的盈利。

(4)物流客户的保持

物流客户的保持是物流客户管理的核心内容。保持物流客户就是留住企业的老客户。留住老客户的价值正在被越来越多的企业上升到战略高度来认识。对于企业的老客户而言,他们对企业忠诚,除了能够持续为企业贡献收益和价值外,他们分摊的广告、促销等销售成本,客户服务成本都比较低;老客户还能够为企业引来新顾客。

留住老客户第一要求企业不断提高客户的满意度,即为客户提供有针对性的个性化的服务产品,重视客户关怀,增强客户的体验和感受,这是留住老客户的关键。第二要求企业不断为客户开发设计新的服务产品(服务内容与服务项目),特别是针对企业关键客户或大客户的服务产品。第三要求企业不断强化企业员工管理,特别是直接面对客户的相关部门员工的服务态度、服务能力直接关系到客户感受和满意度。第四要求企业重视企业文化建设。企业文化能够产生一种氛围,使企业员工能够能动地改进服务质量,开拓市场,留住老客户。

3)客户关系管理

客户关系管理(CRM,Customer Relationship Management)就是企业以客户关系为核心,与客户进行有意义的交流与沟通,关怀并影响客户行为,赢得新顾客,留住老客户,增强客户满意度与忠诚度,提高客户价值的系统管理方法。客户关系管理发展至今,已经从一种管理方法上升为一种管理思想(阅读参考 7.12)。

阅读参考 7.12　人们对客户关系管理的认识和理解

人们对客户关系管理(CRM)的认识和理解主要分为两大阵营:一是学术界和企业界,二是以 SAP、SAS 和 IBM 等为代表的 CRM 方案平台开发商。学术界和企业界关注的主要是顾客关系的有效管理与运用,主要包括 4 种流派:①CRM 是一种经营观念,是企业处理其经营业务及顾客关系的一种态度、倾向和价值观,要求企业全面地认识顾客,最大限度发展顾客与企业的关系,实现顾客价值的最大化。②CRM 是一套综合的战略方法,用以有效地使用顾客信息,培养与现实、潜在的顾客之间的关系,为公司创造大量价值。③CRM 是一套基本的商业战略,企业利用完整、稳固的顾客关系,而不是某个特定产品或业务单位来传递产品和服务。④CRM 是通过一系列过程和系统来支持企业总体战略,以建立与特定顾客之间长期且有利可图的关系,其主要目标是通过更好地理解顾客需求和偏好来增大顾客价值。后者强调的是从技术角度来定义 CRM,将其视作一个过程,强调庞大而完整的数据库(或数据仓库)和数据挖掘技术等高级支持技术,目的是使企业能够最大化地掌握和利用顾客信息,增强顾客忠诚和实现顾客的终身挽留并通过 CRM 应用软件的形式加以实现。

资料来源:王永贵,董大海.客户关系管理的研究现状、不足和未来展望[J].中国流通经济,2004(6):53。

客户关系管理的主要内容包括客户识别与管理、客户开发与管理、留住老客户与管理、客户满意度管理等几个方面。

客户满意度是客户对企业及其员工的产品及服务质量的综合评价。对物流企业而言,客户满意意味企业能够满足客户的个性化物流服务需求,客户在接受物流服务的过程中感受到了企业及其服务人员的关怀,对企业的整个物流服务过程有良好的体验。

物流服务企业引入客户关系管理,有利于客户管理的系统化,提高客户管理的效率,增强客户管理能力。特别是借助以现代计算机、通信和网络技术为基础的客户关系管理系统,能够更快更全面获取客户信息资料、高效分析客户信息并识别客户;更便捷地与客户互动,建立伙伴关系。

≫ 本章小结

物流管理就是组织为实现预期目标,对物流活动的决策、组织、领导、协调和创新。根据物流管理发展阶段模型,一个国家或地区物流管理发展总会经历从自然管理、自觉管理、要素管理、综合管理到创新管理的发展阶段。推动企业物流管理发展的动力除了来自企业本身的需要外,市场、技术和人们对物流的认识也是重要的推动力量。

物流管理是有目的的活动,无论是部门还是企业通过对物流活动的管理,都要实现物流的快速反应、最小变异、最低库存等目标。物流管理的内容包括物流业务要素管理、物流系统要素管理、物流活动职能管理等。

现代物流在企业中的战略地位主要体现在增强竞争力、新的利润源泉和经营战略思想三个方面。物流战略就是对物流进行整体性、长远性和基本性谋划。企业物流战略是企业根据总体战略制定的企业物流发展的长远规划。企业物流战略并不孤立存在于企业物流管理中,它是企业战略的有机组成部分。企业物流战略是在对整个企业物流系统进行综合分析评价后制定形成的。

企业物流战略管理是企业通过对物流战略的分析、制定、选择、实施与控制,保证企业战略得以实现的动态管理过程。具体来说就是根据企业战略目标,分析企业的外部环境和内部条件,确定物流战略目标、制定物流战略方案、选择物流战略方案,实施物流战略方案,并适时对物流战略实施进行控制的活动过程。

物流信息资源有狭义与广义之分。狭义的物流信息资源是指与物流活动(如包装、保管、流通运输等)有关的信息集合。广义的物流信息资源除了与物流活动有关的信息的集合外,还包括与其他流通活动有关的信息的集合。物流信息资源具有信息量大、来源多样、更新迅速的特点。

物流管理信息系统是企业管理信息系统的组成部分,是由计算机软硬件、网络通信设备及其他办公设备组成的,服务于物流作业、管理、决策等方面的应用系统。物流管理信息系统与企业管理信息系统一样,也由多个子系统组成。通常,企业的物流管理信息系统主要包括采购、仓储、生产、销售、财务、运输、决策和管理等子系统,各子系统均有自己特有的功能。

物流大数据就是全面细致地记录物流活动过程及其影响的数据集。它是物流信息管理的延伸和深化,也是物流信息管理的重要内容。物流大数据也可从狭义和广义两方面理解。狭义物流大数据是指与运输、储存、装卸、搬运、包装、流通加工、配送等物流业务活动直接相关的数据集,就是物流业务活动的数据集。广义物流大数据是除与物流业务活动直接相关的数据集外,其他相关的对物流活动过程有影响的数据集,本质上就是物流供应链的数据集,物流行业生态的数据集。物流大数据技术也是信息管理的重要内容之一。物流大数据具有实时监测业务变化、优化调度物流资源、辅助物流运营管理科学决策、发现新的业务和新的商机等作用。物流大数据管理与传统物流信息管理相比,在管理理念与目标、数据信息的性质与获取,以及所需人才和其要求等方面都有不同。

物流成本就是物流活动中所消耗的物化劳动和活劳动的货币表现,是物流活动过程中,运输、储存、装卸、搬运、包装、流通加工、物流信息处理等各个环节中所支出的人力、物力和财力的总和。宏观物流成本是从社会再生产总体角度考察物流活动所发生的耗费水平。微观物流成本就是具体企业的物流成本。物流成本具有隐藏性、效益悖反性、削减乘数效应等特点。物流成本有许多类型。

物流成本的计算方法可以参考中华人民共和国国家标准《企业物流成本构成与计算》(GB/T 20523—2006)。作业成本法也是目前国内外大型企业采用的一种物流成本计算的方法之一。物流成本管理就是对物流活动发生的相关费用进行的计划、协调与控制。

物流服务质量,是用精度、时间、费用、顾客满意度等来表示的物流服务的品质。物流服务是企业提供给顾客的无形产品,其与有形产品相比,具有主观性、互动性、过程性等特点。因此,物流服务质量是顾客感知的服务质量。这种感知的质量是顾客预期的服务水平与实际感受到的服务水平的比较。物流服务质量的要素主要包括有形性、可靠性、反应性、保证性和关怀性。

物流服务质量管理是企业或组织对物流服务质量活动的计划、组织、协调与控制。物流服务质量管理体系是企业或组织制订物流服务质量方针和质量目标,并为实现这些目标而建立的体系。

物流客户管理就是掌握物流客户基本状况,提供有针对性的物流服务并带给客户良好的服务体验,增强客户满意度的活动过程。物流客户管理的本质在于让客户在接受企业物流服务的过程中,企业员工与客户之间有良好的互动。物流客户管理的内容主要包括搜集分析客户信息,识别选择客户,开发客户和保持客户4个方面。物流服务企业引入客户关系管理,有利于客户管理的系统化,提高客户管理的效率,增强客户管理能力。

>> 案例分析

怎样帮助"双鹤"打开发展"瓶颈"

云南双鹤医药有限公司是北京双鹤这艘医药"航母"部署在西南战区的一艘"战舰",是一个以市场为核心、现代医药科技为先导、金融支持为框架的新型公司,是西南地区经营药品品种较多、较全的医药专业公司。

公司成立以来,效益一直稳居云南同行业前列,属下有1个制药厂、9个医药经营分公司、30个医药零售连锁药店。它有着庞大的销售网络,该网络以昆明为中心,辐射整个云南省乃至全国,包括医疗单位网络、商业调拨网络和零售连锁网络。

虽然,云南双鹤已形成规模化的产品生产和网络化的市场销售,但其流通过程中物流管理滞后,造成物流成本居高不下,不能形成价格优势,阻碍了物流服务的开拓与发展,成为公司业务发展的"瓶颈",主要表现如下。

1.装卸搬运费用过高

装卸搬运活动是衔接物流各环节活动正常进行的关键,它渗透到物流各个领域,控制点在于管理好储存物品、减少装卸搬运过程中商品的损耗率、装卸时间等。而云南双鹤恰好忽视了这一点,由于搬运设备的现代化程度较低,只有几个小型货架和手推车,大多数作业仍处于人工作业为主的原始状态,工作效率低,且易损坏物品。另外,仓库设计不合理,造成长距离的搬运。除此之外,库内作业流程混乱,形成重复搬运,大约有70%的无效搬运,这种过多的搬运次数,损坏了商品,也浪费了时间。

2.储存费用过高

目前,云南双鹤的仓库的平面布置区域安排不合理,只强调充分利用空间,没有考虑前后工序的衔接和商品的存放,混合堆码的现象严重,造成出入库的复杂和长期存放,甚至一些已过有效期发生质变和退回的商品没能得到及时处理,占据库存空间,增大了库存成本。

3.运输费用没有得到有效控制

运输费用占物流费用比重较高,是影响物流费用的重要因素。云南双鹤拥有庞大的运输队伍,但由于物流管理缺乏力度,没有独立的运输成本核算方法,该企业只单纯地追求及时送货,因此不可能做到批量配送,形成不必要的迂回,造成人力、物力上不必要的浪费。而且由于部分员工的工作作风败坏,乘送货之机办自己的私事,影响了工作效率,也增大了运输费用。

4.物流管理系统不完备

在企业中物流信息的传递依然采用"批条式"或"跑腿式"方式进行,计算机、网络等先进设备与软件基本上处于初级应用或根本不用状态,使得各环节间严重脱离甚至停滞,形成不必要的损失。

5.人力资源及时间浪费大

由于公司人员管理松散和用人制度的不合理,一部分员工长期处于空闲状态,拿着工资却不工作。有时为消磨时间,往往是几个员工聚在一起做一个人的工作,在工作中娱乐成了很自然的事情,没人注意在每一个环节中所用的时间,诸如寻找、拿取、装卡、拆卸、摆放、运输等。这些环节都延缓了工作时间,降低了工作效率,造成无法计量的成本损耗。

资料来源：罗慧琼.云南双鹤药业仓储系统的合理化改造[Z/OL].广州物流网,2007-10-19。

>> 讨论问题

1.从案例看,"双鹤医药"的物流系统达到其目标没有,为什么?

2."双鹤医药"的物流信息系统存在哪些问题? 如何解决这些问题?

3.物流成本的构成是怎样的? "双鹤医药"的物流成本高吗,为什么? 你有什么好的措施帮助其降低成本?

4.服务质量的影响因素有哪些? 以"双鹤医药"目前的情况看,其能否有效保证物流服务质量,为什么?

5.如果让你为"双鹤医药"制定物流战略,你能够提出怎样的方案?

>> 关键概念

物流管理;物流合理化;物流战略;企业物流战略管理;物流信息资源;狭义物流信息资源;广义物流信息资源;物流管理信息系统;物流大数据;物流成本;作业成本法;物流成本管理;物流服务质量;物流服务质量管理;物流服务质量管理体系;物流客户管理;直接客户;间接客户;物流客户价值;客户关系管理

>> 复习思考

1.你是如何认识和理解物流管理的?

2.物流管理发展经历了哪些发展阶段? 是什么力量推动着物流管理向前发展?

3.物流管理的目标和原则是什么? 物流管理有哪些内容?

4.物流战略在企业战略中的地位是什么?

5.企业物流战略有哪些类型?

6.制定企业物流战略分析环境影响因素有哪些方面?

7.请简要分析波特所说的5种竞争力模型。

8.企业物流战略控制有哪几种类型?

9.企业物流战略作业控制过程有哪几个步骤? 包括哪些内容?

10.如何进行企业物流战略管理?

11.物流信息资源的特征是什么?

12.请画出企业信息系统模型图,并作说明。

13.物流管理信息系统主要包括的子系统有哪些？各自有什么功能？

14.物流管理信息系统建立有哪些步骤？

15.物流大数据有哪些作用？

16.物流大数据管理与传统信息管理有何不同？

17.物流成本有哪些特性？

18.物流成本的构成与分类有哪些？

19.物流成本管理的内容主要包括哪些方面？

20.如何认识和理解物流服务质量？

21.物流服务质量的要素有哪些？

22.物流服务质量管理体系建立包括哪几个阶段和步骤？

23.物流客户管理的内容主要包括哪些方面？

24.在物流服务管理中引入客户关系管理的作用是什么？

第 ⑤ 篇

应用篇

本篇导读：

- 物流无处不在

第8章 第三方物流

第三方物流是社会经济发展到一定程度,物流社会化和专业化分工的产物。随着中国社会经济的持续发展,第三方物流也将不断发展。

学完本章,我们应能回答以下问题

- 第三方物流的价值是什么?
- 第三方物流的业务模式是怎样的?
- 你认为第三方物流运营的关键是什么?

8.1 第三方物流的含义与特点

8.1.1 第三方物流的含义

第三方物流(3PL,Third Party Logistics)这一概念是由美国物流管理委员会于20世纪80年代首先提出的。1988年,美国物流管理委员会在一项客户服务调查中,首次采用了"第三方服务提供者"一词。第三方物流是相对于"第一方"发货人和"第二方"收货人而言的,通过与第一方或第二方的合作来提供其专业化的物流服务。它不拥有商品,不参与商品的买卖,而是为客户提供以合同为约束、以结盟为基础的,系列化、个性化、信息化的物流代理服务。因此,第三方物流又被称为合同物流(Contract Logistics)、外包物流(Outsourcing Logistics)或物流联盟(Logistics Alliance)。

目前关于第三方物流的定义有很多,国内外还没有一个统一的定义。在中华人民共和国国家标准《物流术语》(GB/T 18354—2006)中将第三方物流定义为"独立于供需双方,为客户提供专项或全面的物流系统设计或系统运营的物流服务模式"。

从这个定义可以看出:第三方物流是一种物流服务模式,这种服务模式是由供方与需方以外的企业为客户提供物流服务,并且这一物流服务是根据客户需要专门提供的,或者是提供的物流系统设计方案,或者是提供的物流整体解决方案。也就是说,第三方物流为客户提供的不是简单的运输、储存、包装、配送等物流业务服务,而是根据客户特定需要来提供物流服务,或者客户提供的是物流系统的设计,或者是为客户提供的综合物流服务。

第三方物流有广义与狭义之分。从广义上理解,第三方物流是相对于企业自营物流而言的,凡是由社会化的专业物流企业按照货主要求所从事的物流活动都属于第三方物流;从狭义上看,第三方物流是指能够提供现代化、系统化、定制化和连续性、增值性物流服务的物流服务企业。

8.1.2　第三方物流的特点

第三方物流具有信息网络化、关系合同化、功能专业化及服务个性化的特点。

1)信息网络化

信息流服务于物流,信息技术是第三方物流发展的基础。在物流服务过程中,信息技术发展实现了信息实时共享,促进了物流管理的科学化,提高了物流服务的效率。

2)关系合同化

第三方物流是通过合同形式来规范经营者与物流消费者之间关系的。物流经营者根据合同要求提供多功能直至全方位一体化物流服务,并以合同来管理所有提供的物流服务活动及其过程。实践中的物流联盟,也是通过合同形式来明确参与者之间关系的。

3)功能专业化

第三方物流公司提供的服务是专业化的服务。因此,对专门从事物流服务的企业来说,它的物流设计、物流操作程序、物流管理都应该是专业化的,物流设备和设施都应该是标准化的。

4)服务个性化

第三方物流公司是根据用户的要求、甚至是特殊要求,设计、规划或者提供有针对性的服务,甚至提供增值服务,因此其服务的个性化特点非常突出。

8.1.3 第三方物流的价值及服务

1)第三方物流的价值

第三方物流能够为企业和社会带来成本价值、服务价值、风险分散价值、竞争力提升价值和社会价值。

（1）成本价值

物流成本是企业经营中较高的成本之一,控制住物流成本,就能有效地控制住企业总成本。在衡量物流成本的增减变动时,企业应全面考虑所有与物流活动有关的费用构成的物流总成本,而不能仅以运输、仓储等费用的简单之和作为考察物流成本变动的依据,否则企业在进行物流成本控制或采用第三方物流后,最终核算成本时可能会得出企业物流成本不降反升的错误结论。

企业将物流业务外包给第三方物流公司,由专业物流管理人员和技术人员,充分利用专业化物流设备、设施和先进的信息系统,发挥专业化物流运作的管理经验,以求获得最低整体成本。企业可以减少或不再保有仓库、车辆等物流设施,对物流信息系统的投资也可转嫁给第三方物流企业承担,从而减少物流投资和运营成本;可以减少直接从事物流的人员,从而削减工资支出;提高单证处理效率,减少单证处理费用;库存管理控制得到加强,从而降低存货水平,削减存货成本;通过第三方物流企业广泛的节点网络实施共同配送,可大大提高运输效率,减少运输费用。这些都是第三方物流的价值所在。对企业而言,应建立一套完整的物流成本核算体系,以真实地反映企业实施物流控制或采用第三方物流所带来的效益,促使企业物流活动合理化。

（2）服务价值

在社会化大生产更加扩大,专业化分工越加细化的今天,服务已成为企业竞争的关键因素。以最小的总成本提供预期的顾客服务已成为企业努力的方向,帮助企业提高自身服务水平和质量也正是第三方物流所追求的根本目标。物流服务水平的提高能帮助企业提高顾客满意度,增强企业信誉,促进企业销售,提高利润率,进而提高企业市场占有率。在市场竞争日益激烈的今天,高水平的顾客服务对于现代企业来说至关重要,它是企业优于其同行的一种竞争优势。物流能力是企业服务的一大内容之一,会制约企业的顾客服务水平。例如,在生产时由于物流问题使采购的材料不能如期到达,会迫使工厂停工,使其不能如期完成顾客订货而承担巨额违约金,更重要的是会使企业自身信誉受损、销量减少,甚至失去良好合作的顾客。这就是现代企业如此重视服务、重视物流的原因之一。物流服务水平实际上已成为现代企业实力的一种体现,而第三方物流在帮助企业提高自身服务水平上有其独到之处。利用第三方物流企业信息网络和节点网络,能够加快对顾客订货的反应能力,加快订单处理,缩短从订货到交货的时间,进行"门到门"运输或配送,实现货物的快速交付,提高顾客满意度;通过其先进的信息和通信技术可加强对在途货物的监控,及时发现、处理配送过程中的意外事故,保证订货及时、安全送达目的地,实现对顾客的承诺;产品的售后服务,送货上门、退货处理、废品回收等也可由第三方物流企业来完成,保证企业为顾客提供稳定、可靠的高水平服务。

企业对物流的控制和管理,实际上就是成本与服务之间的一种均衡。在市场环境下,许多时候服务甚至比成本更重要。现代企业必须充分认识到顾客服务的重要性,在考虑是否采用第三方物流时,应处理好成本与服务的均衡问题,不应一味地追求物流成本的削减,即使在企业自己从事物流时也应如此。因为低成本往往容易导致低服务,过分压价,会使第三方利益受损,无力通过自身积累来扩大规模,也就无力给客户提供更好的服务,反过来也会损害企业自身的长远利益。应该说,只要企业服务水平的提高所带来的效益大于其成本支出,那么采用第三方物流的决策就是可取的。只有当企业采用第三方物流后既增加成本,服务水平又不见提高甚至下降时,企业才应该重新决策。

(3)分散风险价值

企业如果自己完成物流,可能面临投资和存货两大风险。企业自营物流需要进行物流设施、设备的投资,如建立或租赁仓库、购买车辆等,这种投资往往比较大。如果企业物流管理能力较弱,不能将企业拥有的物流资源有效地协调、整合起来,充分发挥其功用,致使物流效率低下、物流设施闲置,那么企业在物流上的投资就可能会遭受失败,这部分在物流固定资产上的投资将面临无法收回的风险。另外,企业由于自身配送能力、管理水平有限,为了及时对顾客订货作出反应,防止缺货和延迟交货,往往需要采取高水平库存策略,即在总部以及各分散的订货点处维持大量的存货。而且一般来说,企业防止缺货的期望越大,所需的安全储备越多,平均存货数量也越多。在市场需求迅速变化的情况下,安全库存量可能会占到企业平均库存的一半以上,这对企业来说就存在着很大的资金风险。尽管存货属于流动资产的一种,但它不仅不是马上就能动用的资产,而且还需要占用大量资金。存货越多,变现能力往往越弱,企业流动资金就越少,而且随着时间的推移,存货有贬值的风险。因此,在库存没有销售出去变现之前,任何企业都潜在着巨大的资金风险。企业如果通过第三方物流企业进行专业化配送,由于配送能力的提高,存货流动速度的加快,企业可能减少内部的安全库存量,从而减少企业的资金风险,或者把这种风险分散一部分给第三方物流企业。

（4）竞争力提升价值

企业利用第三方物流，可使自身专注于提高核心竞争力。生产企业的核心能力是生产、制造产品；销售企业的核心能力是销售产品。而且，随着外部市场环境的变化，企业的生产经营活动已变得越来越复杂。一方面，企业需要把更多的精力投入到自己的生产经营当中；另一方面，企业交往的对象更多了，所要处理的关系也更为复杂，在处理各种关系和提高自身核心能力上，企业的资源分配便会出现矛盾。如果将企业与顾客间的物流活动转由第三方物流企业来承担，便可大大降低企业在关系处理上的复杂程度。企业通过采用第三方物流后，原来的直接面对多个顾客的一对多关系变成了直接面对第三方物流的一对一关系，企业在物流作业处理上避免了直接与众多顾客打交道而带来的复杂性，简化了关系网，便于将更多精力投入自身的生产经营中。

此外，作为第三方物流企业，可以站在比单一一企业更高的角度上来处理物流问题，通过其掌握的物流系统开发设计能力、信息技术能力，将原材料供应商、制造商、批发商、零售商等处于供应链上下游的各相关企业的物流活动有机衔接起来，使企业能够形成一种更为强大的供应链竞争优势，这是个别企业所无法实现的工作。

在专业化分工越来越细的时代，再有实力的企业也不可能面面俱到，把什么都做得很好。把自己较不擅长的部分，或者说不是自己核心能力的部分交给第三方来承担，扬长避短，实际上就使得企业和第三方物流各自的优势得到强化，既能促使各相关企业专注于提高自身核心竞争力，有助于企业的长远发展，又有利于带动促进物流行业整体的发展。

（5）社会价值

除了其独特的经济价值外，第三方物流还具有另一为大多数人所忽视的价值，即社会价值。

首先，第三方物流可以将社会上众多的闲散物流资源有效整合利用起来。在过去的计划经济体制下，受"大而全、小而全"思想的影响，我国很多企业都建有自己的仓库、车队，而且往往存在仓储设施老化、仓储管理人员素质低下等问题。企业各自进行存储，有的企业仓库不足需扩建，而有的企业仓库则大量闲置浪费，导致物流设施使用低效，造成社会物流资源的不合理配置；自行组织运输则使运输效率低下，社会运力得不到有效利用，车辆空驶现象普遍，运输成本高。企业由于受到原有一套物流系统的限制，很难依靠自身力量来进行改造，强化物流管理。而通过第三方物流企业专业的管理控制能力和强大的信息系统，对企业原有的仓库、车队等物流资源进行统一管理、运营，组织共同存储、共同配送，将企业物流系统社会化，实现信息、资源的共享,则可从另一个高度上极大地促进社会物流资源的整合和综合利用,提高整体物流效率。

其次,第三方物流有助于缓解城市交通压力。通过第三方物流的专业技能,加强运输控制,通过制订合理的运输路线,采用合理的运输方式,组织共同配送、货物配载等,可减少城市车辆运行数量,减少车辆空驶、迂回运输等现象,从而有利于减轻由于货车运输的无序化造成的城市交通混乱、堵塞问题,缓解城市交通压力。由于城市车辆运输效率的提高,可减少能源消耗,减少废气排放量和噪声污染等,有利于环境的保护与改善,促进经济的可持续发展。

最后,第三方物流的成长和壮大可带动中国物流业的发展,对中国产业结构的调整和优化有着重要意义。

2)第三方物流服务

第三方物流服务可以分为3类:基本服务、附加服务和增值服务。

(1)基本服务

基本服务,也称为常规服务。就是提供物流的几大基本功能要素,即提供运输、储存、装卸搬运、包装、配送等服务,它们提供了空间、时间效用以及品种调剂效用。常规服务大多是对物流直接相关的服务,主要依靠现代物流设施、设备等硬件来完成,是资产和劳动密集型的服务,具有标准化的特征。

(2)附加服务

附加服务,是指在基本服务基础上,为客户提供的额外服务。它主要包括订单处理、货物验收、仓库再包装/加工、代理货物保险、送货代收款、货物回收/替换等。附加服务大多是与物流间接相关的服务,通常是基本物流服务的延伸。

(3)增值服务

增值服务,也称为高级物流服务,它是根据客户的需要,为客户提供的超出常规的服务,或者是采用超出常规的服务方法提供的服务。它主要包括库存分析报告、库存控制、规划/设计和建立分销中心、设计供应链等服务内容。

创新、超常规、满足客户需要是增值性物流服务的本质特征。增值服务主要是借助完善的信息系统和网络,通过发挥专业物流管理人才的经验和技能来实现的,依托的主要是第三方物流企业的软件基础,因此它是技术和知识密集型的服务,可以提供信息效用和风险效用。这样的服务融入了更多的精神劳动,能够创造出新的价值,因而是增值的物流服务。

8.2　第三方物流运作管理模式

8.2.1　第三方物流运作管理的基本模式

第三方物流运作管理的基本模式,从目前看,主要有传统外包型、战略联盟型、综合物流型三类。

1)传统外包型物流运作模式

这是一种简单普通的物流运作模式,是第三方物流企业独立承包一家或多家生产商或经销商的部分或全部物流业务。

企业外包物流业务,降低了库存,甚至达到零库存,节约了物流成本;同时,可精简部门,集中资金、设备于核心业务,提高企业竞争力。第三方物流企业以契约形式与客户形成长期合作关系,保证了自己稳定的业务量,避免了设备闲置。这种模式以生产商或经销商为中心,第三方物流企业几乎不需要专门添置设备,进行新的业务训练和学习,管理过程简单。订单由产销双方完成,第三方物流只完成承包服务,不介入企业的生产和销售计划。

目前我国大多数物流业务都采用这种模式,实际上这种方式比传统的运输、仓储业务并没有多少优势。这种方式以生产商或经销商为中心,第三方物流之间缺少协作,没有实现资源更大范围的优化。这种模式最大的缺陷是生产企业与销售企业,以及与第三方物流之间缺少沟通的信息平台,会造成生产的盲目,运力的浪费或不足,以及库存结构的不合理等情况。而且,目前物流市场以分包为主,总代理比例较低,难以形成规模效应。

2)战略联盟型物流运作模式

战略联盟型物流运作模式就是第三方物流,包括运输、仓储、信息经营者等以契约形式结成战略联盟,内部信息共享和信息交流,相互间协作,形成第三方物流网络系统。联盟可包括多家同地和异地的各类运输企业、场站、仓储经营者,理论上联盟规模越大,可获得的总体效益越大。信息处理,可以共同租用某信息经营商的信息平台,由信息经营商负责收集处理信息,也可连接联盟内部各成员的共享数据库,实现信息共享和信息沟通。目前,我国的一些电子商务网如当当网、淘宝网等普遍采用这种模式。

这种模式与第一种相比,有两方面进行了改善:一方面,系统中加入了信息平台,实现了信息共享和信息交流,各企业实体以信息为指导制订运营计划,在联盟内部优化资源;同时,信息平台可作为交易系统,完成产销双方的订单和对第三方物流服务的预定购买。另一方面,联盟内部各实体实行协作,某些票据联盟内部通用,可减少中间手续,提高效率,使得供应链衔接更顺畅。例如,联盟内部经营各种方式的运输企业进行合作,实现多式联运,一票到底,可大大节约运输成本。

这种方式的联盟成员是合作伙伴关系,实行独立核算,彼此间服务租用,因此有时很难协调彼此的利益。在彼此利益不一致时,要实现资源更大范围的优化就存在一定的局限。例如,A地某运输企业运送一批货物到B地,而B地恰有一批货物运往A地,为减少空驶率,B地承包这项业务的某运输企业应转包这次运输,但A,B两家在利益协调上也许很难达成共识。

3) 综合物流运作模式

综合物流运作模式即组建综合物流公司或集团。综合物流公司集成物流的多种功能,包括储存、运输、配送、信息处理功能和其他一些物流的辅助功能,如包装、装卸、流通加工等,组建完成相应功能的部门。综合物流大大扩展了物流服务范围,对生产商可提供产品代理、管理服务和原材料供应,对经销商可全权代理为其配货送货业务,可同时完成商流、信息流、资金流、物流的传递。

基于综合物流运作模式的物流服务项目必须进行整体网络设计,即确定每一种设施的数量、地理位置、各自承担的工作。其中信息中心的系统设计和功能设计,以及配送中心的选址流程设计都是非常重要的问题。物流信息系统基本功能应包括信息采集、信息处理、调控和管理,物流系统的信息交换目前主要利用EDI、无线通信和互联网进行,因为其成本较低、信息量大,已成为物流信息平台发展趋势。配送中心是综合物流的体现,地位非常重要,它衔接物流运输、仓储等各环节。综合物流是第三方物流发展的趋势,组建方式有多种渠道,目前我国正处在探索阶段,但一定要注意避免重复建设、资源浪费。

根据我国现状,此模式有3种途径:一是由一家企业投资新建或改建自己原有设施设备,完善综合物流设施,组建执行综合物流各功能的业务部门。这种方案非常适合迫切需要转型的大型的运输、仓储企业,可充分利用原有资源,凭借原有专项实力,有较强的竞争力。二是由一家企业收购一些小的仓储、运输企业,以及一部分生产、销售企业原有的自备车辆和仓库,对其进行整顿和改造。据统计,当企业自备车辆和仓库占到总体物流设施的一半左右时,如果能够对这一部分设施收编改造,就可直接推动商家租用第三方物流服务,激活第三方物流市场。三是原有的物流企业如运输公司、仓储公司等以入股方式进行联合,这种方式初期投入资金少、组建周期短,联合后各公司还是致力于自己熟悉的业务,有利于发挥各自的核心竞争力。参股方式可以较好避免联盟模式中存在的利益矛盾,更利于协作。

物流活动社会性很强,涉及行业面广,涉及地域范围更广,因此它只有形成一个网络才能更好地发挥作用。综合物流公司或集团必须根据自己的实际情况选择网络组织结构。一般有两种网络结构:一种是大物流中心带小配送网点的模式,适合商家、用户比较集中的小地域,选取一合适地点建立综合物流中心,在各用户集中区建立若干小配送点或营业部,采取统一集货,逐层配送的方式。另一种是连锁经营的模式,就是在业务涉及的主要城市建立连锁公司,负责对该城市和周围地区的物流业务、地区间各连锁店实行协作,该模式适合地域间或全国性物流服务,连锁模式可以兼容前一模式。

8.2.2 第三方物流业务模式

1)物流业务模式的含义

业务模式是企业根据环境变化,对业务经营要素进行重新定位和整合,形成新业务功能提供给顾客,并以改进或创新收益支出方式,实现企业的收益或价值目标的经营方法。业务模式的恰当与否,直接影响着企业的发展,甚至生存。

例如,在传统经济条件下,一个企业的成长过程常常需要从产品、工厂到公司这样的过程,一个大型企业的发展需要几十年,甚至上百年的历史。然而,在新经济或网络经济时代,一些新兴企业的发展往往只需要几年、十几年的时间就迅速成长为大型企业,甚至进入世界500强,如美国的微软、亚马逊、谷歌,中国的阿里巴巴、京东、腾讯、华为、苏宁云商等。之所以产生这样的奇迹,关键原因在于它们找到了一种适合自己的业务模式。一些传统企业,如沃尔玛、英迈等企业,也是因为其独具特色的业务模式而在市场上独占鳌头(阅读参考8.1)。

阅读参考8.1 手机短信在中国的成功

中国移动在学习日本I-MOD的成功经验之上,通过85:15的利益分成,紧紧地将内容提供商(SP)团结在一起,形成了一个完整的包括电信营运商、内容提供商、系统和终端设备提供商、用户在内的产业链,并担负着联系各方,协调整个产业链正常运转的责任。中国移动通过这个由运营商主导的互惠互利业务模式,让各参与者获得利益,由此调整了整个利益链上的各方的积极性,共同推动手机短信在中国迅速发展。

资料来源:徐文静.第三方物流和业务模式[J].商业经理人,2004(10):68。

根据对业务模式的认识来理解物流业务模式就容易了。所谓物流业务模式就是物流企业根据环境变化,适时整合物流业务活动要素并进行重新定位,形成新的物流业务功能服务于客户,并以改进或创新的收益支出方式,实现企业收益和价值目标的经营方法。同样地,业务模式恰当与否,对第三方物流企业的成长和发展也具有重要意义。

2)物流业务模式的分析与选择

根据上述对物流业务模式的阐述,第三方物流企业的物流业务分析与选择主要包括4个方面的内容。

（1）环境影响因素分析

分析环境影响因素,特别是这些影响因素的变化发展趋势,是第三方物流企业分析与选择物流业务模式的基础。只有对影响物流业务模式的因素进行充分的分析,企业才能更准确地把握环境影响因素及其变化趋势,也才能帮助企业重新认识物流业务要素。

（2）业务要素及其组合分析

业务要素及其组合分析是企业在环境影响因素分析的基础上,根据顾客或市场的物流需求,对物流活动价值链上的各个价值环节、价值环节的构成,以及价值的传递过程进行的分析。第三方物流企业的物流业务要素分析可以从商流、物流、资金流和信息流4个方面进行。图8.1、图8.2、图8.3、图8.4分别是第三方的物流业务要素组成示意图。实际工作中,企业还可以作更深入细致的分析。如商流中,第三方物流企业面向供应方及需求方企业的物流市场推广环节的业务要素,可以分为人员推广、广告推广、公共关系推广等;物流中的所有业务活动过程都要受到技术因素的影响,物流技术的应用可能对物流业务活动效率产生影响,如 GPS 在物流中的应用使得货物实时跟踪和定位成为现实,这又满足了客户的要求,从而带来客户服务水平的提高等。

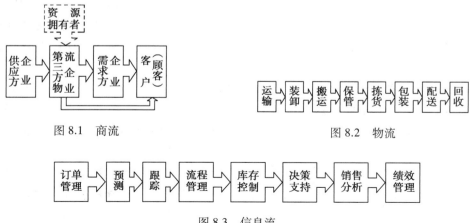

图 8.1 商流   图 8.2 物流

图 8.3 信息流

图8.4　资金流

（3）业务功能及其组合分析

业务功能及其组合分析是分析企业原有业务要素组合所形成的物流业务功能，即分析企业原有业务要素组合所能够为客户提供的服务内容和服务水平。如从商流角度看，企业是利用自身的资源形成物流服务能力来为客户提供物流服务，还是通过整合外部资源形成的服务能力来为客户提供物流服务；从物流角度看，企业是为客户提供专业的物流服务，还是提供综合的物流服务；从信息流角度看，企业与客户之间的信息传递是采用传统手段，还是采用现代手段，这些技术手段的变化将对提升企业哪些方面的服务能力有帮助，是否有助于客户满意度的提升；从资金流角度看，借助现代计算机、通信和网络技术，能够对支付产生什么样的影响，能否方便客户支付等。

多角度分析并尝试对这些功能要素进行重新组合和定位，从而形成对顾客有吸引力，能够为客户带来价值的物流服务内容和物流服务项目。

例如，图8.3信息流中的跟踪环节，过去由于技术条件的限制，它只是客户和企业的希望和理想。但现代信息技术、网络技术、GIS与GPS技术的出现，就使得企业实时跟踪货物的理想变为现实。同时，客户也有这种潜在的需求，于是企业将这一功能开放给货物委托者，成为客户服务的一项重要内容。再如图8.4资金流中的中介融资，人们通过对这一环节的深入研究分析，与金融机构合作，推出融通仓服务，从而实现了第三方物流服务创新，并为中小企业获得金融服务和第三方物流服务打开了方便之门（阅读参考8.2）。

阅读参考8.2　物流公司的业务模式发展

马士基、中远集团这样的船舶公司原来的主营业务是国际运输。随着企业的发展，这些公司开始参与码头的投资和经营，随后业务又拓展到港区以外的仓储及开发物流业务。德国邮政通过收购DHL调整了其业务模式，延伸了物流服务。DHL能够为进出口企业提供关税融资服务。

UPS公司与在纽约证券交易所上市的CNF公司签署协定，以1.5亿美元的现金以及承担其约1.1亿美元债务的形式，收购CNF公司旗下的曼罗全球货运代理（Menlo Worldwide Forwarding）公司。此项收购包括Menlo公司在超过175个国家中的空运和海运代理业务、北美地区的服务部门与设施、位于俄亥俄州戴顿市的营运中心和Menlo国际快运公司，以及Menlo国际贸易公司。此次收购从战略和营运角度来说都是一次相当理想的收购，它能使UPS涉足海运。全球货代公司是一家具备国际贸易能力且非常成熟的全球空运运输公司，能够对UPS现有的业务提供有益补充。UPS结合物流运作，为客户推出了包括信用证、兑付出口票据、海关代理、贷款融资等服务。这种集成、全面的物流与资金流整合服务,越来越受到客户的青睐。

从国际上大型物流公司的发展我们可以发现,业务模式不是一成不变的,随着经济的发展,市场的发展以及企业的自身发展,它们会不断地调整和设计新的业务模式。

资料来源:根据相关资料整理。

(4)业务成本收入模式分析

业务成本收入模式分析就是分析企业获得收入的方式。业务模式从本质上说就是如何创造客户价值,进而实现企业价值。因此,无论什么样的业务模式最后都必须回到"企业如何盈利"这个原始而根本的问题上来。企业价值实现的基本途径如何,关系着物流业务模式最终的成败。物流业务成本收入模式分析包括收入模式分析与成本管理分析两个方面。

收入模式分析的内容主要包括业务的收入来源、收入对象和收入方式。收入来源分析即分析企业据以取得收入的物流服务内容,回答"凭什么收费"问题。企业为客户提供的服务内容包括许多方面,但企业据以收费的可能只是物流服务中的某一个或某几个环节。之所以如此,是因为一些免收费的部分本身是收费的前提条件,通过免费才能吸引客户,也才能收到费;或者一些服务内容具有很强的替代性、外部性,客户能够从他处免费获得。收入对象分析是分析企业据以收费的目标客户,或者潜在客户,回答"向谁收费"问题。一般来说,需求弹性较小并对企业服务依赖性大的客户是企业稳定的收入对象。收入方式分析是分析企业获取收入手段,包括定价方式、付款方式、付款时间等,这是解决"怎么收费"问题。

成本管理分析主要分析如何控制物流服务的成本,以取得服务成本与服务质量的平衡。企业在进行物流成本分析时应注意:现代成本管理已经延伸到企业所有经营活动中,是企业全员管理、全过程管理、全环节管理和全方位管理,是经济和技术结合的管理。

一种全新的物流业务模式就是将新的且独一无二的服务和个性化产品提供给顾客的模式,物流企业应当根据市场和客户的需求设计出独具特色的业务模式,通过持续改进的业务流程,将了解客户需求的前端和恰好按前端的承诺进行实施的至关重要的后端融为一体,提高客户满意度,让物流业务模式成为企业的核心竞争力。

8.3 第三方物流的运营关键点

第三方物流运营涉及许多方面,但最为关键的工作主要包括 3 个方面:准确定位、强化能力和提升服务质量。

8.3.1 进行准确定位

准确定位是第三方物流运营的基础。简单地说,定位就是要确定本企业在物流市场中的服务定位,即为客户提供什么样的物流服务。它主要可以从 3 个方面入手。

1）了解客户需求

了解客户需求,即通过市场调查研究与分析,弄清楚物流市场的基本状况,各类企业的物流需求及特点等。

通过分析物流市场基本状况,了解和把握物流市场的需求及供应规模,从总体上把握整个第三方物流服务市场的发展及变化趋势。通过深入分析不同行业、不同企业的物流需求,掌握各自不同的物流需求特点,为企业拓展或进入市场奠定基础。在实际工作中,企业主要应了解客户物流需求的内容包括物流需求总量、商品或服务的类型、客户的商品销售市场分布、客户的企业经营战略、客户的物流服务目标与要求等方面。

2）摸清竞争对手

市场离不开竞争者。摸清竞争对手就是要深入调查了解和分析第三方物流服务市场上的第三方物流企业,尤其是对本企业有直接威胁和影响的企业的情况,掌握这些企业的基本战略及其目标,物流服务的内容、质量、价格,主要的服务客户的基本情况,如客户类型、生产或经营规模、产品特点等,了解并掌握竞争对手的市场开拓能力和竞争能力等。企业对竞争对手的基本情况应做到了如指掌。唯有如此,才能在竞争激烈的市场上有针对性地与对手展开竞争或合作。

3）明确自身实力

认识自己比认识对手更难,但也更重要。因此,企业只有深入了解和认识自身的优劣势,认识自己的长处和短处,才能在激烈竞争的市场上扬长避短,充分发挥自己的长处和优势,克服和避免自己的短处和不足,获得相对竞争优势并在竞争中占据主动。分析企业自身物流服务能力,主要可以从企业物流业务、物流要素、经营管理要素、管理能力和水平、服务网点分布、市场开拓能力等方面进行。

8.3.2 强化核心能力

核心能力是第三方物流运营的关键。所谓核心能力,是指企业的核心竞争力。它是相对于竞争对手而言,所表现出来的长处或特长。企业核心竞争力通常是企业内部一系列互补的技能和知识,以一定方式结合在一起的技术和能力的集合。比如,产品开发能力、制造技能、成本控制能力、营销技能、售后服务水平、市场反应能力、创新能力、物流能力等。这些技术和能力的结合方式以及技术的先进水平共同决定着企业核心能力的强弱,决定着企业开发新的物流服务项目,开拓物流服务市场,挖掘新的市场机会的潜力,体现着竞争优势。核心能力具有如下一些特征:价值优越性、异质性、难模仿性、不可交易性、难替代性。

从战略角度来看,企业核心能力的培育与构建包括 4 个阶段。

1)明确企业的核心发展目标

企业应发展怎样的核心能力? 企业核心能力的内涵是什么? 这是构建核心能力的第一步。管理者如果对企业核心能力的构成没有达成共识,就无法构建和培育核心能力。所以构建企业核心能力,首先是看企业对其核心能力的定义是否明确及对该定义的认同程度。编制核心能力一览表,召开高层经理人员参加的核心能力评定会,是解决这一问题的有效方法。

2)获取企业核心技术与技巧

核心能力是由一系列技术与技巧共同构成的,企业在构建和培育核心能力过程中,可能面临程度不同的各种技巧与技术方面的贫乏。因此,通过各种方式获取建立核心能力所必需的各种技巧与技术是整个核心能力构建和培育过程中的重要一环。这个阶段企业主要面临着两方面的竞争,一是企业在竞争力要素积累方面的竞争,主要发生在技术、人才等要素市场上,谁能最早掌握关键的技术,谁就能吸引留住人才,谁就能赢得最初的胜利;二是时间竞争,即谁能在最早或在最短的时间内完成核心能力的构建,谁就会取得有利的市场地位。因此,企业在该阶段的主要工作是建立技术创新的激励机制,尽快获取构成核心能力的关键技术或知识。做好人力资源开发,建立有效的机制,吸引留住掌握关键技术的人才,通过与拥有核心专长的公司建立战略联盟,进行技术转让协议及向新兴领域进行产权投资等形式,吸收外来的技能或技术,以尽可能在较短的时间内获得必要的竞争力要素。

3) 整合核心能力构成要素

核心竞争力是由不同的竞争力要素有机联系而成的整体竞争实力。分散的技能、专长等竞争力要素形成不了竞争力。因此,企业通过各种手段获得建立核心能力所需要的要素之后,如何有效整合这些要素,就成为构建和培育核心能力的关键。此阶段企业核心能力构成要素的整合应着眼于企业长远发展的需要,所追求的应该是如何获得在未来市场上的竞争优势,而不是如何在当前的市场上做得更好。该阶段企业工作重点应是有效地进行企业资源的配置。

4) 保护发展企业核心能力

核心能力是企业通过长期的发展和强化建立起来的,因此,核心能力的丧失将给企业带来无法估量的损失。客观上,企业核心能力的演变过程是必然的,因而面对这种不可逆转的过程,企业为保持其核心能力的领先,获得竞争优势,就必须加强保护并不断发展。为此,企业主要应做好以下几方面工作:企业高层管理者应关注核心能力的健康发展,指定专人全面负责;加强对核心能力携带者的管理和控制;定期召开核心能力评定会,认真审视企业的竞争环境和经营活动,对企业核心能力的发展作出正确的评价,不轻易草率地处理某些经营不善的业务;促进组织学习,提倡研究开发和创新精神,加速知识转移和共享,加速发展企业的核心能力。

8.3.3　提高服务水平

服务水平是第三方物流运营的保障。但需要注意:服务水平与服务成本之间存在着"二律背反"。在实际工作中,提高企业物流服务水平的基本措施主要包括以下两个方面。

1) 树立物流服务观念

树立正确的物流服务观念是提高服务水平的思想基础。思想是行动的指南,只有思想认识到了,才可能做得到。如果企业或企业全体员工没有从思想上正确认识物流的本质是服务,没有正确认识物流服务是第三方物流企业的立身之本,很难保证企业物流服务水平的提高,也很难保证企业提高服务水平的持续性。

物流服务观念是全员的物流服务观念,即不仅是企业的管理者、业务部门,而是所有部门、全体员工都要树立物流服务观念。也就是说,树立物流服务观念不只是物流业务部门的事,也不只是企业管理部门的事,而是从管理者到一般员工都应树立服务观念;不只是企业物流业务部门要树立物流服务观念,企业管理部门、财务部门、营销部门,甚至后勤部门也应树立服务观念;不只是采购环节、运输环节、仓储环节,售后服务等环节也要树立服务观念。只有企业全体员工、各个部门、所有环节都树立了服务观念,才能保证企业物流服务水平的提高。

2)增强物流服务能力

具备高超的服务技能是提高服务水平的根本保证。企业物流服务能力主要取决于两个方面:①员工服务的技术能力和水平;②服务设施设备能力和技术含量。因此,实际工作中,企业提高物流服务技能水平主要也从这两方面入手。

首先是加强和提高员工的服务能力和水平。企业可以采用多种形式,如技术竞赛、以师带徒、岗位练习等,增强和提高员工的服务技能水平。为调动员工增强服务技能水平的积极性,应将其纳入员工绩效考评指标体系,从制度上给予保证。

其次就是要积极引进,广泛应用先进的物流设施、设备和技术,如自动分拣系统、自动仓库及管理系统等。为此,企业应结合自身实际,尽力推进企业物流服务机械化、自动化、信息化和网络化,为提高和增强员工服务技能水平奠定坚实的物质基础。

≫ 本章小结

第三方物流是独立于供需双方,为客户提供专项或全面的物流系统设计或系统运营的物流服务模式。从广义上理解,第三方物流是相对于企业自营物流而言的,凡是由社会化的专业物流企业按照货主要求所从事的物流活动都属于第三方物流;从狭义上看,第三方物流是指能够提供现代化、系统化、定制化、连续性和增值性物流服务的物流服务企业。

第三方物流具有信息网络化、关系合同化、功能专业化及服务个性化的特点。它能够为企业和社会带来成本价值、服务价值、风险分散价值、竞争力提升价值和社会价值。

第三方物流能够为我们提供基本服务、附加服务和增值服务。基本服务,也即常规服务,就是提供仓储、运输、装卸搬运、包装、配送等服务,它们提供了空间、时间效用以及品种调剂效用。常规服务具有标准化的特征。附加服务是在基本服务基础上,为客户提供的额外服务,主要包括订单处理、货物验收、仓库再包装/加工、代理货物保险、送货代收款、货物回收/替换等。附加服务通常是基本物流服务的延伸。增值服务,也称为高级物流服务,它是根据客户的需要,为客户提供的超出常规的服务,或者是采用超出常规的服务方法提供的服务,主要包括库存分析报告、库存控制、规划/设计和建立分销中心、设计供应链等服务内容。创新、超常规、满足客户需要是增值性物流服务的本质特征。

第三方物流运作管理的基本模式,主要有传统外包型、战略联盟型、综合物流型3类。物流业务模式就是对物流企业如何根据环境变化,适时整合物流业务活动要素并进行重新定位,形成新的物流业务功能服务于顾客,同时以改进或创新的收益支出方式来实现企业收益和价值目标的概念性描述。业务模式恰当与否,对第三方物流企业的成长和发展具有重要意义。

第三方物流企业的物流业务分析与选择主要包括环境影响因素分析、业务要素及其组合分析、业务功能及其组合分析、业务成本收入模式分析4个方面的内容。第三方物流运营最为关键的工作主要包括以下3个方面:准确定位,强化能力和提升服务质量。

>> 案例分析

第三方物流——为企业创造价值

大连盛川物流有限公司经营仓储、运输、货运代理,主营生产企业第三方物流业务,是一个为国有大中型企业、合资企业、独资企业的产前与产后提供现代化、专业化的第三方物流服务的物流企业。公司秉承国际先进的现代化物流管理经验,是一汽大连柴油机厂(以下简称"一汽大柴")的第三方物流企业,为一汽大柴一百多家供应商提供物流服务,同时是一汽大柴密切的合作伙伴。

盛川物流不仅为一汽大柴带来降低作业成本、改进服务水平、集中核心业务、减少呆滞资产等多种益处,而且为一汽大柴企业提供过去传统的储运公司根本不可能提供的订单处理、需求预测、存货管理等多方面的服务内容。

盛川物流在供应链中的地位如图8.5所示。

图8.5　盛川物流在供应链中的地位

大连盛川物流有限公司作为第三方物流企业,为一汽大柴提供了下列服务。

◆物流中心为大柴节省的资金如下。

2000年7月22日正式启用物流中心至2000年12月底,降低储备资金2 023万元。

2001年1—7月,降低储备资金5 628万元。

提供短途配送,节省资金40.5万元/每年。

配件打包业务,节省资金19.2万元/每年。

减少库房面积1.4万平方米,节省资金108万元/年。

减少装卸工人25人,节省资金19万元/年。

◆业务外包为一汽大柴带来的好处如下。

把储备风险库存挪到第三方物流,减少了企业在库房、机械设备、人力、运力方面的再投资,避免了国有大中型企业"小而全""大而全"的作风,把除生产以外的企业附属工作委托给第三方物流去做,能有效利用企业资金,加快企业资金周转速度,减少企业不必要的投资。

因而,物流中心真正成为一汽大柴的第三利润源。

◆由物流中心实施,更加保证了企业风险库存储备。

◆市场竞争的压力如下。

面对日趋激烈的市场竞争,企业必须设法增强其核心竞争能力,降低企业生产成本,大柴厂的核心能力应该定位在柴油机的新产品开发、设计和组装生产及市场开拓上。

◆简化产前准备,加快生产速度。

业务外包有利于一汽大柴将主要资源与注意力集中在主要业务上。

◆物流中心的建立是解决这些问题的根本所在。

首先,供应链管理使企业基本实现零库存,并简化生产准备业务,有利于实现JIT。

其次,供应链管理对企业的管理水平有着更高的要求,企业必须采用科学的方法,合理地组织生产。

附几点说明如下。

●物流中心库存归属。

大连盛川物流有限公司存放的零配件不属于一汽大柴所有,但需要一汽大柴向供应商发出订单,才能送到物流中心;一汽大柴向物流中心发出要料计划,物流中心才能把一汽大柴所需配件送到厂内,因而这也是一汽大柴所谓虚拟仓库的概念。

●物流中心资金来源。

存放在虚拟仓库的配件,原来都占用着一汽大柴的资金,现在所有的配件在物流仓库里,都是供应商自己的,占用的也是供应商的资金,以备大柴生产储备风险库存,物流中心的仓储费用由供应商负担。

大连盛川物流有限公司作为第三方物流企业,为供货方提供了下列服务。

协调供求双方,提供信息共享,监控风险库存,避免库存过剩。

为供货方制订科学的库存风险储备量,使库内货物总在风险储备上线、下线之间,不会影响大柴生产。

为供货方提供实时库存查询,如供货方所有配件的当日、当月及一年的出入库明细,出入库合计和货物周转率。

为供货方提供物流中心到一汽大柴厂内的短途配送服务,把配件拆包、上工位器具直送一汽大柴生产一线。

为一百多家客户实施长途运输,及时把配套厂家的货物运达物流中心库房,为供货方降低了运输成本。

物流分析机能如下。

● 库存物品的入库、出库、移动和盘点等操作进行全面的控制和管理,从级别、类型、批次、单件等不同角度来管理库存物品的数量,库存成本和资金占用情况。

● 管理者可及时了解和控制库存业务各方面的准确情况和数据。

● 对各种数据进行统计、生成各类报表,为决策者提供决策依据。

● 供需双方的桥梁:物流中心起着将供货方与需求方联系到一起的桥梁作用、及时反映双方的供需要求,缓解供需矛盾,减少不良资产的产生。

● 信息共享:及时将一汽大柴的需求信息反馈到供货方,反映供货方的要求,充分利用网络优势,真正达到信息共享。

信息服务。

● 网上信息服务。可在线下达指令,网上货物库存状态查询,客户意见反馈,企业之间的交流等。

● 库存查询。对仓库中数据的汇总及动态分析,包括库存周转率信息、出入库存量信息、安全库存信息、最大库存量信息及库存成本信息。决策者能实时、准确地根据业务处理的状态,降低运营成本,抓住机遇,使之在激烈的市场竞争中立于不败之地。

● 库房信息服务。使多样化的静态和动态库存管理与科学化的库存管理手段融为一体,包括库位分配、库区调度、货物管理、出入库明细账及库存盘点。

大连盛川物流有限公司为一汽大柴提供的具体服务分析如下。

● 完善的仓储服务。

● 库存预警服务。

● 补配调拨服务。

● 流通加工服务。

● 结算服务。

仓储费、运费以及其他发生的费用的结算。

● 业绩管理服务。

对供货方的考核:到货是否及时,质量是否过硬。

● 网络信息服务。

● 物流规划、物流策划服务。

● 客户资料管理,客户综合能力分析服务。

● 提供准确、及时的短途配送服务。

- 统一规范的单据传递服务。
- 提供长途运输服务。

通过为一汽大柴提供两年多的物流服务，我公司已逐渐摸索出一套适合国有大中型企业的物流管理模式，通过合理化调配，有效利用资源，实现成本最小化、利润最大化、服务最佳化的战略目标，增强仓库的吞吐能力，加快库存货物的周转速度；实现配送运输的可靠性、完美性和集约性。

目前，大连盛川物流有限公司 EDI、POT 系统及高架货位全面启动，成为能够为多家国有大中型企业承担生产型物流业务的专业物流基地。

资料来源：大连盛川物流有限公司——生产企业第三方物流的典范[Z/OL].广州物流网,2006-6-8。

≫ 讨论问题

1.根据案例,第三方物流为一汽大连柴油机厂带来了哪些方面的好处？

2.大连盛川公司为一汽大连柴油机厂提供的第三方物流服务不少,请将这些物流服务归类列出并分析说明。

3.根据案例,你准备从哪些方面着手帮助大连盛川公司设计或改进业务模式？

4.根据案例,你认为大连盛川的核心竞争力在哪里？为什么？

≫ 关键概念

第三方物流;基本物流服务;附加物流服务;增值物流服务;传统外包型物流运作模式;战略联盟型物流运作模式;综合物流运作模式;物流业务模式。

≫ 复习思考

1.你是如何认识和理解第三方物流的？

2.第三方物流有哪些特点？

3.为什么第三方物流越来越受到人们的重视？

4.第三方物流服务主要包括哪些内容？

5.试分析第三方物流的运作管理模式。

6.如果让你为一家第三方物流公司设计新的服务项目,你准备怎么做？

7.论述说明第三方物流的运营关键点。

第9章 电子商务物流

中国的电子商务萌芽于 20 世纪 90 年代初,起步于 20 世纪 90 年代中期,发展于 20 世纪末,至今已有 20 多年的历史。在电子商务发展过程中,人们逐渐意识到作为支持有形商品电子商务活动的物流,不仅成为有形商品电子商务的一个障碍,而且也成为有形商品电子商务活动能否顺利进行的一个关键因素。因为当有形商品交换必不可少的"四流"——商流、资金流、信息流和物流中的前"三流"都能够并且已经电子化,它们在买卖双方之间的完成速度以秒甚至毫秒计,而物流却以小时计或以天计。因此,如果没有一个有效、合理、畅通的物流系统,电子商务所具有的优势就难以发挥;同样,没有一个与电子商务要求相适应的物流系统,电子商务也难以得到真正的发展。

学完本章,我们应能回答以下问题

- 你能用生活中的实际例子来说明你对电子商务与物流关系的理解吗?
- 面向电子商务的物流系统与传统物流系统有哪些不同?
- 针对你感兴趣的电子商务企业,能为其物流模式的选择提供科学合理的建议吗?

9.1 电子商务与物流的关系

9.1.1 电子商务概述

电子商务是随着现代计算机、通信和网络技术的迅速发展,特别是互联网的普及而出现并迅速发展起来的一种崭新的商务运作方式。电子商务的迅速发展引发了交易方式的创新甚至革命,这种创新集中体现在商品的流通过程,并由此引起流通模式的变革。

1)电子商务的本质

关于电子商务的本质,有狭义和广义之分、宏观和微观之别。

狭义电子商务是企业利用各种电子化技术进行的商务(包括生产经营管理)活动。具体而言,就是运用现代计算机、通信和网络技术开展的交易或与交易直接相关的活动,即利用互联网络进行交易活动,国外称为 e-Commerce。

广义电子商务是组织利用各种电子化技术进行的商业活动。具体而言,就是利用现代计算机、通信和网络技术实现商务活动电子化。简单地说,电子商务就是利用互联网从事商业活动,国外称为 e-Business。

广义电子商务是在网络的广阔联系、信息技术与传统资源相互结合的背景下应运而生的,一种能够跨越时间与空间的相互关联的商务活动。它不是传统意义上的面对面交易,或通过面对面交谈方式进行的商务活动,而是一种系统的、完整的电子化、网络化商务活动。它包括交易方案的提出、设计、实施等过程,内容涉及商务应用的各个方面。因此,广义电子商务较狭义电子商务的范围更广,即广义电子商务包括狭义电子商务。

从宏观上讲,电子商务是通过电子手段建立一种新的经济秩序,它不仅涉及电子技术和商业交易本身,而且涉及诸如金融、税务、教育等社会其他层面。

就微观而言,电子商务是指各种具有商业活动能力的实体(如生产企业、商贸企业、金融机构、政府机构、个人消费者等)利用网络和先进的数字化传媒技术进行的各种商业贸易活动。

因此,电子商务的本质就是商务活动电子化、信息化和网络化。

电子商务及其一般的运行环境(图9.1)。

2)电子商务的类型

根据交易主体的不同,电子商务可分为企业与企业之间的电子商务、企业与个人之间的电子商务、个人与个人之间的电子商务、企业与政府之间的电子商务等几种类型。

(1)企业与企业之间的电子商务(简称 B2B)

B2B 是目前最重要和最受企业重视的一类电子商务。它是不同企业之间利用国际互联网或其他网络就每笔交易寻找最佳合作伙伴,共同完成从订购到结算的全部交易活动。这些活动主要包括向供应商订货,签约,接受发票,使用电子资金转移、信用证或银行托收等方式进行付款,以及处理商贸过程中发生的相关事项,如索赔、商品发送管

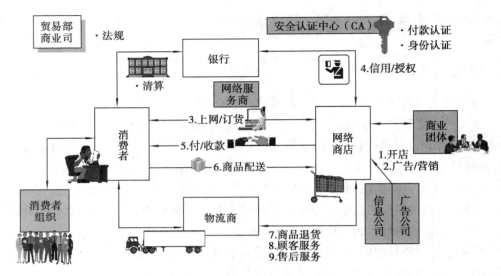

图 9.1　电子商务及其一般的运行环境

理和运输跟踪等。B2B 这种类型的电子商务经营金额大,所需的各种软、硬件环境较复杂,但发展最为迅速。全球最大的 B2B 服务平台是中国的阿里巴巴。

实际应用中,B2B 可细分为特定企业间的电子商务与非特定企业间的电子商务两种。

特定企业间的电子商务,是过去一直有交易关系或者今后也一定要继续进行交易的企业间围绕交易进行的各种商务活动。特定企业间的电子商务的开展既可以利用公用网络进行交易,也可以利用企业间专门建立的网络完成。其中通过建立专用网或增值网进行电子数据交换(EDI),完成特定企业间电子商务活动的历史较长,早在 20 世纪 60 年代就开始应用。

非特定企业间的电子商务,是过去不相识,或过去不曾有过交易关系的企业,在开放的网络中就每笔交易寻找最佳伙伴,并与伙伴一起完成从订购到结算的全部交易活动。此种电子商务最大的特点是,交易双方不以永久、持续交易为前提。

(2)企业与个人之间的电子商务(简称 B2C)

B2C 是公众最熟悉的一种电子商务类型。它是消费者个人利用互联网直接参与经济活动的形式,这种形式基本类似于电子化的零售。由于互联网提供了双向的交互通信,节省了客户和企业双方的时间和空间,大大提高了交易效率,节省了各类不必要的开支。因此,近年来,随着互联网的迅速发展和应用的日益普及,出现了大量的网上商店,网络销售得到了迅猛发展。消费者个人通过网上商店买卖的商品可以是实体化的,如书籍、鲜花、服装、食品、汽车和电视等;也可以是数字化的,如新闻、音乐、电影、数据库、软件及各类基于知识的商品。此外,在互联网上还有许许多多各种类型的商业中心、虚拟商店和虚拟企业，专门为顾客提供各种与商品销售有关的服务，如旅游安排、订票、在线医疗诊断和远程教育等。中国目前著名的 B2C 服务平台有当当、京东、天猫等。

（3）个人与个人之间的电子商务（简称 C2C）

C2C 是一种比较特殊的电子商务，是指不同的个人之间通过互联网完成商务活动，最典型的 C2C 商务活动就是网上拍卖。中国目前最大的 C2C 服务平台是淘宝网（taobao.com）。

（4）企业与政府之间的电子商务（简称 B2G）

B2G 覆盖企业与政府各部门间的各项事务。例如，企业与政府各部门之间各种手续的报批，政府部门通过因特网发布采购清单，企业以电子化方式响应，税务部门通过网络以电子数据交换方式完成对企业和电子交易的征税等。

3) 电子商务的特点

电子商务通过计算机网络进行，并在世界各地完成各种商务活动、交易活动、金融活动，以及各种相关的综合服务活动，相对于传统商务表现出了自己的特点。

（1）商务电子化

电子商务通过互联网为平台的计算机互联网络进行交易。贸易双方从磋商、签订合同到支付等过程均通过计算机互联网络完成，无须当面进行，整个交易过程完全电子化、数字化、虚拟化。对卖方来说，可以到网络管理机构申请域名、制作主页、组织产品信息上网。买方可以根据自己的需求，利用虚拟现实、网上聊天等新技术进行选择，同时将需求信息反馈给卖方。通过这种信息的推拉互动，签订电子合同，完成交易并进行电子支付。整个交易都在网络这个虚拟的环境中进行。

（2）实时动态性

与传统商务相比，以互联网为平台的电子商务活动没有时间和空间限制。商品的、交易的、资金的、促销的各种信息随时都可以不断更新。无论是买者还是卖者，无论是企业还是消费者个人，都可以通过互联网发布或获取各自所需要的信息，随时更新自己的信息，并通过这些信息帮助自己进行经营决策或消费决策。如在传统商务条件下，交易完成之后，可能要等 2~3 天，交易资金才能到账；而在电子商务条件下，交易完成时，交易资金就能实时到账。

（3）社会协同性

电子商务的最终目标是实现商品的网上或电子化交易。这是一个相当复杂的过程，除了要应用各种有关技术和其他系统的协同处理来保证交易过程的顺利完成外，还涉及许多社会性的问题，如商品和资金流转方式的变革、法律的认可和保障、政府相关部门的支持和统一管理、公众对网络化电子购物的认可和接受程度等。这些问题都涉及全社会,不是一个企业或一个领域能解决的,需要全社会的努力和整体的实现,才能最终体现出电子商务相对于传统商务的优越性。

（4）商务系统性

电子商务的交易活动过程涵盖商品浏览、订货、销售处理、发货、资金支付和售后服务等业务。因此,电子商务的开展需要消费者、厂商、运输商、报关公司、保险公司、商检部门和银行等主体的参与。这些参与主体通过计算机网络组成一个复杂的网络系统。该系统的各组成部分相互作用、相互依赖、协同处理,形成一个密切联系的连接全社会的信息处理大环境。在这个大环境下,商贸业务的手续得以简化,业务开展的速度得以加快,更重要的是整个商贸业务的发生、发展和结算过程得到了规范,从根本上保证了电子商务的正常运作。

（5）效率高效性

传统商务用信件、电话和传真传递信息,因此必须有人员参与,每个环节都要花不少人工和时间。此外,可能由于人员合作和工作时间等问题误传信息或延长传输时间,失去最佳商机。而电子商务利用互联网络将贸易中的各种商业报文(单据、单证)标准化、电子化,确保商业报文能在世界各地准确且快速地完成传递并由计算机自动处理,如原料采购、产品生产、需求与销售、银行汇兑、保险、货物托运及申报等过程无须人员干预且能在最短的时间内完成。电子商务克服了传统商务费用高、易出错、处理速度慢等缺点,极大地缩短了交易时间,使整个交易得以高效进行。

9.1.2 电子商务与物流的关系

和传统商务过程一样,电子商务过程也包含"四流",即商流、资金流、信息流和物流。商流主要表现为买卖关系,是商品或服务的所有权转移过程,也是商品或服务的价值实现过程。资金流主要是指资金的转移过程,包括付款、转账、兑换等。信息流包括商品、促销营销、技术支持、售后服务等信息的提供,也包括询价单、报价单、付款通知单等商业贸易单证的流动,还包括交易方的支付能力、支付信誉、中介信誉等信息的收集与传递等。物流主要指实体移动过程。虽然知识类商品(如电子出版物、信息咨询服务等)和数字化商品(如音乐、电影等)可以直接以网络传输的方式完成"物流",但对于绝大部分具有实体形态的商品来说,仍然必须经由传统的销售渠道完成"物流"。物流活动的完成,标志着电子商务过程的结束。因此,电子商务在解决商流(所有权转移)、资金流(支付)、信息流(信息交换)等问题后,最后必须解决物流(实体移动)问题。商流是载体,物流是基础,信息流是桥梁,资金流是目的,商流、物流、信息流和资金流相互联系,共同构成了电子商务活动过程(图9.2)。

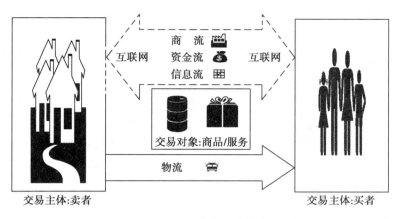

图 9.2　电子商务基本模式

1）物流是电子商务发展的关键制约因素

电子商务提供了一个虚拟的网络交易环境,但需要转移商品实体的交易最终能够顺利进行,离不开物流的支持和保证。

传统商务中,卖方会通过各种途径获得市场需求信息,了解市场需求,向买者传递各种产品相关信息;买者会通过各种途径获得产品信息,了解产品的价格、功能和质量等信息;买卖双方相互寻找对方,然后准备进行交易,当买卖双方的买卖关系确定之后,当面进行交易,然后卖者根据买者要求送货,或者买者自己提货运走。也就是说,传统商务的商流、资金流、信息流和物流虽然存在分离现象,但物流与其他"三流"所消耗的时间差不突出。在电子商务中,买卖双方通过互联网能够在很短的时间内完成信息流、商流和资金流,但物流却需要花很长的时间才能完成,物流与其他"三流"所消耗的时间差非常突出。比如,花几分钟或几个小时的时间在网上寻找并购买商品,却需要等几天,甚至更长的时间才能收到商品。由此,电子商务对物流过程的时间消耗提出了非常高的要求。因为,只有当买者所购买的商品或服务最后被送到手中,整个电子商务活动才结束。所以,从这个意义上说,物流是影响电子商务发展的关键因素,是电子商务活动得以顺利进行的基础。建立面向电子商务的物流系统,是电子商务全面应用的基础和保障。没有物流系统的保障,就没有真正意义上的电子商务的普及应用,电子商务的高效率也不能真正体现出来。

2）电子商务是物流现代化的重要手段

物流现代化是指物流在总体上达到或超过时代的先进水平,包括物流观念、设施、设备、技术、管理等各个方面都达到或超过时代的先进水平。物流现代化的关键是物流电子商务化。

物流电子商务化是指利用现代网络技术、信息技术、通信电子技术来完成物流全过程的协调、控制和管理,实现从生产商到最终客户的所有中间过程服务。其最显著的特点是各种软件技术与服务的融合应用,即通过网络、信息、通信等电子技术在整个物流交易过程中的应用,对物流信息及物流过程进行准确、及时的监控,加快物流、信息流和资金流的流动速度,有效地减少库存,提高物流效率和效益。

为达到电子商务物流服务的信息化、自动化、智能化和网络化要求,物流服务系统必须引入电子商务技术手段。因为,将电子商务应用于物流活动过程,能够帮助物流服务提供商在第一时间掌握市场需求的变化,以最快的速度处理信息,提高管理效率,促进供应链上的企业通过信息共享,广泛利用企业自身、客户、合作伙伴和市场变化等各方面的信息资源,优化资源配置,构建有效的价值链,实现供应链物流一体化,能够促进和带动企业物流现代化发展。随着计算机技术的不断普及,网络技术的不断完善,电子商务势必取得长足发展和应用,物流电子商务化和物流现代化将真正实现。

综上所述,现代物流与电子商务相互依存、互为依托。

9.2　面向电子商务的物流系统

9.2.1　面向电子商务的物流系统的含义

面向电子商务的物流系统就是能够适应或满足电子商务要求的物流服务系统。在电子商务环境下,消费者需求个性化、网络商店和网络银行虚拟化、商务事务处理信息化、制造过程柔性化,这时整个市场就剩实物物流处理工作,物流服务商成为制造商和供应商对客户最集中与最广泛的商品实体供应者,直接与客户打交道(图9.3)。

面向电子商务的物流系统的基本目的是通过高效的物流配送服务,更好地满足客户或消费者的需要,实现商品的时间与空间价值。该物流系统具有输入、转换和输出三大功能,通过输入、输出使物流系统与电子商务系统及社会环境进行交换。其中,输入包括人、财、物、信息和知识等资源;输出包括效益、服务、环境的影响以及信息等,转换包括物流的经营管理活动、业务活动等。

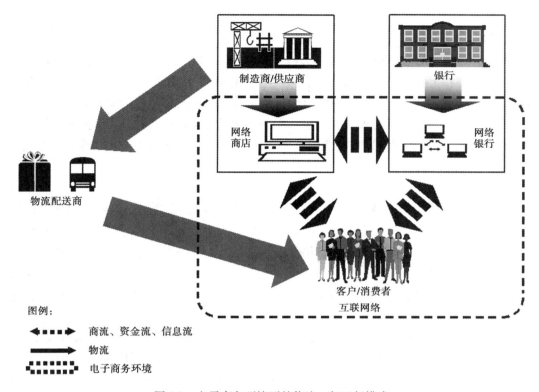

图例：

◆━━━▶ 商流、资金流、信息流

━━━▶ 物流

▮▮▮▮▮▮ 电子商务环境

图 9.3 电子商务环境下的物流一般运行模式

9.2.2 面向电子商务物流系统的特点

电子商务时代的来临,给物流服务提出了新的发展要求,使今天的物流服务系统具备了一系列的新特点。

1)信息化

电子商务时代,物流系统信息化是电子商务的必然要求。物流系统信息化主要表现为物流信息商品化、物流信息收集数据库化和代码化、物流信息处理电子化和计算机化、物流信息传递标准化和实时化、物流信息存储数字化等。在电子商务活动过程中,信息流分布于各个环节,贯穿整个商务过程。物流系统是一个跨部门、跨行业、跨区域的社会系统,物流企业需要与上下游之间进行频繁的信息交换,因此,要实现各部门之间的平滑对接,信息流的畅通是基本保障。在电子商务中,零库存的实现、运转周期的缩短也都依赖于信息的灵敏传送。

2）自动化

物流系统自动化的基础是信息化，核心是机电一体化，外在表现是无人化，其目的是效率化，即扩大物流作业能力、提高劳动生产率、减少物流作业的差错等。物流自动化的设施非常多，如条码/语音/射频自动识别系统、自动分拣系统、自动存取系统、自动导向车、货物自动跟踪系统等。这些设施与技术在发达国家已普遍应用于物流作业流程，而在我国由于物流业起步晚、发展水平低，自动化技术的普及还需要相当长的时间。

3）网络化

网络化是现代物流区别于传统运输、仓储的重要特征，高效畅通的网络设施是现代物流业的基础，包括物流企业与上、下游企业，物流企业内部，物流企业之间的信息交换网络，以及物流实体配送交通运输网络等各方面的建设。具体来说，一方面是物流系统的计算机通信网络，包括物流配送中心与供应商或制造商联系的计算机网络，甚至与消费者个人之间联系的计算机通信网络；另一方面是组织或企业的网络化，即组织或企业内部网。

物流服务系统网络化是物流信息化的必然，是电子商务物流活动的主要特征之一。当今世界，互联网等全球网络资源的可用性及网络技术的普及为物流的网络化提供了良好的外部环境，物流服务系统网络化是必然的趋势。

4）智能化

智能化是物流自动化、信息化的高层次应用的体现，物流作业过程中大量的运筹和决策，如库存水平的确定、运输（搬运）路径的选择、自动导向车的运行轨迹和作业控制、自动分拣机的运行、物流配送中心经营管理的决策支持等问题，都需要借助于大量的知识才能解决。随着专家系统、机器人、人工神经网络等人工智能技术的进一步发展，物流智能化将成为电子商务物流发展的趋势。

5）柔性化

柔性化最早是为实现"以顾客为中心"的理念而在生产领域提出的。电子商务的发展，使得企业根据客户的实际需要"量体裁衣"成为可能。企业生产方式由传统的大规模、机械化方式转为以时间成本为基础的弹性方式，整个生产作业过程呈现出柔性化的特征。但要真正做到柔性化，真正能根据消费者需求的变化来灵活调节生产工艺，必须有配套的柔性化物流系统支撑，否则不可能达到柔性化。20世纪90年代，国际生产领域纷纷推出弹性制造系统（FMS，Flexible Manufacturing System）、计算机集成制造系统

（CIMS，Computer Integrated Manufacturing System）、制造资源计划（MRP，Manufacturing Requirement Planning）、企业资源计划（ERP，Enterprise Resource Planning）以及供应链管理等一系列概念和技术。这些概念和技术的实质是要将生产、流通进行集成，根据需求组织生产、计划物流。因此，柔性化的物流正是适应生产、流通与消费的需求而发展起来的一种新型物流模式。根据消费需求"多品种、小批量、多批次、短周期"的特色，灵活地组织和实施物流作业。

6）一体化

物流服务系统的信息化、自动化、网络化和柔性化，必将推动物流服务系统实现一体化，即以物流系统为核心的，由生产企业、物流企业、销售企业直至消费者的供应链的整体化和系统化。现代物流活动已经不仅作为单独的个体而存在，它还在电子商务乃至整个社会生产链条中担负着重要的角色。供应链整合协调和集成化管理是现代物流区别于传统物流的最重要特征，由分散的物流进入社会化的物流体系是物流模式的重大转变。

与传统物流相比，电子商务物流在服务理念、配送体系、技术支持、管理特征等方面都具有明显的特征（表 9.1）。

表 9.1　传统物流与电子商务物流比较

	传统物流	电子商务物流
服务理念	以规模为中心	以客户为中心
配送体系	单一线性配送网	网状配送、网络体系
技术支持	传统管理技术	网络技术、信息技术
信息响应	信息传递迟缓、响应慢	信息化程度高、反应迅速
管理特征	刚性化	柔性化
合作程度	格局分散	强调协同合作

9.2.3　电子商务对物流系统的要求

电子商务的发展对物流系统提出了诸多要求，主要包括以下方面。

1）物流运作方式信息化、网络化

电子商务要求物流处理的全过程处于受控状态，具体包括采集运输、储存、配送等各个环节的信息,通过信息网络进行汇集,对物流网络实施有效控制,实现物流集约化;同时要求通过互联网实现对一个地区、一个国家直至全球范围内整体、系统的物流实时控制。

2)物流运作水平标准化、信息化

一方面,电子商务要求物流对所有的物品,甚至运输工具都采用标准的标识码技术,对盛装容器、运输包装等进行规范,以便于信息的自动采集和自动处理;另一方面,电子商务要求物流系统配置机械化、自动化设备,对各种物品和容器实施高效的自动化分拣处理,缩短商品的流通时间。

3)物流反应速度高速化、系统化

物流系统的快速反应是物流发展的动力之一,也是电子商务制胜的关键。用户在网上进行交易时,商流和资金流以电子速度在网上流动;网上交易完成后,要求实物商品从受理、分拣、运输,直至配送到用户手中也能高速流动。这就要求物流系统拥有高效快捷的运输和配送。

4)物流动态调配能力个性化、柔性化

电子商务创造了个性化的商务活动,通过网络营销,它可以向各个用户提供不同的产品和服务。在这样的背景下,作为支持电子商务的物流必须也能根据用户的不同要求,提供个性化、柔性化的服务。

5)物流的经营形态社会化、综合化

传统商务的物流系统往往由某一企业来进行组织和管理,而电子商务具有跨行业、跨时空的特点,要求从社会化的角度对物流实行系统的组织和管理,实现物流经营的社会化和全球化。因此,一方面,电子商务要求物流企业相互联合起来,在竞争中协同作业;另一方面,电子商务要求物流业向第三方综合代理方向或多元化、综合化方向发展。

9.3 电子商务物流模式

从国内外发展历程看,电子商务从业者为寻找适应电子商务的物流模式进行了不断的探索和尝试。概括起来,主要有自营物流模式、外包物流模式两种模式。同时,电

子商务作为一种革命性的变革,也让物流从业者们看到了机会,纷纷从企业电子商务物流和社会电子商务物流两个角度探索新的物流模式。

9.3.1　企业电子商务物流模式

1）自营物流模式

自营物流模式是传统商务的基本物流模式之一。这种模式是企业(集团)通过组建独立的物流公司(中心),实现对内部各分公司、各部门、场、店的物资(商品)供应。一些大型连锁企业集团的物流配送常常采用这种物流模式,如上海联华、家乐福就是通过组建自己的物流中心来完成对内部各场、店的统一采购、统一配送。自营物流模式是目前国内综合企业(集团)所广泛采用的一种物流模式。一般来说,传统企业如果建立基于互联网的电子商务销售系统,往往会继续采用这种模式承担电子商务的物流业务,以充分利用企业原有物流资源。

自营物流模式也是资金实力雄厚、业务规模较大的电子商务企业当前正采用的一种物流模式。这些公司之所以选用这一模式,主要原因在于目前以第三方物流为主的专业物流服务公司往往不能满足企业成本控制目标和客户服务要求,企业不得不自行建立适应其业务需要的、畅通高效的物流系统,如亚马逊、当当、京东等电子商务企业均建有自己的物流配送系统(阅读参考9.1)。

阅读参考9.1　当当网启用新物流中心

2006年4月,全球最大的中文网上商城当当网,宣布将对原有的物流体系进行大规模改造,其中最为重要的一个环节就是建立新的物流中心。目前,当当网在北京、上海、广州有3个物流中心,地处北京南五环的新物流中心已经建成,当当网决定五一期间启用新的物流中心。新物流中心启用期间物流系统会进行切换,将造成部分消费者订购商品到货延迟,当当网也在其网站页面上对消费者进行了公告,希望广大消费者能够理解和支持。

据当当网公关部负责人介绍,搬迁后的新物流中心占地面积达4万m^2,可容纳更多商品。新物流中心在硬件上有很大的提高,商品破损脏污的现象将大大减少。新物流中心在软件上也加大了投入,在提高物流中心运作能力的同时最大限度地降低了配送错误率,预计配送错误率将减少一半以上。新物流中心全面提升了当当网送出商品的品质。

新物流中心的启用,使送货速度明显提升,不仅使北京地区的用户直接享受到更快捷的服务,对北京以外地区的影响更为明显。据称,新的物流中心由于操作环境宽敞、物品摆放整齐、全面使用 ERP 系统等原因,对商品的吞吐量增大,多订单同时处理能力获得提升。物流中心的发货和退货的处理速度都达到以前的 2 倍,货物送达速度也会较以前提高很多。

当当网联合总裁李国庆先生强调:"网络购物最重要的就是要使客户有良好的购物体验。当当网此次搬到新物流中心的目的,就是要通过一系列的改造措施,让用户满意。"

资料来源:陈山,当当网启用新物流中心,瞄准 3 倍增长[Z/OL].中国网,2007-4-28。

自营物流模式之所以至今仍被采用,主要在于这种物流模式有利于企业直接支配物流资产,控制物流职能,保证供货的准确和及时,保证顾客服务的质量,更好地维护企业和顾客的长期关系。但这种物流模式需要投入大量的资金来购买物流设备、建设仓库和信息网络等专业物流设施,投入非常大,因此不适用于中小企业。

2)外包物流模式

外包物流模式即第三方物流模式,是指企业将自己的物流业务委托给社会上的专业物流服务商,由他们来完成企业物流活动的一种物流模式。

这种物流模式是大多数从事电子商务活动的中小企业的现实选择之一。

对于从事电子商务活动的中小企业来说,选择外包物流,能够帮助企业极大地降低自建物流系统的投资,进而大大降低成本;同时,有利于企业专注电子商务,减少企业后顾之忧,但这种模式对物流服务商提出较高要求。因为这些专业物流服务商的物流服务水平直接代表着企业的服务水平,所以在实践中,成功实施外包物流模式的关键在于对专业物流服务商的选择。

9.3.2 社会电子商务物流模式

建立适应电子商务要求的物流系统,是一项系统工程,它所涉及的不仅仅是提供物流服务各企业本身,还涉及各企业之间的协作联合等一系列问题;同时,电子商务的发展也为物流服务商提供了更多的发展机遇。因此,如何根据我国电子商务及其物流发展的现状来建设电子商务物流服务系统,成为物流服务商关心的问题。在理论和实践中,目前人们提出了以下模式。

1)物流企业联盟

物流企业联盟也称共同配送,是指物流企业通过签署合同在物流业务方面形成优势互补、要素双向或多向流动、相互信任、共担风险、共享收益的物流伙伴合作关系。物流服务同样也有规模经济问题,物流联盟就是为追求规模经济而产生的。通过物流联盟,联盟成员可以利用其他成员过剩的物流资源,或具有战略意义的市场位置,或卓越的管理能力等。

物流企业联盟,可以是电子商务企业之间联合发展,如中小型电子商务企业联合投资兴建配送中心,实行配送共同化,也可以由电子商务企业与专业物流服务商联合发展,还可以由专业物流服务商联合发展。

在物流联盟内部,组成物流联盟的企业之间具有很强的依赖性,同时各企业间也有明确的分工。各企业为实现整体配送的规模化、专业化和合理化,以互惠互利为原则,形成联盟,各尽所能、各取所需,实现配送的共同化、物流资源利用共同化、物流设施设备利用共同化以及物流管理共同化。这是电子商务发展到目前为止比较合理的一种物流模式。

通常,对于物流联盟中的各企业而言,可以从中获得不同的好处。如果企业自身物流管理水平较低,参与或组建物流联盟将在物流设施、运输能力以及专业管理技巧上获得较大收益。如果物流在企业战略中不是关键地位,但其物流水平却很高,就应该寻找其他企业共享物流资源,通过增大物流量获得规模效益,降低成本。许多物流企业自身也能够利用联盟来改善其竞争能力,还可以通过物流联盟把专门承担特定服务的制造商的内在优势汇集在一起。许多不同地区的物流企业通过联盟,共同为某一电子商务客户服务,能够更好地满足电子商务企业跨地区、全方位的物流服务要求。

2) 集约型物流配送模式

集约型物流配送模式是指在一定地区范围内实行跨行业、跨部门、跨区域整合,对不同行业、不同部门的专业化物流配送系统进行横向和纵向重组,形成信息化、社会化、自动化、集成化、多功能网状结构的物流配送服务系统。

集约型物流配送模式的基本运作方式如下:在总部配送中心建立统一的中央配送中心及信息管理系统,在各地区中心城市设立分理或地区配送中心及信息管理系统,再下设次级子配送中心及信息管理系统,各级配送中心都有自己的配送站;从总部配送中心到下级各配送中心直至各配送站,都通过计算机网络连接,且从配货、仓储、装卸、运输到送至客户都采用计算机信息网络进行自动化实时监控;各级配送中心均能接受来自横向和纵向的配送业务(图9.4)。例如,当客户 C 向供应商 A 发出需求信息时,供应商 A 把实体配送业务委托给中央配送中心,中央配送中心把实体商品配送到地区配送中心,地区配送中心又往下配送至次级配送中心,最后经配送站送至客户手中,这是纵向业务配送过程。当供应商 A 与客户 C 在同一区域时,产品配送则直接由本地区的配送中心(可能是次级子配送中心)组织货源配送到配送站,再送至客户 C 手中,这是横向业务配送过程。显然,这种集约型物流配送模式可以提高配送效率、降低成本。

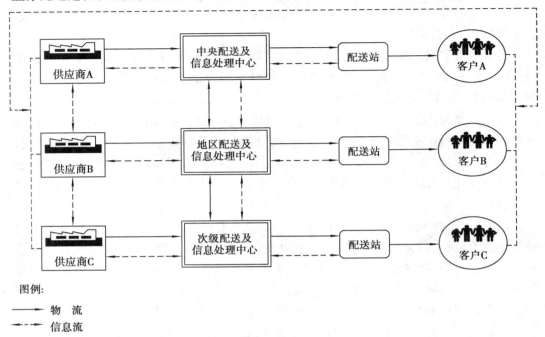

图例:

———— **物　流**

- - - - **信息流**

图 9.4　集约型物流配送模式运作原理示意图

3)供应链一体化物流

供应链一体化物流就是通过物流管理使产品在有效的供应链内迅速移动,使参与各方企业都能获益,并使整个社会获得明显经济效益。它是以供应链物流系统为核心的,由制造商、物流服务商、经销商、零售商直至最终消费者组成的供应链的整体化和系统化。

这种模式由美国、德国等发达国家于 20 世纪 80 年代提出并指导本国物流发展,取得了明显的效果。供应链一体化物流模式是物流业发展的高级和成熟阶段。在这种物流模式下,物流业高度发达并成为社会生产链条的领导者和协调者,能够为社会提供全方位的物流服务。供应链一体化物流经历了物流自身一体化、微观物流一体化和宏观物流一体化 3 个阶段。物流自身一体化是指物流系统的观念逐渐确立,运输、仓储和其他物流要素趋于完善,各业务子系统协调运作,发展系统化。微观物流一体化是指各企业将物流提升到企业战略高度,并出现以物流战略为纽带的企业联盟。宏观物流一体化是指整个物流业发展到一定水平,在国家或地区生产总值中占到一定比重,处于社会经济发展的主导地位。

供应链一体化物流是物流产业化的发展方向,它必须以第三方物流充分发育和完善为基础。供应链一体化物流的实质是物流管理问题,即专业化物流管理人员和技术人员,充分利用专业化物流设备、设施,发挥专业化物流运作的管理经验,以求取得整体最优的效果。同时,物流一体化的趋势为第三方物流的发展提供了良好的发展环境和巨大的市场需求。发展第三方物流的关键是具备一支优秀的物流管理队伍,具体来说,要求管理者必须具备较高的经济学和物流学专业知识和技能,精通物流供应链中的每一门学科,拥有很强的整体规划水平和很强的现代管理能力。

在电子商务时代,供应链一体化物流是一种比较完整意义上的物流配送模式,是电子商务物流的理想模式之一。在这个阶段,电子商务可以依托强有力的物流基础,实现比较高层次的发展。

以上几种电子商务物流模式不是孤立和互相排斥的,它们互相融合、相互关联。实际工作中,许多企业通常会根据企业实际情况,同时选用多种物流模式,或者探索尝试更适合企业自身特点的独特物流模式。

>> 本章小结

电子商务有狭义和广义之分。狭义电子商务是企业利用各种电子化技术进行的商务(包括生产经营管理)活动,国外称为 e-Commerce。广义电子商务是组织利用各种电子化技术进行的商业活动,国外称为 e-Business。广义电子商务较狭义电子商务的范围更广,包括了狭义电子商务。电子商务的本质就是商务活动电子化、信息化和网络化。与传统商务相比,电子商务具有商务电子化、实时动态性、社会协同性、商务系统性、高效性等特点。

商流是载体,物流是基础,信息流是桥梁,资金流是目的,商流、物流、信息流和资金流相互联系,共同构成了电子商务活动过程。现代物流与电子商务相互依存、互为依托。物流是电子商务发展的关键制约因素,电子商务是物流现代化的重要手段。

面向电子商务的物流系统就是能够适应或满足电子商务要求的物流服务系统。其基本目的是通过高效的物流配送服务,更好地满足客户或消费者的需要,实现商品的时间与空间价值。面向电子商务的物流系统,具有信息化、自动化、网络化、智能化、柔性化、一体化等特点。电子商务对物流系统的要求主要表现在物流运作方式信息化、网络化,物流运作水平标准化、信息化,物流反应速度高速化、系统化,物流动态调配能力个性化、柔性化,物流的经营形态社会化、综合化上。

目前,物流从业者们从企业电子商务物流和社会电子商务物流两个角度探索新的物流模式。企业电子商务物流模式主要有自营物流和外包物流两种模式。社会电子商务物流模式主要包括共同配送(物流企业联盟)、集约型物流配送模式、供应链一体化物流。

>> 案例分析

亚马逊如何做物流?

亚马逊是全球最大的网上书店,成立于 1995 年,是全球 B2C 电子商务的成功代表。在亚马逊网站上读者可以买到近 150 万种英文图书、音乐和影视节目。自 1999 年开始,亚马逊网站开始扩大销售的产品门类。现在除图书和音像影视产品外,亚马逊也同时在网上销售服装、礼品、儿童玩具、家用电器等 20 多个门类的商品。

亚马逊虽然是一家电子商务公司,但它的物流系统十分完善,一点也不逊色于实体公司。由于有完善、优化的物流系统作为保障,它才能将物流作为促销的手段,并有能力严格地控制物流成本和有效地进行物流过程的组织运作。

亚马逊的物流措施主要如下。

(1)在配送模式的选择上采取外包的方式。在电子商务中,亚马逊将其国内的配送业务委托给美国邮政和 UPS,将国际物流委托给海运、国际海运公司等专业物流公司,自己则集中精力去发展主营和核心业务。这样既能减少投资,降低经营风险,又能充分利用专业物流公司的优势,节约物流成本。

(2)为邮局发送商品提供便利,减少送货成本。在送货中亚马逊采取"邮政注入"减少送货成本。所谓"邮政注入"就是使用自己的货车或由独立的承运人将整卡车的订购商品从亚马逊的仓库送到当地邮局的库房,再由邮局向顾客送货。这样就可以免除邮局对商品的处理程序和步骤,为邮局发送商品提供便利条件,也为自己节省了资金。据一家与亚马逊合作的送货公司估计,靠此种"邮政注入"方式节省的资金相当于头等邮件普通价格的 5%~17%,十分可观。

(3)根据不同商品类别建立不同的配送中心,提高配送中心作业效率。亚马逊的配送中心按商品类别设立,不同的商品由不同的配送中心进行配送。这样做有利于提高配送中心的专业化作业程度,使作业组织简单化、规范化,既能提高配送中心作业的效率,又可降低配送中心的管理和运转费用。

(4)采取"组合包装"技术,扩大运输批量。当顾客在亚马逊的网站上确认订单后,就可以立即看到亚马逊销售系统根据顾客所订商品发出的是否有现货,以及选择的发运方式、估计的发货日期和送货日期等信息。如前所述,亚马逊根据商品类别建立不同的配送中心,因此顾客订购的不同商品是从位于美国不同地点的不同配送中心发出的。由于亚马逊的配送中心只保持少量的库存,因此在接到顾客订货单后,亚马逊需要查询配送中心的库存,如果配送中心没有现货,就要向供应商订货。因此,会造成同一张订单上商品有的可以立即发货,有的则需要等待的情况。为了节省顾客等待的时间,亚马逊建议顾客在订货时不要将需要等待的商品和有现货的商品放在同一张订单中。这样在发运时,承运人就可以将来自不同顾客、相同类别,而且配送中心也有现货的商品配装在同一货车内发运,从而缩短顾客订货后的等待时间,也扩大了运输批量,提高了运输效率,降低了运输成本。

(5)完善的发货条款。亚马逊的发货条款非常完善,在其网站上,顾客可以得到以下信息:拍卖商品的发运,送货时间的估算,免费的超级节约发运,店内拣货,需要特殊装卸和搬运的商品,包装物的回收,发运的特殊要求,发运费率,发运限制,订货跟踪等。

(6)灵活多样的送货方式及精确合理的收费标准。亚马逊为顾客提供了多种可供选择的送货方式和送货期限。在送货方式上有以陆运和海运为基本运输方式的"标准送货",也有空运方式。送货期限上,根据目的地是国内还是国外,以及所订的商品是否有现货而采用标准送货、2 日送货和 1 日送货等。根据送货方式和送货期限及商品品类的不同,采取不同的收费标准,有按固定费率收取的批次费,也有按件数收取的件数费,还有按质量收取的费用。

所有这些都表明,亚马逊配送管理上的科学化、制度化和运作组织上的规范化、精细化,为顾客提供了方便、周到、灵活的配送服务,满足了消费者多样化需求。亚马逊以其低廉的价格、便利的服务在顾客心中树立起良好的形象增加了顾客的信任度,并增强了其对未来发展的信心。

资料来源:根据慧聪网、新浪网等相关资料整理。

>> 讨论问题

1.你认为亚马逊采用的是哪种配送模式? 为什么要采用这种配送模式?
2.根据案例,请说明亚马逊的物流配送系统具有哪些特点。
3.根据案例,试归纳并列出亚马逊有哪些灵活的送货方式。
4.亚马逊的迅速成长带给我们怎样的启示?

>> 关键概念

电子商务;面向电子商务的物流系统;自营物流模式;外包物流模式;物流企业联盟;共同配送;集约型物流配送模式;供应链一体化物流

≫ 复习思考

1.什么是电子商务？电子商务具有哪些特点？

2.电子商务与物流的关系是怎样的？

3.面向电子商务的物流系统具有哪些特点？

4.电子商务对物流系统有哪些要求？

5.电子商务物流模式有哪些？试分析各种物流模式的优缺点及适用范围。

第10章 冷链物流

随着我国居民收入增长和消费升级，人们对美好生活的需求日益增长，对蔬菜、水果、肉类、乳品、水产、鲜花等商品的质量要求越来越高，不仅要求数量，还越来越看重新鲜度、品质和安全。冷链物流服务日益受到重视，正逐渐由小众走向大众，由"高端"走向"平常"。

学完本章，我们应能回答以下问题

- 什么是冷链物流？
- 冷链物流有哪几个基本业务活动？
- 冷链物流设施和设备有哪些？
- 你认为冷链物流运营管理的关键点是哪些？

10.1 冷链物流的含义与特点

10.1.1 冷链物流的含义

1）冷链

关于冷链的定义，国内外的专家学者以及相关组织有不同认识和理解。

全球冷链联盟（Global Cold Chain Alliance）认为：冷链是为保持易腐品从原产地到

最终消费者的质量和安全,对其温度进行管理的分销链。[1]

欧洲联盟认为:冷链是指从原材料的供应,经过生产、加工或屠宰,直到最终消费为止的一系列有温度控制的过程。[2]

中华人民共和国国家标准《物流术语》(GB/T 18354—2006)将冷链定义为:根据物品特性,为保持其品质而采用的从生产到消费的过程中始终处于低温状态的物流网络。

学者王之泰认为:冷链是对特定物品在生产制造、流通、物流、应用和消费过程中使用的链式低温保障系统。[3]

企业管理者李万秋认为:冷链是指食品从产地收购或捕捞之后,在产品加工、储藏、运输、分销、零售,直至转入到消费者手中,其各个环节始终处于产品应有的设定温度条件之下,以保证食品质量安全,减少损耗,防止污染的供应链系统。[4]

从以上冷链定义我们可以看出,关于冷链的定义既有广义的认识,也有狭义的理解;有些从生产、流通、消费全过程定义冷链,有些则从具体的商品角度定义冷链。综合上述各家之言,我们将冷链定义为:

冷链是特定物品在生产、流通和消费过程中的低温环境保障系统。

特定物品是指对温度有特别要求的物品,主要包括生鲜农产品、冷冻加工食品,对温度有要求的药品、疫苗、生物制剂等产品。

生鲜农产品、冷冻加工食品由于其特定的生物属性,部分药品、疫苗、生物制剂由于其特定的理化属性,在生产、流通和消费过程中,都有低于常温的特定环境温度范围要求,超出这一温度范围,就容易腐烂、变质、失效。

低温环境保障系统,则是根据特定物品对生产、流通和消费过程中的温度要求,合理运用人工制冷技术、制冷设施和设备,构建一个温度可调可控的低温环境,以保障特定物品的质量在生产过程中达标,在流通过程中不受损,在消费过程中不降低。

2)冷链物流

中华人民共和国国家标准《冷链物流分类与基本要求》(GB/T 28577—2012)将冷链物流定义为:以冷冻工艺为基础,制冷技术为手段,使冷链物品从生产、流通、销售到消费者的各个环节中始终处于规定的温度环境下,以保证冷链物品质量,减少冷链物品

① Global Cold Chain Alliance. the cold chain[OL].Global Cold Chain Alliance(gcca.org).
② 孙明燕,兰洪杰,黄锋权.冷链定义浅析[J].物流技术,2007(10):31.
③ 王之泰.冷链——从思考评述到定义[J].中国流通经济,2010(9):17.
④ 李万秋.冷链物流现状及问题[J].物流技术与应用,2006(9):102.

损耗的物流活动。冷链物品就是冷链条件下流动的实体物质,也就是冷链定义中的特定物品。在实际工作中,也常常称其为冷链产品。

由于冷链物流的全过程都要求保持低温,需要专用的冷藏冷冻设施、设备及其相关技术,因此冷链物流与常规的物流相比,具有以下特点:

(1)投入成本更高

与常规的物流相比,冷链物流过程中的仓库、运输车辆等主要设施设备都是专用的,仓库设施与设备、运输和配送车辆的购置投入都远远高出常规的仓库设施与设备、运输和配送车辆。而且冷链物流运营成本也更高,因为冷库需要持续供电以保持低温,电费的支出更高;冷藏车保持低温,油耗更大,油费支出更高。因此,冷链物流的资金投入和运营成本更高。

(2)时间要求更短

与常规的物流相比,需要冷链物流服务的产品大多数都易腐或不耐储藏,因此要求冷链物流的整个过程都能够在最短时间内完成;同时,冷链物流过程中各个业务环节之间的转换作业也要求能够在最短时间内完成,以保证这些易腐或不耐储藏的产品在转换作业过程中,不会因为可能的环境温度变化而影响其品质、口感等。

(3)协同难度更大

与常规的物流相比,冷链物流各个业务环节之间的转换作业不仅要求时间更短,还要求无缝进行,不能因脱节造成业务环节之间温度出现落差而断链。如果出现断链,会让之前环节的努力付之东流。由于冷链物流各业务环节之间转换的要求更高,协同组织难度更大,因此对设施、作业及服务有更高的标准和要求,相关环节之间需要更密切的配合。

10.1.2　冷链物流的类型

冷链物流有很多不同的类型,中华人民共和国国家标准《冷链物流分类与基本要求》(GB/T 28577—2012)将冷链物流分为两类。

1)按温度适用范围分

按照温度从低到高,冷链物流分为超低温物流、冷冻物流、冰温物流、冷藏物流、恒温物流5类。

超低温物流的温度适用范围一般要求在-50 ℃以下。冷冻物流适用温度范围一般要求在-18 ℃以下。冰温物流适用温度范围一般要求在-2~2 ℃。冷藏物流适用温度范围一般要求在 0~7 ℃。恒温物流适用温度范围一般要求在 15~20 ℃。

2）按冷链物品类别分

根据冷链物品的类别不同,冷链物流分为肉类、水产品、冷冻饮品、乳品、果蔬花卉、谷物、速冻食品、药品和其他特殊物品冷链物流。

肉类冷链物流,主要为畜类、禽类等初级产品及其加工制品提供冷链物流服务的一种物流形态。

水产品冷链物流,主要为鱼类、甲壳类、贝壳类、海藻类等鲜品及其加工制品提供冷链物流服务的一种物流形态。

冷冻饮品冷链物流,主要为雪糕、食用冰块等物品提供冷链物流服务的一种物流形态。

乳品冷链物流,主要为液态奶及其他乳制品等物品提供冷链物流服务的一种物流形态。

果蔬花卉冷链物流,主要为水果和蔬菜等鲜品及其加工制品提供冷链物流服务的一种物流形态。

谷物冷链物流,主要为谷物、农作物种子、饲料等物品提供冷链物流服务的一种物流形态。

速冻食品冷链物流,主要为米、面类等食品提供冷链物流服务的一种物流形态。

药品冷链物流,主要为中药材、中药饮片、中成药、化学原料药及其制剂、抗生素、生化药品、放射性药品、血清、疫苗、血液制品和诊断药品等物品提供冷链物流服务的一种物流形态。

其他特殊物品冷链物流,主要为胶卷、定影液、化妆品、化学危险品、生化试剂、医疗器械等物品提供冷链物流服务的一种物流形态。

此外,根据冷链环节不同,有全程冷链和半程冷链物流之分。全程冷链物流,是产品从生产环节的仓库,经冷链配送中心,最终配送到消费者,或产品直接从产地发货到消费者的全过程都由冷链运输车辆运送。全程冷链物流的优势主要表现在产品的新鲜程度和物流配送速度有保证。半程冷链物流,是产品在城市冷库之间以冷链运输车辆运送,但到消费者的"最后一公里"仅采用保温箱配送。半程冷链物流的特点主要表现为成本较全程冷链物流低,但因其通常由多家物流承运商共同完成干线运输,产品和服务品质不能得到有效保证。在目前我国的冷链物流实践中,半程冷链物流较全程冷链物流应用得更为广泛。

10.2　冷链物流基本业务活动

10.2.1　冷链物流服务的产品

随着生活水平的不断提高,人们需要冷链物流服务的产品范围越来越广,主要包括初级农产品、加工冷冻品和其他冷链产品三类。

1)初级农产品

(1)蔬菜、水果和花卉

蔬菜、水果和花卉在采收或采摘后,其生命仍然存在,呼吸作用、新陈代谢仍会继续。如在有氧条件下,蔬菜、水果和花卉中的糖、有机酸以及复杂的碳水化合物会氧化分解为二氧化碳、水和热量,以维持正常的生命活动。当新陈代谢进行到后期,进入过熟阶段后开始变慢甚至停止,这时果实的成分与组织发生了不可逆转的变化,失去应有的营养价值和特有风味,蔬菜就会开始腐烂变质,花卉就会加速枯萎。低温能够延缓蔬菜、水果和花卉的呼吸作用和新陈代谢活动,延缓其品质下降的速度。

(2)畜肉和禽肉

畜肉主要包括猪、牛、羊、兔肉等,禽肉主要包括鸡、鸭、鹅、鸽肉等。畜禽屠宰后没有了生命,也失去了抗御微生物侵害的能力;同时,出现降解等一系列生化反应,先后进入僵直、软化成熟、自溶和酸败阶段。畜禽肉的自溶阶段是品质开始下降的阶段,在这个阶段,蛋白质和氨基酸分解,腐败微生物大量繁殖,肉的品质会大幅下降。低温能够推迟畜肉和禽肉进入自溶阶段,延缓肉品质下降的速度。

(3)水产品

水产品主要包括鱼、虾、贝类等。水产品离开水死亡后与畜禽一样,会先后出现僵直、成熟、自溶和酸败,而且鱼类在僵直前其表面还会分泌黏液,这种黏液是腐败菌滋生的良好养料。水产品与畜禽相比,其僵直、成熟、自溶和酸败持续时间更短,因此其品质下降更快。低温能够尽可能地延缓水产品品质下降的速度。

2) 加工冷冻品

(1) 速冻食品

速冻食品是指以米、面、杂粮等为主要原料,以肉类、蔬菜等为辅料,经加工制成各类烹制或未烹制的食品后,立即采用速冻工艺制作并可以在冻结条件下储存、运输及销售的各类食品,如速冻饺子、馄饨、汤圆、包子、馒头、花卷、春卷、粽子等。速冻食品通过各种方式急速冻结,经包装储存于 −20 ~ −18 ℃(不同食物要求温度不同)的低温条件下,然后送达消费地销售。速冻食品的最大优点是完全不加任何防腐剂和添加剂,仅以低温来保存食品原有品质。低温能使食品内部的热或支持各种化学活动的能量降低,同时将细胞的部分游离水冻结,降低水分活度,以使食品营养最大限度地保存下来,使其具有原食品美味、方便、健康、卫生、营养的优点。

速冻食品从出厂开始直到到达消费者手中的全物流过程,都需要保持其相应要求的低温,否则品质会受到极大的影响。

(2) 冰激凌、冰棍

冰激凌和冰棍是人们用于清凉解暑、解渴充饥,富有营养价值的食品。

冰激凌主要是用饮用水、牛乳、奶粉、奶油(或植物油脂)、食糖等作为主要原料,加入适量食品添加剂,经混合、灭菌、均质、老化、凝冻、硬化等工艺制成的体积膨胀的冷冻食品。

冰棍是将糖等调味料或红豆、绿豆、果肉等固体食材,以及食用香料与色素,加入水、果汁或是牛奶中,放入各种造型的制冰盒中,插入长棍,冷冻结冰而成的冷冻食品。

冰激凌和冰棍在常温下会快速融化,因此从其离开生产线开始直到到达消费者手中的全物流过程,都需要保持其相应要求的低温。

(3) 低温奶制品

最常见的低温奶制品是低温奶和酸奶。

低温奶是一种杀菌奶,采用巴氏杀菌法①对鲜奶杀菌,鲜奶中的有害微生物一般都已被杀死,但还会保留一些对人无害但对食品口味有一定影响的微生物。

酸奶是将牛奶经过巴氏杀菌后,再向其中添加双歧杆菌、嗜酸乳杆菌、干酪乳杆菌等有益菌类,经发酵后制成的奶制品。

---

① 巴氏杀菌法是法国人巴斯德于 1865 年发明,经后人改进,用于彻底杀灭啤酒、酒、牛奶、血清白蛋白等液体中病原体的一种方法,也是目前世界通用的一种鲜奶杀菌法。国际上通用的巴氏杀菌法主要有两种:一种是将牛奶加热到 62 ~ 65 ℃,保持 30 分钟;另一种是将牛奶加热到 75 ~ 90 ℃,保温 15 ~ 16 秒。前一种方法可杀死牛奶中各种生长型致病菌,灭菌效率可达 97.3% ~ 99.9%,经消毒后残留的只是部分嗜热菌、耐热性菌及芽孢等,但这些细菌多数是乳酸菌,乳酸菌不但对人无害反而有益健康。后一种方法,杀菌时间更短,工作效率更高。

低温奶和酸奶从离开生产线,到运输、储存、销售等各个环节,都要求 4 ℃左右的温度环境,以降低和减缓奶中的微生物生长,防止影响奶的品质。

此外,冷冻奶油、硬奶酪等奶制品,通常也会要求在储存、运输等物流过程中的环境保持在较低温度。如奶油的环境温度一般低于−14 ℃,因为大部分奶油在低于−8 ℃后几乎不受微生物影响,从而保持良好品质;硬奶酪的环境温度一般为 1~7 ℃,具体温度取决于奶酪的种类、包装、运输距离,以及是直接用于加工还是零售。其他奶酪在物流过程中环境温度通常控制在 0~13 ℃。

3）其他冷链产品

其他冷链产品主要包括医药品、季节性产品等。

（1）医药品

医药品主要包括各类对冷藏温度敏感的血液制品、疫苗、移植器官等医疗用品,以及部分中药、西药、诊断药、生化药等药品。它们从生产企业成品库到使用前的整个储存、运输过程都必须处于规定的温度环境下,以保证其品质。

医药品品质直接关系着人们的生命与健康安全,因此其冷链物流服务的要求更高。目前我国医药品冷链物流市场还是一个半开放市场,国家只开放了二类疫苗流通市场,并且实行准入制度。一类疫苗等由政府统一采购分配,并负责冷链物流配送。

（2）季节性产品

季节性产品主要包括食用白糖、糖果等。

食用白糖,要求适宜的环境温度为 0~35 ℃。当环境温度低于 0 ℃,食用白糖会因受冻而结块。当环境温度高于 35 ℃,食用白糖会融化。糖果因原料的不同,其环境温度要求不一。

因地域、季节不同,这类产品对冷链物流服务有季节性需求。如食用白糖在南方地区的夏季、北方地区的冬季需要冷藏储存和运输。

此外,需要冷链物流服务的还包括一些特定的化工产品,如胶卷、定影液、化学危险品、生化试剂等。这类产品冷链物流服务的专业性很强,其中一些产品易燃易爆,如液化天然气、液态氧等,因此其冷链物流服务需要获得特别许可。

10.2.2　冷链物流的基本业务活动

冷链产品从生产到消费,要经过多个物流活动环节。不同的冷链产品,其冷链物流活动环节不完全相同,但都包括冷冻加工、冷冻储存、冷冻运输与配送、冷藏销售等基本的业务活动,如图 10.1 所示。

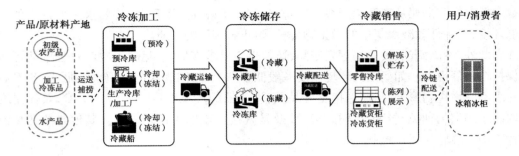

图 10.1　冷链物流基本活动过程

1）冷冻加工

冷冻加工业务活动包括预冷、冷却、冻结，以及在低温状态下的加工作业、挑选分级、包装等作业活动。其中，预冷、冷却、冻结是冷链物流业务活动中特有的加工活动。

（1）预冷

预冷是指进入冷链的产品从初始温度（一般为 30 ℃左右）迅速降至所需要的终点温度（一般为 0~15 ℃）的过程。

预冷主要应用于有冷链物流服务需求的蔬菜、水果等生鲜农产品。通过预冷，将生鲜农产品的田间热迅速消除，冷却到适宜储存或运输的温度，减缓呼吸作用和蒸腾作用，从而能够最大限度地保持产品新鲜度、口感等品质指标，延长储存期，并减少储存环节的制冷能耗。

预冷是冷链产品进入高温冷藏、快速冻结、冷藏运输之前的冷链业务活动。常见的预冷方法有空气预冷、真空预冷、水预冷等。

（2）冷却

冷却是指将冷链产品温度从初始温度降到冰点温度至 10 ℃的过程。冰点温度至 10 ℃这一温度区间，称为冷却状态的温度范围。该温度范围的上限一般不超过 10 ℃，只有香蕉、大米等极少数食品高于 10 ℃，该温度范围的下限是冰点温度以上。冰点温度是指产品（食品）中的液相开始析出冰结晶时的温度。

冰点温度因产品（食品）不同，甚至同样的产品（食品）因其鲜度、成熟度、老嫩、性别等性状和条件的不同而不同。如香蕉、西红柿成熟前的冰点比催熟后的冰点低，大多数生鲜食品的冰点在−2~−0.5 ℃。

冷却主要应用于有冷链物流服务需求的畜肉、禽肉、水产品、蛋、低温奶等鲜活产品。通过冷却，抑制这些产品中微生物的生命活动，抑制酶的生物化学作用，减弱呼吸作用，减缓新陈代谢，保持其新鲜程度，保持较好口味和营养成分，延长储存期。

冷却是冷链产品进入低温冷藏、快速冻结、冻藏、冷（冻）藏运输之前的冷链业务活动。

常见的冷却方法主要有空气冷却、水冷却、接触冰冷却、真空冷却等。

（3）冻结

冻结是指将冷链产品的温度降低到冰点温度以下的某一预定温度的过程。预定温度一般要求冷链产品的中心温度达到-15 ℃或以下。由于冷链产品不同,其中的水分和盐离子含量有差异,保存的条件要求也不同,因此预定温度也不同。

冻结主要应用于有冷链物流服务需求的畜肉、禽肉、鱼类、速冻食品、冷冻奶油、去壳蛋、水果、蔬菜、冰激凌、果汁等产品。通过冻结,将这些产品中的水分冻结成冰晶体,极大地降低微生物活动,可让保质期进一步延长。

冻结速度对冷链产品的口感、营养成分等有较大的影响,因此要求速冻。

阅读参考10.1　速冻对冷链产品品质的影响

由于结冰过程严格受温度的影响,因此食品冻结过程中的温度的变化和控制就显得十分重要。例如,速冻能使冰晶体不至于过大。

冰结晶最大生成带一般为-1～-5 ℃。在不同的冻结速度下通过该温度范围,会给食品带来不一样的变化。

由于食品的原料很多,而且其组织状态(包括细胞结构)也各不一样,因此,冻结时的速度也各不相同,冻结条件的选择主要是"扬长避短",尽量选择最优解。

例如,动植物组织的水分存在于细胞核细胞间隙,或呈结合态,或呈游离态。在冻结过程中,当温度降低到食品的冻结点时,那些和亲水胶体结合较弱或存在于低浓度溶液中的部分水分,主要是处于细胞间隙内的水分,就会首先形成冰晶体。在水的冻结过程中,伴随着盐离子溶液的增浓过程,使得冻结温度不断降低,冰晶体也随之长大。冰晶体若是大到足够使细胞受挤压或者被刺破,则解冻过程会有汁液流出现象,这是我们大多数时候应该想办法避免的,而速冻就能较好地解决这个问题。当然,速冻完后,解冻的方法和快慢同样会影响冻结食品的品质。

只有将食品冻结过程与解冻过程结合起来考虑,才能保证产品有较好的品质。

资料来源:张伟民. 食品冻结过程的适宜风速及其他[J]. 冷藏技术,1981(3):25-26。

冻结是冷链产品进入冻藏、冷(冻)藏运输之前的冷链业务活动。

常见的冻结方法主要有空气冻结、板式冻结等。

2）冷冻储存

冷冻储存是在符合冷却或冻结温度的条件下,对冷链产品进行的保护、贮藏、管理活动。

根据冷却或冻结加工温度不同,冷冻储存分为冷藏和冻藏。

冷藏是在低于环境温度但不低于冰点温度下贮藏、保护和管理冷链产品。冷链产品先要经过冷却加工后才进入冷藏库贮藏。

冻藏是在低于冰点温度的某一预定温度下贮藏、保护和管理冷链产品。冷链产品先要经过冻结加工后才进入冻藏库贮藏。

冷冻储存是冷链物流的基本业务活动。冷冻储存过程中常用的设施设备包括冷藏库、冷冻库和其制冷配套设备,以及冷却、冻结和速冻设备等。

3)冷藏运输与配送

冷藏运输是用冷藏运输设备将冷链产品从一地运送到另一地的活动过程;冷藏配送是用冷藏运输设备将冷链产品从冷(冻)藏库运送到消费者或用户手上的活动过程。

冷藏运输与配送是冷链物流的基本业务活动。冷藏运输与配送过程中常用的运输工具主要包括冷藏车、冷藏集装箱及其他保温运输工具。

4)冷藏销售

冷藏销售是冷链产品销售过程中的解冻、贮存、展示和陈列活动过程。

解冻是冷藏销售的重要活动之一。如冷冻肉类在销售前就需要进行解冻,让肉中的冰晶融化成水后恢复到冻前的新鲜状态,以便于销售加工。冷冻肉类解冻的常用方法有自然解冻、流动空气解冻、水解冻、微波解冻、汽解冻等。其中,流动空气解冻的空气一般为14~15 ℃,风速为2米/秒,相对湿度为95%~98%;水解冻的水温一般在10 ℃左右。

冷藏销售活动过程中用到的设施与设备包括冷藏库及配套设备、冷冻货柜、冷藏货柜、冷冻陈列柜、冷藏陈列柜等。

需要注意的是,由于冷链产品不同,其冷链物流业务活动也不完全相同,如冰激凌、冰棍等冷冻加工品就无须预冷处理;大多数生鲜农产品也无须解冻处理。

10.3　冷链物流设施与设备

与常规的物流相比,冷链物流有其专用设施、设备,主要包括冷库设施,冷藏车、冷藏船、冷藏集装箱等设备。

10.3.1 冷链物流设施

1）冷库

冷库是采用人工制冷降温并具有保冷功能的仓储建筑群,主要包括冷间、库房、制冷机房、变配电间等。冷库是冷链物流基础的核心设施。

冷间是冷库中采用人工制冷降温房间的统称,包括冷却间、冻结间、冷藏间、冰库、低温穿堂等。

冷却间是对产品进行冷却加工的房间。冻结间是对产品进行冻结加工的房间。冷藏间是用于贮存冷加工产品的房间,其中用于贮存冷却加工产品的冷间称为冷却物冷藏间;用于贮存冻结加工产品的冷间称为冻结物冷藏间。冰库是用于贮存冰的房间。

库房是冷库建筑物主体及其楼梯间、电梯、穿堂等附属房间。穿堂是为冷却间、冻结间、冷藏间进出货物而设置的通道,其室温为常温或低于常温的特定温度。

制冷机房是制冷机器间和设备间的总称。机器间是安装制冷压缩机的房间。设备间是安装制冷辅助设备的房间。

变配电间是安装配电设备的房间。它包括高压配电间、低压配电间、变压器间,大型冷库还设有电容间。小型冷库的变压器经常放在室外架空搁置。

2）冷库的类型

冷库的类型很多,根据用途、容量、温度等不同有不同类型的划分。

（1）按冷库用途分类

冷库按用途不同,分为生产、分配、零售、中转和综合冷库。

生产冷库是指具有制冷加工能力的冷库,它拥有较大的生产加工间、整理间,有较强的冷却、冻结能力和一定的冷藏容量。如生鲜农产品在此进行冷加工后,经过短期储存即运往市场销售,或运至分配型冷库进行冷藏。生产冷库一般建在食品产地、货源集中地及渔业、农业基地或其附近,如肉类加工厂、乳品加工厂、禽蛋加工厂、鱼品加工厂等。

分配冷库是指专门储存经过冷冻加工的产品的冷库。它的制冷加工能力不高,但库存容量大。分配冷库主要用于放置需要贮藏较长时间的产品,能够满足多种产品的贮藏需要。它一般建在大中城市和水陆交通枢纽地区,以调节淡旺季,保证市场供应,或用于长期储备。

零售冷库是为保证零售而临时储存产品的冷库。它的库存容量一般不大,产品储存时间较短。很多大型综合超市、专业生鲜超市为保证其冷链产品质量,通常都建有零售冷库。

中转冷库是冷链产品在流通过程中暂存中转的冷库,它一般建在交通枢纽地区,中转、分运来自本地或外地的冷链产品。

综合冷库是集生产、分配、中转等功能于一身的冷库,其规模通常较大,一般建设在区域中心城市。

(2)按冷藏设计温度分类

冷库按冷藏设计温度不同,分为高、中、低温冷库和速冻库。

高温冷库的冷藏设计温度一般在-2~8 ℃,主要冷藏果品、蔬菜、鲜蛋等;中温冷库的冷藏设计温度一般在-23~-2 ℃,主要冷藏冻结后的食品;低温冷库的冷藏设计温度一般在-30~-23 ℃,主要冷冻并冻藏肉类、水产品等;速冻库的冷藏设计温度一般在-80~-30 ℃,其在限定时间内迅速冻结产品,主要冷藏速冻产品,如速冻水饺、速冻蔬菜等。

(3)按冷库的容量规模分类

冷库按容量大小不同,一般分为大、中、小3种类型。大型冷库的冷藏容量一般在10 000 t,或者库容量在20 000 m³ 以上;中型冷库的冷藏容量在1 000~10 000 t,或者库容量在5 000~20 000 m³;小型冷库的冷藏容量在100 t,或者库容量小于5 000 m³。

此外,按产品类别不同,常见的冷库有蔬菜冷库、水果冷库、肉类冷库、水产品冷库、药品冷库、疫苗类冷库等;按行业不同,有用于科研的冷库、餐饮业的冷库、农业的冷库和工业的冷库等。

10.3.2 冷链物流设备

冷链物流设备是冷链物流全过程高效进行的物质基础和基本保障。冷链物流活动过程中常用的设备有冷藏运输设备和冷藏储存设备。

1)冷藏运输设备

冷藏运输设备,即带有冷藏功能的专用运输设备,常见的冷藏运输设备有冷藏汽车、铁路冷藏车、冷藏船和冷藏集装箱。

(1)冷藏汽车

冷藏汽车是适应公路冷链运输的专用车辆。冷藏汽车车箱是密封的,内壁多为铝板、塑料板或玻璃钢板,外壁多为铝板。内外壁夹层间有用于加强的轻金属骨架,填充有5~10 cm 厚的轻质隔热材料,如聚氨基酯、玻璃纤维或聚苯乙烯泡沫塑料等。冷藏汽车常用于运输冷冻食品(冷冻车)、奶制品(奶品运输车)、蔬菜水果(鲜货运输车)、疫苗药品(疫苗运输车)等。

冷藏汽车按制冷装置的制冷方式不同,有机械冷藏汽车、冷冻板冷藏汽车、液氮冷藏汽车、干冰冷藏汽车、冰冷冷藏汽车之分;按底盘承载能力不同,有微型、小型、中型、大型冷藏车之分;按车厢形式不同,有面包式、厢式、半挂冷藏车之分。冷藏汽车的隔热车厢体有一室的(一个空间),也有二室、三室的,以便运输不同温度要求的冷链产品。

（2）铁路冷藏车

铁路冷藏车是适应铁路冷链运输的专用车辆。铁路冷藏车的车箱箱体一般采用焊接的金属骨架,四周铺以薄钢板,中间填有隔热材料,厢壁厚度为 20 cm,车顶厚度为 22~25 cm,地板厚度为 20 cm。

铁路冷藏车主要分为不带冷源和带冷源两类。不带冷源车辆主要为隔热车,带冷源车辆主要包括采用蓄冷剂制冷的加冰保温车、冷板保温车及采用机械制冷的机械冷藏车、冷藏集装箱运输平车。目前,我国主要使用的是机械冷藏车和冷藏集装箱专用平车,如 B22 型机械冷藏车组、BX1K 型冷藏集装箱专用平车组。

（3）冷藏船

冷藏船是适应水(海)路冷链运输的专用船舶。按装载货物和方式不同,有专用冷藏船、通用冷藏船和冷藏集装箱船之分。

专用冷藏船适用于某些特定冷链产品的运输,如香蕉运输船、液化天然气贮运槽船、渔业加工冷藏船等。其中,渔业加工冷藏船除运输鱼类水产品外,还具有捕鱼、保鲜、海上水产品加工等功能,如金枪鱼钓船、冷冻拖网船等。

通用冷藏船适用于以托盘或件货形式运输多种冷链产品。通用冷藏船的货舱通常隔成若干个舱室,舱壁、舱门均为气密,舱室四周覆有泡沫塑料、铝板聚合物等隔热材料,相邻舱室之间互不导热,从而能够满足不同货种对温度的不同要求。由于通过水(海)路的冷链运输货运批量有限,船的吨位一般不大,通常为数百吨到数千吨。

冷藏集装箱船专用于冷藏集装箱运输,其主要适用于长距离水(海)路运输。

（4）冷藏集装箱

冷藏集装箱是适用于冷链物流运输的专用集装箱。从国内外发展看,先后应用过冰盐冷却或盐水冷却集装箱、干冰冷却集装箱、冷板冷藏集装箱、夹套冷藏集装箱、液氮冷藏集装箱、机械冷藏集装箱等形态。机械冷藏集装箱是目前应用最广泛的集装箱,分为带冷冻机的内置式机械冷藏集装箱和不带冷冻机的外置式机械冷藏集装箱两种。内置式机械冷藏集装箱的箱内带有制冷装置,可自己供冷。外置式机械冷藏集装箱不带制冷装置,箱体装有连接器,可与船上或陆地上的制冷装置相连接。

阅读参考 10.2　冷链物流装备火速列装国家铁路运输物资

2 月 28 日,60 辆白色隔热保温车如"白衣天使"般驶出中国中车长江公司厂区,交付国家铁路集团中国特货公司承担运输战"疫"物资任务。

据了解,近日中车长江公司为国铁集团中铁特货公司量身定制的 40 英尺隔热保温箱满载着内蒙古人民援助的 497 吨牛奶,已分批运抵湖北。此次大批量牛奶运输任务的圆满完成,充分展现了公司隔热保温箱高效隔热、智能监测、运储两用及公铁多式联运的功能特点,助力国铁集团中铁特货公司缓解疫情期间特种物资运力紧张的局面。

据悉,目前中车长江公司已经为国铁集团先后提供了数百台包含铁路隔热保温车、机械冷藏车、隔热保温箱、冷链货物运输发电箱等在内的各类冷链物流装备,它们正昼夜不息地奔驰在全国抗疫保供的各条铁路线上。

由公司创新研制、国内领先的铁路冷链货物运输发电箱也凭借着其无人值守、全方位智能、远程监控等特点,与冷藏集装箱组成 1+8 冷链运输模式,持续为 8 个冷藏集装箱制冷系统提供电力供应,目前已先后多次运输冷冻肉禽等冷链货物到武汉市吴家山货运站,为抗击疫情提供了物资保障。

资料来源:陆缘,何金磊,张金涛."大将"奔赴战疫一线——中车长江冷链物流装备火速列装国家铁路运输物资[N].楚天都市报,2020-3-4。

2) 冷藏储存设备

冷藏储存设备是适应冷链储存,带有冷藏功能的专用储存设备,常见的有冷藏箱、冷冻/冷藏陈列柜。

(1)冷藏箱

冷藏箱是带有被动冷源和隔热层的箱包。其外壳一般采用强度较高的塑料或金属,中间隔热层为发泡材料,内层为无毒材料。常见的冷源有蓄冷液、干冰或冰盒(袋)。冷藏箱适用于小批量、多批次冷链产品在常温运输、储存或配送过程中的存放。

冷藏箱的体积小、质量轻、成本低,在实际应用中灵活机动、个性化强、企业投资小,特别适合小批量、多批次、多品种、多温区冷链产品的配送。因此,在我国目前的生鲜冷链物流"最后一公里"配送中运用非常广泛。

(2)冷冻/冷藏陈列柜

冷冻/冷藏陈列柜,是专为冷链产品在销售时展示陈列而设计的可调节温度的货柜。其基本功能是在顾客挑选商品时维持一定的温度环境,从而降低因温度变化过大,对商品品质造成影响的程度。实际工作中,冷冻陈列柜常用于超市、便利店、冷冻食品批发店、自助餐厅等处展示陈列速冻食品,冷藏陈列柜常用于展示陈列冷鲜肉类、奶制品等。常见的冷冻/冷藏陈列柜有立式、卧式冷冻展示陈列柜,低温冷藏展示陈列柜,风幕保鲜柜等。

10.4　冷链物流运营管理关键点

冷链物流运营管理涉及许多具体工作,但核心工作是"恒温"。因此,在冷链物流运营过程中,最关键的管理工作首先就是温度监管。此外,时效管理、安全与应急管理也是冷链物流运营管理的关键工作。

10.4.1　温度监管

温度管理是冷链物流运营中最核心的管理工作。因为冷链物流过程中的温度变化与波动,直接影响着冷链产品的品质,更是质量安全追溯的关键因素之一。然而,不同的冷链产品有不同的温度要求,因此对温度控制有更高的要求。实际工作中,加强温度的监控和管理,可从以下方面入手。

1)加强冷库的智能化温度监管

随着物联网技术的发展,制冷设备温度控制的自动化、智能化水平日益提高,于是广泛引入了智能化温控设备及其相关技术,从而更好地保证冷库内各功能区域能够根据不同冷链产品的温度要求、作业模式及设备类型等,对温度进行自动设置和智能控制。如 RFID 温湿度标签等智能化温控设备的应用,不需要以人工方式定时定点巡视记录数据,从而极大地改善了工作条件,降低了人工监控温度的工作强度,并降低了数据记录差错率。智能化温控设备的应用,不仅有利于节省人力和能耗,还能更有效地保证冷链产品质量,并为冷链产品质量的可追踪提供技术保证。

2)加强冷链运输环节温度监管

要加强冷链运输过程中的温度监管,应重视和做好运输过程中的温度保持、装卸货时的温度控制等工作。

在冷链运输过程中,冷链运输车辆在运输途中应保证产品的温度满足接货温度要求。长途冷链运输过程中,应定时检查车辆制冷机的工作情况,并查看车门关闭情况。在城市冷链配送过程中,应注意采取适当措施减少配送冷藏车厢内温度的散失,如加强卸货次数和时间控制,减少开门次数;或者采取车厢内隔离或单元箱方式,控制和减少热空气进入造成温度波动对产品的影响。

在冷链运输的装卸货过程中,货品的温度很容易散失。因此,应规范货品装载方法,对车辆进行预冷等,以控制温度变化。规范货品装载方法,即在货品装车时,应遵循作业标准或规范。车辆预冷,即在装车之前对车厢进行预冷,以防止接触车厢底板和侧壁的货品在短时间内发生过大的温度变化而影响货品品质。通常冷冻货品的车辆预冷温度为 5~-5 ℃。

10.4.2　时效管理

常规的物流业务运营管理虽然也重视时效,但由于其货品品类规格繁多,因此其更重视的是货品的综合流转效率。冷链物流运营由于处于低温环境,其运营成本更高,因此更重视时效。实际工作中,加强时效管理,可采取以下主要措施。

1)缩短冷链物流的作业流程

缩短冷链物流的作业流程,即在实际工作中应尽量减少冷库内搬动、拆箱、拣货等作业,或通过增加订货批量、提高机械作业率等措施来避免和减少冷库内的作业时间。尽可能按到货时间先后顺序安排拣货、分货等作业,加快单一货品的流转速度,缩短货品占用功能区域的时间。

2)集中安排相关的作业环节

集中安排相关作业环节,即将相关环节作业的时间尽量集中在一个时间段内,这样能够避免各功能区域工作时间因为延长而造成的能耗增加,从而降低运营成本和费用开支。

此外,通过优化冷链配送路径,能够有效缩短配送距离和时间,提高运输的时效。

10.4.3　安全及应急管理

安全及应急问题是冷库管理的重要内容之一。冷库的设施设备和作业环境与常规的仓库管理不同,有其特别的安全与应急问题。如电力系统中断、冷媒泄漏、制冷设备故障造成温度超出产品要求,可能带来的品质影响;地面结冰、长时间低温环境作业,可能带来的人员伤害和伤病。实际工作中,加强安全及应急管理,可采取以下主要措施。

1)建立或健全安全管理体系

冷链物流过程中的安全涉及多个业务流程、环节和部门,因此要做到有效的安全管理,需要建立起安全管理体系,才能更好地避免因安全隐患可能带来的不可弥补的损失。安全管理体系建设,主要包括组织机构、职责划分、人员培训、应急处理预案等工作内容。

2)制订应急处置方案

冷链物流过程中的冷库运营管理,可能会面临电力系统中断、冷媒泄漏或设备故障引起的温度失控,进而造成不可弥补的损失。当这些可能出现的问题发生时,迅速而有针对性地应对,能够将这些问题造成的不利影响和损失降到最低,这就需要预先制订应急处置方案。应急处置方案的内容或措施主要有:建设双回路电力系统,以最大限度地减少单一路线停电带来的影响,或者自备发电机以防万一;建立快速补充和修复泄漏系统的机制,保证出现故障能迅速修复;在制冷设备出现故障时,加快或停止出入库作业,减少和防止冷散失,最大限度地延长冷库低温;在出现人员伤害时,迅速根据预案的处置要求送医。

≫ 本章小结

冷链是特定物品在生产、流通和消费过程中的低温环境保障系统。冷链物流是以冷冻工艺为基础,以制冷技术为手段,使冷链物品从生产、流通、销售到消费者的各个环节中始终处于规定的温度环境下,以保证冷链物品品质,减少冷链物品损耗的物流活动。冷链物流具有投入成本高、时间要求短、协同难度大的特点。

冷链物流按照温度范围不同分为超低温物流、冷冻物流、冰温物流、冷藏物流、恒温物流;按照产品类别不同分为肉类、水产品、冷冻饮品、乳品、果蔬花卉、谷物、速冻食品、药品和其他特殊物品冷链物流;按照冷链环节不同分为全程冷链物流和半程冷链物流。

冷链物流服务的产品主要包括蔬菜、水果、花卉、畜肉、禽肉、水产品等初级农产品;速冻食品、冰激凌、冰棍、低温奶制品等加工冷冻品;医药品、食糖、胶卷等其他产品。

冷链物流的业务活动较常规的物流业务活动有较大差异,其基本的业务活动包括冷冻加工、冷冻储存、冷冻运输和配送、冷藏销售。冷冻加工特有的作业活动包括预冷、冷却、冻结,解冻是冷藏销售特有的作业活动。

冷链物流专用的物流设施是冷库。冷库按用途不同分为生产、分配、零售、中转和综合冷库;按冷藏设计温度不同分为高、中、低温冷库和速冻库;按容量大小不同分为大、中、小3种冷库;按产品类别不同分为蔬菜冷库、水果冷库、肉类冷库、水产品冷库、药品冷库、疫苗类冷库等。

冷链物流专用的物流设备主要有冷藏汽车、铁路冷藏车、冷藏船、冷藏集装箱、冷藏箱、冷冻陈列柜。

冷链物流的核心是"恒温"。冷链物流运营管理最为关键的工作主要包括温度监管、时效管理、安全与应急管理 3 个方面。

>> 案例分析

天天果园的制胜关键:冷链物流

做生鲜电商很容易掉进亏损泥沼,天天果园却能实现盈利,它是怎么做到的?

(1)樱桃单品切入

天天果园的创始人王伟和赵国璋都是通信专业毕业的理工男,对互联网有天然的亲切感。天天果园从两人熟悉的互联网行业切入水果生意,显得顺理成章。在天天果园创立的 2009 年,以淘宝、当当和京东为代表的中国电商业已经度过漫长的培育期,正酝酿着第一轮爆发。这些电商出售的多是服装、图书、数码家电等标准化产品,以水果为切入点的天天果园看似找到了一片蓝海。

根据艾瑞咨询提供的时间轴,2009 年国内只有易果网、莆田网、天天果园三家生鲜电商。这意味着在行业经验和冷链技术都不成熟的生鲜电商起步阶段,身为先锋的天天果园也会面临成为"先烈"的风险。赵国璋也坦言:"这个行业没有标杆,很多还要靠自己学习和摸索。"

创业不久,两人遇到了美国西北樱桃协会的中国代表王森。王森正在将美国西北樱桃推广到中国,但他发现中国消费者对进口樱桃的认知度很低,普遍不习惯其爽脆的口感。王森迫切需要找到一个理想的推介渠道,而天天果园两位创始人勇于接受新事物的特质打动了他,双方的合作由此达成。

实际上,赵国璋选择以樱桃切入鲜果电商,还有他自己的看法。樱桃是一种"很难伺候"的水果,不仅保鲜期极短,储存要求还很高。让樱桃漂洋过海之后还如同刚摘下时那样新鲜,并且让消费者以最快的速度享用到,这要求天天果园对供应链有极强的掌控能力。"可能潜意识里也是想找一块最难啃的骨头,如果樱桃都能做好,还有什么水果不能做好?"赵国璋说。

(2)从枝头到舌头

"当你拿起一颗鲜艳饱满的樱桃时,三天前它还挂在美国果园的枝头。"从采摘到送达的时间不超过 72 小时,这是天天果园的承诺。在赵国璋的记忆里,过去在国内吃到的美国红蛇果,口感是软而酥的。直到亲口咬下刚采摘的红蛇果的那一刻,"咔嚓"的清脆声和透着汁液的新鲜感,完全颠覆了赵国璋对这一水果的认识。这也让他意识到,天天果园打造短而快的供应链的意义有多重大,这几乎可以颠覆中国人对于进口水果的固有印象。

现代零售业自诞生起就是一门关于供应链的生意,从世界最大的零售商沃尔玛,到国内领先B2C电商京东,都是将物流建设放在了核心地位。而鲜果品类、长距离运输这两大特点,决定了天天果园的供应链必须更加高效。

于是,天天果园与供应链的较劲过程,从果实采摘的那一刻就开始了。以樱桃为例,各地的果园为对抗不利于采摘的环境,都使出了浑身解数。

樱桃的最佳保存温度是0~1℃,采摘一般在清晨进行。而樱桃遇水容易腐烂,沾水的樱桃在阳光下也容易爆浆。如果遇到潮湿的天气,美国西北樱桃果园会出动直升机搅动气流,以利于樱桃表面露水的蒸发。冬天的霜冻对樱桃花苞的伤害也是致命的,于是在智利的果园里会有一排排底部生着火的风车用来扩散热空气。

采摘下的樱桃立刻会进入包装厂进行预冷,在这一步,樱桃果心的温度降至0℃。在此后的运输过程中让果心维持在0℃,是樱桃保鲜的关键。接下来,打包好的樱桃经汽车运至航空港,再空运至中国。

在传统的运输环节,进口水果到达中国后的路径是"批发市场—经销商—二级经销商—零售终端",每个环节都可能发生冷链中断的情况。一旦断冷,樱桃果心的温度升至0℃以上,即使后续有冷链接上,降低的也只是果肉的温度,果心很难再降至0℃。经历的环节越多,暴露在常温或高温下的机会就越大,樱桃鲜度的损耗也就越大。赵国璋介绍,传统运输下的樱桃损耗率高达30%,这些成本最终由消费者承担。

相比之下,天天果园的损耗率只有5%,这是怎么做到的?

天天果园在国内建立了上海、北京、深圳、杭州和成都5个分仓冷库,每个分仓可以辐射到周围的城市,目前可覆盖近100个城市。不要小看这5个冷库,在赵国璋的眼里,国内有些所谓的冷库不过是一个大"冰箱"。实际上,合格的冷库不仅温度要达标,还涉及地表、湿度、保温材料和通风口的控制管理,甚至水果进库后的摆放朝向和货架高度等因素都会影响保鲜效果。

在天天果园的售后服务里,有一项特别的服务已经坚持多年:48小时内可以无理由退货。之所以称其特别,是因为生鲜商品几乎从未有过无理由退货的先例。即使是新消法规定消费者有了"后悔权",7日内可享受无条件退货,但也明确将生鲜易腐类商品排除在外。

天天果园的做法不可谓不超前,赵国璋对此的解释是:"我们对自己的商品有信心,同时也让用户对我们有信心。但打心底里说,我们不希望用户退货,这些都是成本,所以推行48小时退货也是为了激励我们提升管理品质和经营效率。"

为了尽可能地减少退货,在水果出库前,天天果园的拣货员还要做一道工序——再次对水果进行质检和挑选,剔除不适合出售的产品。

经过这一系列供应链管控,天天果园出售的进口水果的平均价格可以比超市低20%左右。而在高端超市动辄几百元一斤的进口樱桃,在天天果园的售价不足50元每斤。

(3)专注与苛刻

"IT男有一个特点,思路直接,比较专注。"天天果园的员工这样评价两位创始人。

对水果的热爱和专注,转化到生意上,就是对细节的苛求。

天天果园曾对樱桃的包装材料做了测试。

市面上常见的泡沫保温箱多是用回收材料制成。考虑到这种保温箱会散发化学气体,不利于储存食品,天天果园选用了日本制造的原生泡沫箱,成本是前者的3倍。

为了确认来自日本的保温箱无害,天天果园的员工在泡沫箱里养了两条鱼。"看到鱼一直活着,我们才敲定了用这个箱子。"

冷链最后环节使用的冰袋,天天果园最终选择了储存药品的专用冰袋。

在采访中,赵国璋一直强调,希望消费者吃到嘴里的都是口感最好的水果,这样的情怀在2014年夏天的那场配送中发挥到了极致:有一批发到广州的樱桃,因为物流公司出了问题,发货时间比原定时间晚了一天。当时正值南方高温,天天果园做出一个惊人的决定:召回几百份樱桃,就地报废,然后再重新发一批最新鲜的。这一单,天天果园损失了近20万元。"就是希望用户收到后有好的体验。"赵国璋轻描淡写地说。

资料来源:娄月.天天果园:水果电商的供应链玩法[EB/OL].i黑马网,2015-6-19。

≫ 讨论问题

1.樱桃从枝头到舌头过程上,其质量受到哪些因素影响?

2.天天果园的樱桃是如何从"枝头到舌头"的?请画出樱桃的物流流程。

3.天天果园为保证樱桃冷链不断链,采取了哪些应对策略和措施?

4.结合案例,你认为冷链物流运营管理的关键点是什么?

≫ 关键概念

冷链;冷链物流;冷冻加工;预冷;冷却;冻结;冷冻储存;冷藏运输;冷藏配送;冷藏销售;冷库。

>> 复习思考

1. 什么是冷链? 何谓冷链物流?
2. 常见的冷链物流有哪些类型?
3. 冷链物流服务的常见产品有哪些?
4. 冷链物流的基本业务活动包括哪些?
5. 什么是冷库? 常见的冷库有哪些?
6. 请简介一些常见的冷链物流设备。
7. 要做好冷链物流运营管理,你认为最重要的工作有哪些?

第 11 章　绿色物流

　　随着现代社会的发展,人们越来越意识到自己生存的环境正遭受到严重的破坏和污染。20 世纪 90 年代,全球兴起了一股"绿色浪潮"并影响到各行各业。物流作为企业的"第三利润源泉",在为企业带来经济利益的同时,也对环境造成了影响:运输产生的废气污染、噪声污染、交通堵塞等,生产加工过程中产生的边角料形成资源浪费,塑料包装材料形成的"白色垃圾"对环境造成污染等。随着人们从关注"绿色产品""绿色消费""绿色营销",到关注"绿色包装",绿色物流也成为人们重点关注的领域。

学完本章，我们应能回答以下问题

- 你知道绿色物流产生的原因吗?
- 企业的物流绿色化是怎么回事?
- 企业绿色物流系统是怎样的?

11.1　绿色物流概述

11.1.1　绿色物流的内涵

1) 绿色物流的定义

　　绿色物流最近几年日益成为人们关注的焦点。但关于绿色物流目前还没有统一的定义。国内外的专家学者对绿色物流有不同的认识和理解。

美国逆向物流执行委员会认为,绿色物流也称为"生态型的物流"(Ecological logistic),是一种对物流过程产生的生态环境影响进行认识并使其最小化的过程。

学者徐阳和林利认为,绿色物流是指物流活动中具有资源节约、低能量消耗、可循环利用、与环境共生等特点的全新物流形态。绿色物流要求从环境保护的角度对传统的物流体系进行改进,抑制物流过程对环境造成的危害,使物流资源得到最充分利用。[①]

学者张建华和许向阳认为,绿色物流是将可持续发展及循环经济理念应用于物流管理活动,即改变原来经济发展与物流、消费生活与物流的单向作用关系,在抑制物流对环境造成危害的同时,形成一种能促进经济和消费生活健康发展的物流系统,使传统物流向循环型物流转变。[②]

中华人民共和国国家标准《物流术语》(GB/T 18354—2006)将绿色物流定义为:在物流过程中抑制物流对环境造成危害的同时,实现对物流环境的净化,使物流资源得到充分利用。[③]

还有一些学者从绿色物流的目标、行为主体、活动范围及其理论基础四个方面对绿色物流作了进一步认识和剖析。

(1)绿色物流的最终目标是可持续发展

物流活动的基本目的是实现企业的盈利、满足顾客需求、扩大市场占有率等。绿色物流在实现经济利益目标之外,还追求节约资源、保护环境目标。尽管从宏观角度和长远看,节约资源、保护环境这一具有经济与社会属性的目标与经济利益的目标是一致的,但从短期,或者从某一特定时期看,却与特定企业的经济利益目标存在矛盾。根据绿色物流的最终目标要求,企业无论在战略管理还是战术管理中,都应该从促进经济可持续发展这个基本原则出发,在创造商品的时间效益和空间效益,满足消费者需求的同时,注重按生态环境要求,保持自然生态平衡,保护自然资源。为更好实现这一目标,企业应遵循经济利益、社会利益和环境利益相统一原则。

(2)绿色物流的行为主体是多元的

绿色物流的行为主体不仅包括专业物流企业,也包括产品供应链上的制造企业和分销企业,还包括不同级别的政府和物流行政主管部门等。

专业物流企业对运输、储存、包装等物流作业的绿色化负有责任和义务。作为供应链上的制造企业,既要设计绿色产品,还应该与供应链上其他企业协同,从节约资源、保护环境的目标出发,改变传统的物流体制,制定绿色物流战略和策略。因为绿色物流战略是连接绿色制造和绿色消费的纽带,也是使企业获得持续的竞争优势的战略武器。

---

① 徐阳,林利.发展绿色物流之探析[J].企业经济,2006(1):109.
② 张建华,许向阳.以循环经济理念建设绿色物流系统[J].特区经济,2005(11):353.
③ 中国国家标准化委员会,GB/T 18354—2006,物流术语[S].北京:中国标准出版社,2007(2).

此外,各级政府和物流行政主管部门在推广和实施绿色物流战略中具有不可替代的作用。由于物流的跨地区和跨行业特性,绿色物流的实施仅靠某个企业或在某个地区来完成是很困难的,它需要政府的法规约束和政策支持。例如,制定统一的物流器具标准、限制运输工具的环境污染指标、规定产品报废后的回收处理责任等。

(3)绿色物流是物流业务和管理的绿色化

绿色物流涉及的范围不仅包括物流作业环节,还包括物流管理全过程。从物流作业环节来看,主要包括绿色运输、绿色包装、绿色流通加工等。从物流管理过程来看,主要是从环境保护和节约资源的目标出发,改进物流系统,既要考虑正向物流业务活动过程的绿色化,还要考虑供应链上的逆向物流业务活动过程和逆向物流系统。

(4)绿色物流的理论基础是可持续发展

从绿色物流的理论基础看,主要包括可持续发展理论、生态经济学理论和生态伦理学理论。首先,物流过程也要消耗资源和能源,污染环境。要实现持续的发展,就必须采取各种措施,形成物流与环境之间共生发展模式。其次,物流系统既是经济系统的一个子系统,又通过物料流动、能量流动建立起了与生态系统之间的联系和相互作用,绿色物流正是通过经济目标和环境目标之间的平衡,实现生态与经济的协调发展。此外,生态伦理学告诉我们,不能一味地追求眼前的经济利益而过度消耗地球资源,破坏子孙后代的生存环境,绿色物流及其管理战略将使人们对物流中的环境问题进行反思和控制。

2)绿色物流的特征

绿色物流除了具有一般物流的特征外,还具有学科交叉性、多目标性、多层次性、时域地域性等特征。

(1)学科交叉性

绿色物流是物流管理与环境科学、生态经济学的交叉。由于物流与环境之间的密切关系,在研究社会物流与企业物流时必须考虑环境问题和资源问题;由于生态系统与经济系统之间的相互作用和相互影响,生态系统也必然会对经济系统的子系统——物流系统产生作用和影响。因此,必须结合环境科学和生态经济学的理论、方法进行物流系统的管理、控制和决策,这也是绿色物流的研究方法。学科的交叉性,使绿色物流的研究方法复杂,研究内容广泛。

(2)多目标性

绿色物流的多目标性体现在企业的物流活动要顺应可持续发展的要求,注重对生态环境的保护和对资源的节约,注重经济与生态的协调发展,追求企业经济效益、消费者利益、社会效益与生态环境效益4个目标的统一。系统思想告诉我们,绿色物流的多个目标之间必然经常相互矛盾和相互制约,一个目标的增长将以另一个或几个目标的下降为代价,如何取得多个目标之间的平衡? 这正是绿色物流要解决的问题。从可持续发展观来看,生态环境效益的保证将是前三者效益得以持久保证的关键。

(3)多层次性

绿色物流的多层次性体现在3个方面。

一是从绿色物流的管理和控制主体看,绿色物流活动可分为社会决策层、企业管理层和作业管理层3个层次,即宏观层、中观层和微观层。其中,社会决策层的主要职能是通过政策、法规的手段传播绿色理念;企业管理层的任务主要是从战略高度与供应链上的其他企业协同,共同规划和控制企业的绿色物流系统,建立有利于资源再利用的循环物流系统;作业管理层主要是指物流作业环节的绿色化,如运输的绿色化、包装的绿色化、流通加工的绿色化等。

二是从系统看,绿色物流系统由多个要素或子系统构成,包括绿色运输子系统、绿色仓储子系统、绿色包装子系统等。这些子系统按空间或时间特性又可划分为更低层次的子系统,每个子系统都具有层次结构,不同层次的物流子系统通过相互作用,构成一个有机整体,实现绿色物流系统的整体目标。

绿色物流系统还是处在一个更大系统中的子系统,即绿色物流系统赖以生存发展的外部环境,包括法律法规,政治、文化、资源条件,环境资源政策等,它们将对绿色物流的实施起到约束或推动作用。

(4)时域地域性

绿色物流的时域性指的是绿色物流管理活动贯穿物流业务活动的全过程,包括从原材料供应,生产,产成品的分销、包装、运输,直至报废、回收的整个过程。

绿色物流的地域性体现在两个方面:一是指由于经济的全球化和信息化,物流活动突破地域限制,呈现出跨地区、跨国界的发展趋势,因此物流活动绿色化的管理也具有跨地区、跨国界的特性。二是指绿色物流管理策略的实施需要供应链上所有企业的参与和响应,如欧洲许多国家为了更好地实施绿色物流战略,对托盘标准、汽车尾气排放标准、汽车燃料类型等都进行了规定,其他国家不符合标准要求的货运车辆将不允许进入。跨地域、跨时域的特性正是绿色物流系统是一个动态系统的具体体现。

11.1.2 绿色物流的产生

1)现代物流对环境的影响

物流活动与社会经济的发展相辅相成。一方面,经济的发展会引起物流总量的增加;

另一方面,现代物流是经济发展的支柱。频繁的物流活动以及物流管理的变革,会增加燃油消耗、加重空气污染和废弃物污染、浪费资源、引起城市交通堵塞等。因此,对社会经济的可持续发展产生了消极影响。现代物流活动对环境的影响主要表现在以下方面。

(1) 货物运输对环境的影响

运输是物流活动中最主要、最基本的活动,运输车辆的燃油消耗和燃油污染是物流作业造成环境污染的主要原因。物流管理活动的变革,如集中库存和即时配送,也对运输和环境造成了影响。

①不合理的货运网点及配送中心布局,导致货物迂回运输,增加了车辆燃油消耗,加剧了废气污染和噪声污染;过多的在途车辆增加了对城市道路的需求,加剧了城市交通的阻塞。

②集中库存虽然能有效地降低企业的物流费用,但由于产生了较多的一次运输,从而增加了燃料消耗和对道路的需求。

③即时配送强调无库存经营,从环境角度看,即时配送适合于近距离企业间的输送。如果供应商与生产商之间距离较远,要实施即时配送就必须大量利用公路网,使货运从铁路转到公路,这样又增加了燃油消耗,带来空气、噪声等污染,从而使环境遭到破坏。

(2) 包装对环境的影响

包装具有保护商品、美化商品、提高商品价值的作用。当今大部分商品的包装材料和包装方式,不仅造成资源的很大浪费,而且严重污染环境。

①目前市场上流行的塑料袋等包装使用后会给自然界留下长久的污染物。

②相当一部分工业品特别是消费品的包装,都是一次性使用且越来越复杂。这些包装材料不仅消耗了有限的自然资源,废弃的包装材料还是城市垃圾的重要组成部分,处理这些废弃物要花费大量的人力、财力。

③不少包装材料是不可降解的,它们长期留在自然界中,会对自然环境造成严重影响。

(3) 流通加工的影响

流通加工具有较强的生产性,会造成一定的物流停滞,不合理的流通加工方式会对环境造成负面影响。

①由消费者分散进行的流通加工,资源利用率低下,浪费能源,如餐饮服务企业对食品的分散加工,既浪费资源,又污染空气。

②分散流通加工产生的边角废料,难以集中和有效再利用,造成废弃物污染。

③流通加工中心选址不合理,也会造成费用增加和资源的浪费,还会因增加运输量而产生新的污染。

2）绿色物流的起因

（1）人类环境保护意识的觉醒

随着世界经济的不断发展，人类的生存环境也在不断恶化：能源危机，资源枯竭，臭氧层空洞扩大，环境遭受污染，生态系统失衡。20 世纪 60 年代以来，人类的环境保护意识开始觉醒，十分关心和重视环境问题，认识到地球只有一个，不能破坏人类的家园，于是，绿色消费运动在世界各国兴起。消费者不仅关心自身的安全和健康，还关心地球环境的改善，拒绝接受不利于环境保护的产品、服务及相应的消费方式，进而促进了绿色物流的发展。与此同时，绿色和平运动在世界范围内展开，环保勇士以不屈不挠的奋斗精神，给各种各样危害环境的行为以沉重打击。此举对激励人们的环保热情、推动绿色物流的发展也起到了极其重要的作用。

（2）各国政府和国际组织的倡导

绿色物流的发展与政府行为密切相关。凡是绿色物流发展较快的国家，都得益于政府的积极倡导。各国政府在推动绿色物流发展方面所起的作用主要表现在以下 3 方面：一是追加投入以促进环保事业的发展；二是组织力量监督环保工作的开展；三是制定专门政策和法令引导企业的环保行为。

环保事业是关系到人类生存与发展的事业，国际组织为此作出了极大的努力并取得了显著成效。1992 年，第 27 届联大决议通过把每年的 6 月 5 日定为世界环境日，每年的世界环境日都规定有专门的活动主题，以推动世界环境保护工作的发展。联合国环境署、世贸组织环境委员会等国际组织召开了许多环保方面的国际会议，签订了许多环保方面的国际公约与协定，也在一定程度上为绿色物流发展铺平了道路。

（3）经济全球化潮流的推动

随着经济全球化的发展，一些传统的关税和非关税壁垒逐渐淡化，环境壁垒逐渐兴起。为此，ISO 14000 环境管理体系成为众多企业进入国际市场的通行证。该体系的基本思想是预防污染和持续改进。它要求建立环境管理体系，使其经营活动、产品和服务的每一个环节对环境的影响最小化。ISO 14000 环境管理体系不仅适用于第一、二产业，也适用于第三产业，特别适用于第三产业中的物流业。物流企业要想在国际市场上占得一席之地，发展绿色物流是其理性选择。尤其是我国加入世界贸易组织后，逐渐取消了大部分外国股权限制，外国物流业进入我国市场，给我国物流业带来巨大冲击，物流业的竞争日趋激烈。因此，加紧发展绿色物流，是我国物流企业应对挑战和在竞争中占得先机的重要机遇。

（4）现代物流业可持续发展的需要

绿色物流是现代物流可持续发展的必然。物流业作为现代新兴产业，有赖于社会化大生产的专业分工和经济的高速发展;而物流要发展,就要与绿色生产、绿色营销、绿色消费等绿色经济活动紧密衔接。人类的经济活动不能因物流而过分地消耗资源、破坏环境,以致造成重复污染。

3)绿色物流产生的理论基础

(1)可持续发展理论

在社会文明程度日益提高的今天,经济的发展必须建立在维护地球环境的基础上。当代对资源的开发和利用,必须有利于下一代环境的维护以及资源的持续利用。因此,为了实现长期、持续的发展,就必须采取各种措施来维护我们的自然环境。可持续型发展就成为社会经济发展的必然选择。可持续发展理论既满足当代人的需要,又不对后代人满足其需要的能力构成危害。可持续发展的基本内容包括5方面:一是发展,二是发展经济与环保形成有机整体,三是建立合理有效的经济和政治运行机制,四是将人们的自身发展需要与资源、环境的发展相适应,放弃传统的生产方式与生活方式,五是树立全新的现代文化观念。可持续发展的原则之一,就是使今天的商品生产、流通和消费不至于影响未来商品的生产、流通和消费的环境及资源条件。将这一原则应用于现代物流管理活动中,就是要求从环境保护的角度对现代物流体系进行研究,形成一种与环境共生的综合物流系统,改变原来经济发展与物流之间的单向作用关系,抑制物流对环境造成危害,同时又要形成一种能促进经济和消费生活健康发展的现代物流系统。

绿色物流是可持续发展的一个重要环节,它与绿色制造、绿色消费共同构成了一个节约资源、保护环境的绿色经济循环系统。绿色制造是目前制造领域的研究热点,它以节约资源和减少污染的方式制造绿色产品,是一种生产行为;绿色消费是以消费者为主体的消费行为。绿色物流与绿色制造和绿色消费相互渗透、相互作用,绿色制造是实现绿色物流和绿色消费的前提,绿色物流可以通过流通对生产的反作用来促进绿色制造,通过绿色物流管理来满足和促进绿色消费。

(2)生态经济学理论

生态经济学是研究再生产过程中,经济系统与生态系统之间的物流循环、能量转化和价值增值规律及其应用的科学。生态经济学认为,在现代经济和社会条件下,现代企业是一个由生态系统与经济系统复合组成的生态经济系统。因此,现代企业管理的对象、目标、任务、职能、原则等都具有经济与生态的两重性,必须通过有效的管理来实现经济与生态两个方面的有机统一与协调发展。物流是社会再生产过程中的重要一环,物流过程中不仅有物质循环利用、能源转化,而且有价值的转移和价值的实现。因此,物流涉及经济与生态环境两大系统,理所当然地成为经济效益与生态环境效益之间彼此联系的桥梁。经济效益涉及眼前和局部的更为密切相关的利益,而环境效益则关系宏观和长远的利益。经济效益与环境效益是对立又统一的。环境效益是经济效益的自然基础和物质源泉,而经济效益是环境效益的经济表现形式。目前,我国绝大多数物流企业遵循的仍然是传统的经营管理,还没有完全克服企业经营管理与生态环境管理相脱离的状况,还没有实现由单纯物流管理向绿色物流管理的根本转变。绿色物流以经济学的一般原理为指导,以生态学为基础,对物流中的经济行为、经济关系和规律与生态系统之间的相互关系进行研究,以谋求在生态平衡、经济合理、技术先进条件下的生态与经济的最佳结合及协调发展。所以,发展现代市场经济,建立现代企业制度,探索一条有中国特色的经济与生态相协调的现代企业绿色物流管理,是我国物流企业微观生态管理面临的一项重要任务。

(3)生态伦理学理论

人类所面临的生态危机,迫使我们不得不认真反思自己的行为,这就促使了生态伦理学的产生和发展。生态伦理学是关于人对地球上的动物、植物、微生物、生态系统和自然界的其他事物行为的道德态度和行为规范的研究,是从道德角度研究人与自然关系的交叉学科。它根据生态学揭示的自然与人相互作用的规律性,以道德为手段,从整体上协调人与自然环境的关系。它的主要特征是,把道德对象的范围从人与人、人与社会关系的领域,扩展到人与生命、人与自然界关系的领域,主张不仅对人讲道德,而且对生命和自然讲道德。生态伦理学要求人们对物流中的环境问题进行深刻反思,从而产生一种强烈的责任感。为了子孙后代的切身利益,为了人类更健康和安全地生存与发展,我们应当维护生态平衡。

11.1.3　绿色物流的价值

1)绿色物流的价值

绿色物流战略不仅对环境保护和经济的可持续发展具有重要意义,还会给企业带来巨大的经济效益。实践证明,绿色物流具有极高的价值,这种价值不仅体现在概念上,还体现在实实在在的经济价值上。

(1)绿色物流的社会价值

首先,绿色物流是建立在维护地球环境和可持续发展的基础之上的,强调在物流活动全过程采取与环境和谐相处的理念和措施,减少物流活动对环境的危害,避免资源浪费,因此有利于社会经济的可持续发展。

其次,绿色物流对企业来说,也具有显著的社会价值,包括良好的企业形象、企业信誉、企业责任等。企业伦理学指出,企业在追求利润的同时,还应该努力树立良好的企业形象、积累良好的企业信誉、履行社会责任。随着可持续发展观念深入人心,绿色消费成为一种消费理念,消费者对企业的接受和认可不再仅仅关注其是否能够提供质优价廉的产品和服务,还越来越关注企业是否具有社会责任感,即企业是否节约利用资源、企业是否回收废旧产品、企业是否注意保护环境等。因此,发展绿色物流有利于提升企业在消费者心目中的形象。这也是很多跨国公司非常关注环保事业、公益事业与社会问题的根本原因。

（2）绿色物流的经济价值

首先,绿色物流有利于企业获得竞争优势。随着消费者环保意识的加强,如果一个企业想要在竞争激烈的全球市场中生存和发展,它就不能忽视日益明显的环境因素影响。如果企业能够采用符合甚至超过政府或者环境保护组织对企业或产品的环保要求,其实并不意味着经济上的损失,因为符合并超过政府和环境组织的要求,能使企业减少营销成本,从而增强其竞争力。对于今天的企业来说,良好的环境行为正是企业发展的动力而不是障碍。绿色物流的核心思想正在于实现企业物流活动与社会和生态效益的协调,以此形成高于竞争对手的相对竞争优势,从而在激烈的竞争中获得发展。

其次,绿色物流可以提高企业品牌价值。品牌价值是由市场占有率、品牌创利能力、品牌发展潜力等因素决定的。绿色物流从产品的开发设计、整个生产流程,到最终消费都纳入了对环境因素的考虑,不但可以降低旧产品及原料回收的成本,而且有利于提高企业形象、企业声誉,提高市场占有率,从而增加品牌价值和寿命,增强企业的竞争力。

最后,绿色物流有助于企业破除绿色贸易壁垒。随着经济全球化的发展,一些传统的关税和非关税壁垒逐渐淡化,绿色壁垒逐渐兴起。尤其是进入世界贸易组织后,我国的物流行业在经过合理过渡期后,从 2006 年开始,大部分外国股权限制被取消,外国物流企业纷纷进入我国市场,给我国物流企业带来巨大冲击,这意味着物流业的竞争越来越激烈。企业只有加紧发展绿色物流、积极申请绿色认证,才能破除绿色贸易壁垒。

2）绿色物流发展的必要性

（1）适应社会发展潮流

绿色物流适应了世界的社会发展潮流,是全球经济一体化的需要。随着全球经济一体化的发展,一些传统的关税和非关税壁垒逐渐淡化,环境壁垒逐渐兴起,ISO 14000环境管理体系开始成为众多企业进入国际市场的通行证。显然,企业只有适应并跟上这种趋势,才能获得更多的发展机会,否则只能参与低端市场的竞争,甚至将可能被市场所抛弃。

(2)保障物流顺利发展

绿色物流也是物流不断发展壮大的根本保障。物流作为现代新兴行业,有赖于社会化大生产的专业分工和经济的高速发展。而物流要发展,一定要与绿色生产、绿色营销、绿色消费紧密衔接,人类的经济活动绝不能因物流而过分地消耗资源、破坏环境,造成重复污染。因此,绿色物流也是现代物流发展的必然选择。

(3)满足人们生活需要

绿色物流的发展,更有利于全面满足广大人民不断提高的物质和文化生活需要。物流作为生产和消费的中介,是满足人们物质和文化生活的基本环节。而绿色物流则是伴随着人民生活需求的进一步提高,尤其是绿色消费的提出应运而生的。绿色生产、绿色产品、绿色消费等的真正实现,离不开绿色无污染的物流系统的支持。没有绿色物流系统,无论是绿色生产,还是绿色产品,它们的"绿色"都将会消失在物流过程之中,绿色消费将成为空中楼阁。

11.2　企业物流绿色化

企业是物流绿色化的主体,是发展绿色物流的关键。

企业物流绿色化是指企业以绿色物流思想为指导,保护环境为准则,在物流管理中积极推广应用环保技术,不断提高资源利用率,最大限度地降低物流活动对环境造成的不利影响的过程。从物流业务活动看,企业物流绿色化包括绿色化运输、绿色化储存、绿色化包装和绿色化流通加工等内容。

11.2.1　绿色化运输

随着经济不断发展,消费需求越来越多样化和个性化。一方面,物流量剧增,运输流量大大增加,能源耗费增加,大气环境因此遭受严重污染;当汽车流量的增加超过路网承载时,还会出现交通堵塞等现象,从而使运输效率下降。另一方面,多品种、小批量、高效率运输以及即时配送等对汽车的依赖程度增强,运输频率增高,更加剧了对城市环境的影响和破坏。

绿色化运输就是为了减轻物流活动中的交通拥挤和环境污染、节省建设维护费用而发展低污染的有利于城市环境的多元化交通工具来完成物流活动,以及为最大限度地降低交通污染程度而对交通源、交通量、交通流等进行规划和管理的活动过程。运输绿色化的基本理念是有序通达,舒适安全和低能耗、低污染这3方面的有机统一。绿色化运输从本质上说就是一种和谐运输,即运输与生态的和谐,维护生态平衡,保护环境;运输与未来和谐,适应未来物流产业的发展;运输与社会的和谐,以社会效益最大化为基础;运输与资源的和谐,以最小的资源维持物流运输的需求。

运输绿色化可以从以下3个方面入手。

①大力发展第三方物流,提高物流的社会化、规模化和专业化水平,从而实现社会物流资源的合理利用和配置,缓解物流对城市环境的破坏程度。

②大力推广节能减排技术,使用循环可再生能源,如电能、生物柴油等,运用推广甩挂运输、综合运输等现代物流运输组织方式,合理选择更环保的铁路、水路运输方式和运输工具,大力推广节油驾驶理念和技术。

③合理规划道路交通网,加强汽车尾气排放标准控制,加强交通管理,减少交通堵塞,降低噪声污染等(阅读参考11.1)。

阅读参考11.1 推进绿色运输发展

相关数据显示,产品从投入生产到销售出去,加工制造的时间仅占全过程的10%,而剩下90%的时间全部用于储存、装卸、搬运、运输、流通加工等物流过程。绿色运输不仅能降低物流活动的成本,而且能够在降低污染的前提下提高能源的利用率。为此,我国各级政府部门制定了一系列政策来促进交通运输行业绿色发展、循环发展、低碳发展。

2016年12月29日,国务院新闻办公室发表的《中国交通运输发展》白皮书指出,"十三五"期间,我国要推动运输服务绿色智能发展,推进交通运输绿色发展,集约节约利用资源,加强标准化、低碳化、现代化运输装备和节能环保运输工具的推广与应用。

2017年2月3日,国务院印发了《"十三五"现代综合交通运输体系发展规划》,提出在"十三五"期间,要更加注重提高交通运输体系绿色、低碳、集约发展水平,要进一步促进交通运输绿色发展。

2016年,山东省斥资约730.2亿元用于绿色交通建设,计划到2018年基本建成绿色交通运输体系。此体系的建设以绿色交通城市、绿色公路、绿色技术等示范创建为载体推进,不断提高交通运输用能效率,优化用能结构,改善出行模式,探索实践低能耗、低污染、低排放、高效率的交通运输发展之路。

福建省运输管理局积极引导企业合理选择运输工具,推广使用清洁燃料,优化运输组织方式,促进节能减排、能效提高,积极升级运输装备,截至2016年4月底,累计投资2.38亿元,新增更新牵引车447辆、挂车446辆。充分发挥交通枢纽的物流集聚效应,发展多式联运。大力推广甩挂运输等高效运输组织方式,计划新增甩挂运输线路10条。大力推广中水回用、无尘干磨、超声波清洗汽车零配件等新设备新技术。将节能驾驶纳入驾驶员岗位培训内容,新增驾驶员必须100%接受节能驾驶教育。

相关企业也积极行动起来。京东物流与G7公司合作,全面引入智能管车平台,车队油耗、效率、安全等方面都得到了有效改善。G7智能管车平台通过全程智能感知、动态监测车辆数据和司机驾驶行为,可以规范司机以经济转速行驶,减少刹车和怠速次数,养成更安全、更经济的驾驶习惯,进而极大地帮助车队节省油耗,降低成本。根据G7平台的数据统计,相较行业平均水平,一名驾驶习惯良好的顶级司机,在相同线路相同车型的情况下,比行业平均水平百公里可节省油耗9.3%,时效提升1.13倍,安全高出15%,单车单月最多可为车队节省成本26 165元。

资料来源:根据相关资料整理编写。

11.2.2　绿色化储存

绿色化储存即仓储与保管的绿色化,就是从储存设施设备的设计、建造,到储存技术和方法的使用都要有利于保护环境,有利于商品品质的保持。

储存中的许多商品,尤其是化学物品、有毒物品和放射性物品等,在储存保管过程中,如果管理不善,会发生渗、漏、冒、飞扬、溢散和腐化变质等现象,从而对环境和人体健康造成极大的危害。因此,必须加强储存的绿色化工作。

储存绿色化可以从仓库建设、节能技术应用、仓库经营与仓库作业等多个方面入手。

①仓库合理选址与布局。合理规划仓库选址,有助于企业降低空载率,减少能源消耗;仓储布局科学,能够使仓库在一定程度上得到最为充分的利用,从而实现仓储面积利用的最大化,减少仓储成本。

②采用仓储绿色化技术。绿色仓储的相关技术主要涉及仓储建筑设施绿色化技术,仓储设备绿色化技术等。仓储建筑设施绿色技术包括节能反光屋顶、太阳能屋顶、循环利用雨水进行绿化灌溉等技术;仓储设备绿色化技术包括高效节能的照明系统、先进的低能耗的制热和制冷系统等。

③推进经营管理绿色化。在仓库日常经营管理上,推进绿色化经营管理以实现节能减排。主要包括以下方式:A.依托和应用信息化系统,实现无纸化作业。B.采用绿色、节能、环保、标准化的物流仓储设备。C.通过托盘共用减少托盘使用量,减少资源浪费。D.减少使用一次性耗材(如一次性缠绕膜、一次性纸箱等),实现物品的重复利用等。

阅读参考11.2 安得绿色仓储物流园

合肥安得物流园为美的集团合肥安得物流公司实施的重点绿色物流项目,地处合肥高新技术开发区。物流园基地总面积约为 500 亩,已经实施的基地面积有244 512.50 m^2,分为仓储物流和生活办公两个区。合肥安得物流园项目从规划设计开始就采用了绿色生态和建筑节能技术,从节地、节能、节水、节材等方面达到绿色仓储建筑要求。

(1)选址与景观绿化措施

在选址方面,场地建设不破坏当地文物、自然水系、湿地、基本农田、森林和其他保护区;建筑场地选址无洪灾、泥石流及含氡土壤的威胁,建筑场地安全范围内无电磁辐射危害和火、爆、有毒物质等危险源。场地内无超标污染源。

在景观绿化方面,项目考虑了乔木和灌木以及地被的科学配比,充分利用本土植物以达到最大的生态效应。在景观效果上考虑植物的季相变化和花期花色,疏密有致,营造良好的小气候和优美宜人的环境。在植物物种选择方面,注重乔灌木结合,多选择当地的乡土植物,形成富有生机的绿化系统。

(2)节水与水资源利用

较大面积的绿地和透水铺装能够有效吸收雨水,降低地表径流,缓解城市热岛效应。建筑物的给水排水系统规划设计符合国家相关规定。卫生洁具均采用节水型器具,绿化灌溉系统采用手动灌溉和自动喷灌相结合的节水灌溉形式,草坪区域设置自动灌溉系统,灌木区域采用自动喷头控制系统。

(3)节能与新能源发电措施

建筑节能设计采用了高效节能照明系统,楼梯与走道采用声光控制,方便使用又能充分节约电能。整个项目屋面面积较大,采用分布式光伏发电技术,建设了新能源电站。

(4)节材与材料资源利用

全部采用预拌混凝土和可再循环材料。可再循环材料包括钢材、木材、塑钢型材、石膏制品等。

合肥安得物流园项目全过程贯穿了绿色建筑的宗旨,设计过程倡导绿色建筑的设计理念,施工过程中倡导绿色施工,严格控制污水、废气、固废的排放,避免夜间作业,减少噪声污染和光污染,严格按照绿色施工的要求进行控制,确保每项技术顺利落实。

通过制定节能节水的规章制度、定期严格培训管理人员、适时分析运营数据,实现绿色建筑节能、节水目的。

资料来源:中国仓储协会.全国仓储配送与包装绿色发展指引[Z].商务部流通业发展司,2016.

11.2.3 绿色化装卸搬运

绿色化装卸搬运就是采取各种恰当的装卸搬运方法、手段和措施,尽可能地减少装卸搬运环节产生的粉尘、烟雾等污染物的工作活动过程。绿色化装卸搬运主要体现在以下3个方面。

(1)消除无效搬运

注意提高搬运纯度,只搬运必要的货物,如有些货物去除杂质之后再搬运比较合理;避免过度包装,减少无效负荷;提高装载效率,充分利用搬运机器的能力和装载空间;中空的物件可以填装其他小物品后再进行搬运;减少倒搬次数,作业次数增多不仅浪费人力、物力,还增加物品损坏的可能性,更重要的是无效搬运次数的增加会使装卸搬运中的粉尘增加,对环境造成污染。

(2)提高搬运活性

搬运活性就是对物资进行装卸搬运作业的方便性。提高搬运活性,一方面能提高装卸搬运效率,另一方面也降低了造成污染的可能性。储存状态的货物都是待运物品,应使之处在易于移动的状态,即物品放置时要有利于下次搬运。例如,装于容器内并垫放的物品较散放于地面的物品易于搬运,装上时要考虑便于卸下;入库时要考虑便于出库,创造易于搬运的环境,使用易于搬运的包装等。

(3)做好货物集散场地的污染防护工作

积极运用合理先进的设施装置,加强货物集散场地管理和监控,尽量减少泄露和损坏,杜绝粉尘、烟雾等污染,清洗货车及货场的废水应集中收集、处理和排放。

阅读参考11.3 践行绿色搬运

在2010年,四通搬家起重吊装有限公司就提出了"绿色搬运"的概念。五年时间过去,虽然这一概念获得认同的范围在扩大,但是真正践行"绿色搬运"的企业却不多,而四通搬家一直在践行着绿色搬运的概念。

(1)绿色包装

很多设备在搬运之前,都需要进行包装,特别是精密仪器设备,更是需要精细包装。对设备进行包装的主要材料包括木箱、塑料、泡沫等。在提出绿色搬运概念之后,四通搬家减少塑料和泡沫的使用,而使用纸箱、可再生木材等进行包装。

(2)现场绿色

设备搬运现场会产生很多的垃圾以及污染物,如油污、清洗设备的废水、对设备进行包装的废料等。很多设备搬运公司往往是在搬运结束之后,一走了之。但是,四通搬家却会收集搬运过程产生的污染物,并且进行恰当的处理。

（3）装备绿色

尽可能使用节约能源的绿色装备代替现有装备，这是绿色搬运的重要内容。在过去五年时间里，四通搬家相继采购了电动叉车、电动搬运车、低排放起重机等一系列绿色装备。

（4）服务绿色

在四通搬家看来，服务绿色是绿色搬运概念中，最难做到的一点。不过，四通搬家正在服务绿色上不断前进。例如，四通搬家推行的设备搬运价格透明化、设备搬运流程规范化，都是设备搬运服务绿色的题中之义。

资料来源：四通搬家从小事做起，践行绿色搬运［EB/OL］.四通搬家网，2017-6-22。

11.2.4　绿色化包装

在消费高度发达的国家和地区，商品包装占家庭垃圾的质量和体积越来越大，而且不易回收或再生的包装也在增多；同时，包装还增加了运输量、运输能耗、储存空间等。因此，这些国家和地区的企业和社会都提出包装的绿色化问题。它们希望少用甚至不用包装，或者包装能够易于回收、重复使用或再生为其他有用之物，回收处理时不会有有毒气体产生，填埋时少占用土地并能自然降解等。

绿色化包装就是指能够循环、再生利用或降解腐化，并且在产品的整个生命周期中对人体及环境不会造成公害的适度包装。简言之，绿色化包装就是采用有利于节约能源和保护环境的包装。绿色化包装通常包括4个方面：材料最省，废弃物最少，能节省资源和能源；易于回收再利用和再循环；废弃物燃烧产生新能源而不产生二次污染；包装材料最少，能自行分解，不污染环境。

包装绿色化的途径主要有以下3种。

（1）简化包装，节约材料

即包装要适当，尽量简化包装，从而帮助企业节约材料、降低成本，同时也能减轻包装材料对环境的影响。

（2）重复使用包装或回收再利用

这也是节约资源、减少垃圾的有效手段。重复使用能够帮助企业实现包装使用的减量化，回收再利用能够有效利用资源。我国消费品包装重复使用最成功的是对啤酒箱及瓶的重复使用；国内外回收再生技术比较成熟的包装材料主要是玻璃、铝、纸等，它们的回收率比较高。

（3）开发环保包装材料

积极开发并推广使用易于降解的包装材料，以降低对环境的危害（阅读参考11.4）。

阅读参考 11.4　绿色包装在行动

随着电子商务的迅猛发展,快递包装、外卖包装以及随之而来的废弃物污染形势严峻。国家邮政局发布的《2017中国快递领域绿色包装发展现状及趋势报告》显示,2016年,全国快递共消耗约32亿条编织袋、约68亿个塑料袋、37亿个包装箱以及3.3亿卷胶带。然而我国包装垃圾的总体回收率却小于20%,其中的纸盒只有不到一半被回收。一方面是大量的资源浪费,另一方面是污染的巨大压力,快递包装减量化生产和循环使用已是大势所趋。

对此,全国人大代表、苏宁控股集团董事长张近东提出了如下缓解快递包装污染的思路。

在标准制定方面,尽快明确快递业绿色包装使用率和回收率标准;制定快递运输环节服务标准,明确流通环节快递包装的损毁率,提高包装的二次使用率;构建快递业包装废弃物回收体系,建立非环保包装的退出机制,逐步实现快递包装全面绿色化。

在政策鼓励方面,对使用绿色包装并能推动绿色包装普及的企业给予政策及财政支持;鼓励包装制品循环使用,对循环使用包装制品的商家及快递企业给予激励;建立快递包装分类及回收激励机制,鼓励商家、消费者及快递企业对快递包装分类回收。

在提升民众环保觉悟方面,在加大正面宣导力度的同时,可辅以市场手段加速推进,借鉴超市有偿环保塑料袋收费的操作模式,尝试面向快递市场全面推广有偿绿色包装,确定好定价机制。一方面可促进绿色包装的循环使用,另一方面可加速促进社会环保意识的树立。

在实践中,如何消解快递包装带来的污染?部分电商、物流企业纷纷出招应对难题。有的电商企业通过积分鼓励用户参与纸箱回收,有的电商将快递包装更换为可降解的绿色材料,有的电商则尝试循环利用包装袋、"共享快递盒"等。

业内专家认为,从长远来看,绿色、环保、智能是大势所趋,随着快递行业的巨头相继上市,在环保、企业社会责任方面正面临更多的要求;与此同时,原纸价格上涨、舆论压力等也倒逼企业采用更为绿色可循环的物流方式,最终形成一个多赢的局面。而在推广绿色包装过程中所产生的成本分摊、数据掌控和回采、定制化类别的产品物流包装等问题,仍需找到破解之道。

快递业绿色包装是一项系统工程,从绿色循环产品的使用,到包装回收体系的建立,以及快递包装耗材的减量化,不仅需要政府、企业的"联姻",也需要人们在日常生活中深植绿色理念。

资料来源:冉隆楠. 完善法规标准 推进快递业绿色包装行动[N]. 中国商报,2018-3-7(3)。

11.2.5　绿色化流通加工

　　绿色化流通加工即在流通加工过程中,积极运用有利于环境保护的各种技术手段,采取有利于环境保护的各种措施,将流通加工过程中对环境的不利影响降低到最低限度。流通加工具有较强的生产性,是流通部门对环境保护可以有较大作为的领域。流通加工绿色化的主要措施有以下3种。

　　(1)通过规模作业提高资源利用效率

　　即将消费者分散的加工转为专业集中加工,从而能够采用大型设备装置,降低能耗,以提高设备效率和资源利用效率,减少环境污染。如餐饮服务业通过对食品的集中加工,减少家庭分散烹调所造成的能源和空气污染;集中处理消费品加工中产生的边角废料,以减少消费者分散加工所造成的废弃物污染;对蔬菜的集中加工减少了居民垃圾分散丢放及相应的环境治理问题。

　　(2)集中处理废弃物污染,以更好地实现对废物减量化、资源化、无害化处理

　　如对可进一步资源化的废料,保证其合理的利用途径和处理场所;对目前暂无法利用的废弃物,建设专门的储存场所;加强对有渗漏、扩散挥发作用的有毒有害物质防护及管理。

　　(3)选用无污染或低污染的原料、燃料

　　原料、燃料的品质,决定着生产废物的性质和数量,对控制污染有重要的关系。因此,应尽可能多地采用优质燃料、原料,将污染严重又不得不用的燃料、原料,斟酌调配到有回收净化装置中使用,或与优质原料、燃料搭配使用,以达到减轻污染的目的。

11.2.6　绿色物流信息搜集和管理

　　物流不仅是物品空间的转移,也包括相关信息的搜集、整理、储存和利用。绿色物流信息搜集和管理是企业实施绿色物流战略的依据。因此,企业应积极搜集相关的绿色物流信息,并结合自身的情况,采取相应的措施,深入研究信息的真实性和可行性。绿色物流信息的搜集包括绿色消费信息、绿色科技信息、绿色资源和产品开发信息、绿色法规信息、绿色运输、储存、包装信息、绿色竞争信息、绿色物流市场规模信息等。绿色物流要求搜集、整理、储存各种绿色信息,并及时运用到物流中,促进物流的进一步绿色化。

11.3　企业绿色物流系统构建

　　企业是物流绿色化的主要承担者,是构建绿色物流系统的关键。

　　企业绿色物流系统由正向物流和逆向物流两个子系统有机组成(图 11.1)。正向物流系统包括企业供应/采购物流、生产物流、销售物流;逆向物流系统包括回收物流和废弃物物流。

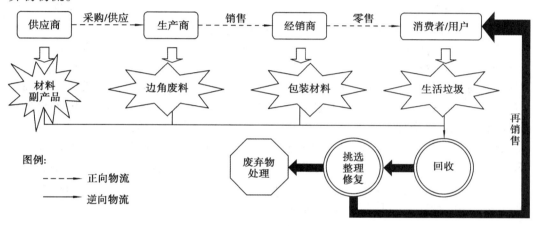

图 11.1　绿色物流系统示意图

11.3.1　正向物流系统的建立

1) 产品的设计、包装和标识

　　绿色物流建设应该从产品设计开始,分析产品生命周期,综合运用有效技术,提高产品整个生命周期环境绩效,在推动绿色物流建设上发挥先锋作用。包装是绿色物流管理中的一个重要方面,如白色塑料的污染已经引起社会的广泛关注;过度的包装造成了资源的浪费。因此,再生性包装由于容易回收得到了越来越广泛的使用,可以重复使用的集装箱就是典型的绿色包装。另外,通过标签来标识产品的化学组成也十分重要,通过标识产品原料,特别是可塑零件的组成,能够使将来的回收、处理工作进展更为顺利。这些绿色技术在物流中的应用也提高了生产效率。

2) 绿色供应商的选择

由于政府对企业的环境行为的严格管制,同时供应商的成本绩效和运行状况对企业经济活动构成直接影响,因此在绿色供应物流中,有必要增加供应商选择和评价的环境指标,即对供应商的环境绩效进行考察。如潜在供应商是否曾经因为环境污染问题被政府罚款,是否存在因为违反环境规章而有被关闭的危险,供应商零部件是否采用了绿色包装,供应商是否通过了 ISO 14000 环境管理体系认证等。

3) 绿色运输体系

原材料和产品的运输是物流中最重要的一部分,它贯穿于物流管理的始终。运输环节对环境的影响主要体现在三个方面。首先是交通运输工具的大量能源消耗;其次是运输过程中排放大量有害气体,产生噪声污染;最后是运输易燃、易爆、化学品等危险原材料或产品可能引起的爆炸、泄漏等事故。目前我国政府部门对运输污染采取极为严格的管理措施,如北京市对机动车制订了严格的尾气排放标准。同时政府交通部门还充分发挥经济杠杆的作用,根据机动车的排污量来收取排污费。由此,企业如果没有采取绿色运输,将会加大经济成本和社会环境成本,影响企业经济运行和社会形象。企业绿色运输的主要措施有:合理配置配送中心,制订配送计划,提高运输效率以降低货损量和货运量,合理采用不同运输方式。不同运输方式对环境的影响不同,尽量选择铁路、海运等环保运输方式,评价运输者的环境绩效,由专业运输企业使用专门运输工具负责危险品的运输,并制订应急保护措施。

4) 废弃物料的处理

企业正向物流中产生废弃物料的来源主要有两个:一是生产过程中未能形成合格产品而不具有使用价值的物料,如产品加工过程中产生的废品、废件,钢铁厂产生的钢渣,机械厂的切削加工切屑等;另一个是流通过程中产生的废弃物,如废弃木箱、编织袋、纸箱、捆绳等。因此,企业一方面应加强进料和用料的统筹安排,另一方面在产品的设计阶段就要考虑资源可得性和回收性,减少生产中的废弃物料的产生。

11.3.2　逆向物流系统的建立

逆向物流是指物料流从消费者向生产企业流动的物流。合理高效的逆向物流体系结构包括回收、挑选、修复和再销售四个环节。

1) 回收

回收旧产品是逆向物流系统的起点,它决定着整个逆向物流体系是否能够盈利。

旧产品回收的数量、质量、回收的方式以及产品返回的时间选择都应该加强管理和控制。否则整个逆向物流的顺利进行会受到影响，从而使得对这些产品再加工的效率得不到保证。解决好这个问题的关键是企业必须和负责回收废旧产品的回收企业保持良好的沟通。

2）挑选整理

挑选整理即对回收产品进行测试、分类和分级，这是一项劳动和时间密集型工作。企业可以通过设立质量标准、使用传感器、条形码等自动分拣技术以及其他技术来提高测试、挑选整理的自动化程度，降低劳动强度，改善劳动条件。

3）修复

修复即对挑选整理后的回收产品进行修理或复原，以获取价值。一般回收企业从回收产品中获取价值的途径主要有两种：一是取出其中的元件，经过修理后重新应用；二是通过对该产品全部进行重新加工，再重新销售。需要注意的是，相对于正常的产品生产而言，回收品的修理和再加工有很大的不确定性，因为回收的产品在质量以及时间上差异可能很大，这就要求在对回收产品分类时，尽量把档次、质量及生产时间类似的产品分为一组，从而降低其差异性。

4）再销售

回收产品经过修理或复原后就可以投入市场进行销售。和普通产品的供求一样，企业如果计划销售再循环产品，同样需要进行市场需求分析，从而决定是在原来市场销售，还是开辟新的市场，在此基础上企业就可以制定出再循环产品的销售决策，并进行销售，从而完成逆向物流的一个循环。

逆向物流作为新生事物，其理论与实践都尚处于摸索阶段，没有固定的模式可寻。根据当前一些在逆向物流方面比较成功企业的经验，应该将逆向物流与正向物流相互协调，融合在一起，使它们成为一个闭环的系统。这就要求企业把逆向物流作为企业发展战略的重要组成部分，从产品设计、制造时就考虑到为逆向物流提供便利。

≫ 本章小结

国内外的专家学者对绿色物流有不同的认识和理解。一些学者从绿色物流的目标、行为主体、活动范围及其理论基础4个方面对绿色物流进行分析和剖析。中华人民共和国国家标准《物流术语》（GB/T 18354—2006）将绿色物流定义为：在物流过程中抑制物流对环境造成危害的同时，实现对物流环境的净化，使物流资源得到充分利用。绿色物流除了具有一般物流的特征外,还具有学科交叉性、多目标性、多层次性、时域地域性等特征。

物流活动与社会经济的发展相辅相成。频繁的物流活动以及物流管理的变革,会增加燃油消耗、加重空气污染和废弃物污染、浪费资源、引起城市交通堵塞等。随着人类环境保护意识的觉醒,各国政府和国际组织的大力倡导,在经济全球化的推动下,现代物流业为了能够可持续发展,绿色物流应运而生。同时可持续发展理论、生态经济学理论、生态伦理学理论也为绿色物流的产生奠定了理论基础。绿色物流不仅具有社会价值,还具有经济价值。发展绿色物流的必要性主要体现在适应社会发展的潮流,保障物流顺利发展和满足人们生活需要3个方面。

企业是物流绿色化的主体,是发展绿色物流的关键。企业物流绿色化是指企业以绿色物流思想为指导,保护环境为准则,在物流管理中积极推广应用环保技术,不断提高资源利用率,最大限度地降低物流活动对环境造成不利影响的可能性。从物流业务活动看,企业物流绿色化包括绿色化运输、绿色化储存、绿色化包装和绿色化流通加工等。

企业也是物流绿色化的主要承担者,因此构建绿色物流系统的关键也是企业。企业绿色物流系统由正向物流和逆向物流两个子系统有机组成。正向物流系统包括企业供应/采购物流、生产物流、销售物流。逆向物流系统包括回收物流和废弃物物流。建立正向物流系统主要可以从产品的设计、包装和标志,绿色供应商的选择,绿色运输体系的建设,废弃物料的处理等方面入手。合理高效的逆向物流体系结构主要包括回收、挑选、修复和再销售4个环节。

≫ 案例分析

UPS 如何实现绿色供应链

作为营业额 360 亿美元的跨国企业,美国的联合包裹服务公司(UPS,United Parcel Service Inc)自 20 世纪 90 年代起,就开始考虑在环保的前提下,建立绿色供应链,打造绿色工作环境。

UPS 首席执行官吉姆凯利指出,UPS 在全球拥有 91 000 台车、2 850 个服务中心、268 架飞机,如何打造一个绿色供应链及绿色工作环境,对企业而言非常重要。

自 1998 年开始,UPS 与戴姆勒克莱斯勒、美国环境保护局合作,研究开发替代性能源的运输工具;2001 年,公司开始使用油电混合车,创下美国运输业界的先例。此后,电气车、丙烷发电车等陆续被开发出来;2005 年,在与美国环境保护局的合作下,公司开始测试第一台通过水力发电的油电混合车,力图降低运输工具对环境的污染。

此外,UPS 积极地与政府部门、协会合作,共同研究如何减少环境污染及打造绿色环境的计划。例如,UPS 在加州 Palm Springs 的服务设施是通过 145 片太阳能板来向该服务中心提供相关电力的,而公司在加州也有 14 个中心使用植物如玉米等产生的绿色能源。

1995 年,为节省水资源,公司更改其清洗运输工具的政策,在可维持其干净车体外观之下,决定不再每天清洗运输工具,此举每年约省下 3.65 亿万加仑的水,并在 24 个营运中心加装废水利用系统,将水资源回收利用。2003 年开始运用无害环境的酵素来清洗运输工具,此举每年约可节省 100 万美元的洗车剂和水的费用。

如何运用信息科技达到保护环境及成本降低的双赢策略,UPS 亦是个中的佼佼者。UPS 通过无线传输、卫星定位等科技,追踪车辆、飞机等,以规划出最经济的运输路线;同时根据天气、风速、飓风或其他因素,选择最有效率的飞航路径,既能节省油料、降低成本,又能减少废气的排放,达到保护环境的目的。

此外,UPS 每一位快递员随身配备的手提式"信息传递收集器(DIAD)",不仅便于交易,也可以及时与公司保持联系。UPS 车队在取件过程中,可以更灵活地调整路线以满足客户的取件要求,也可以进行更具效率的取件路线规划。

凯利表示,"因为 DIAD 的研发与使用,让公司每年节省了约 5 900 万张纸的用量,平均每年少砍伐 5 187 棵树木"。对于必须要运用到纸张的部分,但凡文件信封、计算机纸张、再次送件的客户通知单等,公司都使用再生纸,并做好垃圾分类工作,将可再生的物资再次利用。就连运输过程中所使用的分类袋也是由耐用的尼龙线制作,而不使用任何塑料袋。

UPS 推动绿色供应链的方式,是先由其内部做起,建立良好的制度及环保章程,然后再往外推广到合作伙伴,并为合作伙伴提供相关的服务。

2000 年,UPS 开始推动"e-waste"项目,将其内部所有不再使用的主机、屏幕等计算机设备,取出零件循环使用,6 年中,将原先可能变成垃圾并污染环境的 1 209 万磅电子零件废弃物回收再利用,使其成为有价值的物品。

对外,公司也开始向客户或制造商提供资源回收的服务,包括墨盒、计算机器材、书本、录像带、汽车零件、医疗器材等,将这些报废或使用完的资源重新利用或制造,与合作伙伴一起尽企业公民的责任。例如,UPS 与惠普公司进行了一项合作,称为"HP 星球伙伴"(HP Planet Partners)计划:当消费者购买 HP 墨粉盒时,每个墨粉盒的包装盒里都贴有一枚预付运费的 UPS 回程快递标签,消费者用完墨粉盒后,直接寄还给制造商,公司就会在后端协助处理这些计算机废弃物品。

资料来源:根据美国《环境视野》杂志相关资料整理编写。

≫ 讨论问题

1.根据案例,分析 UPS 是如何降低运输工具对环境的污染的。

2.结合案例,分析说明 UPS 做了哪些回收物流工作。

3.根据案例资料,请指出 UPS 主要开展了哪些绿色物流活动。

4.本案例能够带给你哪些启示?

≫ 关键概念

绿色物流;物流绿色化;绿色化运输;绿色化储存;绿色化装卸搬运;绿色化包装;绿色化流通加工;绿色物流信息;企业绿色物流系统

≫ 复习思考

1.如何认识和理解绿色物流?

2.现代物流会对环境造成哪些影响?

3.绿色物流的起因是什么?

4.绿色物流产生的理论基础在哪里?

5.绿色物流有怎样的价值?

6.发展绿色物流的必要性是什么?

7.如何开展企业物流绿色化工作?

8.构建企业绿色物流系统主要包括哪些内容?

第12章 城市物流与区域物流

中国幅员辽阔,各个地区的经济社会发展不平衡,城市经济与区域经济发展成为中国经济发展的主要推动力。在城市与区域经济发展过程中,物流作为经济系统的子系统,起着非常大的推动和促进作用。

学完本章，我们应能回答以下问题

- 城市物流系统主要包括哪些部分？
- 你知道城市物流管理主要有哪些内容吗？
- 区域物流与区域经济是怎样的关系？
- 区域物流系统主要由哪些要素构成？

12.1 城市物流

12.1.1 城市物流概述

1)城市物流的定义

简单地说,城市物流就是物品在城市的实体流动。具体来说,城市物流主要包括3个方面:城市内物品的实体流动,城市外货物的集散,城市废弃物的回收处理。城市内物品的实体流动主要是城市配送,包括城市居民日常生活用品的配送,以及部分生产资料的配送,特别是 JIT 配送;城市外货物的集散主要是中转大进大出城市的物资,包括支柱产业所需原材料、商品的流入和流出;城市废弃物的回收处理主要是生活废弃物的回收处理。

随着城市化的加快,城市发展的负面效应会日益显现:主城区的交通负担日益加重,城市的生态环境不断恶化,货物装卸对人行道甚至交通主干道的占用日益加剧,空气污染越来越严重,交通出行开始困难,城区居民的不满日益增加。为了解决这些问题,几乎所有的城市和中心城市都采取了相应的对策,如改建、扩建、新建道路,限制货运车辆在交通流量较大的城区或时间段通行,大力发展轨道交通,建立快速巴士通道,城市公交优先等。这些措施和对策主要都是对主城区客流的疏散,虽然对解决城市交通问题具有一定作用,但为满足城市内工业加工、商贸流通以及城市居民日常生活所产生的货物配送,以及由此带来的交通和其他城市问题却没有得到有效解决(表12.1)。

表 12.1　城市交通及相关问题

主要问题	典型表现
城市交通压力大	货运车辆频繁进出主城区,运输组织化程度低,货车空驶率较高,增加城市交通压力
城市交通速度慢	等待装卸和装卸的货运车辆挤占人行道甚至交通主干道,造成交通拥挤和居民出行困难,也影响物资的快速流通,尤其在一些主要交易市场附近更为明显
车辆噪声影响大	由于交通管制,货运车辆的夜间运输,产生噪声,影响市民正常生活
货车尾气排放超标	进出主城区的大型载货车辆,大多外观破旧,尾气排放超标,影响市容和空气质量
废弃生活垃圾威胁	废弃电子产品、废弃电池、塑料袋等不可降解包装材料,会严重污染环境
生产加工废料威胁	流通加工产生的边角废料等形成城市垃圾、废弃物的重要来源,会严重污染环境
非法营运管理乱	非法营运猖獗,由于大量货物需进出主城区,部分人群开始购买旅行型小客车,非法从事营业性的货物运输,扰乱货运市场

正是在这样的背景下,城市物流成为人们实现城市经济社会的可持续发展的希望之一。通过对城市物资流动,特别是货物运输进行统筹协调、合理规划、整体控制,解决交通阻塞、环境污染、能源浪费等一系列物流公害,减轻城市环境负担,实现物流活动的整体最优。城市物流涉及物资在城市内的实体流动、城市与外部区域的货物集散、城市废弃物处理等活动。而城市物流管理,就是重点解决城市内的物流系统优化问题,从而

实现保障整个城市的物流活动以满足生产活动、消费生活的需要,提高城市经济运行质量,完善城市现代化功能的目标。国外发达城市从 20 世纪 80 年代便开始着手从交通规划和管理上研究城市物流,如德国的不来梅、德累斯顿,日本的东京,就已取得较好的效益,成为城市物流规划和管理的典范。

2)城市物流作用

城市物流的发展与城市经济的发展密不可分。城市经济作为国民经济的重要组成部分,其经济构成主要包括城市工业、商业、建筑业、服务业、旅游业、金融保险业、交通运输业,以及市政建设事业等部门。城市经济的形成是社会生产力和商品经济的产物,是生产力空间存在的重要形式,也是社会再生产各个环节——生产、分配、交换、消费,以及各经济部门在城市空间上的集中。在城市经济发展过程中,各经济部门内部和各经济部门之间存在着大量的商品流通和交换,从而形成了城市商品市场。随着城市规模的扩大,城市经济的发展,带来了城市商品市场的繁荣与发展,并使城市商品市场突破地区与国界的局限,使城市与城市之间、城市与周边农村之间,以及城市与其他国家和地区之间的经济联系日益紧密。城市商品市场的发展,必然伴随着商品的大进大出,从而产生和形成了与城市经济和城市商品市场相适应的城市物流。因此,城市经济的形成与发展,是城市物流存在的基础。

城市物流及其物流产业是城市经济的有机组成部分。城市经济的本质是聚集经济,城市的大商业、大市场、大流通,必然要求大物流。城市新型商业业态如仓储式商场、购物中心、连锁超市、专业连锁等的兴起要求以物流配送为桥梁和支撑,蓬勃发展的电子商务需要突破物流瓶颈,城市外向型经济的发展需要发展现代物流,不断增长的外商投资要求高质量的第三方物流。城市建设高效物流系统,意味着投资环境的改善。现代物流管理、设备和技术的应用,能够降低企业物流成本,提高企业竞争力。对城市经济社会发展而言,城市物流能够优化资源配置,降低社会总成本,提高城市经济竞争力。城市物流产业涉及交通运输、仓储、加工、配送、信息等一系列的物流服务,因此城市物流发展本身又成为城市经济新的增长点。城市物流对城市经济的推动作用主要体现在以下几个方面:

（1）优化城市产业结构,形成新的产业形态

产业结构的发展方向是合理化和高度化。产业结构的合理化是以第三产业的发展水平来衡量的。产业结构的高度化是第一产业向第二、三产业升级演进,由劳动密集型向资本、技术密集型产业演进的过程。现代物流的实现方法之一就是通过培育并集中物流企业,使其发挥整体优势和规模效益,促进区域物流业形成并向专业化、合理化方向发展。现代物流产业的本质是第三产业,是现代经济分工和专业化高度发展的产物。

物流产业的发展将对第三产业的发展起到积极的促进作用。从这一角度来讲,建立现代物流产业有利于城市产业结构向高度化发展。

（2）促进城市经济发展,提高城市经济竞争力

国内外的实践表明,发展现代物流产业,能够推动和促进城市经济发展,既解决了城市就业,又增加了政府税收,并促进其他行业的发展。如我国上海、深圳、重庆等各个城市在发展物流的过程中通过对基础设施的投资,对当地的经济拉动非常明显。其中上海市的物流业就以每年21.3%的速度为上海经济发展作出了巨大的贡献。高效的城市物流系统,能够理顺各种供应链关系,提高城市经济的效率;高效的城市物流系统能够解决好城市积聚的货物,商品才能快捷、经济、安全地发运到周边地区乃至更远的地区,城市对周边地区的辐射功能才真正得以发挥,从而提高城市的综合竞争力（阅读参考12.1）。

阅读参考12.1　物流带来竞争力

国外现代物流的成功案例证明物流能够带来竞争力。原世界第一大港鹿特丹港,年吞吐量超过3亿吨,该港周围500千米范围内,都属繁华的商业活动中心。该港直接雇员13万人,间接雇员达60万人,年产值占荷兰GDP的12%。

开放的自由贸易城市新加坡,具有发达而完善的海陆空交通和电信通信网络,物流业占该国GDP比重达8%,物流就业人口占全部就业人口的5%。世界知名物流企业如敦豪、联邦快递、辛克都在新加坡设立了区域总部。

资料来源:李青.浅析城市物流和城市物流合理化[J].武汉交通职业学院学报,2004,6(2):10-11。

（3）促进以城市为中心的区域市场形成与发展

发展城市物流能够促进以城市为中心的区域经济的形成,促进以城市为中心的区域经济结构的合理布局和协调发展,有利于以城市为中心的经济区吸引投资,有利于以城市为中心的网络化的大区域市场体系的建立,能够较好地解决城市交通问题,减小物流对城市环境的不利影响,促进城市的整体规划,从而促进以城市为中心的区域市场的形成和发展。

12.1.2　城市物流系统与结构

1）城市物流模式的类型

由于不同的城市,其区位、功能、经济水平、基础条件等在客观上存在着较大的差异,因此其发展现代物流的途径也各不相同。根据实践及其相关研究,目前城市物流发展模式主要有工业主导、商业主导和交通主导3类。

（1）工业主导模式

工业是一个城市兴起的原动力之一。一个城市的汽车、化工、冶金、机械、电子、建材、医药等工业体系的形成，会带动配套服务业的发展，促进城市交通运输和物流的发展。实践证明，工业经济发达的城市可以通过规模化组织城市支柱产业，挖掘企业原材料、半成品、产成品的物流发展潜力，提高物流企业物流管理水平，降低物流成本，从而带动城市物流的发展。

（2）商业主导模式

商业是一个城市兴起的又一个原动力。城市商业具有购物、休闲、文化、旅游等多种功能，它通过百货商店、连锁超级市场、专卖店、便利店等不同商业业态，促进城市内外的商流、人流、资金流、信息流和物流，发挥城市聚集和辐射功能。实践证明，随着城市居民收入水平和消费水平不断提高，消费需求日益多样化，商业活动高度集中，物流服务需求也必然大幅度提高。因此，城市可以通过商业物流的合理组织来推动城市物流发展。

（3）交通主导模式

从实践看，交通主导模式主要有航港带动模式和铁路带动模式两种。航港带动模式是拥有区位优势的城市依托城市的港口或空港等资源，通过港内物流要素的集成化、规模化、高效化，建立围绕港口（或空港）集输运系统、港口保税区及国际性分拨中心等物流枢纽中心，促进城市及其区域现代物流的发展。铁路带动模式就是依托城市铁路枢纽，利用铁路载运量大、运价低、受气候季节变化影响小等优势，对大宗、散装、低值、中长距离的货物运输提供服务，带动城市及其区域现代物流的发展。铁路枢纽城市一般处于两条或两条以上铁路干线交汇地点，通过货运列车到发、中转、换装、换乘等，保障物流畅通。

2）城市物流系统及其组成

城市物流是城市经济发展的保障和基础。城市物流系统作为城市经济系统的一个子系统，也有自身完整的体系。城市物流系统主要由城市物流节点系统、城市物流通道系统和城市物流信息系统构成。

（1）城市物流节点系统

城市物流节点是城市物流系统的重要组成部分，对整个城市物流功能起着重要的支持作用。合理的物流节点布局，能够保证城市物流运行更有序、更通畅、更有效。城市物流系统节点主要有以下 3 种。

①城市物流园区。城市物流园区是多家物流中心在空间上集中布局的场所，是多个大型物流中心或多个配送中心的集聚地。城市物流园区一般以运输、仓储和流通加

工等物流功能及其设施用地为主,同时还包括一定的与之配套的信息、咨询、维修、综合服务功能及其设施用地。城市物流园区的规模由市场需求、城市经济发展水平所决定。城市物流园区的基本功能主要有两个:支持城市物流的大进大出,实现城市与其他城市和区域物流的沟通;为城市工商业及居民生活提供物流配送服务。城市物流园区的基本运行特点是分聚大出和大进分出(图 12.1)。

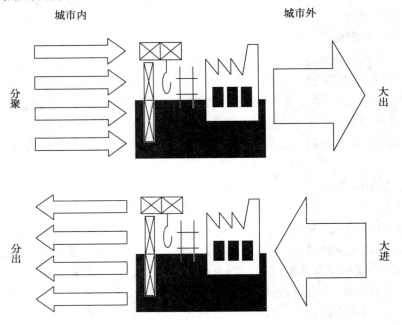

图 12.1　城市物流园区基本运行特点

资料来源:王之泰.新编现代物流学[M].北京:首都经济贸易大学出版社,2005:501。

②城市物流中心。城市物流中心的主要服务功能包括运输、储存、装卸、搬运、包装、流通加工、物流信息处理等。城市物流中心是城市工商企业优化分销渠道、完善分销网络、进行业务重组、物流需求社会化的结果。城市物流中心通过对公路、铁路等多种不同运输形式的有效衔接,大大地提高了城市物流的水平,缩短了城市物流的时间,加快了城市物流的速度,减少了多次搬运、装卸、储存等环节,提高了准时服务水平,减少了物流损失,降低了物流费用。城市物流中心是城市,特别是大城市不可缺少的一个物流节点。

③城市配送中心。城市配送中心是商品集中出货、保管、包装、加工、分类、标付价格标签、装货、配送的场所或经营主体。一般情况下,城市配送中心有自用型和社会型两种。自用型配送中心是由制造商、零售商设立或拥有的,主要服务于自己的产品销售或自有商店的供货。社会型配送中心,是独立于生产者和零售商之外的其他经营者经

营的,主要为社会提供物流服务。配送中心是物流系统中处于运作层次的节点,分布在物流系统网络的不同位置或不同空间范围。按照空间服务范围的不同,配送中心一般有地方性配送中心和区域性配送中心两种,前者主要服务于一个城市,甚至城市局部地区的生产和消费物流;后者的服务范围较大,可以跨城市,或者覆盖几个城市。

（2）城市物流通道系统

城市物流通道系统由公路、铁路、航道、航线和管道组成,是连接物流节点形成城市物流系统不可缺少的组成要素。实践中,城市物流通道系统是支持物流和人流的共同系统,目前从总体上看城市物流通道主要还是人、物混流的通道系统。在城市物流通道系统中,公路、铁路和管道是城市物流通道系统最主要的组成部分。具体来看,城市物流通道系统又可以细分为以下5个子系统。

①城市轨道系统。城市轨道系统有两种。专门服务于人的流动的城市轻轨系统,这是专用的系统;联结城市边缘和城市各个组团之间的铁道系统,这是人、物混流的系统。

②骨干公路系统。这是城市公路道路的干线系统,建设标准比较高,有很强的通行能力,也是物流的下线系统。

③快速公路系统。这是骨干公路系统的一部分,它的作用是使城市内各个区域之间形成快速的通道。

④一般道路系统。这是分布广泛的道路系统,它的作用是使城市内各个地方都获得通行的条件,拥有更强的服务功能。

⑤商业道路系统。这是商业区内以人流为主体的道路系统,采取限制行驶和分时行驶的方法,支持人流和物流,但是又避免人流和物流的混杂。

⑥城市管道物流系统。城市管道物流系统是城市专用的物流系统。由于其专用性,因此该物流系统不存在一般物流系统容易出现的人流、物流混杂的现象。而且城市管道物流系统是完全封闭的系统,它具有城市其他物流系统不可比拟的优点,不会对人居环境产生其他城市物流系统容易造成的突出的污染问题,但城市管道物流系统的安全运行是管理的重大问题,一旦出现事故,就会造成严重的环境问题甚至灾害。城市管道物流系统常见的有燃气管道系统、饮用水管道系统、生产用水管道系统、排水管道系统和污水管道系统等。

（3）城市物流信息系统

城市物流信息系统主要由城市物流信息子系统和城市交通信息子系统组成。城市物流信息子系统是物流本身的信息系统,包括货源信息、货运信息、车辆信息和库存信息等,这些信息支持物流经营活动;城市交通信息子系统是城市物流与其他物流领域不同的信息系统。由于城市物流是在城市交通平台上运行的,而且具有人流、物流混杂的特点,因此,城市交通信息系统是城市物流赖以依托的重要信息系统。城市交通信息系统包括以下 3 种。

①道路标志系统。虽然区域物流系统也存在道路标志的问题,但是城市物流的道路标志由于道路网络的复杂性而更为复杂。道路标志从信息技术来讲属于简单信息技术的方式,但它非常直观,因此有很重要的信息传递作用,是保证交通安全的基本信息系统。

②道路通行状况信息。动态的道路通行状况信息,可以提供交通通行状况的信息,是城市物流系统优化和正常运行的重要条件。该信息的获取目前主要通过视频监控技术手段,并通过城市广播系统进行发布。随着现代 GPS 和 GIS 技术的应用,能够实现获取和发布道路运行状况信息。

③交通管制信息系统。城市物流非常重要的特点之一是在一个有严格交通管制的环境下进行。因此,交通管制信息是城市物流特殊的信息系统。交通管制信息系统包括交通监控信息、交通通行控制信息、车辆信息及税费信息等系统。

现代化交通监控管制信息系统,是城市交通非常重要的信息系统,这个系统通过各种信息采集手段,如全球卫星定位系统、摄像监控网络、自动识别系统、货物跟踪系统等,掌握整个城市的交通动态状况,尤其是重要路段和重要路口的实时情况,为交通指挥及管制提供决策支持。城市的交通监控信息系统并不是专门用于物流监控的信息系统,这个系统监控人、物混流的城市交通状况,有非常强大的综合功能,能有效地解决物流的交通监控信息问题。

12.1.3　城市物流管理

城市物流管理就是遵循以人为本的原则,针对城市人流、物流混杂特点,在首先保证人流需求的前提下,通过管理保证城市物流系统有序畅通运行。城市物流管理主要包括以下内容:

1)交通管制

城市物流的大部分领域是人、物混流的运行方式。因此,只有通过有效管理,才能有效保证人和物的流动能够有序进行。交通管制是城市物流管理的基本方式。对于物流而言,交通管制的作用主要有以下 3 方面。

(1)准入的管制

城市物流的准入管制包括载体的准入和流体的准入。载体的准入即物流设备工具的准入,主要表现在对运输车辆的准入。准入标准一般包括安全及对环境的影响两方面。城市物流必须完全杜绝超载、超限问题。同时,对于道路通过能力及废气排放有比区域物流更高的标准。实际工作中常见的准入管制主要有大吨位货车不能进入市区;

在城市范围内,载货车辆必须进行封闭;不允许大排放,高噪声,跑、露、遗、洒的运输工具进入市区,指定城市物流配送车型等。流体的准入即物品的准入,主要为不允许对城市和人有危害的危险物、爆炸物、污染物等在城市内进行过境的物流,对可能造成危害的一般物流对象,必须有绝对安全和严格的保护措施等。

（2）限制行驶的管理

在城市物流系统中,为保证人员出行和城市重要的政治经济活动,需要对物流车辆采取限制行驶的管理措施。实际工作中常见的主要有3种:一是限制时间,规定只在特定时间段允许物流车辆通过;二是限制吨位,只允许小吨位物流车辆通过;三是限制速度,即对物流车辆行驶速度进行限制。

（3）安全的管理

交通管制的重要目的之一是保证车辆的安全行驶。城市物流最主要的工具之一是运输车辆,对运输车辆的安全管理也是交通管制的重要内容。安全管理主要是对车辆和驾驶员的管理。对车辆的管理,就是要保证投入物流运营的车辆车况符合规定和要求,能够安全运营,防止有安全隐患的病车上路;对驾驶员的管理,就是保证驾驶员符合资格要求,驾驶员处于良好的身体和精神状态,才能上岗驾驶。

2）物流企业主体管理

城市物流的发展主体是企业。企业的发展目标经常与城市的发展目标存在矛盾。物流企业或企业物流的发展不是总能与城市的功能要求相协调。因此,需要对城市的物流行业和企业进行管理,以区别对待物流产业中的不同物流行业和企业,允许和鼓励与城市发展目标相适应的物流行业和企业,限制与城市发展目标不相适应的物流行业和企业,甚至不允许一些企业进入城市发展。如化危品会给城市带来巨大安全隐患,因此不允许化危品物流中心在城市主城建设和发展;物流信息、连锁配送对城市发展有促进作用,因此鼓励和支持其在城市发展。

在城市物流管理实践中,对物流企业主体管理是多方面的,体现在以下4个方面。

（1）对传统物流企业进行专业化改造

鼓励和支持运输、仓储等传统物流企业打破行业界限和地区封锁,通过改制、联营、参股、控股、兼并等多种途径和方式进行资产重组和专业化改造,形成并增强专业化、规模化和社会化物流服务能力,逐步向物流服务现代化发展。

（2）培育和扶持重点物流企业发展

重点培育、扶持和发展城市内具有现代物流特征与发展潜力的物流企业,发挥典型示范作用,带动城市现代物流业发展。鼓励有实力的物流企业走出城市,参与城市外及周边物流服务市场竞争。

（3）引进有实力、有优势的物流企业

有选择地引进国内外具有行业特色、实力强、管理先进的现代物流企业,鼓励和支持其参与本区物流企业改造与重组,推动和促进物流业发展上台阶。

（4）促进生产流通企业自营物流社会化

引导和促进有实力的生产与流通企业的自营物流向社会化、专业化物流转变,培育和扶持有发展潜力的企业向第三方物流企业发展。

3）城市物流规划管理

城市物流资源只有配置合理才能发挥作用。城市物流资源的合理配置主要通过规划来实现,加强城市物流规划管理也是城市物流管理的重要内容。通过规划管理,合理配置物流资源,科学布局物流节点和通道,从而使城市物流资源得到有效利用,城市物流系统得到优化,城市物流成本能够降低,城市交通压力得到缓解,城市生活环境得到改善,进而城市物流服务水平得到提高,也使城市管理能够上档升级。

4）物流事故管理

城市物流系统是事故高发的领域,因此,还应加强对物流事故的管理工作。对城市繁忙的交通系统来讲,及时有效地处理在交通运输过程中发生的事故是首要工作之一。一方面,要公正处理,以保护人民的利益、公共的利益;另一方面,要及时处理,尽快解决由事故引起的交通阻塞等问题,这样不但可以减少损失,而且可以维护城市的正常秩序。此外,如果必要,也可以建立专业的物流处理机构,制定有效的物流事故处理程序,从而使物流事故发生时能够得到迅速有序的处理。

12.2　区域物流

12.2.1　区域物流与区域经济发展

1）区域物流的内涵

区域物流就是区域之间及区域内部的物的流动。它是在一定的区域地理环境中,以大中型城市为中心,以区域经济发展规模和范围为基础,区域内外物资从供应地到接受地的实体流动。区域物流活动是根据区域内的物流基础设施条件,将多种运输方式及物流节点有机衔接,并通过物流业务活动的有机集成,来提高本区域物流系统的水平和效率,扩大物流活动的规模和范围,辐射其他区域,促进区域经济协调发展,提高区域经济运行质量,增强区域综合经济实力。

区域物流与区域经济是相互依存的统一体。区域经济发展要求有与之相适应的物流服务网络系统,区域物流的存在和发展是以区域经济的存在和发展为前提的,没有区域经济也就没有区域物流。区域物流是区域经济的重要组成部分,区域物流的发展能够为区域经济发展提供通畅高效的物资实体流动平台,为区域经济顺利发展提供保障。区域经济的发展水平、产业结构、产业布局、产业升级都直接影响着区域物流的需求总量和水平,而区域物流又具有能动作用,作为区域经济的基础产业,它的发展有利于促进区域生产力的发展。

2)区域物流对区域经济发展的作用

(1)对区域产业发展的支撑作用

物流是派生的,但对经济发展具有促进作用。因此,区域物流的发展不能独立于经济的发展之外,当然也不能置身于其他产业之外。区域的物流产业发展与其他产业发展互为依托,只有当其他产业特别是制造业、商业等发展到一定阶段,物流业才能发展起来。区域的物流业的发展,对其他产业的发展又具有支撑作用,由于它能够为这些产业发展提供有效的配套,促进产业链延伸。例如,制造业需要上游企业为其组织原材料,并为下游企业提供产品,这就需要依赖现代物流将原材料送到生产企业,将产品送到世界各地。因此,发展区域的现代物流产业,进一步提高区域现代物流的发展水平,才能更好地支撑区域产业发展。

(2)对区域产业结构的优化作用

区域经济的产业结构合理与否,直接影响区域经济发展的好坏。区域产业结构的发展方向是合理化和高度化,而产业结构合理化主要是以第三产业的发展水平来衡量。产业结构高度化是第一产业向第二、第三产业升级演进,由劳动密集型向资本、技术密集型产业演进的过程。现代物流产业的本质是第三产业,是现代经济社会化分工和专业化高度发展的产物,是技术密集型和高附加值的高科技产业,具有资产结构高度化、技术结构高度化、劳动力结构高度化等特征。因此,发展区域物流产业可以丰富产业形态内容,优化区域产业结构,促进区域经济发展。

(3)对区域相关产业的带动作用

区域物流能够进一步强化区域经济的集聚与扩散。集聚和扩散效应一方面通过集聚效应促进区域自身的发展,另一方面也通过扩散效应带动周边地区的发展。发展区域物流,能够在某种程度上弥补区域要素禀赋的不足。对于大多数企业来说,同外部环境联系最为密切的就是采购市场和销售市场,现代物流业的发展能够很大程度上降低运输费用,使企业区位的选择更加自由,生产要素的传输和流动速度更快,从而加速生产要素的集中和扩散,这样必然能够吸引更多的企业进入,带动相关产业的发展。

(4)对区域经济竞争力的提升作用

区域物流对区域经济竞争力的提升作用,主要表现在两个方面。一方面,从现代物流业务的纵向看,物流涉及运输、储存、装卸、搬运、包装、流通加工、配送等活动环节,以及为以上各个环节提供装备与配套服务的许多领域,从而构成了一个庞大的网络系统,现代物流产业通过对核心竞争力产生影响而最终促进区域经济竞争力的提升。另一方面,从物流服务所涉及的横向看,物流服务涉及国民经济的各个方面,是一个跨行业、跨部门、跨地区的基础性产业,具有强大的经济渗透带动效应。现代物流业的发展将会带动物流基础设施、技术改造、技术创新的投资,也会带动机械、电子、信息和通信等行业的进一步发展,同时还会促进产业结构、产品结构以及企业组织结构的调整与变化。通过物流产业对区域经济的拉动作用和对相关产业升级的促进和带动作用,有利于提高区域经济的基本发展与运行能力,能够形成区域经济的比较竞争优势。

3)区域经济对区域物流发展的作用

(1)区域经济发展规模决定着区域物流发展规模

物流业在行业属性上是服务业,有着与其他服务业共同的特点,它也需要依附于生产制造业和商贸流通业而存在,它的价值最终要在商品上得以体现。因此,区域经济发展规模越大、生产和商贸越繁荣,区域物流业的发展规模和空间也就越大。如我国已形成的几个经济发达区域:长三角经济区、珠三角经济区、环渤海经济区等,同时也是我国现代物流业发展集中的区域。我国现代物流业的发展实践也表明,物流总是伴随商流而生。区域经济越发达,制造及商贸越活跃,现代物流业也就越有市场基础。

(2)区域经济发展水平和层次决定着区域物流发展水平和层次

经济越发达对物流业发展的要求就越高,也越有可能为物流业发展提供比较厚实的经济基础和物质技术条件。如果缺乏一定的经济基础和物质条件,物流业既不可能有充足的发展理由和动力,又很难获得发展所必备的交通、通信、仓储等硬件条件和人才、管理、文化等软件条件,也就不可能达到很高的水平和层次。因此,有什么样的经济发展水平就有什么样的物流服务需求。

(3)区域经济结构决定着区域物流结构

区域的产业结构及产业结构的变动趋势,对物流基础设施、区域物流结构及服务水平有着重要的影响。如中西部地区,因其原材料工业、农业是其产业结构中的主体,区域物流主要是以铁路、水运为运输方式的大宗货物运输,可挖掘的利润空间相对较小;而东部的高新技术产业及制造业对原材料供应及产成品销售可以采用多种运输方式,而且对时效要求较高,对区域物流的服务的水平要求较高,由此决定了东部地区与西部地区不同的物流发展结构。

12.2.2 区域物流产业系统与结构

区域物流产业是区域经济发展中重要的基础性产业。区域物流产业作为区域经济系统中的一个子系统,也有完整的体系。区域物流产业系统的基本要素主要应该包括区域物流企业系统、区域物流网络系统、区域物流信息系统、区域物流政策系统等。每个基本要素又有其不同的功能、结构等系统特点,因而,其本身又形成一个完整了的子系统,具体到某一确定的区域内,就形成了区域物流产业的系统结构。

1)区域物流企业系统

物流企业是承担和组织物流活动的经济组织,它向工商企业提供综合性、专业化物流服务,构成区域物流市场中的主体,其发展水平直接影响着区域物流市场的发育程度。物流企业是现代物流业发展的主体,发展现代物流企业是物流业产业发展的核心。区域物流企业系统是由第三方物流企业、运输类企业、仓储类企业构成的为物流市场提供物流服务的物流企业群体。

2)区域物流网络系统

区域物流网络系统是由物流节点和通道等物流基础设施所构成的。

物流节点主要包括物流园区(基地)、物流中心、配送中心、车站、港口、货场等物流活动聚集地。这些节点根据区域及中心城市区位、交通、产业以及物流的流向、流量等因素,按照物流节点的功能,构建多功能、多层次(物流园区、物流中心、配送中心)的物流网络节点系统。一般而言,物流园区是由多家专业从事物流服务、拥有多种物流设施的不同类型的物流企业在空间上相对集中分布而形成的场所。物流园区(基地)的物流服务的领域和辐射范围广,连接区域及城市之间的物流活动,提供集约化和规模化的综合服务,物流的运输方式具有两种或两种以上。物流园区(基地)具有物流产业的一致性或相关性。在空间规划上,物流园区一般在中心城市的二环以外、三环附近。物流配送中心,主要是以小批量、多批次货物配送物流活动为特点,为城市商贸提供专业化物流服务。通常,配送中心的物流服务功能以仓储、配送为主,服务领域以城市商贸业为主,服务范围以城市为主。在空间规划上,配送中心在城市二环以内、一环以外。物流网络节点(物流园区、物流中心等)的公共基础设施建设,是确保物流活动得以顺利开展的基本条件。

物流通道就是连接物流节点的公路、铁路、航道、航线、管道及其基础设施。物流通道及其基础设施是区域现代物流产业发展的硬件基础和条件,同时也是整合和改善区域物流基础设施,提高区域物流效率的关键环节。

3)区域物流信息系统

区域物流信息系统包括公共信息系统、企业信息系统、物流节点信息系统、政府部门信息系统、专业服务信息系统等子系统,是为区域物流系统提供信息服务支持的系统(图12.2)。物流信息是现代物流活动的关键要素,建立开放式的多功能、多层次的区域综合物流信息系统平台,是确保区域物流产业顺利发展的前提条件。

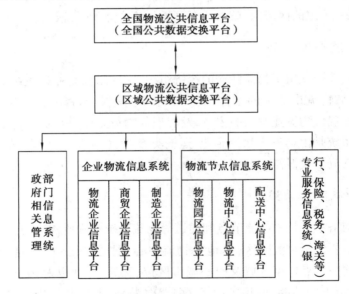

图 12.2　区域物流信息系统平台基本结构

区域物流公共信息平台是区域物流信息系统的核心要素,是区域内的所有物流信息系统的交汇节点。区域物流公共信息平台以数据交换标准(如扩展标记语言 XML)为基础,将政府部门、工商企业、银行、保险、税务、海关、商检、工商等管理信息系统与区域物流公共信息平台互联,构建区域物流公共信息平台。该平台同时又与全国物流公共信息平台互联。区域物流公共信息平台为区域物流系统的信息采集、共享和集成提供了一个高效、快捷的网络平台,为物流系统提供区域物流信息服务,避免了企业和相关政府部门的"信息孤岛"现象,为物流业务流程的无缝集成提供强大的支持和保障。

4)区域物流产业政策系统

产业政策从本质上说是政府为了实现经济发展目标而对产业活动的干预。特别是在我国,根据区域经济及其社会发展的目标,构建区域物流产业的政策系统,是加快区域物流产业发展的重要手段。区域物流产业政策主要包括产业结构政策、产业组织政策、产业发展政策3个方面(图12.3)。

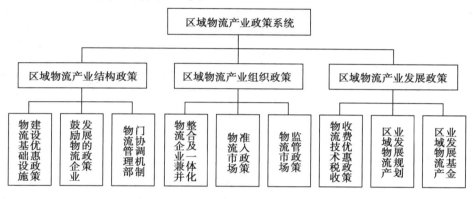

图 12.3　区域物流产业政策系统

12.2.3　区域物流产业发展模式

区域物流产业的发展与区域经济的产业形态和特征、区域市场的规模和特点等密切相关。由于不同经济区域所处的区位、产业规模、产业结构、产业组织、产业布局、区际产业之间的联系,区域市场、原材料来源地、产品消费地、物流基础设施条件等方面存在差异,因此,不同的区域有各自不同的区域发展模式。区域物流系统作为区域经济系统的子系统,必然遵循区域经济发展战略总目标和模式,根据所在区域的区位、产业、流通等特点运行。因此,不同经济地区的区域物流模式也有不同。根据目前我国的实践及学者的研究成果,区域物流产业发展模式主要包括区域产业服务综合型模式、供应链一体化型模式、多功能中转服务型模式、交易服务配送型模式等。

1)区域产业服务综合型模式

区域产业服务综合型模式是以区域内的产业聚集区各个产业为主要服务对象,为各产业的供应链物流活动提供终端物流配送服务和区域性物流服务的一种物流模式(图12.4)。在我国,产业聚集区主要表现为高新技术开发区、经济技术开发区、工业园区等特定区域。在这些区域中,由于开发区(园区)的投资优惠政策导向不同,开发区(园区)内各产业之间的关联程度差异较大。在产业关联度强的开发区(园区),物流产业的基本模式更多地表现为供应链一体化模式;而在产业关联度弱的开发区(园区),由于各产业对物流服务的流体、载体、流量、流向、流程、流速等方面的差异性较为突出。因此,对物流服务的综合能力要求较高,物流产业的基本模式主要表现为综合物流服务模式。

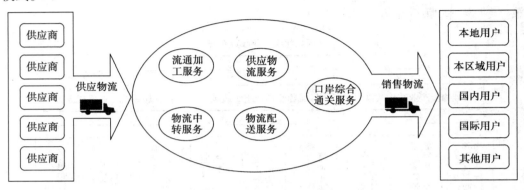

图 12.4　区域产业服务综合型模式

一般来说,区域产业服务综合型模式的功能主要包括供应物流服务、物流中转服务、流通加工服务、物流配送服务、物流通关服务等。

供应物流服务功能主要是本区域或其他区域的供应商向开发区(园区)内的企业提供各种原材料、半成品、配套件等供应品及中转品。

物流中转服务功能主要是存储开发区(园区)内的企业所需要的原材料、零部件、半成品、配套件等供应物品;同时还承担区域货物的中转、分拨等物流服务。

流通加工功能主要是将供应商提供的整批、整件和大宗物品或原材料等,根据产业聚集区产业组织的产品要求,进行定制化的简单加工,如钢材的剪切、配套件的预装、组装等,为产业聚集区内的产业组织的准时化生产配送提供准备。

物流配送服务功能主要是根据物流服务对象的订单和生产计划的要求,提供准时化生产配送物流服务,为企业的生产经营活动提供保障。同时也为区内企业的产成品、半成品等,根据用户的要求进行相应的包装、流通加工,再将其配送到最终用户手中。由于各地开发区(园区)内企业的客户分布不同,因此,配送到终端用户的物流形式和内容也不相同。

物流口岸通关服务功能主要是对于国际物流活动而言,需要提供海关、商检、保税等口岸服务功能。

2) 供应链一体化型模式

供应链一体化型模式是基于产业链或产业集群的物流服务模式(图 12.5)。产业链是在特定领域中,具有竞争与合作关系的,在地理上集中并存在相互关联性的企业、专业化的供应商、服务供应商、相关产业厂商以及相关机构(如大学、标准化机构、产业工会)等形成的集群。产业集群不仅打破了产业分类界限,而且为公共部门和私有部门之间相互合作提供了一种新的思考模式。

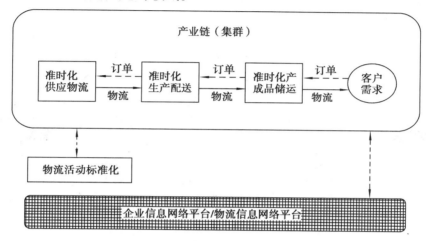

图 12.5　供应链一体化型模式

基于产业链的区域供应链一体化型模式是区域内围绕主导产业形成的物流产业链,它具有相对稳定的供应链物流关系,其物流业务活动具有供应链物流活动一体化、准时化特征。在产业链中,物流的流体、流量、流程、流向都相对确定,因此物流活动主要强调流速,即根据订单信息流,在信息平台的支持下实现采购/供应、配送、储运活动的准时化。具体来说主要包括准时化供应、准时化配送、准时化储运。

准时化供应物流服务,是物流企业按主导企业的供应(采购)订单信息,从供应商处接受供应物品,为供应商提供运输和仓储物流服务。

准时化生产配送物流服务,是物流企业按主导企业的生产计划的时间和数量要求,实施工作地配送服务。

准时化产成品储运服务,是物流企业按主导企业的销售订单和预测,及时将产成品进行终端配送和仓储。

供应链一体化型模式对物流的时效性要求非常高,因此,物流信息的质量是模式成功的关键。无论是配送路线、配送数量,还是配送时间都有严格、准确的规定和标准,道路的条件是模式有效运行的主要环境条件。国内的长安民生物流、安得物流就采用了这种物流服务模式。

3) 多功能中转服务型模式

多功能中转服务型模式是一种基于区域物流中转枢纽的多功能服务型物流模式。通常它是以区域内的特殊地理位置如港口、码头、区域物流中转中心等为基础的,承担区域内外货物中转服务功能的物流活动聚集区。进行大批量货物集散是这种模式的主要特征,同时它还能够提供海关、商检、动植物检疫、卫生检疫、货代、船代、保险、保税等多种服务(图12.6)。

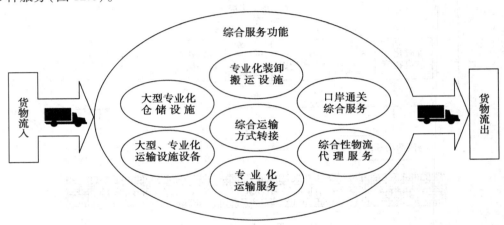

图 12.6　多功能中转服务型模式

多功能中转服务型模式的存储设施的分类、专业化及空间的安排,主要以进出中转货物的种类及主要运输和转运方式为依据,大型、高效率的装卸、搬运设备也主要以转运货物的属性为基础,强调专业化与通用化的结合,大规模运输工具、多种运输方式的转接,则以完善的交通运输条件为前提,以转运工具为基础,如公、铁、港之间的道路衔接和转运设备及工具衔接。因此,大批量仓储、搬运、装卸及大规模运输工具、多种运输方式的转接等是这种物流服务模式的主要特征;而海关、商检、动植物检疫、卫生检疫、货代和船代、保险等口岸及商务服务增值性服务,是这种物流服务模式效率和效益提高的关键;物流基础设施的能力则是这种物流服务模式运作的核心。上海的洋山港、天津的天津港等即属此类模式。

4) 交易服务配送型模式

交易服务配送型模式是一种基于区域交易批发市场的商贸型物流服务,它是在已经形成的区域商品交易批发市场条件下,将市场交易服务与仓储、配送等物流活动相结合的一种物流服务模式(图12.7)。区域交易批发市场主要是专业的实物商品交易市场,具有较大的规模,如大型的农产品、建材、汽车、百货、服装、医药、皮革等交易批发市场。区域交易批发市场的交易量大、物流活动集中且频繁,对物流的需求往往很大。

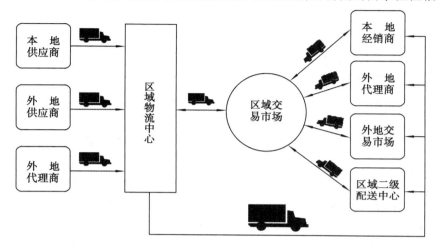

图 12.7　交易服务配送型模式

一般说来,在区域交易批发市场的初期及成长期时,商流与物流通常是合一的。随着交易规模和市场规模的不断扩大、城市地价的上升,市区交通流量的增长,在城区进行大规模物品存储和大量运输已不现实,商流与物流的分离成为必然。这时,将存储、配送等主要物流活动转移到交通条件良好的城区二环或三环附近,既能解决存储费用高的问题,又能缓解城市交通拥挤,同时也能够改善区域交易批发市场的结构。因此,该物流模式是根据交易市场的商流(订单、合同要求),通过市场的公共信息平台网络,将订单信息传递到物流配送中心的相关物流企业,按照订单的物品数量和时间要求,进行物流准备,运输计划的安排,运输工具、路线等的优化和选择,最终完成全部物流活动。目前,浙江的义乌小商品市场、武汉的汉正街、重庆的朝天门等商品集散地正在向这一方向发展。

交易服务配送型物流服务模式的特征是货物品种多样化、批量小、批次多,由于商品的特性导致了较大的需求不确定性,因此仓储与配送是该模式的主要功能,建立虚拟的电子化交易平台,注重物流系统的柔性。与此同时,交易市场的规范化管理、信息服务、交易的场所等服务的完善,将促进市场的发展。该模式有效运行的关键是商流与物流服务的一致性和信息服务的及时性。

≫ 本章小结

城市物流就是物品在城市的实体流动。城市物流主要包括 3 个方面:城市内物品的实体流动,城市外货物的集散,城市废弃物的回收处理。城市物流的作用主要体现在优化城市产业结构,形成新的产业形态;促进城市经济发展,提高城市经济竞争力;促进以城市为中心的区域市场形成和发展。城市物流发展模式主要有工业主导、商业主导和交通主导3类。城市物流是城市经济发展的保障和基础。城市物流系统作为城市经济系统的一个子系统,主要由城市物流节点系统、城市物流通道系统和城市物流信息系统构成。城市物流管理就是遵循以人为本的原则,在首先保证人流需求的前提下,通过管理保证城市物流系统有序、畅通地运行。城市物流管理主要包括交通管理、物流企业管理、城市物流规划管理、物流事故管理等方面。

区域物流就是区域之间及区域内部的物的流动。它是在一定的区域地理环境中,以大中型城市为中心,以区域经济发展规模和范围为基础,区域内外物资从供应地到接受地的实体流动。区域物流与区域经济是相互依存的统一体。区域经济发展要求有与之相适应的物流服务网络系统,区域物流是区域经济的重要组成部分,为区域经济顺利发展提供保障。区域经济的发展水平、产业结构、产业布局、产业升级等直接影响着区域物流的需求总量和水平,而区域物流又具有能动作用,有利于促进区域生产力的发展。

区域物流产业系统的基本要素主要包括区域物流企业系统、区域物流网络系统、区域物流信息系统、区域物流政策系统等。每个基本要素本身又形成一个完整的子系统,具体到某一确定的区域内,就形成了区域物流产业的系统结构。

不同的区域有各自不同的区域发展模式。不同经济地区的区域物流模式也有不同。根据目前我国的实践及学者的研究,区域物流产业发展模式主要包括区域产业服务综合型模式、供应链一体化型物流模式、多功能中转服务型物流模式、交易服务配送型物流模式等。

≫ 案例分析

加快区域物流业发展

闽粤赣十三市党政领导第十一次联席会议于2006年8月28日—8月29日在广东省梅州市举行,这次会议的主题是"贯彻行动纲领,推进物流合作",厦门市副市长、区域办主任叶重耕带队参加会议,并作"闽粤赣十三市区域合作工作报告"。

近年来,闽粤赣十三市加大合作力度,拓展合作领域,有力地推进了各市社会经济发展。数据显示,2005年闽粤赣十三市协作区实现生产总值6 843.08亿元,财政总收入676.06亿元,规模以上工业总产值7 570.73亿元。

据了解,闽粤赣十三市加大海、陆、空立体交通网建设,力促三省之间、十三市之间、各对接区县间实现最短距离串联。铁路方面:2005年年底,厦深铁路和龙厦铁路项目建议书获国家发改委正式批复,厦深铁路计划今年开工,2010年建成,龙厦铁路预计今年下半年开工建设,计划工期54个月;2006年5月,福厦铁路泉州段八大工程全部动工,工期4年。沿海铁路大动脉的贯通,将厦门、漳州、潮州、汕头各市紧密联系起来,并为十三市以及海峡西岸的经济发展起到重要的作用。公路方面:总投资12亿元的泉州安溪至厦门高速公路建设进展顺利,将于两年内建成;厦门——成都高速公路江西境内瑞金至赣州段2006年10月完成征地拆迁,福建境内厦门至漳州段正在进行预可方案审定。

十三市在加快区域内交通枢纽建设、实现最短距离对接的同时,积极筹建闽粤赣十三市区域物流协作联盟,采用物流企业合作与联盟方式,整合资源,优势互补,做大做强区域物流产业。此次联席会议审议通过了《闽粤赣十三市物流发展合作实施意见》(以下简称《实施意见》),十三市领导在会上发表了推进区域物流产业合作的思路和意见。

《实施意见》以加快区域物流业发展为主题,以推动各市物流业合作为主线,鼓励和引导生产、商贸、物流等企业,在区域各市间、各行业间开展交流合作,积极参与国际、国内经济合作与竞争,不断促进物流业的快速健康发展。

《实施意见》指出,应积极推动十三市快速连接通道建设,充分利用日益完善的便捷交通网络,开辟和完善区域内城市间的民航直达航班、铁路和公路直达班车,构建便捷高效的交通网络,提高物流速度;加强区域内海关、检验检疫等部门的协调与配合,口岸监管单位应在有效监管的前提下简化作业程序,提高通关速度,鼓励建立集海关监管、检验检疫、地面服务一体化的货物进出境快速处理机制。

资料来源:刘艳.加快区域物流业发展——闽粤赣十三市积极筹建区域物流协作联盟[N].厦门日报,2006-8-29(2)。

>> 讨论问题

1.结合案例,简要分析说明闽粤赣十三市的区域物流产业系统与结构。

2.根据案例,闽粤赣十三市为发展区域物流产业,做了哪些工作?

3.以案例为线索,通过互联网搜集相关信息,指出闽粤赣十三市所在区域包括哪13个城市,并绘出示意图。

4.以案例为线索,通过互联网等途径查找并列出13个城市的主要物流节点(如上海西北物流园区、上海洋山港等)。

5.以案例为线索,通过互联网等途径查找并列出13个城市之间的主要物流通道(如成都与重庆之间的主要物流通道有成渝铁路、成渝高速公路等)。

>> 关键概念

城市物流;工业主导物流发展模式;商业主导物流发展模式;交通主导物流发展模式;城市物流园区;城市物流中心;城市配送中心;区域物流;区域产业服务综合型模式;供应链一体化型模式;多功能中转服务型模式;交易服务配送型模式。

>> 复习思考

1.为什么要发展城市物流？城市物流有哪些作用？

2.城市物流发展模式有哪几种？

3.城市物流系统是由哪些要素组成的？

4.城市物流管理主要包括哪些内容？

5.区域物流与区域经济是什么关系？为什么要发展区域物流？

6.区域物流产业系统的基本要素有哪些？

7.区域物流产业发展主要有哪些模式？

第 13 章　物流政策与标准化

现代物流的发展离不开物流政策和物流标准化的保驾护航。物流标准化是现代物流发展的基础,物流政策是现代物流发展的重要保障。

学完本章，我们应能回答以下问题

- 你如何认识和理解物流政策？
- 近几年来中国相关政府及部门出台了哪些主要物流政策？
- 你知道物流标准都有哪些类型吗？
- 请你简要介绍中国物流标准的建设情况。

13.1　物流政策

13.1.1　物流政策概述

1)物流政策的含义

物流政策是国家或政府为实现全社会物流的高效运行与健康发展而制定的方针或原则,以及政府对全社会物流活动的干预行为。具体包括有关法律、法规、规划、计划和对策措施,以及政府对全社会物流活动的直接指导等。完善的物流政策体系一方面可减少或降低物流的外部不经济,如交通拥挤、交通事故、噪声污染、空气污染等;另一方面可起到扶持与促进物流事业的发展、加速物流基础设施建设和完善,从而提高微观物流效率等作用。物流政策是一种经济政策,也是一种公共政策,具有公共物品的属性。

2)物流政策的特征

(1)整体性

物流政策需要解决的是复杂问题。尽管具体的物流政策总是针对特定问题提出的,但这些问题不是孤立的,总是与其他问题相互关联、相互影响。因此物流政策往往是根据特定问题从总体上提出解决物流问题的方针、原则和内容。同时,物流政策的整体性还表现在物流政策的执行过程中。物流政策过程包括政策的制定、执行、评价和调整等多个环节,不同的环节之间相互联系,共同对政策的质量发生作用。物流政策体系的整体功能,以及政策过程各个环节的整体作用,除取决于自身联系外,还与物流政策环境密切相关。环境的变化发展,必然会引起政策过程各个环节的变化和发展,同时也将导致政策及政策体系的变化和发展。物流政策机制的顺利运行是政策内容、政策过程与环境之间的整体作用的结果。

(2)超前性

物流政策主要是针对现实问题提出的,但同时也是对未来发展的一种安排与指南。因此,物流政策包含了政策目标,即解决物流政策问题所要达到的目的、结果和状态。政策目标越先进,政策的超前性就越强。同时,相关的物流政策内容,也能揭示事物未来的发展方向,同样也具有超前性。物流政策的超前性,不仅是保证政策稳定的必要条件,而且是合理分配社会利益的有力保证。那些处于最佳超前度的政策,往往会对社会产生强大的吸引力和推动力。当然,物流政策的超前性,并非脱离实际,而是建立在对客观事物发展规律充分认识及科学预测的基础上的。

(3)层次性

物流政策是政府行政活动的具体表现。因此,根据政府主体的层次不同,物流政策也表现出层次性,有中央层次物流政策和地方层次物流政策。同样,从内容上看,有总体物流政策、基本物流政策和具体物流政策等不同内容层次的区分。

(4)合法性

政府行为是一种特殊的"法人行为"。因此,体现政府行为的政策,本身就具有一定的法律性质。它的规范作用,既依靠社会舆论来维持,同时也通过国家强制力量来监督执行。同时,物流政策的合法性还表现在内容上,不能与宪法、法律相抵触,表现在程序上则要求严格守法。

(5)复合性

物流产业具有复合性特征。这种特征主要表现为物流本身作为一个产业发展,同时物流活动及其管理又渗透经济活动的各个领域和环节,涉及从工业、商业到运输、仓储、信息服务等各个产业经济领域。由此,物流政策的制定就应该考虑物流与相关领域的协调和配合,而不是单纯的以自我为中心考虑发展政策,从而追求共同提高物流效率与效益的目的。

3)物流政策的类型

物流政策可以从不同的角度进行分类(表 13.1)。

表 13.1　常见的物流政策类型

分类标志	物流政策类型
按层次划分	国家政策、部门政策、地方政策
按范围划分	通用政策、专用政策
按目的划分	市场准入政策、财政税收政策、投资融资政策以及其他各种目的的物流政策等

①按照政策的层次划分,物流政策分为国家政策、部门政策、地方政策 3 类。国家政策是最高层面的物流政策,是国家对于物流业发展的总体原则和方针,其侧重于战略性与全局性。如《关于促进中国现代物流业发展的意见》等即属此类;部门政策是指政府主管部门为规范本行业内的物流活动制定的法律法规与行政政策等。如商务部、铁道部、交通部、海关总署、民航总局(后为中国民航局,下同)等部门制定的物流政策即属此;地方政策是地方政府依据全国性的相关政策,并结合本地的实际情况制定的地方性物流政策。如《北京市"十一五"时期物流业发展规划》即属此。地方物流政策大多与国家的物流政策相协调和配套。地方物流政策除体现为地方性法规、条例、规定、通知、意见外,还体现在地方政府所制定的物流规划方案中。

②按照政策的范围划分,物流政策可以分为通用政策和专用政策两类。通用政策是适用于各个部门和各个领域,也适用于物流领域的法律法规与行政政策。如《中华人民共和国公司法》《中华人民共和国合同法》《中华人民共和国劳动法》《中华人民共和国土地管理法》《中华人民共和国邮政法》《中华人民共和国城市规划法》《中华人民共和国建筑法》《中华人民共和国环境保护法》等。专用政策是指专门为规范、管理物流活动而制定的各项政策,如《中华人民共和国铁路法》《中华人民共和国公路法》《关于促进中国现代物流业发展的意见》等。

③按照政策的目的划分,物流政策可以分为市场准入政策、财政税收政策、投资融资政策以及其他各种目的的物流政策等,如《国家税务总局关于试点物流企业有关税收政策问题的通知》。

13.1.2　国外物流政策

随着经济全球化和区域经济一体化的发展,物流在国民经济发展中的作用越来越突出。虽然在不同的国家,经济发展水平各不相同,但各国政府都非常重视现代物流业在本国的发展,积极创造有利于物流产业发展的环境,提倡用现代物流管理的理论和方法引导和规范现代物流业的管理,并采取一系列措施来支持现代物流的发展。

1) 现代物流管理的体制

在市场经济环境下,现代物流的管理体制雷同于一般市场管理,已形成了一套比较完善的通过政府行政管理、司法机构规范企业行为、行业组织协调管理、企业自主发展的管理体制。但随着每个国家的具体经济政治情况的不同,政府及行业组织的作用略有不同。

在美国,不存在一个专门的联邦机构或部门来管理物流。对运输,美国运输部统辖国家公路交通安全管理局、联邦航空局、联邦公路管理局、联邦铁路管理局、联邦运送管理局、海运管理局、海岸警备队等政府机构,根据运输方式的不同各负其责,主要针对"运输安全"进行管理;对司法,联邦法院则根据合同从法律的角度管理与物流服务相关的合同,其健全的法律制度为物流的管理奠定了坚实的基础;美国民间性的物流行业组织,在美国的物流管理体制中也占一席之地,如美国物流管理协会(CLM)就是这样一个典型的民间机构,其主要任务是通过发展、创新和传播物流知识来对物流行业服务。举行年会、研讨会则是其传播和创新物流理论的主要途径。

大多数欧洲国家也不存在专门的政府机构管理物流,但政府,尤其是地方政府,在交通、大型的物流中心等物流基础设施的建设中起到了很大的作用。在欧洲一体化的进程中,随着贸易壁垒的消除或减弱,欧洲大陆内的物流量增加,欧洲各国为了强化自身的竞争优势,纷纷重视以港口、中心城市为依托的交通,以及物流园区等基础设施的建设,其中以荷兰、德国、比利时最为突出。总之,西方发达的市场经济国家,倾向于通过法律和市场对物流企业实施管理并推动物流行业自主向前发展。

一般而言,亚洲各个国家和地区的物流管理体制中,政府参与物流管理的程度比较深,并扮演着重要的角色。有代表性的亚洲国家有日本、新加坡。

综上所述,国外政府十分重视管理物流,采用分别由政府各相关部门、司法、民间行业组织分别管理的方法,通过对服务质量的监控、安全操作的监督、环境管理以及法律法规的规范,达到物流管理的目的。虽然目前各国政府均没有统一的管理物流业的部门,但一般由某一部门负责协调,并以创造和形成良好的供应链条件为主要目标。

2）物流管理的法规

任何国家的经济活动都离不开物流活动，各国的物流管理都使用其所制定的物流各环节中的法规。

在美国，所有货物的承运人必须遵守关于操作人员和运输工具安全的法律。如果要运输危险货物或有害货物，那么必须遵守联邦法规安全规则中关于包装和运输标志的要求。这从一个侧面反映出美国物流服务提供者目前要依照其服务内容的不同，在不同营运范畴内分别遵守不同的法律条款。具体而言，在美国，从事铁路、公路、航空以及内河运输必须遵守汇编在《美国法典》中的 TITLE49 的运输法和联邦法规汇编中的 TITLE49 法案，而从事海上运输则必须遵守《美国法典》中 TITLE46 的航运法和联邦法规汇编中的 TITLE46 法案。从美国物流业发展的实际状况看，沿袭以往的各种法律从各个不同的业务环节来管制物流服务是十分有效的。这是因为物流服务的本身主要是一些传统运输方式的经营者将其业务范围向前后两端延伸而已，国家相应的原有法律对其整体约束并未发生本质的变化，所以仍可通过"分块包干"的法制方式，对物流业进行管理。

在日本，情况也大体相同。1990 年日本颁布了《物流法》，当时使用的《运输法》虽然未被废除，但实际上已经被《物流法》所取代。《物流法》的颁布对日本物流业的发展起到了极大的推动和保障作用。1998 年 4 月，日本内阁会议决定由政府颁布一个至2001 年的《物流业发展对策大纲》，大纲提出：在国际化竞争时代到来的时候，为了提高产品制造业的竞争力，日本的综合物流业必须积极改革，加快发展，以便更好地为产品制造业服务。大纲颁布后，政府调整了与物流业相关联的预算计划，并要求相关省、厅制定实施对策。从此，物流业的效率化问题作为一个研究课题被提上了政府的议事日程，全日本卡车运输协会还要求物流业在近期完成 ISO 质量管理体系认证，并在环保运输、加强协作等方面作出努力。

3）物流管理的政策

市场经济国家的政府对物流的管理方式主要不是采用行政手段，而是利用有关的法规。政府的促进作用主要体现在政策上对物流业限制的放松，采取引导和扶持的方式进行物流基础设施建设，以及创造宽松的物流经营环境等方面。主要体现在以下方面。

（1）减少国家控制，促进物流业自由发展

20 世纪 80 年代初，当时的美国州际贸易委员会决定结束联邦经济法规对货物运输物流化的控制。这些都在很大程度上促进了物流的发展。实际上，美国也的确是这么做的。从 20 世纪 80 年代起,美国国会陆续通过了《汽车承运人规章制度改革和现代化法案》《斯泰格斯铁路法》,这些法规的出台形成了一种运输改革的环境。接着,在 20 世纪 90 年代美国又相继通过了《协议费率法》《机场航空改善法》和《卡车运输行业规章制度改革法案》。特别应提到的是,为了适应当前世界航运大势,美国国会又修改了《1984 年航运法》,推出了《1998 年航运改革法》。这些法律上的改革,都在某种程度上减少了国家对运输业的控制和约束,推动运输业向更接近于自由市场体系发展,从而为充分发挥物流业的整体效应和实现供应链的一体化,提供了广阔的发展空间。

（2）制定纲领性文件,引导物流业的发展

由政府明确制定发展物流的政策性文件,从总体上引导本国物流业发展的政策措施。以日本为例,早在 1965 年,日本政府就在《中期五年经济计划》中强调要实现物流的现代化。1977 年,日本运输省流通对策部公布了对推进企业物流管理有着深远影响的《物流成本算定统一基准》。1997 年日本政府又制定了一个具有重要影响力的《综合物流施策大纲》。该大纲是根据 1996 年日本政府决定的《经济结构的变革和创造规划》而制定,规划中明确指出"物流改革在经济构造中是最为重要的课题之一,到 2000 年为止既要达到物流成本的效率化,又要实现不亚于国际水准的物流服务,为此各相关机关要联合起来共同推进物流政策和措施的制定。"《综合物流施策大纲》已成为日本物流向现代化、纵深化发展的指针,对于日本物流管理具有重要意义。

（3）加强基础设施建设,鼓励多式联运

交通运输基础设施建设是现代物流发展的硬环境,各国政府主管部门都将加强交通运输基础设施建设作为推动物流发展的重要政策之一,而多式联运作为各种不同运输方式的集约组合和交通运输基础设施的优化运用,更是受到各国政府的重视。美国国家运输部一直强调把建立智能化的国家多式联运运输系统作为其所面临的主要任务。在 1991 年美国《多式联运法》中就明确指出,"发展国家多式联运运输系统是美国的政策。这个运输系统应能够提供可增强美国经济竞争力的基础,并且又能够高效利用能源运输旅客和货物。这个系统是由各种具体交通运输方式统一、交叉之后组成,也包括未来的交通运输方式。"1994 年美国国家多式联运委员会在向当时的戈尔副总统及众、参两院递交的一份关于美国多式联运的报告中,再次强调发展高效的多式联运运输是联邦运输政策的目标。在《美国运输部 1997—2002 年战略计划》中又提出:"运输部所面对的最大挑战是建立这样一个运输系统,这个运输系统应该能够做到:①在地域上能够国际到达;②在形式上能够多式联运;③在特色上应该是智能化的;④在服务范围上应该是广大的。"美国运输部长 Rodney E.Slater 在 2000 年 7 月呈交 2000—2005 年运输部战略计划时将 1997—2002 年战略计划中提出的要建立的运输系统的 4 个特征进一步具体化、系统化,从而提出 21 世纪美国要建立的运输系统的特征：①国际到达——连接我们到达全球的每一个新的市场和新的目的地；②多式联运——使我们能够从各种运输方式的集成运作中受益；③智能化——让我们运用技术的力量，来提高运输系统的能力与效益；④服务范围广泛——服务于每一个人，不让每一个顾客落下。

（4）成立物流行业组织，推动物流健康发展

目前世界各国和地区已成立的物流行业组织相当多，如：英国的物流协会（IL，Institute of Logistics），美国的物流管理协会（CLM，Council of Logistics Management），中国香港地区的物流服务发展委员会，新加坡的物流促进组织，日本的物流系统协会（JILS，Japan Institute of Logistics Systems）等。其中特别值得一提的是美国的物流管理协会和日本的物流系统协会。美国的物流管理协会更注重学术方面的研究；而日本的物流系统协会除了学术功能之外，更强调做好政府管理物流的助手。

（5）规划建设物流园区，鼓励配送中心发展

物流园区是政府从城市整体利益出发，为解决城市功能紊乱，缓解城市交通拥挤，减轻环境压力而在郊区或城乡边缘带主要交通干道附近专辟用地建成的专门区域。它通常是一个大型配送中心或多个配送中心的积聚地。它一般以仓储、运输、加工等用地为主，同时还包括一定的与之配套的信息、咨询、维修、综合服务等设施用地。物流园区的产生原因决定了它们大多分布在城市中心区边缘或市区边缘、交通条件好、土地充足的地方。如德国在全国范围内布置货运中心时就主要考虑了以下3方面因素：一是至少有两种以上的运输方式，特别是铁路和公路连接；二是选择交通枢纽中心地带，使物流园区网络与运输枢纽网络相结合；三是经济合理性，其中包括运输方式的选择与使用、环境保护与生态平衡以及物流园区经营者利益的实现等。政府往往通过逐步配套完善各项基础设施、服务设施和提供优惠政策吸引大型物流配送中心在此积聚，使其获得规模效益，在降低物流成本的同时减轻大型配送中心在市中心分布可能产生的种种不利影响。

德国的物流园区建设主要表现在货运中心的建设上。为了提高货物运输的经济性和合理性，发展综合交通运输体系，它的建设遵循"联邦政府统筹规划→州政府扶持建设→企业自主经营"的发展模式。联邦政府在统筹考虑交通干线、主枢纽规划建设的基础上，通过广泛调查生产力布局、物流现状，根据各种运输方式衔接的可能性，在全国范围内规划物流园区的空间布局、用地规模与未来发展。为引导各州按统一规划建设物流园区，德国交通主管部门还对按规划建设的物流园区给予资助，而对未按规划建设的物流园区则不予资助。州政府提供建设所需要的土地及公路、铁路、通信等交通设施，把物流园区场地出租给物流企业与企业按股份形成共同出资，并由企业自己选举产生咨询管理委员会。该委员会代表企业与政府沟通，也与其他物流园区加强联系，但是不

具有行政职能。同时,该委员会还负责新建的综合服务中心、维修保养厂、加油站、清洗站等公共服务设施,并为成员企业提供信息、咨询、维修等服务。入驻园区的物流企业自主经营、照章纳税,依据自身经营需要,建设相应的库房、堆场、车间,配备相关的机械设备和辅助设备。

总之,从各国的物流管理体制、管理法规和管理政策看,目前各国政府都非常重视物流管理问题,重视物流基础设施的建设。各国政府或对物流发展进行规划、提出实施原则,或制定必要的政策,都十分重视物流相关法规的建设,都是通过市场手段引导、协调物流业的发展,同时各国都相应地建立了一些物流行业组织,促进、辅助物流业的顺利发展。

13.1.3　中国物流政策

1)我国物流发展的政策导向

随着现代物流产业在我国的发展,现代物流业对经济的推动和促进作用越来越受到各级政府及相关部门的重视,纷纷制定政策和规划以引导物流产业健康快速地发展。从目前我国各级政府及相关部门出台的物流发展相关政策和规划看,比较注意物流产业的复合型特点,强调政策的综合性和导向性,关注和重视的主要方面包括5个:

(1)重视产业功能与区域经济功能定位

许多省市在其制定的现代物流产业发展规划中,明确提出应将现代物流作为产业来发展,一些省市并将现代物流产业作为支柱产业和新的经济增长点来发展;同时,充分认识到区域经济与区域物流的关系,从区域经济的高度来认识和发展物流,将物流作为区域经济发展的重要基础。

(2)重视培育物流需求及其物流社会化

由于我国现代物流的兴起也就是近十几年,现代物流服务刚刚起步,物流需求总量较低,大多数企业的物流主要由企业的运输部、仓储部解决,“专业物流”服务的功能主要由运输、仓储企业承担,“物流服务”功能单一。因此,许多省市在制定物流政策与规划时都非常重视物流市场需求的培养,积极鼓励支持工商企业将物流外包,积极鼓励和扶持第三方物流企业发展,给予物流业较其他第三产业更为优惠的土地、贷款、税收及相关扶持政策;支持和促进传统的运输、仓储等企业向专业物流服务企业转变,以推动和促进物流社会化发展。对不适应发展需要的传统物流资产的退出和落后物流设施的技术改造,给予较为明确的资金、税收、社会保障等政策界定和支持。

（3）重视物流节点设施规划及其综合性

重视和强调物流设施建设的统筹规划,特别重视综合性、多功能性、区域性物流节点的规划。为此,针对这些综合性节点及物流园区,在资金、城市交通管制等方面出台相应政策予以协调配合支持。力求实现多功能、多种运输方式共享,在用地、物流园区一定年限财政资金返还、资金扶持、城市交通管制等方面协调配合。对一些特殊地区、项目,如区域经济中心城市、国际航运中心、物流基地等,从政策上给予更大的发展自由度。

（4）重视物流信息技术应用及平台建设

信息是现代物流发展的重要技术支撑。因此,许多省市的物流政策都非常重视和支持物流信息平台建设,积极推动 EDI、MIS、ERP、GIS、GPS、POS、SCM 等先进信息技术和手段的应用,积极推进物流的信息化。同时,强调数据标准化、企业信息化和电子商务等的发展。

（5）重视物流标准化建设及其人才培养

物流标准化和物流人才是现代物流发展的基础,没有物流的标准化,就没有物流的规模化、社会化和现代化;没有物流人才,现代物流的发展只能是一句空话。因此,物流的标准化建设与人才培养也是物流政策关注的重要内容。

2）我国的物流政策及相关法规

目前,针对我国物流及其物流产业发展的专门的政策及相关法规,从总体上看还没有制定。但是,各相关政府部门、各省市政府及其相关部门以及行业协会,针对现代物流及其物流产业出台了不少政策法规。

（1）我国政府及相关部门对物流产业的推动政策

从 20 世纪末开始,现代物流在我国兴起。物流作为产业来发展逐步引起我国政府的重视,相关部门及研究机构就物流业发展中政府的作用展开研究与探讨。自 2000 年以来,我国政府相关部委陆续出台了物流产业发展的相关政策与意见。

①2001 年 3 月 1 日,国家经济贸易委员会、铁道部、交通部、信息产业部、对外贸易经济合作部、中国民用航空总局联合发布了《关于加快我国现代物流发展的若干意见》（以下简称《六部委意见》）。《六部委意见》明确了发展我国现代物流的指导思想和总体目标,认为加快我国现代物流发展,应积极培育现代物流服务市场;努力营造现代物流发展的宏观环境;加强物流基础设施的规划与建设;广泛采用信息技术,加快科技创新和标准化建设;加快对外开放步伐,学习借鉴国外先进经验;加强人才培养,促进产学研结合等方面提出了指导意见。《六部委意见》是我国政府部门颁布的第一个关于现代物流发展的指导性文件。

②"物流配送"和"多式联运",作为发展主要面向生产的服务业被列入"中华人民共和国国民经济和社会发展第十个五年计划纲要"(以下简称《纲要》)。同时,《纲要》在发展主要面向生产服务业方面,还提出对传统运输业、邮政服务业进行改造提升。《纲要》还就健全综合交通体系提出要求与目标。特别提出要加强沿海主枢纽港口大型集装箱运输系统、专业化散货运输系统,充分发挥各种运输方式的优势,发展和完善集装箱运输、大宗物资运输和特种货物运输等系统。

③2004 年 8 月 5 日,由国家发展改革委、商务部、公安部、铁道部、交通部、海关总署、税务总局、民航总局、工商总局联合制定的《关于促进我国现代物流业发展的意见》(以下简称《九部委意见》)由国务院批准发布。《九部委意见》较《六部委意见》向前进了一大步,针对我国现代物流业发展提出了更具体的意见,其中特别就营造有利于现代物流业发展的良好环境提出调整现行行政管理方式,完善物流企业税收管理,规范市场秩序,加强收费管理提出具体意见;为促进现代物流业发展,就物流市场培育、物流企业融资、开放物流设施建设、整合物流资源、简化通关程序,以及配送车辆交通管理等方面给出了具体而明确的意见和措施。同时,《九部委意见》还就物流技术标准化体系的建设完善、提高物流信息化水平、推广先进适用设备、提高从业人员素质,以及现代物流工作的综合组织协调等提出了具体的意见。《九部委意见》的出台标志着促进和引导中国现代物流业健康有序发展的政策指导作用开始发挥。

④以《九部委意见》为发端,我国政府相关部门纷纷从各自部门角度推出指导我国现代物流业发展的更具体的政策措施。如 2004 年 8 月 16 日,有关部门在上海外高桥、苏州新加坡工业园保税区试点基础上,扩大设立保税物流园区,增加青岛、宁波、大连、张家港、厦门象屿、深圳盐田港、天津港保税区,列入"港区联动",设立保税物流园区,其功能向国际自由贸易区靠近。2006 年 3 月,《中华人民共和国国民经济和社会发展第十一个五年规划纲要》明确提出大力发展现代物流业,推广现代物流管理技术,促进企业内部物流社会化,实现企业物资采购、生产组织、产品销售和再生资源回收的系列化运作。培育专业化物流企业,积极发展第三方物流。建立物流标准化体系,加强物流新技术开发利用,推进物流信息化。加强物流基础设施整合、建设大型物流枢纽、发展区域性物流中心、鼓励外资参与物流服务等(表 13.2)。

表 13.2　2011 年以来我国政府相关部门制定的主要物流产业发展政策(部分)

政策制定部门(时间)	政策名称
交通运输部、发展改革委、应急部、海关总署等 9 部委(2019 年 11 月)	关于建设世界一流港口的指导意见
国务院、交通运输部(2019 年 9 月)	网络平台道路货物运输经营管理暂行办法

政策制定部门（时间）	政策名称
国家邮政局（2019 年 7 月）	国家邮政局关于支持民营快递企业发展的指导意见
发展改革委（2019 年 3 月）	关于推动物流高质量发展促进形成强大国内市场的意见
发展改革委、交通运输部（2018 年 12 月）	国家物流枢纽布局和建设规划
国务院办公厅（2018 年 1 月）	关于推进电子商务与快递物流协同发展的意见
商务部、发展改革委、国家标准委等 9 部委与中国铁路总公司（2018 年 1 月）	关于推广标准托盘发展单元化物流的意见
商务部、公安部、交通运输部、国家邮政局、供销合作总社（2017 年 12 月）	城乡高效配送专项行动计划（2017—2020 年）
国家邮政局等十部门（2017 年 11 月）	关于协同推进快递业绿色包装工作的指导意见
国务院办公厅（2017 年 8 月）	关于进一步推进物流降本增效　促进实体经济发展的意见
国务院办公厅（2017 年 4 月）	关于加快发展冷链物流保障食品安全　促进消费升级的意见
商务部等五部门（2017 年 2 月）	商贸物流发展"十三五"规划
交通运输部等十八部门（2017 年 1 月）	关于进一步鼓励开展多式联运工作的通知
国家邮政局（2016 年 8 月）	推进快递业绿色包装工作实施方案
国家发改委（2016 年 7 月）	"互联网+"高效物流实施意见
商务部、发展改革委、交通运输部、海关总署、国家邮政局、国家标准委 6 部门（2016 年 3 月）	全国电子商务物流发展专项规划（2016—2020 年）
国务院（2015 年 10 月）	关于促进快递业发展的若干意见
财政部（2015 年 9 月）	关于继续实施物流企业大宗商品仓储设施用地城镇土地使用税优惠政策的通知
国家标准化管理委员会、发展改革委、工信部等 15 部门（2015 年 7 月）	物流标准化中长期发展规划（2015—2020 年）

续表

政策制定部门（时间）	政策名称
商务部（2015 年 7 月）	关于智慧物流配送体系建设的实施意见
国务院（2014 年 9 月）	物流业发展中长期规划（2014—2020 年）
发展改革委等 12 部门（2013 年 9 月）	全国物流园区发展规划
交通运输部（2013 年 6 月）	关于交通运输推进物流业健康发展的指导意见
商务部（2012 年 6 月）	关于推进现代物流技术应用和共同配送工作的指导意见
财政部、国家税务总局（2012 年 1 月）	关于物流企业大宗商品仓储设施用地城镇土地使用税政策的通知

（2）我国对现代物流业及相关行业发展制定的法规

我国目前还没有专门针对现代物流产业的法律法规。我国人大颁布的与物流相关行业的法律主要有：《中华人民共和国铁路法》，1991 年 5 月 1 日实施；《中华人民共和国民用航空法》，1996 年 3 月 1 日实施；《中华人民共和国海上交通安全法》，1984 年 1 月 1 日实施；《中华人民共和国合同法》，1999 年 10 月 1 日实施；《中华人民共和国公路法》，1999 年 10 月 31 日修正并实施。此外，国务院及各相关部委颁布的有关物流业的法规较多，主要涵盖航空、航运、公路、铁道交通与现代物流有关的各个方面。

13.2　物流标准化

13.2.1　物流标准化的意义

1）标准化的含义

《标准化工作指南第 1 部分：标准化和相关活动的通用词汇》（GB/T 20000.1—2002）将标准化定义为"为了在一定范围内获得最佳秩序，对现实问题或潜在问题制定共同使用和重复使用的条款的活动"。标准化的实质是通过制定、发布和实施标准，达到统一,而最终目的则是获得"最佳秩序"。

标准化对一个国家或地区的经济与社会发展具有重要作用。一是能够为科学管理奠定基础。因为科学管理就是依据生产技术的发展规律和客观经济规律对企业进行管理,而各种科学管理制度的形成,都以标准化为基础。二是能够促进经济全面发展,提高经济效益。因为将标准化应用于科学研究、社会生产及管理等方面,可以避免重复研究,缩短设计周期,使生产在科学和有秩序的基础上进行,促进管理的统一、协调,提高效率。三是为组织现代化生产奠定基础。因为随着生产的社会化程度越来越高,生产规模越来越大,技术要求越来越复杂,分工越来越细,生产协作越来越广泛。只有通过制定和使用标准,才能有效保证各部门、各环节的活动在技术上保持高度的统一和协调,以使生产正常进行,也才能够在社会生产组成部门之间进行协调,建立稳定的经济社会发展秩序。四是保证产品及服务质量,维护消费者利益,并为有效监督产品及服务质量提供依据。

2)物流标准化

（1）物流标准化的含义

物流标准化,是指对物流系统所涉及的领域,包括物流系统用语、物流系统设施、物流系统装备、物流系统专用工具,以及物流作业活动的过程等制定、发布和实施标准,并与国际标准衔接,以提高物流系统运行效率,促进经济与社会发展的活动。物流标准化,是实现物流现代化的基础。物流标准化有物流软件标准化和物流硬件标准化之分。软件标准化包括物流用语标准化、工作方法及作业标准化、数据格式标准化、应用条码标准化、包装尺寸标准化等。硬件标准化包括车站、码头、港口、道路等设施的标准化,托盘、集装箱、叉车、车辆、仓库保管等设备的标准化,以及其他物流设备标准化。

（2）物流标准的类型

根据物流标准的适用对象和范围,物流标准主要分为基础标准、技术标准、工作标准和作用标准4类。

①基础标准。基础标准是整个物流系统都应遵循的标准,也是制定其他物流标准的基础。主要包括物流专业名词标准、物流基础模数尺寸标准等。

②技术标准。技术标准是物流系统各种设施设备的建设及制造应遵循的技术规范和标准。其涉及的面非常广,主要包括车站、港口、码头、库房、道路、航道等的施工建设标准,货运车辆、船舶、货机、叉车、超重机、集装箱、货架、货柜等物流设备的载重、尺寸、作业范围、速度、环境影响等技术依据与标准以及物流信息相关标准。

③工作标准。工作标准是对物流管理工作内容、方法、程序、步骤及工作质量制定的标准。主要包括物流岗位职责划分,工作权限的规定,员工工作考核办法、收发货工

作程序、工作检查验收标准,车辆运行时刻表、应急处理预案等。工作标准能够规范物流工作行为,提高物流工作效率。

④作业标准。作业标准是对物流作业工作的方法、程序、要求以及物流设备运行等制定的标准。主要包括运输、储存、装卸、搬运、包装、流通加工、配送等具体的物流作业活动的要求与规程。如叉车安全操作规程与保养制度、包装安全操作规程、铁路货物运输规程、滚装码头车辆装载作业规程、仓库管理作业标准规程、配送业务操作规程等(阅读参考 13.1)。

阅读参考 13.1　物流模数

物流模数(Logistics Modulus)是物流设施与设备的尺寸基准。物流基础模数尺寸的作用和建筑模数尺寸的作用大体相同。基础模数一旦确定,设备的制造、设施的建设、物流系统中各环节的配合协调、物流系统与其他系统的配合就有所依据。ISO 及欧洲各国目前基本认定 600 mm×400 mm 为基础模数尺寸。集装基础模数尺寸以 1 200 mm×1 000 mm 为主,1 200 mm×800 mm 及 1 100 mm×1 100 mm 的模数尺寸也能见到。物流模数尺寸与集装模数尺寸的配合关系如图 13.1 所示。

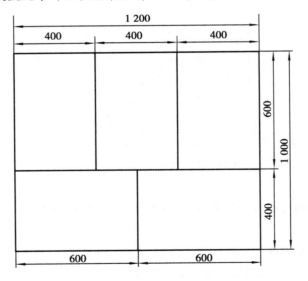

图 13.1　物流模数尺寸与集装模数尺寸的关系(单位:mm)

资料来源:根据相关资料整理。

(3)物流标准化的作用与意义

①提高物流系统运行效率。物流的社会化和专业化客观上要求物流系统的各个部分和环节,包括运输、储存、装卸、搬运、包装、加工、配送等功能环节流畅运行,才能保证

整个物流系统的高效率。如果由于包装的尺寸与车厢的尺寸不配合,必然带来车辆装载率不高、与吊具尺寸的不配合等问题,从而降低装卸搬运效率。因此,物流标准化能够极大地提高物流系统的运行效率。

②促进物流管理科学规范。物流工作的标准化,实际是对物流管理工作的规范化、程序化和科学化。通过物流工作标准,使得物流管理的目标更加明确,管理的工作步骤及工作程序更加清楚,也为监督及评价管理工作过程及结果提供了依据。

③保证物流服务质量水平。物流活动的根本任务是将工厂生产的合格产品保质保量并及时地送到用户手中,物流服务的标准化对运输、包装、装卸、搬运、仓储、配送等各作业环节提出标准和要求,有助于企业物流服务质量保证体系的形成和建立,使企业能够为客户提供高质量的物流服务。

④利于物流国际交流合作。物流标准与国际标准接轨,能够为我国物流走向国际市场奠定基础,中国企业能够顺利参与国际竞争,有利于我国企业打破各国或地区利用标准作为贸易壁垒,加速国际贸易的物流过程,提高国际物流效率。

13.2.2　国际物流标准概述

1) 国际物流标准发展概述

随着经济全球化发展,标准也呈现国际化趋势。以国际标准为基础制定本国标准,已经成为世界贸易组织(WTO)对其成员国的要求。目前,世界上最大的标准化组织主要包括国际标准化组织(ISO)、国际电工委员会(IEC)、国际电信联盟(ITU)、国际物品编码协会(EAN)与美国统一代码委员会(UCC)联盟等,它们创立的标准及标准化体系均为国际标准,分别形成了所谓 ISO,IEC,ITU,EAN,UCC 等标准体系。目前从世界范围看,国际物流标准化主要以发达国家为主。由于物流系统的复杂性,以及各国现代物流发展的不平衡,许多国家特别是发展中国家针对现代物流发展的标准化工作还处于初始阶段,因此国际物流标准化的重点主要集中在规格尺寸标准化。

目前,与物流密切相关的国际标准主要是国际标准化组织(ISO),以及国际物品编码协会与美国统一代码委员会联盟(EAN.UCC)两大标准化体系。

(1)国际标准化组织(ISO)

目前,ISO/IEC 下设了多个物流标准化技术委员会,负责全球的物流相关标准的制定和修订工作。现已经制定了 200 多项与物流设施、运作模式与管理、基础模数、物流标识、数据信息交换相关的标准。ISO 与联合国欧洲经济委员会(UN/ECE)共同承担电子数据交换(EDI)标准制定,ISO 负责语法规则和数据标准制定,UN/ECE 负责报文标准的制定。在 ISO 现有的标准体系中，与物流相关的标准有 1 976 条，其中运输 181 条、包装 42 条、流通 2 条、仓储 93 条、配送 53 条、信息 1 605 条。

（2）国际物品编码协会与美国统一代码委员会联盟（EAN.UCC）

物流标准化很重要的一个方面就是物流信息的标准化，包括物流信息标识标准化、物流信息自动采集标准化、自动交换标准化等。EAN 就是管理除北美以外的对货物、运输、服务和位置进行唯一有效编码并推动其应用的国际组织，是国际上从事物流信息标准化的重要国际组织，而美国统一代码委员会（UCC）是北美地区与 EAN 对应的组织。近两年来，两个组织加强合作，达成了 EAN.UCC 联盟，以共同管理和推广 EAN.UCC 系统，意在全球范围内推广物流信息标准化。其中推广商品条码技术是该系统的核心，它为商品提供了用标准条码表示的有效的、标准的编码，而且商品编码的唯一性使得它们可以在世界范围内被跟踪。EAN 开发的对物流单元和物流节点的编码，可以用确定的报文格式通信，国际化的 EAN.UCC 标准是 EDI 的保证，是电子商务的前提，也是物流现代化的基础。

2）发达国家物流标准化发展概述

物流系统的标准化和规范化，已经成为先进国家提高物流运作效率和效益，提高竞争力的必备手段。到目前为止，各国在国际集装箱和 EDI 技术发展的基础上，已经开始进一步在物流的交易条件、技术装备规格，特别是单证、法律环境管理手段等方面推行国际的统一标准，并使国内物流与国际物流融为一体。

（1）美国的物流标准化

美国作为北大西洋公约组织成员，参与了该组织的物流标准制定工作。这些标准涉及物流结构、基本词汇、定义、物流技术规范、海上多国部队物流、物流信息识别系统等方面。美国国防部建立了军用和民用物流的数据记录、信息管理等方面的标准规范。美国国家标准协会（ANSI）积极推进物流的运输、供应链、配送、仓储、EDI 和进出口等方面的标准化工作。美国与物流相关的标准有 1 177 条，其中运输 91 条、包装 314 条、装卸 8 条、流通 33 条、仓储 487 条、配送 121 条、信息 123 条。美国更是积极参加国际标准化活动，加入了 ISO/TC104，并在国内设立了相应的第一分委会（负责普通多用途集装箱），第二分委会（负责特殊用途集装箱）和第四分委会（识别和通信）；加入了 ISO/TC 122，ISO/TC 154 管理、商业及工业中的文件和数据元素等委员会；美国还参加了 ISO/TC204 技术委员会，并由美国智能运输系统协会（ITS AMERICA）作为其美国技术咨询委员会，负责召集所有制定智能运输系统相关标准的机构成员，共同制定美国国内的 ITS 标准。

早在 1996 年，美国统一代码委员会（UCC）就发布了 UPC 数据通信指导性文件，为供应商和零售商提供一种标准化的库存单元(SKU)数据。美国标准协会于同年制定了装运单元和运输包装的标签标准,用于物流单元的发货、收货、跟踪及分拣,同时规定在标签上应用条码技术,甚至包括用二维条码 PDF417 码和 MaxiCode 码,通过标签来传递各种信息,实现了 EDI 报文的传递,即所谓的"纸面 EDI",较好实现了物流和信息流的统一。

(2)日本的物流标准化

日本作为后起的发达国家,对物流标准化非常重视,标准化的速度很快。日本在标准体系研究中注重与美国和欧洲进行合作,将重点放在标准的国际通用性上。日本政府工业技术院曾委托日本物流管理协会花费 4 年时间对物流机械设备的标准化进行调查研究。在 2003 年前后提出日本工业标准(JIS)关于物流方面的若干草案,包括物流模数体系、集装的基本尺寸、物流用语、物流设施的设备基准、输送用包装的系列尺寸(包装模数)、包装用语、大型集装箱、塑料制通用箱、平托盘、卡车车厢内壁尺寸等。在日本现有的标准体系中,与物流相关的标准有 400 余条。其中运输 24 条、包装 29 条、流通 4 条、仓储 38 条、配送 20 条、信息 302 条。

(3)欧洲的物流标准化

1961 年,欧盟 16 国成立了欧洲标准化委员会(CEN)。该组织的第 320 技术委员会负责运输、物流和服务(Transport-Logistics And Services)的标准化工作,设立了第 278 技术委员会,负责道路交通和运输的信息化,分 14 个工作组进行与 ISO/TC204 内容大致相同的标准制定工作。另外,还有第 119 技术委员会和第 296 技术委员会,他们共同推进物流标准化进程。欧盟各国在标准制定过程中,注意进行多方面的联系与合作。从欧盟成员国英国看,该国目前的标准体系中,与物流相关的标准有 2 467 条,其中运输 733 条、包装 432 条、装卸 51 条、流通 51 条、仓储 400 条、配送 400 条、信息 400 条。德国也已经形成了较为完善的物流标准体系,与物流相关的标准有 2 450 条,其中运输 788 条、包装 40 条、流通 124 条、仓储 500 条、配送 499 条、信息 499 条。

13.2.3 中国的物流标准化

1)中国物流标准建设基本情况

中国物流标准的建设工作几乎与中国的物流发展同步。以 2001 年 4 月 17 日正式颁布并于同年 8 月 1 日正式实施的《物流术语》(GB/T 18354—2001)标准为标志,我国物流标准的建设工作持续展开,物流标准体系逐步完善,标准制(修)订工作顺利推进,为物流业健康发展发挥了重要作用。主要表现在以下方面:

（1）标准建设工作稳步推进

目前已经颁布实施的物流基础性标准除新修订的《物流术语》（GB/T 18354—2006）外，还包括《商品条码》（GB 12904—2003）、《储运单元条码》（GB/T 16830—1997）、《物流企业分类与评估指标》（GB/T 19680—2005）、《企业物流成本构成与计算》（GB\T 20523—2006）等。同时，一些行业性标准也制订发布并实施（表13.3）。

表 13.3　2011 年以来制（修）订实施的主要物流标准（部分）

标准名称	发布时间	实施时间	性　质
快递服务 第 1 部分：基本术语（GB/T 27917.1—2011）	2011 年 12 月 30 日	2012 年 5 月 1 日	国家标准
快递服务 第 2 部分：组织要求（GB/T 27917.2—2011）	2011 年 12 月 30 日	2012 年 5 月 1 日	国家标准
快递服务 第 3 部分：服务环节（GB/T 27917.3—2011）	2011 年 12 月 30 日	2012 年 5 月 1 日	国家标准
冷链物流分类与基本要求（GB/T 28577—2012）	2012 年 6 月 29 日	2012 年 10 月 1 日	国家标准
食品冷链物流追溯管理要求（GB/T 28843—2012）	2012 年 11 月 5 日	2012 年 12 月 1 日	国家标准
药品冷链物流运作规范（GB/T 28842—2012）	2012 年 11 月 5 日	2012 年 12 月 1 日	国家标准
物流企业分类与评估指标（GB/T 19680—2013）	2013 年 12 月 31 日	2014 年 7 月 1 日	国家标准
仓单要素与格式规范（GB/T 30332—2013）	2013 年 12 月 31 日	2014 年 7 月 1 日	国家标准
物流服务合同准则（GB/T 30333—2013）	2013 年 12 月 31 日	2014 年 7 月 1 日	国家标准
物流园区服务规范及评估指标（GB/T 30334—2013）	2013 年 12 月 31 日	2014 年 7 月 1 日	国家标准
药品物流服务规范（GB/T 30335—2013）	2013 年 12 月 31 日	2014 年 7 月 1 日	国家标准
物流景气指数统计指标体系（GB/T 30336—2013）	2013 年 12 月 31 日	2014 年 7 月 1 日	国家标准
物流园区统计指标体系（GB/T 30337—2013）	2013 年 12 月 31 日	2014 年 7 月 1 日	国家标准

标准名称	发布时间	实施时间	性 质
汽车物流术语(GB/T 31152—2014)	2014 年 9 月 3 日	2014 年 12 月 1 日	国家标准
水产品冷链物流服务规范(GB/T 31080—2014)	2014 年 12 月 22 日	2015 年 7 月 1 日	国家标准
汽车物流服务评价指标(GB/T 31149—2014)	2014 年 9 月 3 日	2014 年 12 月 1 日	国家标准
物流单证基本要求(GB/T 33449—2016)	2016 年 12 月 30 日	2017 年 7 月 1 日	国家标准
家电物流服务通用要求(GB/T 33446—2016)	2016 年 12 月 30 日	2017 年 7 月 1 日	国家标准
汽车整车出口物流标识规范(GB/T 34393—2017)	2017 年 10 月 14 日	2018 年 5 月 1 日	国家标准
冷链物流信息管理要求(GB/T 36088—2018)	2018 年 3 月 15 日	2018 年 10 月 1 日	国家标准
自动作业仓储配送包装箱信息标识通用规范(GB/T 36076—2018)	2018 年 3 月 15 日	2018 年 10 月 1 日	国家标准
展览物流服务基本要求(GB/T 36682—2018)	2018 年 10 月 10 日	2019 年 5 月 1 日	国家标准
绿色物流指标构成与核算方法(GB/T 37099—2018)	2018 年 12 月 28 日	2019 年 7 月 1 日	国家标准
运输包装指南(GB/T 36911—2018)	2018 年 12 月 28 日	2019 年 7 月 1 日	国家标准
物流中心分类与规划基本要求(GB/T 24358—2019)	2019 年 5 月 10 日	2019 年 12 月 1 日	国家标准
粮食物流名词术语(GB/T 37710—2019)	2019 年 6 月 4 日	2020 年 1 月 1 日	国家标准
冷藏、冷冻食品物流包装、标志、运输和储存(GB/T 24616—2019)	2019 年 8 月 30 日	2020 年 3 月 1 日	国家标准

（2）建立起专门的物流标准化组织

2003 年 8 月 12 日,全国物流信息管理标准化技术委员会（CLISC,China Logistics Information Standardization Committee）建立。秘书处设在中国物品编码中心,受国家标准化管理委员会的直接领导。委员会主要负责物流信息基础、物流信息系统、物流信息安全、物流信息管理、物流信息应用等领域的标准化工作。2003 年 9 月 11 日,国家标准管理委员会正式批准成立了全国物流标准化技术委员会,秘书处挂靠在中国物流与采购联合会,主要工作领域包括物流基础、物流技术、物流管理和物流服务等领域的标准化工作。两个委员会的建立,标志中国物流标准化工作正式纳入正轨,为我国系统开展物流标准化工作提供了组织保证。之后,又相继组建了全国国际货运代理标准化技术委员会和全国物流标委会。物流作业、物流管理、第三方物流服务、冷链、仓储技术与管理等 6 个分技术委员会。"十二五"期间,上海、北京、广东、重庆等地先后成立了地方物流标准化技术组织、企业参与物流标准化工作的积极性也不断提高,利用了国家、地方、企业协同推进物流标准化工作的良好局面,有效推动了我国物流标准的实施应用。

（3）积极参与国际物流标准化工作

目前中国已经参加了国际标准化组织（ISO）和国际电工委员会（IEC）与物流有关的各个技术委员会与技术处,国际铁路联盟（UIC）和社会主义国家铁路合作组织（OSJD）,积极采用国际物流标准。其中,包装、标志、运输和存储方面的 77 个国标中,已采用国际标准的有 29 个;公路水路运输方面的 66 个国标中,已采用国际标准 2 个;铁路方面的 125 个国标中,已采用国际标准 24 个;车辆方面的 265 个国标中,已采用国际标准 73 个。同时,密切跟踪物流领域目标标准化发展动态,主动参与了《集装箱 RFID 货运标签系统》（ISO 18186:2011）等国际标准的制定,对促进我国物流业健康发展起到了重要作用。

（4）规划引领我国物流标准化建设

2005 年 8 月 1 日,国家标准化管理委员会、国家发展改革委、商务部、铁道部、交通部、民航总局、国家质检总局、国家统计局八部委正式印发《全国物流标准 2005—2010 年发展规划》,提出制定了物流标准体系,并规划在 2005—2010 年分阶段逐步完成急需制定和修订的 302 项标准项目。2010 年 6 月 12 日,国家标准化管理委员会、国家发展和改革委员会、科学技术委员会、工业和信息化部、交通运输部、铁道部、商务部、国家质量监督检验检疫总局、国家粮食局、中国民用航空局、国家邮政局等 11 委、部、局联合印发了《全国物流标准专项规划》,明确提出基础通用标准、公共类物流标准、专业类物流标准三大重点领域,涉及物流技术、信息、服务,道路运输、铁路运输、国际货运代理、仓储、粮食、冷链、医药、汽车和零部（配）件、邮政（含快递）、应急物流方面共 137 项主要任务。2015 年 7 月 24 日,国家标准化管理委员会、国家发展和改革委员会、工业和信息化部、公安部、交通运输部、农业部、商务部、海关总署、国家质量监督检验检疫总局、国家粮食局、国家铁路局、国家邮政局、中国物流与采购联合会、中华全国供销合作总社、中国铁路总公司等 15 委、部、局、会、社、公司联合印发《物流标准化中长期发展规划（2015—2020 年）》,明确了基础类、通用类和专业类三个物流标准制修订的重点领域,以及托盘标准应用推广及循环共用体系建设、冷链物流标准体系建设及应用推广、物流信用标准体系建设、物流信息标准化、电子商务物流标准化、物流服务标准化综合试点、物流标准国际化培育和物流标准化基础能力建设等 8 大工程。我国物流标准化建设工作,从一开始就有规划、有步骤地稳步推进。

2) 中国物流标准体系

在《全国物流标准 2005—2010 年发展规划》中,提出了中国的物流标准体系表,如图 13.2 所示。体系表突出了物流是系统资源整合、集成、优化的特点,重点放在相互的接口和物流需求派生的新物流服务方式涉及的标准制定上,对于传统的物流操作环节标准则作为相关标准处理。物流活动采用的技术装备和设施的标准,除安全、作业衔接要求等通用基础标准外,均不单独列出,由企业自行制定。

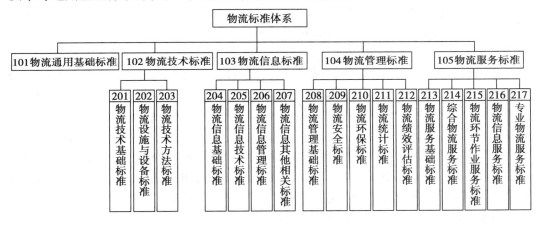

图 13.2　物流标准体系表

从中国情况看,涉及物流的标准在国家工业、农业、交通、商贸、建筑、军事等各部门领域中均有体现,因此该标准体系表所列标准同样适用于农业、建筑业、加工制造业、交通运输业、商贸流通业、采矿业、邮政业、金融与保险业、军事后勤等各行业领域。

从图 13.2 中可以看出,物流标准体系表包括物流通用基础标准、物流技术标准、物流信息标准、物流管理标准、物流服务标准 5 个部分。物流通用基础标准主要包括物流术语、物流企业分类标准、物流标志标识等;物流技术标准主要包括物流技术基础标准等 3 类;物流信息标准主要包括物流信息基础标准等 4 类;物流管理标准主要包括物流管理基础标准、物流安全标准等 5 类;物流服务标准也包括物流服务基础标准、综合物流服务标准等 5 类。对于原有的分属不同部门管理并正在实施的传统物流服务的质量标准,归到“物流环节作业服务标准”中,包括各种运输服务、仓储服务、货运代理服务等。而传统的物流设备则没有纳入本物流标准体系表,因为随技术的发展,新设备虽然也在大量、不断地涌现,但其专业、门类的划分仍不能脱离机械行业对此已实施的分类方法。

≫ 本章小结

物流政策是国家或政府为实现全社会物流的高效运行与健康发展而制定的方针或原则,以及政府对全社会物流活动的干预行为,具体包括有关法律、法规、规划、计划和对策措施,以及政府对全社会物流活动的直接指导等。完善的物流政策体系可减少或降低物流的外部经济,扶持与促进物流事业的发展,加速物流基础设施建设和完善,提高微观物流效率。物流政策是一种经济政策,也是一种公共政策,具有整体性、超前性、层次性、合法性、复合性等特点。

我国各级政府及相关部门也纷纷制定政策及做好规划,以引导物流产业健康快速地发展,出台的物流发展相关政策和规划比较注意物流产业的复合型特点,强调政策的综合性和导向性。

标准化是为了在一定范围内获得最佳秩序,对现实问题或潜在问题制定共同使用和重复使用的条款的活动。标准化的实质是通过制定、发布和实施标准,达到统一,而最终目的则是获得"最佳秩序"。物流标准化,是指对物流系统所涉及的领域,包括物流系统用语、物流系统设施、物流系统装备、物流系统专用工具,以及物流作业活动的过程等制定、发布和实施标准,并与国际标准衔接,以提高物流系统运行效率,促进经济与社会发展的活动。物流标准化,是实现物流现代化的基础,能够提高物流系统运行效率,促进物流管理科学规范,保证物流服务质量水平,有利于物流的国际交流合作。

随着经济全球化发展,标准也呈现国际化趋势。以国际标准为基础制定本国标准,已经成为世界贸易组织(WTO)对其成员国的要求。中国物流标准的建设工作几乎与中国的物流发展同步。以 2001 年 4 月 17 日正式颁布实施的《物流术语》(GB/T 18354—2001)标准为标志,我国物流标准的建设工作开始展开。经过持续至今的建设,取得了很大的进展。

≫ 案例分析

关于促进我国现代物流业发展的意见(节选)

为进一步推进我国现代物流业的发展,在全国范围内尽快形成物畅其流、快捷准时、经济合理、用户满意的社会化、专业化的现代物流服务体系,特提出以下意见。

一、营造有利于现代物流业发展的良好环境

(一)调整现行行政管理方式

1.规范企业登记注册前置性审批。工商行政管理部门在为物流企业办理登记注册时,除国家法律、行政法规和国务院发布决定规定外,其他前置性审批事项一律取消。

2.改革货运代理行政性管理。取消经营国内铁路货运代理、水路货运代理和联运代理的行政性审批,加强对货运代理经营资质和经营行为的监督检查。取消国际货运代理企业经营资格审批,加强后续监督和管理。改革民航货运销售代理审批制度,由民航总局会同有关部门制定新的民航货运代理管理办法。对危险品等特种货物的运输代理严格按照国家有关规定办理。

(二)完善物流企业税收管理

1.合理确定物流企业营业税计征基数。物流企业将承揽的运输、仓储等业务分包给其他单位并由其统一收取价款的,应以该企业取得的全部收入减去其他项目支出后的余额作为营业税的计税的基数。具体办法由国家税务总局制定。

2.允许符合条件的物流企业统一缴纳所得税。物流企业在省、自治区、直辖市范围内设立的跨区域分支机构,凡在总部领导下统一经营、统一核算,不设银行结算账户、不编制财务报表和账簿的,并与总部计算机联网、实行统一规范管理的企业,其企业所得税由总部统一缴纳。

(三)整顿规范市场秩序,加强收费管理

1.加快引入竞争机制,建立统一开放、公平竞争、规范有序的现代物流市场体系。废除各类不符合国家法律、法规规定的由部门或地方制定的地区封锁、行业垄断、市场分割的有关规定,为物流企业的经营和发展创造宽松的外部环境。

2.加强收费管理,全面清理向货运车辆收取的行政事业性收费、政府性集资、政府性基金、罚款项目,取消不符合国家规定的各种收费项目。全面整顿道路收费站点,对违反国家规定设置的收费站点,要立即停止收费并限期拆除相应设施。严禁向物流企业乱检查、乱收费、乱摊派、乱罚款、乱评比。凡违规设置站点,擅立收费项目,向货运车辆及物流企业等乱收费用的,要依法予以严处。

二、采取切实有效措施,促进现代物流业发展

1.鼓励工商企业逐步将原材料采购、运输、仓储等物流服务业务分离出来,交由专业物流企业承担。鼓励交通运输、仓储配送、货运代理、多式联运企业,通过兼并、联合等形式进行资产重组,发展具有一定规模的物流企业。对被兼并、重组的国有企业,当地政府和有关部门要给予积极支持。

2.积极拓宽融资渠道。支持物流企业利用境内外资本市场融资或募集资金发展社会化、专业化的物流企业。对资产质量好、经营管理好、具有成长潜力的物流企业要支持鼓励上市。各类金融机构应对效益好、有市场的物流企业给予重点支持。

3.积极推进物流市场的对外开放。按照我国加入世界贸易组织的承诺,扩大物流领域的对外开放。鼓励国外大型物流企业根据我国法律、法规的有关规定到国内设立物流企业。鼓励利用国外的资金、设备和技术,参与国内物流设施的建设或经营。

4.支持工商企业优化物流管理。鼓励有条件的国有大中型工商企业将企业的物流

资产从主业中分离出来,整合资源,优化流程,创新物流管理模式,特别是商业连锁企业要提高商品统一配送率。对实行主辅分离、辅业改制的企业,符合有关条件的,可享受国务院八部委联合下发的《国有大中型企业主辅分离、辅业改制、分流安置富余人员的实施办法》中的扶持政策。

5.加快物流设施整合和社会化区域物流中心建设。采取必要的调控措施,推动各地区工业、商业、运输、货代、联运、物资、仓储等行业物流资源的整合,合理规划建设区域物流中心,开展社会化、专业化的公共服务。对符合条件的此类项目,各级政府要给予重点支持。

6.简化通关程序。优化口岸通关作业流程,完善口岸快速通关改革,推行物流企业与口岸通关监管部门信息联网,对进出口货物实施"提前报检、提前报关、货到验放"的通关新模式,提高信息化应用和管理水平。边防、海关、检验检疫、税务、外汇管理等部门要在有效监管的前提下简化作业程序,实现信息共享,加快通关速度。鼓励建立海关监管、商品检疫、地面服务一体化的货物进出境快速处理机制。

7.优化城市配送车辆交通管理。公安交通管理部门要加强对道路交通流的科学组织,根据当地的交通状况和物流业务发展情况,研究制定配送车辆在市区通行和停靠的具体措施,提供在市区通行、停靠的便利。

三、加强基础性工作,为现代物流发展提供支撑和保障

1.建立和完善物流技术标准化体系。加快制定和推进物流基础设施、技术装备、管理流程、信息网络的技术标准,尽快形成协调统一的现代物流技术标准体系。广泛采用标准化、系列化、规范化的运输、仓储、装卸、包装机具设施和条形码、信息交换等技术。

2.推广先进适用的物流专用车辆和设备。大力发展集装箱运输,广泛采用厢式货车、专用车辆和物流专用设备,积极开发推广先进适用的仓储、装卸等标准化专用设备。

3.提高物流信息化水平。鼓励建设公共的网络信息平台,支持工商企业和物流企业采用互联网等先进技术,实现资源共享、数据共用、信息互通。推广应用智能化运输系统,加快构筑全国和区域性物流信息平台,优化供应链管理。

4.提高从业人员素质。加强对物流企业从业人员的岗前培训、在职培训等,通过不同方式和各种渠道,培育市场急需的物流管理人才。要采取多种形式,加速人力资源的开发和培养,加快发展学历教育,鼓励高等院校开展物流专业本科、硕士、博士等多层次的专业学历教育。积极探索物流职业资格认证工作,借鉴或引进国外成熟的相应职业资格认证系统。

>> 讨论问题

1.现代物流业的发展涉及哪些行业?

2.为促进现代物流业发展,需要采取哪些有效措施?

3.能为现代物流发展提供支撑和保障的基础性工作有哪些?

>> 关键概念

物流政策;标准化;物流标准化;基础标准;技术标准;工作标准;作业标准;物流模数;ISO;EAN.UCC;UN/ECE;CLISC

>> 复习思考

1.物流政策有哪些特征? 包括哪些类型?

2.请查阅相关资料,简要介绍国外物流政策情况。

3.试简述我国物流发展的政策导向。

4.结合实际,谈谈近5年来我国政府相关部门出台了哪些物流方面的政策?

5.请分析物流标准化的意义。

6.物流标准都有哪些类型?

7.请简要介绍发达国家的物流标准化情况。

8.试简述我国物流标准化发展的状况。

9.请简述中国物流标准体系。

参考文献

［1］王之泰.现代物流管理［M］.北京:中国工人出版社,2003.

［2］王之泰.新编现代物流学［M］.北京:首都经济贸易大学出版社,2005.

［3］罗纳德・S.史威福特.客户关系管理——加速利润和优势提升［M］.杨东龙,等译.北京:中国经济出版社,2002.

［4］迈克尔・波特.竞争战略［M］.北京:华夏出版社,2002.

［5］菊池康也.物流管理［M］.丁立言,译.北京:清华大学出版社,1999.

［6］冯耕中.现代物流规划理论与实践［M］.北京:清华大学出版社,2005.

［7］海峰.区域物流论［M］.北京:经济管理出版社,2006.

［8］何明珂.物流系统论［M］.北京:中国审计出版社,2001.

［9］黄辉.物流管理原理与方法［M］.北京:光明日报出版社,2007.

［10］刘志学.现代物流手册［M］.北京:中国物资出版社,2001.

［11］马士华,林勇.供应链管理［M］.北京:高等教育出版社,2003.

［12］钱学森,许国志,王寿云.论系统工程［M］.长沙:湖南科学技术出版社,1982.

［13］王斌义.现代物流实务［M］.北京:对外经济贸易大学出版社,2006.

［14］王德中.企业战略管理［M］.四川:西南财经大学出版社,1999.

［15］王效昭.企业管理学［M］.北京:中国商业出版社,2001.

［16］夏春玉.现代物流概论［M］.北京:首都经济贸易大学出版社,2004.

［17］现代物流管理课题组.物流客户管理［M］.广州:广东经济出版社,2002.

［18］谢如鹤.交通运输导论［M］.北京:中国铁道出版社,1998.

［19］周全申.现代物流技术与装备实务［M］.北京:中国物资出版社,2002.

［20］江大维.ISO 9000 质量体系文件编制方法与示例［M］.广州:华南理工大学出版社,2000.

［21］魏宏森,曾国屏.清华大学学术专著・系统论——系统科学哲学［M］.北京:清华大学出版社,1995.

［22］霍绍周.系统论［M］.北京:科学技术文献出版社,1988.

［23］维克托・迈尔-舍恩伯格,肯尼思・库克耶.大数据时代:生活、工作与思维的大变革［M］.杭州:浙江人民出版社,2012.

［24］中国标准出版社.企业物流成本构成与计算（GB／T 20523—2006）［S］.北京：中国标准出版社,2007.

［25］中华人民共和国国家标准物流术语（GB／T 18354—2006）［S］.北京：中国标准出版社,2007.

［26］敖丽红,宋玉祥.区域物流与区域经济发展［J］.中国市场,2007.

［27］程虹,袁野.供应链管理的演变过程研究［J］.情报杂志,2006（5）.

［28］除阳,林利.发展绿色物流之探析［J］.企业经济,2006（1）.

［29］戴旭.当代科学技术发展的新特点［J］.沿海企业与科技,2003（6）.

［30］董焰.我国综合运输体系发展前瞻［J］.综合运输,2002（7）.

［31］冯浩.物流规划的有关问题探讨［J］.综合运输,2002（7）.

［32］郝玲花.大中型城市物流规划探析［J］.铁道货运,2007（10）.

［33］何世明,孙建军.我国电子商务物流配送模式初探［J］.现代计算机,2001（2）.

［34］谢昕.让"智慧物流"走出概念［J］.装备制造,2013（9）.

［35］蒋秀梅,林秀敏.装卸搬运及其合理化［J］.中国物流与采购,2003（17）.

［36］柯涛涛,黄辉.第三方物流企业顾容满意度影响因素研究［J］.物流技术,2006（7）.

［37］李利晓.绿色物流体系的构建［J］.河南商业高等专科学校学报,2006（1）.

［38］李沛生.发展绿色包装促进绿色物流产业发展［J］.中国储运,2006（3）.

［39］李青.浅析城市物流和城市物流合理化［J］.武汉交通职业学院学报,2004,6（2）.

［40］李涛,张则强,程文明.装卸搬运在物流活动中的地位及提升策略［J］.铁道货运,2004（6）.

［41］章合杰.智慧物流的基本内涵和实施框架研究［J］.市场现代化,2011（8）.

［42］王之泰.城镇化需要"智慧物流"［J］.中国流通经济,2014（3）.

［43］胡安安,黄丽华,张成洪.解读"智慧物流"［J］.上海信息化,2014（3）.

［44］林志刚,彭波.大数据管理的现实匹配多重挑战及趋势判断［J］.改革,2013（8）.

［45］李振,朱传耿.对城市物流概念及相关内容的研究［J］.科技术语研究,2006,8（2）.

［46］李志平,陈丽清.基于供应链管理环境的物流管理创新［J］.江苏商论,2003（2）.

［47］刘安勇,马桂贤,王绍军.供应链管理体系下的物流管理［J］.辽宁经济,2006（4）.

［48］刘海滢.物流的价值空间分析［J］.经济纵横,2004（11）.

［49］刘明菲,龚韵枝,杨勋.基于顾客价值的物流服务质量体系研究［J］.武汉理工大学学报：信息与管理工程版,2006（12）.

［50］刘伟华,刘文华,刘松涛.论城市物流配送发展的新趋势［J］.重庆交通学院学报,2003（3）.

[51] 刘志学,付国庆,许泽勇.物流管理与供应链管理的比较[J].计算机集成制造系统, 2004(12).

[52] 陆久平.浅议物流规划[J].黑龙江交通科技,2006,144(2).

[53] 彭剑.供应链中信息共享问题研究综述[J].物流技术,2006(1).

[54] 孙丽欣,宋菁.从价值增值角度看现代物流业[J].经济论坛,2003(21).

[55] 田宇.论物流服务质量管理——兼与王之泰教授商榷[J].物流科技,2001(5).

[56] 王春卉,王槐林.电子商务环境下发展大物流业的策略[J].中国物资流通,2002 (2).

[57] 王健.城市物流发展路径探析[J].福建论坛:人文社会科学版,2004(11).

[58] 王健.现代物流发展中的政府作用[J].中国流通经济,2004(10).

[59] 王景锋,温艳红.现代物流在企业经营战略中的地位[J].辽宁省交通高等专科学校 学报,2001(9).

[60] 王庆云.综合运输体系的建设与发展[J].交通运输系统工程与信息,2002(8).

[61] 王业军,栾向晶,张亚军.关于中国发展绿色物流的思考[J].商场现代化,2006(1).

[62] 文书生,杜文,叶怀珍.现代综合运输理念探析[J].综合运输,2005(6).

[63] 吴声功.企业战略内涵的三个层次[J].统计与决策,2001(11).

[64] 谢鹏,王健.试论区域物流在区域经济中的重要作用[J].物流科技,2006(10).

[65] 熊胜君,杨朝军.横向型企业集团内部供应链信息共享研究[J].情报杂志,2006(1).

[66] 徐文静.第三方物流和业务模式[J].商业经理人,2004(10).

[67] 杨柏林,徐念沙,严奉天.物流全球化趋势与我国对外物流系统的发展策略[J].中 国软科学,2003(10).

[68] 原磊.商业模式体系重构[J].中国工业经济,2007(6).

[69] 张建华,许向阳.以循环经济理念建设绿色物流系统[J].特区经济,2005(11).

[70] 张运.城市发展与城市物流[J].综合运输,2006(12).

[71] 赵丽琴.包装新设备、新产品、新工艺、新技术、新材料[J].中国包装工业,2005(5).

[72] 周艳军,黄中鼎.物流学学科体系化思考[J].湖北经济学院学报:人文社会科学版, 2007(3).

[73] 朱坤萍.区域物流与区域经济发展的互动机理[J].河北学刊,2007,27(2).

[74] 朱意秋.物流价值辨析[J].中国海洋大学学报:社会科学版,2006(2).

[75] 胡慧平.绿色物流将成为新的增长点[N].国际商报,2004-03-13.

[76] 曹建华.共同配送仍在路上[N].国际商报,2017-05-04.

[77] 洪黎明.智慧物流,该怎么搞[N].人民邮电,2014-08-18.

［78］李家宇.众包物流火起来,抢单送快递能走多远［N］.天津日报,2016-03-16.

［79］肖新柱.绿色包装为绿色食品打包［N］.中国新闻出版报,2008-04-21.

［80］中华人民共和国国民经济和社会发展第十个五年计划纲要［N］.人民日报,2001-03-19(1).

［81］魏嵩.电子商务下物流模式研究［D］.武汉:武汉理工大学,2005.

［82］蔡建湖.电子商务条件下中国物流的发展及其管理研究［D］.武汉:武汉理工大学,2003.

［83］周奇才,翁诚霖.物流业高增长有赖热点行业［N］.中国证券报,2002-09-19.

［84］王忠吉,李晓明.供应链联盟企业间信任关系成因分析［J］.中国市场,2006(52).

［85］中国物品编码中心.国际物流标准化现状扫描［EB/OL］.中国叉车网,2004-06-04.

［86］陆江.2007年中国物流业发展特点及2008年展望［Z］.2008年中国物流发展报告会暨第15次中国物流专家论坛演讲,中国物流与采购联合会.

［87］麦肯锡.大数据:下一个创新、竞争和生产力前沿［R］.赛迪译丛,2012(6).

［88］范卫民.国内甩挂运输市场发展现状及前景［Z/OL］.中国卡车网,2015-03-12.

［89］傅一航.大数据对企业的三层价值［Z/OL］.搜狐网,2017-02-15.

［90］马姗姗.推进绿色运输发展［J］.中国物流与采购,2017(17):38-39.

［91］陈宏.福建:绿色运输助力生态建设［EB/OL］.中国交通新闻网,2016-06-01.

［92］佚名.京东物流联手G7智能管车 倡导低耗高效绿色运输［EB/OL］.中国网,2017-07-24.

［93］中国仓储协会.全国仓储配送与包装绿色发展指引［Z］.商务部流通业发展司,2016.

［94］国家标准委.冷链物流分类与基本要求(GB/T 28577—2012)［S］.国家标准全文公开系统.

［95］谢如鹤,刘广海.冷链物流［M］.武汉:华中科技大学出版社,2019.

［96］王贵强,邹平华,刘明生,等.包装对食品冻结过程的影响研究［J］.农业机械学报,2014(7).

［97］中华人民共和国商务部.冷库设计规范(GB 50072—2010)［S］.北京:人民出版社,2010.

［98］翁心刚,安久意,胡会琴.冷链物流［M］.北京:中国财富出版社,2016.

［99］刘昆.我国铁路冷藏运输装备发展方向探讨［J］.铁道车辆,2019(7).

［100］刘东岑.国外冷藏集装箱的发展［J］.冷藏技术,1980(9).